현대 체육 원리의 이해

임승현 · 고성경 · 윤재만 · 이종삼 · 전중기 공저

대구대학교출판부

• 임승현

대구대학교 체육학과 교수

• 고성경

대구대학교 체육학과 교수

• 윤재만

대구대학교 체육학과 교수

• 이종삼

대구대학교 체육학과 교수
대한선수트레이너협회 이사/학술위원장

• 전중기

대구대학교 체육학과 교수
한국대학 육상경기연맹 회장

초 판 | 2009년 2월 27일
지은이 | 임승현, 고성경, 윤재만, 이종삼, 전중기
펴낸이 | 이용두
펴낸곳 | 대구대학교출판부
경북 경산시 진량읍 내리리 15 대구대학교출판부
전화 053) 850-8661~4 | 팩스 053) 850-5669
홈페이지 주소 | http://press.daegu.ac.kr
찍은곳 | 남경기획
ISBN 978-89-7794-508-1-93370
값 15,000원

머 리 말

체육원리는 과학을 통해 존재성을 알고 철학을 통해 당위성을 아는 것으로 체육의 원칙이나 근본방침 또는 근거 등에 대해서 정확히 밝혀 체육의 올바른 방향을 제시해 주는 것으로 체육에 관한 이해, 인간에 대한 이해 및 체육의 올바른 실천을 위해 체육의 과학적인 기초지식 등을 깨우쳐 주고 올바른 실천 방향을 제시해주는 것으로 미래의 체육을 대비하는 것이라 할 수 있다.

체육은 몸으로 실천함을 근간으로 학문화된 실천 학문으로서 체육원리는 체육학의 근본적인 물음에 대하여 답하며, 체육이라는 학문의 본질과 체계를 밝히고 바람직한 체육의 방향을 제시하는 학문이라고 할 수 있다.

따라서 체육의 개념, 체육과 인간에 대한 이해 및 체육의 올바른 실천을 위한 과학적 기초지식을 통하여 체육 전반에 대한 기본원리를 터득케 하여 미래 체육에 대한 올바른 방향과 목표를 설정하는데 중요한 역할을 제시할 수 있는 지침서가 필요한 것이다.

이 책은 체육현장에 대한 기본적인 원리를 체육의 본질, 발달, 이념 목적과 목표, 내용, 방법과정 등을 관찰하고 과학적인 접근방법을 통하여 체육 및 체육학의 개념정립으로 체육의 정체성 확립을 위한 기초자료로서 기대하며, 체육영역의 학문과 관련한 사람들에게 지침서 되는 입문서로서 역할을 할 것으로 기대한다.

끝으로 이 책이 나오기까지 도움을 주신 여러 선생님께 감사를 드리며, 질타와 격려를 함께 기대한다. 앞으로 더욱 열심히 노력하여 추후 지속적으로 수정·보완 할 것을 약속드린다.

이 책을 펴도록 지원해주신 대구대학교 언론출판 문화원에게 감사를 드린다.

2009. 01.

저자 일동

목 차

제4장 체육과 유사개념 ·· 73

제5장 체육원리의 영역별 이해 ·· 119

제6장 현대사회의 운동 ·· 313

第7장 현대사회와 체육 ‥ 337

제1장

체육원리의 이해

1. 원리의 개념적 이해

1) 원리란?

체육원리를 논하기 이전에 우리는 먼저 원리가 도대체 무엇인지에 대한 해답을 찾아야 할 것이다. 어쩌면 체육이란 무엇인가에 대한 궁금증을 먼저 해소해야 될 것이지만 필자는 원리에 대한 답을 먼저 찾고자 한다.

우리는 일상생활 속에서 '원리'라는 단어를 많이 사용하고 또는 많이 들어왔다. 아마도 공기 중에 있는 산소와 같이 무의식적으로 자주 사용해 왔을 것이다. 그렇다면 원리란 도대체 무엇인가? 여기에 대한 답을 해보라. 아주 쉬운 질문 같지만 막상 무엇이 원리냐고 되짚어 본다면 간단히 대답하기가 어려운 것은 사실이다.

원리가 무엇일까? 에 대한 답을 구하기 위해선 먼저 철학적 접근을 통하지 않으면 안된다. 왜냐하면 원리의 사전적 의미를 살펴보면, 원리(原理)라는 것은 "기초가 되는 근거 또는 보편적 진리" 라고 기술되어 있다. 여기에서 "보편적 진리"라는 명제가 성립되기 위해선 과학적 사실이나 철학적 판단 기준에 근거하여 구체적으로 진술되어져야만 한다.

오늘날 존재하는 현상들에 대해 관습이나 경험을 통해 얻은 내용을 무비판적이면서 습관적으로 기술하고 있다. 이러한 관습이나 경험은 이미 오래전부터 선조들이 생활 속에서 수많은 시행착오를 거치면서 얻어진 소중한 진리가 포함되어 있는 것이다. 하지만 예부터 이어져 온 우리의 관습이나 경험들 중에서는 아직까지도 객관적 기준에 의해 명확히 규명되어 있지 않은 것들도 무수히 많다. 이러한 규명되지 않은 관습이나 경험의 내용을 무비판적으로 사용하게 될 경우 간혹 우리는 시행착오와 더불어 심각한 오류에 빠지기 십상이다.

현존하는 모든 현상을 설명할 때와 마찬가지로 우리가 배우고 있는 체육에서도 가능하면 과오를 줄이고 그 실천 활동을 유효적절하게 진행시키기 위해서는 믿을만한 과학적 사실 또는 뛰어난 통찰, 경험, 그리고 이해로부터 생겨난 철학적 판단에 근거를 두지 않으면 안된다. 그러므로 이러한 관점에서 볼 때, 원리를 이해한다는 것은 매우 중요하다고 할 수 있다.

사전적 의미에서의 원리(principle)라는 용어의 어원을 살펴보면 라틴어의 principium 으로부터 파생된 것으로 근원, 기본, 기원 또는 원천이라는 의미를 포함하고 있다. 하지만 근원이나 궁극적인 진리에 비교해 볼 때 원리는 보편타당한 것이어야 한다.

몇몇 학자들은 원리에 대해서 다음과 같이 정의를 하고 있다. 윌리암스(Williams, 1964)는 '통찰과 경험으로부터 생긴 적절한 과학적 사실이나 철학적 판단에 기인한 일반적인 개념'이라고 정의했으며, 보로우(Borrow, 1977)는 '원리란 사실에 기초를 둔 진리 혹은 보편적인 개념이며 행동과 선택을 위한 지침 또는 규범'이라고 정의했다.

이와 같이 원리라는 것은 과학적 사실이나 철학적 판단에 근거하여 실천을 올바르게 인도하는 법칙이나 개념을 의미하는 것이라고 할 수 있으며, 이러한 원리는 반드시 실천과 결부된 것이라야 한다.

따라서 원리에 대해 종합적으로 요약을 해 본다면, 특정한 일반적 행동이 어떠한 목적을 올바르게 향하도록 지도하는 법칙을 원리(原理)라고 할 수 있다.

2) 원리의 기능과 적용

앞에서 기술한 바와 같이 하나의 원리는 반드시 실천과 연계를 이루어야 한다. 여기에서 우리는 원리에 내재되어 있는 중요한 기능을 도출할 수 있을 것이다. 즉, 어떤 특정한 하나의 원리가 실천적 행동으로 이행할 때 그 행동의 방향을 제시할 뿐 아니라 궁극적인 목적을 인지하게 하는 역할을 가지고 있다고 할 수 있다. 또한 그러한 것에 대한 잘못된 점을 밝혀내어 이 원리가 가지고 있는 과실 정도에 따라 비판을 가하게 된다. 뿐만 아니라 이러한 문제에 대한 정확한 시각과 판단 기준에 의해서 원리의 올바른 실천이 이루어지도록 인도하는 역할을 하게 된다.

현재 또는 이제까지 자리 잡고 있었던 하나의 원리는 여러 잘못된 개념과 비판을 제거하고 타당하지 못한 관습과 전통의 속박에서 벗어나 자유로운 분야로의 전환을 밑받침해 주는데 유용하게 적용된다. 그러나 원리의 지침계적 역할은 새로운 개념이 나오게 될 변모해 가는 사회적 환경을 형성하도록 도와준다.

그러므로 원리를 구성하고 있는 철학과 과학의 경우, 철학은 방향을 제시하여 주고 과학은 방법과 실천을 위한 이론적 기초를 제공하여 준다. 이러한 원리는 근원이나 궁극적인 진리에 비추어 볼 때 보편타당한 영속성을 지녀야 한다. 그러므로 어떤 원리가 적용되기 위해선 사전에 면밀한 검사에 의해 증명되고 확인되어야 한다(예종이, 1987).

한편, 현존하는 모든 원리는 보편타당한 영속성을 지녀야 함을 언급하고 있지만, 모든 원리들이 반드시 영속성을 지니고 있는 것은 아님을 염두에 두어야 할 것이다. 여기에 대한 좀 더 자세한 설명은 '원리의 가변성'에서 기술해 두었다.

3) 원리의 가변성

원리의 가변성을 논하기 이전에 먼저 관념론적 철학자와 실재론적 철학자 그리고 실용주의적 철학자들이 지니고 있는 진리를 바라보는 시각이나 관(觀)에 대해서 생각해 볼 필요가 있을 것이다.

하나의 진리가 존재하고 있다면, 그것을 바라보는 시각의 차이에 의해서 서로 상이한 주장을 하고 있다. 즉, 관념론적 철학자들은 진리는 언제나 진리이며 결코 변할 수 없는 영원불멸하다고 주장하는 반면에 실재론적 철학자와 실용주의적 철학자들은 진리란 상대적인 것이어서 진리를 둘러싸고 있는 상황이나 환경에 따라 진리도 어느 정도 변한다는 입장으로 원리도 변할 수 있다고 보고 있다. 여기에서 두 흐름의 철학자들이 제시한 내용을 생각해 볼 때, 딱히 진리는 어떠한 속성을 가지고 있다고 단정을 짓기란 어렵지만, 유추해 보건데 진리는 변화의 가능성과 영속성의 두 양면을 모두 갖고 있는 것으로 보인다.

예컨대, 일반적으로 생리학이나 물리학 등의 기초과학에서 통계 처리 과정을 거쳐 도출된 과학적 사실을 바탕으로 한 원리는 다른 원리에 비해서 비교적 절대적이고 근본적이어서 누구나가 비교적 쉽게 받아들일 수가 있다. 즉, 그러한 과학적 사실이 변경되지 않거나, 그것에서 나온 원리가 근원적인 면에서 잘못 해석되지 않는 한 변화되지 않는다고 믿기 때문이다. 하지만 과학적인 사실을 바탕으로 한 원리라 하더라도 그것이 절대 불변하다고 말하기는 매우 어려울 것이다. 왜냐하면 과학에는 새로운 기술과 방법이 개발되고, 새로운 과학적 통계를 근거로 한 새로운 진리가 형성되어지기 때문이다. 이같이 새로이 도출된 진리가 유효화되고 적용될 때 원리는 변하며 이에 따른 새로운 증명의 필요성이 요구되기도 한다.

반면에, 사회적 환경으로부터 얻은 통찰, 이해, 경험의 결과에 의한 철학적 사고에 기초한 원리는 과학적 사실에 근거를 둔 원리보다는 확고하지 못하며 뿐만 아니라 원리의 수정과 변화가 일어날 가능성이 높다. 이같이 철학을 근거로 한 원리는 인간의 사회적 전통뿐만 아니라 정치적·경제적 전통의 영향을 많이 받게 되는데, 그 이유는 각 국가 체제 또는 민족성 그리고 전통성을 바탕으로 하는 사회, 정치, 경제적 구조가 서로 다르기 때문일 것이다. 따라서 과학적 사실을 기초한 것과는 달리 철학적 사고에 기초한 원리들은 통계적 타당성이 적고 따라서 그로부터 도출된 원리 또한 신뢰성이 낮아 확실성이 부족하다고 할 수 있을 것이다(예종이, 1987).

단편적인 예로서, 휘트니스 센터 운영에 있어 성공한 사례를 벤치마킹해 자신의 휘트니스 센터에 적용한다 하더라도 양자(兩者)간의 조건 즉, 센터가 위치한 지리적 입지조건이나 지역주민의 경제력, 의식수준 등등의 제반조건이 서로 다르기 때문에 센터 운영이 성공으로 이어지는 사례가 희소할 것이다. 마찬가지로 한 나라의 필요성에 알맞게 형성된 체육제도나 조직이 아무리 이상적인 것이라 해서 이를 다른 나라에서 벤치마킹해 가더라도 성공을 거둘 수 없는 것도 바로 국가체제나 민족성 등의 이유 때문일 것이다.

그밖에도 개인의 가치가 인간애의 존중과 관련될 때 각 민족간, 각 개인간의 철학적 개념에서도 차이가 발생한다. 예를 들자면, 어떤 사람은 자유가 정부 공공기간에 아예 귀속되어 버린 것이라고 믿는가 하면, 어떤 사람들은 개인의 독립, 행동의 분망함을 포기하는 것이 자유를 누리는 길이라고 믿기도 한다. 또 어떤 사람들은 우선 경제적인 안정을 꾀하고 국민 개개인의 문제를 정부 차원에서 해결해 주는 것이 자유스럽다고 생각하기도 하는 것이다(예종이, 1987).

그러므로 앞서 기술한 내용을 요약해 볼 때, 인간의 생물학적 본질을 근거로 한 원리는 어느 누구에게나 비교적 영속성을 내재하고는 있지만, 정치, 경제, 사회구조를 바탕으로 한 원리는 국가의 체제나 그 민족의 전통과 습관에 따라 다소 차이가 있다고 할 수 있다.

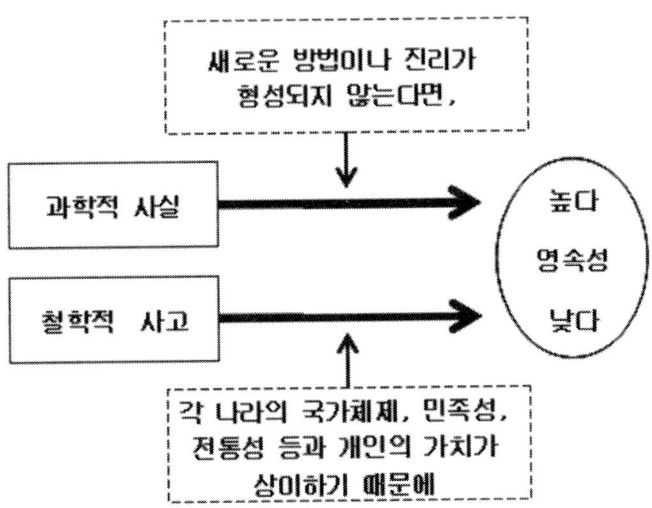

그림 1-1. 원리의 영속성

2. 체육의 원론적 이해

앞서 원리란 무엇인가라는 질문에 해답을 구하기 위해서 실로 적지 않은 분량을 들여 그에 대한 설명을 기술하였다. 이제는 다소나마 원리가 무엇인지, 원리가 지니고 있는 기능은 무엇이며, 어떠한 속성을 지니고 있는 지에 대해서 이해할 수 있을 것이라 생각한다.

그렇다면 이제 체육이란 무엇인가를 되짚어 봐야 할 것이다. 만약 여러분들이 체육이 무엇인가에 대한 만족할 만한 해답을 찾지 못하고서는 체육을 탐구하는 체육학도로서의 올바른 태도가 아닐 것이다.

여기에서 여러분이 궁금해 하는 체육이란 무엇인가에 대한 해답을 제공하기 위해 성립된 학문이 아마도 체육학이라 할 수 있을 것이다. 그리고 그 체육학 하위영역 중에서도 가장 기초가 되는 영역이 바로 체육원리가 될 것이다.

우리는 체육을 올바르게 이해하기 위해서는 체육에 관한 이론적 설명과 좀 더 과학적으로 해명이 뒷받침되어질 필요가 있을 것이다. 그렇다면, 체육을 알아보기 이전에 우선시 되어야 할 것은 무엇인가. 그것은 바로 체육의 주체자인 인간(人間)일 것이다. 그러기 위해선 '인간은 최초로 어떻게 해서 생겨났는가?' 하는 문제에서부터 시작되어 단계적으로 하나하나 밝혀야 할 것이다. 양파 껍질 벗기듯이 하나하나를 규명해 가는 과정 중에서 관련된 수많은 지식과 법칙들이 도출되어지게 될 것이다. 따라서 수많은 지식과 법칙들을 수용하는 사람들은 엄청난 양으로 인해 혼미함에 빠지게 될 것이다. 그러므로 여기엔 반드시 규명 과정에서 도출된 지식과 법칙들의 당위성을 입증하기 위한 적절한 근거와 기준이 존재해야 할 것이다.

이처럼 인간을 규정하기 위해 적절한 근거와 기준이 필요하듯이 인간이 주체가 되어 일어나는 체육활동 또한 수행하는데 있어서의 적절한 기준이나 근거가 필요하다. 이러한 기준이나 근거가 되는 것이 바로 체육원리라고 할 수 있다.

체육원리라는 용어는 언제부터 사용되어졌는가? 그것은 마에가와(前川)의 '체육원리'에 의하면 체육원리에 대한 용어는 미국 등에서는 1920년경부터 태동하였다고 한다. 벌써 약 90년이 지난 오늘날에도 '체육원리'에 대한 존재나

의미에 대해 학자마다 의견이 일치하지 않아 학자간 논쟁이 끊이질 않고 있다.

혹자는 체육의 이념적인 문제를 학문적으로 연구하는 체육철학과 같이 생각하는 사람도 있어 체육원리를 체육철학의 하부영역으로 두어야 한다거나, 또는 체육사상에 포함되는 일반적인 문제를 개념적으로 논설하는 체육개념이라고 생각하고 있는 사람도 있다. 그러므로 체육원리라고 불리는 것의 의미를 명확하게 하는 것은 확실히 중요한 것이지만 그렇게 간단하게 규정할 수 있는 것은 아니다. 특히 전자의 경우 체육원리와 체육철학과는 어떠한 관계에 있는가에 대해서 나중에 좀 더 상세히 다루어 보고자 한다.

체육원리를 두고서 여러 문제들로 인하여 학자간 많은 갈등을 겪고 있다. 특히, 그중에서도 원리의 원리인 '체육원리'가 하나의 독립된 영역으로서 존재할 필요성이 있는가라는 문제 제기가 가장 큰 이슈로 대두되고 있지만, 여기에서는 체육원리의 존재의 필요성이 있다는 전제조건에서 내용을 기술해 나감을 미리 밝혀 두고자 한다.

우리는 체육원리라는 의미를 명확히 밝히기 하기 위해서 먼저 두 가지를 생각해 보아야 할 것이다. 첫째는, 체육원리는 어떠한 것이어야 하는가, 둘째는 그 타당성을 입증하기 위한 근거는 어디에서 찾아야 하는가 하는 것이다.

앞서 기술하였듯이, 원리가 지니고 있는 하나의 기능으로서 원리가 실천으로 이행될 때, 그 실천적 행동의 방향을 제시하고 궁극적인 목적을 인지하게 하며 결과적으로 원리의 올바른 실천이 이루어지도록 인도하는 역할을 하는 것이라고 하였다. 이러한 점을 생각해 볼 때, 우리가 명확히 하고자 하는 체육원리 또한 체육의 원칙이나 근본방침 또는 근거 등에 대해서 정확히 밝혀 체육이 나아갈 올바른 방향을 제시해 주어야 하며 나아가 올바른 실천이 이루어지도록 인도하는 역할을 가지고 있어야 할 것이다. 그리고 이러한 역할에 대한 정당성의 근거는 체육활동의 주체자인 인간과 더불어 신체의 본질에서 체육원리의 근거를 찾아야 되며, 동시에 인간의 과학적 성질, 신체활동의 본질, 신체활동의 사회적 역할 등에서 원리를 뒷받침하는 기초 소재를 구하여야 할 것이다.

한편 하나의 독립된 학문이 존재하는 성향이 강했던 이전에 비해 최근엔 여러 학문이 연계된 다학문 체제를 이루는 것이 또 하나의 추세라는 점과 체육이 응용학문이라는 점을 생각해 볼 때, 이제는 체육 또한 사회학, 교육학, 심리학, 의학, 경제학, 법학, 사학, 예능 등의 여러 과학은 물론 철학의 기초 위에 서서 인간을 형성해 나가지 않으면 안 될 시점에 있다고 할 수 있다. 이로 볼 때, 체육원리 역시 일반적으로 보다 구체적인 원리로서 고찰되어야 할 것이다.

보로우(Borrow, 1977)는 체육의 원리를 세 가지 자원(資源)으로부터 도출된다고 하였다. 첫째는 생물학, 해부학, 생리학 그리고 인체학과 같은 기초과학이며, 둘째는 역사, 정치학, 철학 등을 포함하는 인문사회과학이며, 셋째는 심리학, 사회학, 인류학을 포함하는 인간의 사회적 전통이다. 이 세 가지 자원이 서로 분리된 것이 아니고 서로 밀접한 관계를 유지하고 있으며, 이 모든 자원으로부터 얻은 자료는 과학적인 방법과 철학적 사고를 적용시켜 조직적으로 개념을 종합하고 일반화하여야 한다. 또한 그 자료로 일반화된 개념은 다시 그 자료로부터 사실임이 검증되고 난 후에 비로소 그것이 실제로 사용할 수 있다고 인정하는 원리가 형성되는 것이다.

어떻게 보면 체육원리는 좁은 의미에서 체육의 근거, 체육의 기준이라고 할 수 있지만, 넓은 의미에서는 체육을 연구하는 학문, 또는 체육과 관계되는 제 학문의 이론적인 사실과 학술적 내용을 뜻하는 것이다. 즉, 체육이라는 학문을 보다 효과적으로 설명하고 예언하기 위해서 우리가 동원할 수 있는 모든 분야의 학술적 이론을 말하는 것이다. 그리고 그러한 학술적 이론들 중에서 모든 사물 중에서 가장 체육과 밀접한 학문적 법칙이 체육을 위해서 응용되어야만 한다는 주장이다.

이제까지 체육원리에 대한 간단한 의미와 체육원리는 어떠한 것이어야 하는가와 그 타당성을 위한 근거는 어디에서 찾아야 하는가에 대해서 간략히 살펴보았다.

그렇다면 이제는 답을 할 수 있을 것이다. 자! 여러분 체육원리란 무엇입니까? 체육원리는 올바른 체육이 이루어지도록 하는 근거(foundation)와 원칙(principle)과 방법(method)을 제시하여 주는 것이라고 할 수 있다.

윌리암스(Williams, 1964)는 체육을 바르게 지도하기 위해서는 방향(direction),

방법(method), 실천(practice)이 있어야 하며, 그것을 설정하는 이론적 근거를 제공하는 것이 체육원리이라고 설명하였다. 그리고 체육원리의 구성요소를 다음과 같이 크게 "철학"과 "과학"으로 구분하였다. 철학은 체육의 방향을 결정하는 데 중요한 역할을 하며, 과학은 이상적인 방법과 실천을 뒷받침하는 이론적 바탕이 되는 역할을 한다고 할 수 있다.

윌리암스(Williams)는 철학의 기초가 되는 것은 통합, 이해, 경험이라고 하고 있으나, 거기에는 반성과 판단이라는 방법이 항상 공존하고 있다고 하였다. 그에 따르면 인간의 권위, 개인의 가치 또는 각국의 민족이나 국가의 역사나 문화는 모두 이 영역에 포함되는 것이다.

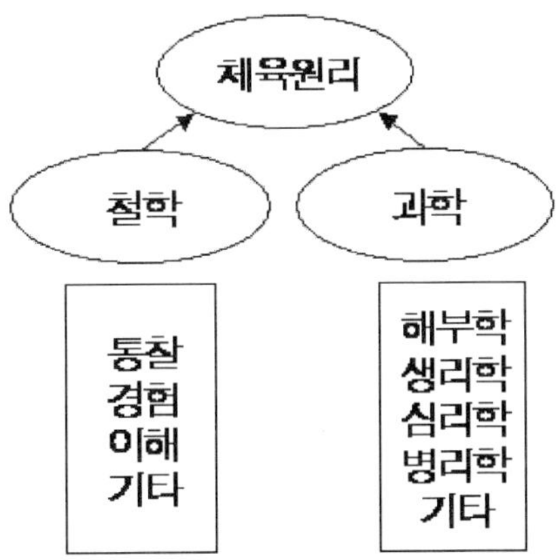

그림 1-2. 체육원리의 구성요소

한편, 과학적인 법칙과 같은 것은 때와 장소에 따라 쉽게 변하지 않는 비교적 안정되어 있지만 이에 비해 철학적인 면은 민족이나 국가 또는 시대에 따라 변하는 것이라 할 수 있다. 코웰(Cowell)은 과학은 방법을 결정하나 철학은 목적을 결정한다. 과학은 비인격적인 것이며, 인간이 어떻게 행동할 것인가에 대해서는 말하지 않는다. 그것은 인간이 어느 목적에 도달하고자 할 경우 그 행동양식을 나타내는데 불과하다. 그리고 거기에 내포된 가치의 판단은 철학에 맡겨지는 것이라고 말하고 있다(교육부, 1973). 이로보아, 체육은 과학이며, 예술이며, 실천학이며, 행동학이라고 할 수 있다. 그것은 생명현상으로 존재하는 것뿐만 아니라, 그 생명 현상을 어떠한 것으로 있게 하느냐라는 과제를 가지고 있다. 전자를 '존재'라 한다면 후자는 '당위'라고 할 수 있으며, '존재'는 과학으로 규명되고, '당위'는 철학에 근거하여 방향을 가지게 된다(김영환, 조연철, 김옥태, 1994). 그러므로 체육행위는 그 자체 형성적 의도를 가지고 이루어지므로 그는 단순한 생리적 사실도 아니고 또 심리적 사실도 아닌 필연적인 행위로서의 과제를 가지고 있다. 체육원리는 이와 같이 '존재'와 '당위'라는 전체적인 입장에서 근거와 방향을 가진 체계적인 규범으로써 구성되어야 한다.

여기에서 혹여나 우리가 간과해서는 안 될 중요한 것이 있다. 그것은 체육은 과학 그 자체의 것도, 철학 그 자체의 것도 아니라는 것이다. 단지 체육 원리는 과학적 사실과 철학적 판단으로부터 이끌어지는 것이며, 체육은 과학과 철학을 기초로 해 정립되어지기 때문이다. 그러므로 현대의 체육은 과학적이 아니어서는 안 되지만 체육은 어디까지나 실천이지 과학 그 자체의 것이 아니다.

다음은 좀 더 구체적으로 철학적 사실의 원리와 과학적 사실의 원리에 대해서 살펴보자.

1) 철학적 사실의 원리

윌리암스(Williams)가 제시한 체육원리의 구성요소에 대한 도식을 살펴보면 보면, 통찰, 경험, 이해들은 철학적 기초에 해당되며, 이것은 그 국가, 그 사회의 조직에 관한 철학, 역사성, 전통성 그리고 생활관습 등이 관련되어 있다. 따라서 세계의 각 나라들은 그 나라의 국가체제, 민족 특유의 문화와 전통, 그 나라의 역사와 경험에 따른 요구 등을 토대로 해서 희망하는 방향의 체육을 조성하고 이를 실천하고 있는 것이다. 그 이유는 체육이 현존 사회의 조직과 정치를 소외하고 이루어질 수 없고, 개인의 요구충족이 없이 또한 존립할 수 없는 까닭이다(유근석, 1972).

예를들면, 우리나라의 일제시대인 경우 일본의 군국주의가 체육의 성격을 형성했고 그에 따른 방법을 낳아서, 전체적이면서 전제적인 체육을 강요했다는 것이다. 개인은 전체를 위한 구성상의 기물(器物)로 취급되었고, 획일적 계획에 따르는 전투기구의 인간 아닌 인간으로 존재했던 것이다. 독일의 히틀러가 그러했고, 소련의 무솔리니가 국민의 체육을 전투무기 산업활동으로 착각

했다. 체육이 전투사나 노동력 증강을 위한 수단으로만 사용되고 있는 적성국가(敵性國家)들은 황소를 기르듯 의도적 체육을 장려하고, 그것이 자라는 날엔 착취하려는 저의(底意)에서 계획을 수립하고 있다. 이러한 전제주의자들의 체육의 가치관에 비추어 인성을 존중하고, 인간을 위한 인본주의를 사수하는 민주주의 국가의 체육은 개인생활의 행복과 풍요를 기간으로 하는 체육으로서 자유롭고 평화적이며 오락적인 면에 비중을 크게 두는 점 등이 뚜렷한 차이점이라 하겠다.

우리나라의 체육은 민주주의가 지닌 철학, 인간의 권위, 기회균등, 개인의 가치 등등이 곧 체육의 방향설정에 중대한 역할을 하게 되는 것이다. 여기에는 반드시 개인의 요구와 사회의 요구가 충족되는 체육으로서의 내용과 자태를 갖추어야 하는 것은 물론이며, 그 가치 구명의 기조적(基調的) 요인이 되고, 이것들이 곧 방향을 설정하게 하는 핵심이 되는 것이다. 이러한 점에서 비추어 학교체육을 생각해 본다면, 학교체육은 올바른 인간형성을 목적으로 하는 교육의 한 분야로써 취급되어져야 할 것이다.

이처럼 체육을 전체적 시야에서 총괄적으로 관찰하여 체육의 나아갈 바를 결정적으로 방향짓는 가치성과 목적성을 근거로 이루어진 것으로 그 나름대로의 철학을 가지고 있는 것이라 하겠다. 그러므로 어느 나라를 막론하고 종합적인 그 나름의 소재를 바탕으로 그 나름의 이론과 원리를 가지고 체육을 하게 되는 것은 윌리암스(Willams)가 말하고 있는 철학의 부분이 된다.

2) 과학적 사실의 원리

체육이 철학에 의해서 방향이 설정되었다 하더라도 체육전체를 해결할 수는 없을 것이다. 그 이유는 여기에는 반드시 “무슨 까닭에”라는 법칙성과 인과성을 가지는 사실 규명의 과학과 “어떻게”라는 방법론이 상호협력하여 비로소 체육활동을 올바르게 해결할 수 있는 근거가 마련되기 때문이다. 한편, 가와무라(川村英男)는 체육이 학문적 체계를 갖추려면 그 영역과 방법론이 확립되어야 하는데 그러기에는 체육의 개념규정의 관점으로서, 실태의 복잡한 종합적 성격이라는 점을 지적하고 있다(유근석, 1972).

그러한 점으로 보아 "무슨 까닭에"와 "어떻게"는 윌림암스(Williams, 1964)가 지적한 과학이며 방법에 해당된다. 그러나 여기서 과학이라 함은 영구불변의 진리가 아니라 현 시점에서 믿어지는 이론적 근거이며, 앞으로 과학의 발달과 더불어 변동될지도 모르는 원리이라고 할 수 있다. 이는 오늘날 자연과학의 발전 속도를 비추어 볼 때 과학적 사실은 진리로서 믿을 수는 있지만, 최종적인 것은 아니고 잠정적인 것이라고 볼 수밖에 없을 것 같다.

철학과 과학의 관계를 교육이라는 것을 통해서 볼 때, 교육을 이상에의 합목적적 행위라 한다면 이상이 생기기까지의 가치 표준이 만들어져 하며, 교육이 결과를 얻고자 해서 생긴 과정이라면 극히 경제적이면서도 다수확을 희망할 것이다. 여기에서 후자의 경우는 교육자와 피교육자와의 사이에 활동 에너지를 경제적으로 사용하여 목적하는 수확을 충실히 거두자는 '효율'의 의미를 가지게 될 것이다. 그러므로 후자의 경우처럼 교육의 효율을 높이기 위해서는 과학을 바탕으로 한 합리적 방법이 중요하며, 또한 피교육자의 학습능력의 평가도 매우 중요한 역할을 하게 된다.

결론적으로 말하면, 인간을 생물학적, 심리학적, 사회학적 견지에서 분석하고, 존재학(存在學)과 실태학(實態學)의 입장에서 사물을 관찰한 후 체육이란 현상을 전체적으로 보아 그 연관성, 의존성을 밝히고, 나아가 그 목적성, 가치성을 향하여 실천하여야 빈틈없는 효과를 얻을 수 있는 것이다(예종이, 1987).

이제까지 체육원리에 대해서 살펴본 것을 종합적으로 요약해보면, 원리들은 어디까지나 방향설정만으로써 체육전체를 해결할 수는 없는 것이며, 여기에는 '무슨 까닭에'라는 법칙성과 인과성을 가지는 사실구명의 과학과, '어떻게'라는 방법론이 상응되어 비로소 체육활동을 올바르게 해결할 수 있는 근거를 마련하는 것이다. 그리고 '무슨 까닭에'와 '어떻게'가 바로 윌림암스(Williams, 1964)가 지적한 과학적 사항으로서 체육과학 및 체육방법학을 내포하고 있는 것이다. 그러한 과학적 사실은 진리로서 믿을 수 있다고는 하지만 최종적인 것이 아니라 긍정적인 것으로서 현시점에서의 결정에 지나지 않는다. 왜냐하면, 과학이 더욱 발달되면 오늘의 진리는 변경될 가능성을 내포하고 있으며 오늘의 과학적 사실은 진리에 접근하고 있는 경과 실태라고 생각할 수 있는 까닭이기 때문이다.

3. 체육원리의 영역

체육은 원론적으로 보자면 교육의 한 영역이다. 그러므로 체육은 신체를 통한 교육이라고 한다면, 체육원리 또한 교육원리와 연관지어 기술함이 타당할 것이다. 교육원리에는 대개 교육본질론, 교육동기론, 교육가능론, 교육목적론, 교육내용론, 교육방법론, 교육평가론의 7영역이 포함되고 있는데, 이것은 체육원리의 내용과 범위를 결정하는데 아주 좋은 지표가 될 수 있다.

여기에서는 마에가와(前川)의 '體育原理'에서 제시한 체육원리의 영역을 참고하여 기술하고자 한다(前川峯雄, 1981).

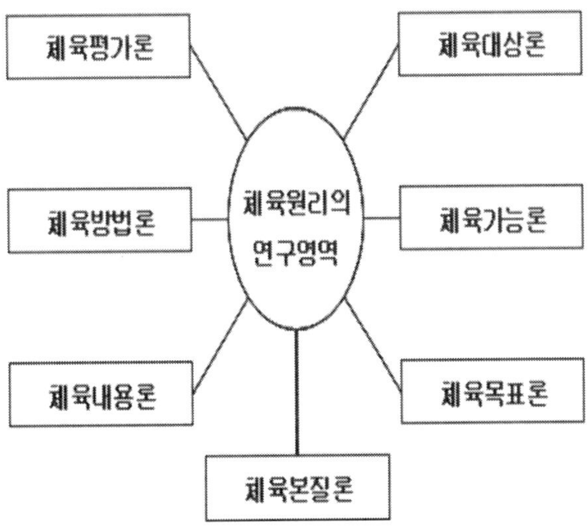

그림 1-3. 체육원리의 연구영역

1) 체육본질론

이것은 '체육이란 어떠한 것인가'를 문제로 하는 영역이다. 오늘날 통속적으로 체육과 스포츠가 같이 설명되고 또 체육과 신체운동과의 구별도 없이 언급되고 있는 것은 주지의 사실이지만 그것과 달리 체육본질의 것은 무엇인가? 그리고 그것과 관련하는 영역과의 관계를 밝히는 것에 의하여 이 문제를 밝힐 필요가 있다.

2) 체육대상론

체육은 지도를 받는 자와 지도하는 자와의 관계에 있어서 이루어진다. 이 경우 지도를 받는 자, 즉 체육의 대상 또는 객체의 성질을 밝히는 것이 우선 필요하다. 체육의 대상에는 발육기에 있는 자, 발육이 정지되어 잠시 정체하는 시기에 있는 자(성인기), 곧 정기에서 쇠퇴해 가는 시기에 있는 자 등을 생각해 볼 수 있다. 그리고 그 각각의 시기는 타 시기와 다른 특성을 가지고 있다. 이러한 점을 명백히 하는 것은 대상의 발달적 고찰이다.

그러나 대체로 성장, 발달이란 개개인의 내적 특성 또는 소질에만 의하지 않고 그것을 에워싸는 환경 또는 외적 조건에 의해 규정된다. 체육의 임무는 각각의 시기에 있어서 발달의 특성에 따라 조장하는 것이지만 그것은 어떠한가?

또 체육은 신체활동 또는 그것에 관련하는 경험을 수단으로 하는 교육이다. 더욱 그것은 대상적 자신의 활동이나 행동이라는 것이고, 그것을 학습이라고 인정한다면 그 학습의 가능성은 어떠한가? 이러한 것을 명백히 하지 않으면 매일 매일을 살아가기 위해서는 체육적 필요성을 명백히 하지 않으면 안된다.

그리고 체육을 주로 지도관계에 한한다면 대상론의 중심은 대개 발육기에 있는 자에게 중점을 두어야 하며, 더욱이 시기의 대부분이 학교시기이기 때문에 당연히 이 시기에 초점을 둔다.

3) 체육가능론

체육에 있어서 그 기능성을 전면적으로 인정하는 사람이 있는 동시에 그것은 어떤 범위에 한해진 것이라고 인정하는 사람의 양론이 있다. 자연 어디까지 교육이 가능한가는 체육원리연구의 과제이다. 그것은 체육에 있어서도 마찬가지이다. 외적 영향으로서의 체육작용은 과연 어디까지 바랄 수 있고 가능한가? 만약 있다면 그것은 어디까지 있는가의 문제로서 실제적으로는 체육실천의 성과에도 관계하는 문제영역이라고 할 수 있다.

4) 체육목표론

체육은 인간형성을 목표로 하는 교육 중에서 어떠한 역할을 가지고 인간형성의 어느 면에 참여할 것인가? 이것이 체육 목표론의 중핵으로 되지만, 그렇게 해도 어떠한 것이 있으며, 체육의 목표로서 적성과 가능성의 문제가 먼저 고찰되어야 할 것이다. 이러한 검토의 결과로서 목표가 설정되면, 그것에 도달하기 위한 구체적인 하위의 목표를 생각하지 않으면 안된다. 그리고 이것이 확정되면 비로소 체육의 내용이나 방법에 대해서의 구성이 성립하는 것이다.

5) 체육내용론

체육의 목표가 명확히 되면, 그것을 달성하기 위한 수단이나 내용을 어떻게 생각해야만 하는가? 우리는 체육대상의 성질에 있어서 목표에 도달하기 위한 가장 적절한 내용을 선정해야 하지만 그렇게 하기 위해서는 어떻게 하면 좋을까?

더욱 그것은 연간을 통하여 또는 가장 장기적 계속적으로 학습능력이나 체력에 응한 내용을 계통적, 통일적으로 주지 않으면 안된다. 이와같은 관점으로 내용의 배열은 정말 합리적인 것이 아니면 안된다. 내용을 편성함에 있어서는 일정한 원리가 있고, 거기에 따라서 연간 또는 아동기, 청년기에 적합하게 배열하지 않으면 안 되므로, 이에 그 원리와 배열방법에 대한 연구가 필요케 되는 것이다.

6) 체육방법론

체육은 인간형성이란 대목표에 도달하기 위한 방법이라고 말 할 수 있을 것이다. 옛날부터 일정한 목표를 달성하기 위하여 여러 가지 방법이 사용되어 왔으나, 어떠한 과정을 거쳐 지도하면 예상한 목표를 가장 합리적으로 달성할 수 있는가에 대한 원리, 원칙과 같은 것을 규명하려고 하는 것이다.

실제에 있어서 목표를 달성시키려 하여도 방법론으로 그것을 실현할 수 없다면, 그것은 결국 단순한 기대나 망상에 지나지 않는다. 따라서 체육의 임무는 목표, 내용의 방법화가 이루어졌을 때 종료한다고 해도 좋을 것이다. 더욱 구체적으로 사용되는 방법은 내용이나 목표에 따라 매우 복잡하다.

7) 체육평가론

일정한 체육목표를 향하여, 내용을 결정하고 그것을 학습시키고, 그것을 지도한 결과를 문제로 하는 영역이다. 평가에 있어서는 자주 테스트를 사용하고 있지만, 테스트 그 자체가 목표의 도달상황을 바르게 파악할 수 있는가의 여부를 검토하고, 이 평가의 원리, 원칙을 명확하게 하는 것이 이 분야의 주요한 내용으로 될 것이다.

4. 체육원리와 체육철학과의 관계

앞에서 언급하였듯이 혹자들이 체육원리를 체육철학의 일부라고 생각하는 사람이 있어 체육원리와 체육철학과의 관계를 밝혀 그 이해를 돕고자 이 부분을 다루어 보았다. 이 둘의 관계를 기술함에 있어서 김홍수(1982)가 기고한 "체육원리와 체육철학과의 관계"라는 논문을 참고로 하여 서술하였다.

체육철학과 체육원리의 관계를 논하기 전에 우선 각각의 단어가 갖고 있는 개념의 범위설정을 하여야 하며, 또한 그렇게 하기 위해선 개념을 명확히 하는 것이 필요하다고 하였는바 필자 또한 이러한 과정을 거치는 것이 적절하다고 생각된다.

그렇다면 글자 그 자체에서의 철학(philosophy)의 의미는 '진리(philos)에의 사랑(sophia)'이라고 할 수 있으며, 이것이 의미하는 바를 고대에 있어서의 광범위한 개념으로 파악해 보자. 이러한 경우의 철학이란 윤리학, 논리학, 미학, 생물학, 천문학, 생리학, 화학, 정치학, 행정학, 심리학 등의 인문사회와 자연과학 계통의 것들을 모두 포함한 상태의 것으로 앎에의 희구를 유발하는 모든 학문의 아버지 상태를 표현한다고 볼 수 있다. 이에 반해 원리란 애지(愛智)의 상태가 학적으로 성립될 수 있는 기본적 원칙, 혹은 설명 또는 판단의 근거가 되는 하나의 이론(theory)이 될 때 그것을 원리라고 한다는 점은 앞서 언급한 바 있다. 즉, 제학문 각각의 출발점이어야 할 개념으로서 파악하는 것이며, 그것은 일정기간 혹은 어느 정도 이상의 지속성이 있어야 할 것이다. 다시 말해서 어떤 한 원리는 영원불변의 것이어야 하는 것이다. 단, 그 원리를 구성하고 있는 이론들이 변화하지 않는다는 전제 아래에서 대략 이와 같은 개념설정을 해 놓고 체육에 있어서의 철학과 원리와의 관계를 분석해 보자.

앞에서 서술하였듯이, 철학은 '학(學)의 학(學)'이라고 보는 것이다. 현존하는 모든 학문은 그 원천을 따져 볼 때, 모두 철학으로부터 나온 것이다. 모든 학문이 철학으로부터 분화되어 발생한 것이지만, 각각의 숙련자내지는 전공자를 배출하는데 현대에 와서는 모든 학문이 세분화된 경향이 있다. 그렇게 됨으로써 어느 한 학문을 하는 사람은 다른 학문에 대해서는 문외한(門外漢)이 되어 진정한 진리와는 거리가 멀어지는 감이 없지 않은 것이다. 제학문의 상호협동에 의한 종합화를 통해서 진리는 가까워질 수 있는 느낌이 들기 때문이다. 그러나 분화에 분화를 거듭하는 현대의 학문은 이와는 정반대로 흐르는 경향이 있기 때문에 우려를 하고 있는 것이다.

그렇다면 고대의 철학으로부터 분파된 수많은 학문을 통합시킬 학문은 무엇이겠는가. 현재에 있어서의 철학도 단순히 인문과학분야의 좁은 부분만을 차지하기 때문에 고대 철학의 개념인 '학(學)의 학(學)'으로서의 가치는 상실했다고 할 수 있을 것이다. 따라서 김홍수는 현대 혹은 미래에 있어서는 체육학이 그 임무를 수행해야 할 것이라고 감히 제시하고 있는 것이다. 왜냐하면 모든 학문이 연관을 맺어 상호협동을 시켜 인간사회에 적용을 하고 진리탐구에 이바지 하는 데는 체육학이 가장 유망하기 때문이다. 이로부터 '학(學)의 학(學)'인 고대의 철학이 아닌 '학(學)으로부터의 학(學)'인 체육학을 다음과 같은 그림으로써 제시하는 것이다. 이상과 같은 개념 하에서의 체육학이라면 하부 즉 말한바와 같이 체육원리는 체육철학이란 말로 대치되어야 할 것이라고 생각된다. 왜냐하면 체육을 지지하고 있는 각 학문의 원리가 존재하고 있으므로 굳이 원리의 원리라는 개념인 체육원리의 사용에 대해서 다시한번 생각을 재고해 보아야 한다는 것이다.

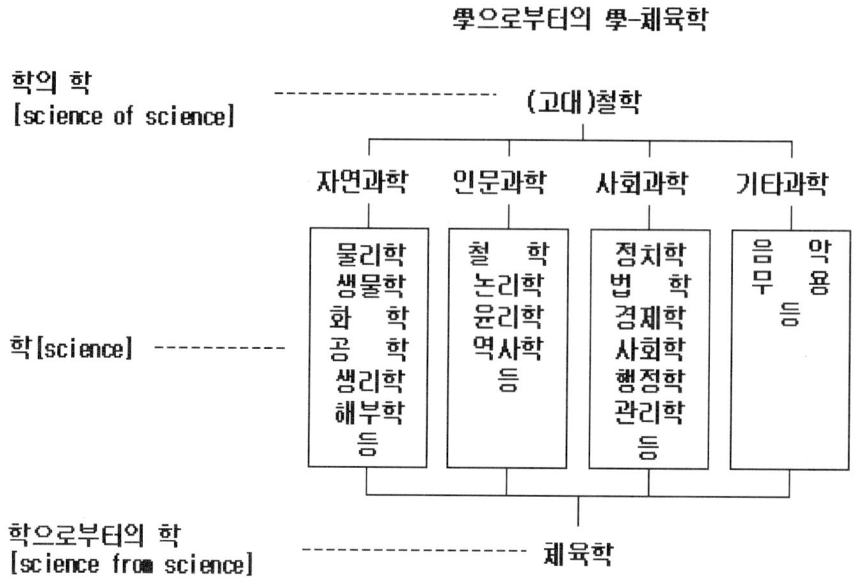

그림 1-4. 學으로부터의 學인 體育學(김흥수, 1982)

5. 체육원리의 연구태도

체육원리의 연구태도에서는 마에가와(前川)의 '體育原理'에서 제시한 내용을 참고하여 기술하고자 한다(前川峯雄, 1981).

체육원리를 연구하려고 하면, 체육의 현상에 있어서 항상 주의를 기울이고 있는 것이 중요하다. 대체로 원리 연구자는 문헌을 통해서 지식을 획득하는 것이라고 생각하기 쉽다. 그러나 더욱 중요한 것은 연구자가 항상 체육의 현실에 눈을 돌려 거기로부터 문제를 발견한다고 하는 태도이다.

여기서 '체육의 현실'이란 것은 '사람들이 현재 체육행동을 행하거나 또는 체육이라는 교육을 받고 있거나 하는 사실'인 것이다. 일반적으로 인간이 존재하는 경우에 이와 같은 의미에서의 체육사실이 존재하고 있다. 연구자가 이 사실에 주의와 관심을 기울이면 거기에서 발견되는 여러 가지 문제에 대해서 의식을 갖게 될 것이다.

더구나 이와 같은 문제는 동시에 체육에 관한 제과학으로서의 체육심리학,

체육사회학, 운동생리학 또는 운동학 등의 문제이기도 하다. 그렇다고 하면 이들 제과학의 연구에 관계하려고 하는 사람과 원리연구자와의 사이에 문제에 대해서 구조상의 차이가 있는 것일까? 물론 그렇지 않으면 안되지만 그 차이는 무엇일까?

체육에 관한 각 과학은 각각의 문제를 그 과학의 체계 내에 취급하고 또 각각의 과학방법에 의해 처리될 것이다. 이에 대하여 체육원리는 그 주요한 태도로서 체육의 '목적-내용-방법의 일관성'이라는 관점에서 연구를 진행하게 된다. 그리고 이 일관성을 관찰하려고 할 때, 제과학과 관련하는 것이 될 것이다. 체육원리의 연구는 각 과학의 성과를 상술한 '목적-내용-방법'의 일관성, 통일성이란 입장에 있어서 편입하여 체계화하려고 하는데 그 특색이 있다. 따라서 이들 과학의 입장을 떠나서 오히려 체육이라고 불리는 교육작용의 과정 가운데 제과학의 성과를 관계시키면서 체육작용의 합리성 추구라는 것에 연구목적을 두게 되는 것이다.

요컨대, 체육원리의 연구자는 항상 체육의 현실에 대해서 주의를 하고 이것을 둘러싼 환경적, 사회적 조건도 포함한 전체적 입장을 가지고 체육의 본질을 파악하고 또 한편 변전되고 있는 환경적, 사회적 정황 아래 체육의 미래상을 예상하고 체육의 현실적인 과정에 대한 개혁을 꾀하는 태도를 가지고 있지 않으면 안된다. 체육의 과정에 있어서 체육문제를 해결하려고 할 때도 이와 같은 진보적인 것을 포함하지 않으면 안 될 것이다.

제2장

인간과 운동

체육을 다룸에 있어 체육을 구성하는 기본 요인으로 하나의 총체적이고 통합적인 기계로써 움직여지는 인간 자체와 실제적인 기계의 움직임을 통해 수행하게 되는 운동이란 측면을 이해하는 것은 매우 중요한 것이라 할 수 있다. 인간의 삶을 영위함에 있어 발휘하는 고귀하고 중요한 가치를 이해하기 위해 체육에서 주요 대상으로 하는 인간과 운동의 본질에 대해 이해할 필요가 있다.

1. 인간의 이해

인간이 무엇인가 하는 질문을 던지고 그 해답을 찾기 위한 탐구는 수없이 많은 철학자들을 통해 끊임없이 이어져왔다. 비록 시대의 변화에 따라 인간에 대한 본질적 정의의 변화가 있긴 했으나 인간이 존재하는 한 인간이란 존재에 대한 근원적 탐구는 계속될 것으로 본다.

인간의 특성을 전체적으로 파악하고자 많은 노력들이 기울여져 왔다. 인간의 특성을 묘사하는 것으로 특히 이성적 인간, 종교적 인간, 경제적 인간, 공작적 인간, 심벌(symbol)을 조작하는 동물, 사회적 동물, 그리고 도구를 만드는 동물 등 그 표현 형태가 광범위하고도 각양각색으로 나타나고 있다. 이러한 표현상의 다양성을 한 가지의 표현으로 정리해보면 결국 '인간은 생명활동을 한다.'는 것으로 귀결시킬 수 있게 된다. 흔히 "삶(life)"으로 표현되는 인간의 생명활동은 흔히 '인간이 삶을 가지고 있으며 주위를 둘러싸고 있는 무생물계로부터 구별된다.'고 나타내지고 있다. 즉 무심코 지내고 있는 개개인의 일상생활은 '살아있다'는 사실에 전제해 가능해지는 것이므로 인간의 본질을 논하고자 할 때 살아있는 존재, 즉 생명활동을 수행하는 존재라는 사실을 분명하게 인식해야만 한다. 대부분의 사람들은 '살아있다'는 자체의 고귀한 가치를 인식하지 못한 채 일상생활을 접하고 있어 때때로 생명의 존엄성에 대한 가치 폄하 행위를 보이기도 한다. Sinnott(1958)는 유기체에 대해 기술하면서 '유기체 모두가 너무나 자연스러워 보이므로 유기체의 생명활동이라는 것이 얼마나 경이로운 현상인가를 망각하게 된다.'고 하였다.

1) 생명활동과 적응

생명체로서의 인간은 무엇보다도 1차적인 욕구 충족의 행위를 수행하게 된다. 이와 같은 1차적인 행위적 본능에는 유아가 모체로부터 모유를 흡인하는 행위, 음식에 대한 섭식 행위, 경험해보지 못한 세계에 대한 공포감 및 두려움, 위험한 것으로부터 도피하려는 행위, 공격적인 행위들에 대해 느끼는 분노의 정서 등과 같은 자기보존/보호의 본능과 이성을 보고 느끼는 호감 및 성적인 호기심 등의 종족보존의 본능 등이 포함된다.

인간을 포함하는 대부분의 생물들은 주변의 환경으로부터 많은 영향을 받기도 하며 그러한 환경과의 유기적인 상호작용을 통해 개체의 안전을 도모하고 궁극적으로 공생의 관계를 형성하게 된다. 특히 인간의 경우 다른 생물체들과 비교해 두뇌가 월등히 발달해 필요한 도구를 만들어 사용하며 이미 만들어 사용하는 도구에 대해 변화 혹은 수정을 통해 새로운 변화에 적응할 수 있어 그 어떠한 생물체보다도 상위의 생명활동을 수행하고 있다 하겠다. 이와 같은 인간의 조작적 행위에 대해 인류학자들은 다른 동물과 비교해 인간에 대해 반드시 인지해야 할 점이 있다고 강조한다. 즉, 인간은 상위 생물체의 극단으로 분류되는 반면 하위 생물체의 극단은 곤충류가 차지하고 있어 본능만을 매개로 환경과의 사이에 균형을 유지해나간다. 곤충류의 유충의 움직임은 그 어미의 움직임과 비교해 거의 구분할 수 없을 정도의 완전함을 나타내는 반면 인간의 유아는 성인의 도움 없이는 환경에 전혀 적응할 수 없는 불완전한 생명체에 불과하다. 생물체로서의 인간이 선천적으로는 매우 나약하고 부족한 존재이지만 후천적인 학습을 통해 이룰 수 있는 발전-발달의 잠재력의 범위는 매우 크다는 것으로 교육의 필요성을 나타낼 수 있겠다.

2) 생명보존의 방법과 규칙

인간은 생명활동의 유지를 위해 생명체로서의 생명의 보존에 관심을 기울이지 않을 수 없다. 생명활동을 유지하며 살아간다는 것 그리고 생활한다는 것과 같이 인간이 자신에게 주어진 환경에 적응해가며 자신의 행동을 형성해 나가는 것도 매우 중요하지만 한걸음 더 나아가 그러한 환경을 인간에게 좀 더 유리하도록 개선해 나가는 능력으로 볼 때 인간의 적응 능력은 어느 생명체와도 비교할 수 없다. 이러한 측면에서 체육 역시 기본적으로는 생명보존의 방법을 추구해나가는 과정에서 자연스럽게 파생될 수 있었던 학문의 한 영역이라 하겠다. 인간이 생명을 보존해나가는 활동을 분석해보면 크게 몇 가지의 방법 및 규칙을 찾을 수 있게 된다. 첫째 자신뿐 아니라 타인의 생명을 무시하거나 파괴해서는 안 된다. 생명이란 것은 누구에게나 가장 소중한 것으로 어떠한 경우라도 소홀히 여겨져서는 안되며 억압하거나 상하게 하는 행위도 금해야 한다. 둘째 생명 보존의 활동이 단순히 파괴되지 않거나 해치지 않는 활동을 뛰어 넘어 더 깊고 아름답고 즐거운 것이 될 수 있도록 해야 한다. 그러기 위해 먼저 결혼을 통해 자식을 출산하도록 해야 하며 가능하다면 우생적 결혼이 될 수 있도록 해 유전적으로 결함이 없는 자녀의 생산이 이루어질 수 있도록 노력해야 한다. 셋째 정신적 발달을 방해하는 활동들을 배제시켜 건전한 정신적 소양을 지닌 개인으로 사회와 협력할 수 있도록 활동을 수행할 수 있도록 해야 한다. 마지막으로 현대 사회에서의 건강한 삶을 유지할 수 있는 직업적 충실성과 지적 탐구의 노력을 게을리 하지 않음으로써 총체적인 웰니스의 달성을 이룰 수 있도록 해야 한다. 총체적인 웰니스의 달성은 개인의 생명활동에 대해 책임 있는 역동적 활동으로 이루어질 수 있는 것으로 단순한 신체적, 정신적, 그리고 사회적 건강뿐 아닌 지적, 정서적, 그리고 직업적 건강까지를 고려한 미래 삶에 대한 현재 계획의 역동적 실천과정이라 할 수 있다.

3) 죽음에 대한 이해

인간이 살아있는 생명체로서의 활동을 수행한다거나 발육과 발달을 이룬다는 표현은 다른 측면으로 생각할 때 성장의 과정이 정점에 이른 후부터는 노쇠해지고 퇴화되어 결국에는 죽음에 이른다는 대전제가 바탕에 놓여 있음을 암시하는 것이다. 개체로서의 인간의 생명은 정자와 난자가 만나는 수태의 과정에서 비롯되어 세포 분열을 통해 유기체의 모습을 이루게 되고 출생을 통하게 됨으로써 비로소 하나의 진정한 생명체로 발전하게 된다. 출생 후 약 20년이 지나면 모든 장기의 성장이 완성되어 일생의 생명활동 중 가장 왕성한 정력을 발휘할 수 있게 되며 이 후 약 20여 년간 가족을 형성하고 종족본능 및 성적 욕구 충족의 1차적 욕구 충족을 가족이라는 가장 작지만 가장 강한 사회라는 울타리에서 이루게 된다. 출생 후 40여년이 지난 후부터는 신체 기능이 점차적으로 노쇠현상을 보이게 되어 60~70세가 되면 퇴화의 단계에 접어들게 된다. 일반적으로 인간의 생명활동은 80세 전후까지 지속되며 신진대사를 위해 필요한 충분한 에너지의 공급이 이루어지지 못하는 시점에서 생명활동은 멈추게 된다. 이와 같이 생물학적, 자연과학적 측면에서 죽음이란 신진대사, 자극에 대항하는 반응운동, 생식활동, 및 감각활동 등으로 대변되는 생활현상이 정지 상태로 되는 상태를 의미한다.

인간에게 있어 죽음은 인간이 극복하고자 하는 고뇌 중 가장 중요한 것 중의 하나로 실로 인간의 역사와 더불어 존재해왔다. 예로부터 수없이 많은 철학자들과 현인들, 그리고 종교인들이 삶의 연장에 대한 열망을 해소하기 위해 많은 철학적이고 종교적인 접근법을 제시해 왔다. 종교적인 발달을 이루기 전부터 고대인들 사이에 윤회(輪回)와 전생(轉生), 그리고 영생의 사상이 있었다. 총(塚)고분과 기념비들은 이와 같은 영생의 사상과 기원의 표현으로 해석되고 있으며 현대에 존재하는 대부분의 종교의 근원 교리에서도 죽음이라는 문제를 심도 있게 다루고 있다. 한 가지의 예로 불교를 들어보면 죽음이란 현상에 대해 두려워하거나 피하려는 것이 아닌 적극적으로 긍정할 수 있도록 함으로서 오히려 죽음이라는 그 자체의 의미부여를 기피해 새로운 삶의 시작이란 측면을 강조하고 있다. 죽음이란 것이 피할 수 없는 절대적인 것임은 틀림없지만 역설적으로 절대적이기 때문에 '살고 있다'는 것에 대한 소중함을 알 수 있게도 한다. 죽음은 예측할 수 없이 찾아올 수 있으므로 한 순간 한 순간 인간이 죽음에 접근해 가고 있다고도 할 수 있을 것이며 그러한 측면에서 삶을 이어가는 매 순간이 되돌릴 수 없을 만큼 중요한 것이라고도 하겠다. 살아간다는 측면의 삶과 죽어 생명활동을 하지 못한다는 죽음을 자각한다는 것으로부터 자신뿐 아닌 타인의 생명에 대해 소중함을 인지하는 것은 인간이란 존재의 의미를 이해함에 있어 매우 중요한 부분이라 하겠다.

4) 생명체로서의 인간 : 문화(culture)와 인격(personality)

인간은 이미 존재하고 있는 객체이며 유기체이지만 항상 새로운 것을 만들어 간다는 점에서 어느 생명체보다도 창조적 활동을 수행하고 있다. 이러한 부분을 '보다 잘 살기 위해'라는 표현을 빌어 나타낼 수 있을 것이며 현재의 상태에서 머물러 있지 않고 좀 더 높은 상태에서의 평형을 찾아 움직인다고 볼 수 있다. 이와 같이 더 높은 상태에서의 안정을 추구하는 인간의 본성으로 인간의 문화가 발전되어 왔으며 한편으로는 문화의 발전이 문명의 이기적 발달을 촉진시켜 보다 잘살아가는 인류를 만들어왔다고 할 수 있다. 이렇게 보다 잘 살려고 하는 인간의 활동은 한편으로는 지성적인 면을 강조해 이성적 인간(homo sapiens)이란 용어로, 또 다른 면에서는 기술적인 면을 강조하는 공작적 인간(homo faber) 혹은 도구를 만들어내는 동물(tool making animal)이란 용어를 만들어 내도록 하였다. 동물의 경우 사는 것, 즉 생명을 유지하는 것에 필요한 것이 있는 것으로 만족하며 단순히 자는 것에 대한 기술적인 부분만을 고려할 때는 동물의 경우가 사람의 경우와 비교해 훨씬 강인하다고 할 수 있다. 특히 몸체를 이용한 자기 방어 능력과 생존에 필요한 외력의 발휘는 인간이 결코 따라갈 수 없을 만큼 강함에 틀림없다. 그러나 인간이 창조해내고 만들어내는 새로움은 창조적인 문화와 문명을 만들어내 단순하게 인간이 존재한다는 것으로 그치는 것이 아닌 가치 있게 존재해야 한다는 것을 달성하도록 해준다. 인간이 생물학적으로 생명활동을 하는 것에 기초하지만 단순히 수동적으로 생명을 유지하는 것이 아닌 삶의 주체자로서 적극적, 능동적으로 '잘 살 수 있도록 노력'해가며 살아가야 한다는 것이 중요하며 죽음에 임하여 삶에 미련을 두시 않을 만큼 매 순간 최선을 다하는 것으로 생명의 존엄성을 실천해나가야 할 것이다. 이런 측면에서 문화를 이루는 생명체란 끊임없이 탐구하고 노력하는 창조적인 인간의 삶을 대변하는 것이라 하겠다.

인간의 행위가 기술적이지만 지성을 표현할 수 있다는 점에서 인격이라고도 할 수 있다. 인격이란 인간 활동의 유기적 통합체라 할 수 있는데 이는 진위와 선악을 판단하는 능력 그리고 자유롭게 의지를 결정할 수 있는 것을 포함한다. 본래 인간의 활동은 유기체 환경에 전일체로서 반응하고 작용하는 것으로 인간이 소유한 지성의 표현방식이라 할 수 있어 환경과 필연적으로 관련을 맺어 나타나는 고정적인 활동과는 다른 것이다. 인격이란 노력의 개념을 포함하는 인간의 반응으로 그 개인의 욕구, 의지 혹은 지성을 표현하고 있어 윤리적, 교육적, 및 심리적인 의미를 포함하는 것이라 볼 수 있다. 인간의 행위가 동물적 행동과 구별되어야 함은 분명하지만 동물적 행동과 무관하게 행해진다고 이해하는 것 역시 옳지 않다. 인간 자체가 생물학적 존재이므로 생물학적 근간을 형성하는 동물로서의 기초를 버리고는 존재할 수가 없다. 즉, 인간의 행위는 동물적 행동을 부정하고서는 성립될 수가 없는 것이다. 동물적 행동은 본질을 버릴 수 없지만 이성적인 판단에 의한 인격적 표현을 나타내는 보다 잘 살려는 노력을 반드시 나타내야만 한다. 이렇게 될 때 인간이 단순한 생명 활동을 하는 존재로 인식되지 않고 동시에 인격을 지니고 행동하는 행위적 존재로 남을 수 있게 된다.

5) 사회적(social) 그리고 역사적(historical) 존재로서의 인간

인간 집단에서 개인이라는 개념은 또 다른 개인이 없고서는 성립될 수 없는 것이다. 현실적으로 인간은 다른 많은 개인들 사이의 관계를 떠나 성립될 수 없는 것으로 반드시 무엇인가의 의미를 형성하기 위해 타인과의 관계를 형성해야만 하는 경우가 대부분이다. 이러한 측면에서 인간은 항상 개인화의 요구를 받음과 동시에 전체 사회화의 요구를 함께 받게 된다. 이런 의미에서 '인간은 사회적 동물이다'라고 할 수 있게 되며 모든 인간의 행위가 본질적으로 접근하면 결국은 사회적 행위라 볼 수 있다. 인간을 둘러싸고 있는 환경들은 자연 환경을 포함하는 물리적 환경들로 일정한 공간을 지니고 있는 문화적 사회적 환경이기도 하다. 이와 같은 문화적 사회적 환경은 공간성을 지님과 동시에 과거, 현재, 미래라는 시간적인 개념을 함께 내포한다. 앞서 인간은 새로운 것을 창조하고 만들어 낼 수 있다는 측면을 언급한바 있다. 인간이 만들어 내는 새로운 도구와 문화는 인간 사회에 긍정적으로 작용하며 시간이 흐름에 따라 또 다른 새로운 것을 만들어내는 창조성의 근간이 된다. 다시 말해 인간이 만들어내는 모든 도구와 문화는 시간적 역사적인 것이 될 수밖에 없다는 것이다. 근본적인 측면으로 이해를 해보면 인간 자체가 신체적 존재로 일정한 공간적 위치를 차지하지만 동시에 시시각각으로 성장하고 발달하며 노화의 과정을 거치며 죽음에 이르게 되는 공간적, 시간적으로 한정된 존재이기도 하다는 것이다.

시간적인 측면을 좀 더 기술해보면 과거를 흔히 지나간 것, 혹은 이미 만들어져 바꿀 수 없는 것으로 현재와는 독립된 것으로 규정한다. 하지만 과거는 현재를 규정하는 것으로 분명히 현재와 연결되어 있는 것으로 보는 것이 맞을 것이다. 과거에 일어난 사실과 경험들을 토대로 현재 개인의 행위 방식을 결정하게 된 것이며 때로 과거의 경험을 통해 새로운 결심을 유발해내게 하는 것과 같이 현재 행하는 행위방식에 지대하게 영향을 미치는 것이 바로 과거라 하겠다. 미래는 아직까지 현실화되지 못한 현존하지 않는 것이라 할 수 있으나 기대와 희망으로 혹은 가능성으로 현재에 작용하고 있는 엄연히 존재하는 것이라고도 할 수 있다. 현재란 과거와 미래도 아닌 것으로 인식할 수 있으나 실제로는 과거와 미래를 함께 묶어주는 역할을 해 과거의 필연을 미래의 자유로 전환시켜주는 징검다리의 역할을 하는 것이다. 인간이 생명활동을 행한다는 자체만으로는 현재의 순간을 살고 있다는 것에 지나지 않는 것이라 생각할 수 있으나 실제로는 과거에 만들어져 있는 길에 서있을 뿐이며 앞으로 가야하는 길을 선택하는 순간에 있는 찰나라 할 수 있다. 이렇게 보면 현재는 과거에 어떻게 살아왔는지를 알고 미래에 어떻게 살아갈 것인가를 알고 있는 경우 그저 그 전과 후의 연결선상에 있는 순간일 뿐으로 생각할 수도 있다. 인간의 생명이란 현재 살고 있는 순간을 제외하고는 존재하지 않는다는 현재를 중시하는 측면이 있는 반면 과거와 미래에 대한 선(線)과 공간(空間)적 연결이 없이는 현재가 존재하지 않는다는 현재 무의미적 측면을 동시에 지니고 있다고 볼 수 있다. 체육 활동에 있어 근본적인 도구가 되는 신체활동은 단순히 사색적인 추상적 현재 속에 놓여 있는 것이 아닌 각자의 개인이 현실세계에서 살고 활동하고 있는 바로 이 순간들 속에 이루어지고 있는 구체적인 움직임들이 되어야 하는 것으로 나를 포함하는 주위의 사람들, 그리고 사회의 잘 살 수 있는 미래를 위해 활력적으로 움직여지는 신체적인 움직임들을 대상으로 해야 함을 전제에 두고 있다.

2. 신체의 이해

몸 혹은 신체로 대변되는 인간이란 객체는 체육이란 학문의 울타리 안에서 늘 가장 중요한 한 부분을 차지해 왔다. 신체활동을 포함하는 모든 인간의 활동은 신체를 배제하고 생각하기 힘들며 정신적 성장과 성숙을 이루는데 있어 빼놓을 수 없는 부분이기도 하다. 정신과 신체(혹은 육체)를 바라보는 시각은 시대와 사람에 따라 달라왔으나 가장 현대적 관점에서는 이 둘을 하나의 일체된 것이라 보고 있다.

1) 유물론(materialism)과 유심론(idealism)

유물론(唯物論)이란 모든 현상과 사물의 근본에 물적(物的)인 것이 존재하고 있다는 것으로 모든 정신과 의식이 물적인 것으로부터 파생된다는 관점을 갖는다. 이러한 철학적 사고는 고대 그리스의 철학자들(Thales, 640~550 B.C; Anaximenes, 590~525 B.C; Democritos, 460~436, B.C 등)로부터 스토아 학파 이후의 근대 철학자들(John Toland, 1667~1772, La Mettrie, 1709~1771; David Hartly, 1704~1757; Joseph Priestley, 1733~1804; Karl Marx, 1818~1883)에 이르기까지 오랜 기간동안 이어져 내려왔다. 유물론을 주장하는 학자들은 정신이 물질의 소산이라 하여 정신은 물질의 작용이나 기능이며 물질의 한 상태라 주장하였으며 실제적으로 현대의 자연과학적 세계관의 기저를 제공하였다고 볼 수 있다. 신체와 정신을 대변하는 경우 유신론(有身論)으로 해석할 수 있을 것이다.

유물론과 대립되는 것으로 유심론(유심론)이 잘 알려져 있는데 유심론에서는 모든 우주 및 세계의 본질을 심적(心的)인 것에서 찾는다. 고대 그리스의 철학자들(Pythagoras, 570~?B.C; Parmenides, 520~?B.C 등)로부터 시작되었다고 하는 주장도 있으나 참다운 실재로 이데아(idea)를 주장한 Platon(429~347)을 유심론의 창시자로 보는 견해가 많으며 근세에 까지 많은 철학자들(Gottfried Wilhelm Leibniz, 1646~1716; Georg Welhelm Friedrich Hegel, 1770~1891; Arthur Schopenhauer, 1788~1860; Henri Bergson, 1859~1941; Nicolai Hartmann, 1882~?)이 이와 같은 유심론의 세계관을 펼쳐왔다. 정신적이고 이상적인 세계를 동경해 모든 생활에 있어 절제와 인내를 강조하며 이상적 세계와 정신적 수양을 실천하는 사람들을 상위에 육체적이고 현실생활에 집착하는 사람들을 하위에 두어 계급주의적 세계관의 시초가 되기도 하였다.

전술한 유물론과 유심론이 지나치게 한쪽으로의 세계관에 치우쳐 있다는 주장과 함께 근대에 이르러 Rone Descartes(1596~1650)는 정신과 신체가 각각 서로 다른 실체라는 측면에서 심신이원론(deualism)을 제기하였다. Descartes는 신체와 정신은 각각의 별개의 작용을 하는 독립된 것으로 인체 내 뇌의 송과선(松果腺)에서 서로 접촉해 상호작용을 하게 된다고 주장하였다. 이런 점에서 이 철학적 접근법을 심신상제설(心身相制說, interactivism)이라고도 부른다. Paruch de Spinoza(1632~1677)는 이러한 관점을 한 단계 발전시켜 신체와 정신이 본래부터 서로 다른 두 개의 실체가 아닌 한 개의 실체적 속성이라 주장하였다. 즉, 인체의 내부로 보면 정신이고, 외부로 보면 신체(혹은 몸체)일 따름으로 정신과 신체가 실체의 양면일 뿐 다른 것이 아니라는 것이며 한 쪽이 나타나면 반드시 다른 한 쪽도 나타날 수 밖에 없다고 하였다. 주목해서 봐야 할 점은 이들 중 한 쪽이 원인이 되고 다른 한 쪽이 결과로 나타나는 인과관계를 형성하고 있는 것이 아니라 현상적으로 양 면이 함께 나타난다는 주장으로 이런 측면에서 이를 심신병행설(心身併行說, parallelism)로도 애기하고 있다.

이와 같은 심신병행설의 관점은 체육의 교육적 틀을 완성하는데 매우 큰 영향을 미쳤다. 중세 유럽의 금욕주의적 사고와 동양에서의 정신수양을 근간으로 하는 종교 활동은 신체를 정신의 하위에 있는 것으로만 간주해 신체활동의 중요성을 인식하지 못한 채 정신과 마음만의 수양을 강조하였다. 교육활동의 주 내용이 정신의 각성에 있다는 것을 강조한 것은 이러한 사조를 대변하는 것이었다 하겠다. Williams는 '신체활동을 포함하는 교육활동이 신체를 사용하고 움직이는 것이 주가 된다고 해서 그것을 신체적인 측면의 영향으로 국한해 생각해서는 안 된다.'고 하였다. 이전에는 신체의 교육과 정신의 교육을 완전히 별개로 생각해 신체의 교육은 신체의 단련과 체력의 증진에만, 정신의 교육은 정신 수양과 지식의 습득에만 치우치는 것이라 생각하였으나 심신병행설이 주장된 시점부터는 신체의 교육이 이루어짐에 따라 정신적 건강함도 이룰 수 있다고 믿게 되었다. 따라서 Williams는 '신체를 통한 교육 즉, 인간의 전체성'이란 체육의 현대적 의미와 정의를 만들어내는 밑바탕을 마련하였다고 할 수 있다. 인간이 수행하는 신체활동이 비록 일면적, 국부적인 것일지라도 인체가 전체적으로 반응해 적응하며 그러한 활동은 결국 개인의 전체에 영향을 미치게 되어 전인적 교육의 성격을 갖게 된다는 것이 심신병행설과 관련된 체육과 신체활동에 대한 이해가 될 것이다.

2) 생물학적 객체로서의 신체

인간은 기본적으로 생명활동을 한다는 점에서 매우 다양한 생물학적, 생리학적, 그리고 해부학적인 인체 구조 및 기능을 갖는다. 이런 측면에서 생물체로서의 과학적인 면을 기초로 인체를 이해하려는 관점들이 제기되어 왔다. 인간의 신체는 유기체로서 성장, 발달을 이루며 끊임없는 신진대사 활동, 감각 및 생식 등의 활동을 영위하게 된다. 이러한 모든 유기체로서의 활동은 한마디 생명유지를 위한 활동이라 규정할 수 있으며 각각의 활동들에 적응하고 새로운 자극의 수용을 통해 끊임없는 성장을 이룰 수 있도록 구성되어 있다.

체육의 중요성을 이와 같은 유기체적 생명활동에 근간을 두고 역설해왔다. Herbert Spencer(1820~1903)는 교육을 지육, 덕육, 그리고 체육으로 분류하면서 체육을 유기체가 인체와 각 조직을 완전하게 완성해나가도록 수행하는 활동이라 하였다. 스웨덴의 Pehr Henrik Ling(1776~1839)은 해부학과 생리학 등의 과학적 지식을 기초로 스웨덴 체조를 창안해 체육의 과학적 기초를 확립하였다. 이와 같이 신체의 자연과학적 연구로 신체의 구조와 기능을 분명하게 알 수 있게 했으며 그에 따라 체육의 합리적인 지도 방법을 세워나갈 수 있었다. 생명활동에 기초해 신체 기능을 강화한다는 것은 단순히 생명의 유지-존속 뿐 아니라 민족과 국가의 흥망성쇠와도 매우 밀접하게 관련을 맺어 왔다. 세계 제 1차 및 2차 대전 당시 거의 모든 군국주의 국가에서 신체를 강화시키기 위한 혹독한 신체 훈련을 실시했던 것은 잘 알려져 있는 사실이다.

3) 사상과 의지를 표현하는 신체

신체를 외부로부터 객관적으로 보면 감각적으로 나타내어지는 각각의 요소이며 물리적 화학적 작용의 총합체라 할 수 있지만 내부적 차원에서 신체를 들여다보면 정신 작용에 의해 나타내어지는 객체라 볼 수 있다. 예를 들어 안면을 이루고 있는 코와 입을 생각해보면 외부로부터 볼 때는 일정한 형태, 구조, 그리고 기능을 갖고 있는 신체를 이루는 기관이라 할 수 있으나 인체 그 자체의 측면에서 보면 코와 입은 공기를 들이 마시고 내뱉으며 냄새를 맡고 음식물을 섭취하는 의지를 가진 행동을 수행하는 주체적 행위의 양상을 나타낸다. 손과 발의 경우에 있어서도 특정한 자극에 의해 근육과 신경 작용에 의한 골격의 움직임이 일어나는 기관으로 비춰질 수 있는 반면 손과 발 그 자체의 행위적 관점에서 접근하면 사람이 손으로 무엇을 던지거나 발을 이용해 걷거나 뛰거나 하려고 하는 의지적 표현으로 나타낼 수도 있게 된다.

이와 같이 인체는 단순히 생명활동적 차원의 외부적으로 인식할 수 있는 생물-생리적 발달과 그와 함께 기능적 수행역량이 병행될 수 있도록 기능을 발휘할 수 있도록 하는 내부적 의지 작용이 늘 함께 조화를 이루며 그 작용과 존재를 유지해내가고 있다. 신체는 생명활동을 표현하는 것으로 자기 자신을 형성적으로 표현할 때의 내와 외와의 표현적 매개체가 되며 정신이 곧 신체이며 신체가 정신이라는 측면을 지니고 있다. 시간적 측면에서 해석해보면 신체가 과거와 미래의 전환매개의 장면으로 언제나 현재의 선단을 형성한다고 할 수 있다. 이러한 측면이 체육에서 얘기하는 신체의 교육이 정신의 교육이라는 체육의 기초 이론을 설명할 수 있는 측면이기도 하다.

3. 신체운동의 이해

인간이 신체를 움직이는 것은 생명활동이 지속되는 한 계속된다. 인간의 신체 움직임은 그 범위가 매우 넓고 다양해 눈을 깜빡이거나 얼굴을 찡그리는 작은 동작들로부터 달리기와 수영과 같이 전신의 움직임을 필요로 하는 동작들도 있다. 신체활동은 흔히 생산활동(生産活動)에 직접 관련성이 있는 것, 생산 활동과 직접적인 관련이 없는 것, 그리고 생활 속에 동반되어 수행되는 것 등으로 나누어질 수 있다. 생산 활동에 관련을 맺는 활동으로는 어로(漁撈), 농경, 수렵 등 노동에 관계되는 현재의 생산 활동이라 불리는 모든 것이 포함된다. 생산활동과 직접적 관련성이 없는 활동에는 놀이(play), 스포츠(sports), 댄스(dance) 및 레크리에이션(recreation) 등 직접적인 노동이나 생산에 관계가 되지 않는 것들이 포함된다. 생활 속에 동반되어 수행되는 신체활동에는 자신의 몸을 움직이며 행해지는 걷기, 달리기, 서있기, 앉기, 팔을 들어 올리거나 내리기, 층층대를 오르거나 내려가기, 밀거나 당기기 등의 움직임이 포함된다. 비록 신체활동이 이와 같이 크게 분류될 수 있을지라도 실제적으로 한가지의 형태로만 신체활동은 수행하며 생활할 수는 없으며 생활 중에 이러한 세 가지의 활동들이 경우에 따라서는 독립적으로 경우에 따라서는 상호작용을 하며 함께 수행되고 있다. 신체활동은 그 대상에 따라 받아들여지는 정도에 차이가 있는데 예를 들면 아동들에게 있어 놀이 및 유희 활동은 그들에게 생활의 모든 것, 혹은 생활 그 자체로 받아들여질 수 있는 부분으로 놀이 및 유희 자체를 즐김과 동시에 다양한 신체적 자극을 통해 신체적 발달을 이끌어내기도 하고 친우와의 교우관계 형성도 이루어나가게도 하는 반면 성인의 경우 놀이 및 유희 활동이 생활에서 차지하는 비중 및 중요도는 감소하게 된다. 생활의 전부가 아닌 삶을 풍요롭게 해주고 고된 노동 및 일로부터 해방된다는 의미를 지니게 된다. 또한 신체활동은 직업의 종류에 따라 각기 다르게 이해되어야만 한다. 정신노동이나 사무실에서 주로 업무를 수행하는 사람들에게 있어 운동이란 의미는 주요한 업무와는 상관없는 건강을 돌보고 스트레스를 해소시키며 삶의 질을 향상시키는 여가활동으로 이해될 수 있겠으나 운동을 직업으로 삼고 있는 전문 운동선수들에게 운동 그 자체가 갖는 의미는 직업인으로서의 직업생활을 한다는 측면이 강조될 수밖에 없는 것이다. 이와 같이 똑같은 신체활동을 두고 어떠한 측면에서 접근하고 접하느냐에 따라 그 의미의 차이는 매우 달라진다 할 수 있다.

1) 신체운동과 유희

유희는 흔히 노동이란 측면과 비교되는 것으로 자발적, 오락적인 특성을 보이며 결국에는 작업으로 전이되는 것이라 할 수 있다. 물론 일 혹은 노동이란 용어와 유희라는 용어의 사용이 동일시 될 수는 없다. 노동이라는 것은 일반적으로는 유쾌하지 못하며 강제적인 특징을 나타내며 최종적으로 나타나는 결과에 민감할 수밖에 없어 결국 미래의 활동이 생성되는 결과에 의해 지배된다고 할 수 있다. 반면에 유희는 행함에 있어 유쾌하며 활동 그 자체에 목적이 있어 자발적 참여가 이루어지며 활동 자체에 가치를 지니는 특성을 보인다. 이와 같이 일 혹은 노동과 유희 사이에 상당부분 대치되지만 실제적으로는 일 혹은 작업이라는 부분과 완전히 다른 것으로 이해되어서는 안 되는 것으로 자유롭고 자연스런 행동을 통해 작업의 효율 및 발전이 이루어질 때 중요한 교육적 가치를 지닐 수 있다고 하겠다.

과거 산업발달이 미진하고 기술 분화가 적었던 시대에는 노동의 수행이 인간으로서의 아름답고 가치 있는 활동이라 생각했던 반면 유희라는 것은 악(惡)이라는 생각이 지배적이어서 마치 게으름을 부리고 책임을 다하지 못하는 행위 방식이라 생각하였다. 하지만 Huizinga(1872~1945)가 유희인(homo ludens)이라는 개념적 정립을 새롭게 한 후부터 노동관과 유희관의 전환이 이루어지게 되었다. Huizinga는 그의 저서 Homo Ludens에서 '인류문화와 유희'라는 부제를 붙여 유희와 여가와의 관련성에 대해 논하면서 유희를 여가활동이나 노동과 대립하는 활동으로 보지 않았으며 유희를 여가와의 관계에서 파악해 그것을 문화의 원동력이라 생각지도 않았다. Huizinga는 유희를 이해함에 있어 문화나 생활 속에 기본적으로 유희의 요소가 포함되어 있다고 하여 유희를 그 동기나 발생, 혹은 양식에서 찾기보다 인간의 본질적 활동이라 파악하였다. 인간의 생활이나 문화가 유희와 진실이란 두 가지의 변증적 전개에 의해 이루어지는 것으로 파악해 유희 그 자체에도 자유와 규칙이라는 대립적인 상반된 면이 있다고 하였다. 기술개발이 가속화되어 첨단화되고 산업구조가 복잡해진 현대에는 불행하게도 노동과 유희라는 두 개념이 더 이상 서로 공생해 받아들여질 수 없는 것으로 이해되고 있다. Huizinga는 노동에 대한 관점을 기술하면서 외부적 강제나 기계적 조작에 국한해 노동을 이해하고 있다면 그것은 인간의 노동이라 할 수 없다고 하였으며 그와 같은 노동에는 자유도 창조도 없다고 하였다. 심지어 전쟁에 있어서까지도 유희의 요소가 있다고 해 경쟁적 구도로만 발전해나가고 있는 현대 스포츠를 비판하기도 하였다. 즉, 경기로서의 기능만을 부각시켜 시간이 흐를수록 규칙이 엄격하게 적용되고 그에 반해 즐거움은 반감되고 있는 것에 대해 스포츠에 참여해 얻을 수 있는 가장 중요한 부분을 잃어가고 있다고 비판하였다. Roger Caillois(1913~)은 '유희와 인간'이란 저서에서 유희를 자유로운 활동, 격리된 활동, 미확정의 활동, 비생산적 활동, 규칙있는 활동, 그리고 허구의 활동 등으로 분류하고 있다.

현대에 있어 유희가 비판을 받는 측면도 있다. 유희가 한편에서는 전문 기술적 측면에서 고도화되고 엘리트화 되는 반면 다른 한편에서는 대중에 홍미 만족만을 위한 대중의 관중화라는 측면의 수동적 유희활동에 치우치고 있기 때문이다. 실제로 많은 사람들이 적극적으로 자신의 유희를 찾는 활동에 참가하지 않고 전문가의 유희 활동에 의한 단순한 관중으로서의 유희활동에 참여하는 경향을 나타내고 있어 유희 본래의 의미를 퇴화시키고 있다는 지적이 있어 왔다. 유희를 문화의 기반으로 설명하는 사람들 중에는 오늘날과 같이 문화가 퇴화해 빈곤화된 시대가 없었다는 비판을 나타내기도 한다. 노동이나 여가와의 관련성을 고려해 유희를 생각하기보다 유희를 인간의 본질로서, 인간을 둘러싸고 있는 문화가운데서 이해해야만 할 것이며 이런 측면에서 여가를 유희를 위해 인간이 노력을 통해 구하고 마련해낸 시간이라 할 수 있을 것이다.

2) 신체활동과 스포츠

스포츠란 용어의 어원은 라틴어의 disportare 혹은 deportare로 오락, 위안, 희열, 혹은 자기를 즐겁게 한다는 뜻을 지녀 유쾌하게 돌아다닌다는 의미를 나타냈다. 이러한 측면에서 보면 스포츠의 발달이 유희로부터 되었다고 볼 수 있어 학자에 따라 광의의 유희 개념에 스포츠를 포함시키기도 한다. 오늘 날의 스포츠를 규정함에 있어 단순한 유희적 범위에서 이해하기 보다는 규칙화되어 상호 경쟁할 수 있는 유희 행위라고 해 그 범위를 한정하고 있다. 국제스포츠 및 체육 위원회(International Council of Sport and Physical Education; ICSPE, 1964)에서는 스포츠를 유희적 성격의 신체적 운동, 자기 자신과의 투쟁 혹은 타인과의 경쟁을 하는 활동이라 규정하였다. 학자에 따라서는 스포츠의 본질을 유희성, 기술성, 및 사회성의 측면에서 파악하고 있기도 하다. 덴마크의 Maigaard는 게임 활동을 인간의 생리적 활동이나 직업적인 노동과 같이 인간의 생명유지를 위해 반드시 필요한 것은 아니지만 인간이 사회를 이루어 공동체의 사회생활을 하는 데에는 반드시 필요한 활동이라 하였다. Ortega, Y,G.J.(1883~1955)는 유희나 스포츠 활동에 있어 공명정대한 행위(fair play)를 하지 않는 즉, 거짓말을 하는 것은 이와 같은 활동을 허위로 만드는 것이라 하였다. 스포츠에 있어 아마추어 정신과 스포츠맨십을 강조하는 것은 스포츠 활동이 본래 유희성과 비노동적 자유성을 근간에 갖고 있음을 반영하는 것이라 하겠으며 스포츠의 윤리성을 나타내는 것이기도 하다.

스포츠는 훈련의 기회를 공정하게 갖는다. 스포츠에서 적용되는 규칙들은 상호 공정한 조건에서 공평하게 즐거운 플레이를 펼치기 위해 만들어진 것으로 규칙을 무시하고 정당하지 못한 방법으로 승리를 쟁취하는 것은 스포츠를 행한다고 할 수 없는 것이 된다. 일부의 학자들은 경기를 기록 향상을 목적으로 행해지는 개인적 혹은 단체적 작업이라 규정하고 있으나 좀 더 근원적인 의미를 살펴보면 경기가 경기본능의 발로로서 자발적으로 행해진다는 점에서 유희에 좀 더 가깝다고 할 수 있다. 스포츠에서 유희성이 있다는 것과 순수하게 활동 그 자체를 추구하는 기술성이 있다는 것을 관련지어 생각할 수 있다. 기술성이라는 부분을 완전히 배제시킨 스포츠는 자기발전이란 부분을 포함하고 있지 않다는 점에서 이미 스포츠 활동을 수행한다고 할 수 없으며 단순히 자유만을 강조하는 소극적인 유희활동에 그치는 것이라 할 수 있다. 흔히 유희집단은 제 1차적인 집단으로 분류되어 아동들의 경우 유희집단에 속해 있으며 싸움도 하고 놀이도 즐겨가며 사회적 행동을 배워나가게 된다. 이러한 유희가 발달되어 좀 더 규정과 규칙을 강조하는 스포츠 집단이 형성되는데 스포츠 집단에서는 성원의 행동을 최소한의 규정 속에 묶고 성원을 동일화시킬 수 있는 공동의 행동규칙이 있게 된다. 스포츠에 있어 규칙을 지키는 것은 스포츠를 행하는 자가 반드시 지켜야 할 행동규약이라 하겠다. 다른 사회에서의 법이 사람들을 보호해준다는 점에서 그것을 지키도록 의무화하는 것과 같을 것이며 스포츠 활동에서 규칙을 지키도록 의무화하고 있다는 점은 그 자체가 고유한 사회적 행위와 집단을 형성하고 있음을 보여주는 것이다.

3) 신체활동과 표현운동

신체활동을 살펴보면 단순 소박한 형태의 것으로부터 체계화되고 의미가 부여된 무용에 이르기까지 매우 다양한 형태를 이루고 있다. 신체의 표현활동으로는 술래잡기, 남을 모방하기, 인간이나 동물의 모습이나 움직임을 표현하기, 노래와 설화의 내용을 동작으로 나타내는 것 등이 포함될 것이며 이러한 것들을 총괄적으로 표현운동이라 할 수 있다. 매우 단순하고 소박한 형태의 표현운동이 모방적인 측면이 가미되고 내면적인 의사를 전달하고자 하는 형태로 발전해 심신의 발달을 조직적으로 나타낼 수 있는 오늘날의 무용(댄스)으로 발전되었다는 점에서 댄스를 인류의 역사와 더불어 존재해 온 것으로 이해하고 있으며 인간 생명의 가장 직접적인 표현이고 생명의 약동을 나타내는 문화적 행위로 표현하고 있다.

원시시대 사람들의 몸을 이용한 표현방식은 주로 주먹을 휘두르거나 기쁨으로 소리를 지르고 춤을 추고, 자기 방어를 위해 달리고 뛰는 등의 단순하면서 생존과 관련된 활동에서 비롯된 것이 대부분을 이룬다. 원시인들에게는 사상이 표현되는 부분이 적어 감정을 얼굴이나 사지의 움직임을 통해 나타냈다. 감정이 격해질수록 표현방식도 커지고 과격해졌으며 하나의 움직임을 반복해 나타내야 하는 경우 일정한 박자의 형태를 갖추어 표현할 수 있게 되어 리듬을 맞추는 표현방식을 발전시킬 수 있었다. 수렵생활이 농경생활의 형태로 변화되면서 사계절의 변화, 삶에 있어 생과 사의 의미, 곡식의 수확 등과 같은 기본적으로 인간사회에서 필요로 하는 부분들을 몸을 통해 표출해 현대의 무용이 발전을 이룰 수 있게 하였으며 확고한 예술의 한 영역을 차지할 수 있게 하였다. 감정이 신체를 통해 표현된 것이 댄스라고는 하지만 여기서 말하는 감정이란 단순히 희로애락을 느끼는 1차적인 것을 나타낸다기보다는 정신적인 감동을 일으키게 할 수 있는 '영혼의 변화'로 이해해야 한다. 즉 무한의 감동을 만들어내기 위해 제한적이고 한계가 많은 신체를 사용해 다양한 기술적 어려움을 극복해야만 하므로 댄스를 수행함에 있어 괴로움 속에 즐거움, 즐거움 속에 괴로움이 함께 공존하고 있다 하겠으며 그러한 과정 속에 댄스만이 갖는 창조성을 얻을 수 있게 된다.

4) 신체활동과 신체형성

유희, 스포츠, 표현운동 등은 인간의 자연스런 욕구에서 생겨난 신체활동이지만 이와 같은 기본적 욕구와 별개로 인간 삶을 풍요롭게 하기 위해 인위적인 노력을 가해 이루어지는 신체활동들도 있다. 즉 자연발생적 신체활동이 아닌 필요한 형태의 신체를 만들기 위해 신체의 구조나 기능을 기초로 논리에 맞게 구성된 운동이 있다는 것이다. 대표적인 것으로 스웨덴과 독일 등 유럽 각국에서 개발한 체조를 들 수 있는데 대부분의 체조들은 신체의 조화로운 발달, 유연성, 근력, 민첩성 등을 향상시켜 신체의 작업능력과 각종 스포츠에 필요한 기초능력을 양성하는 것을 목표로 삼고 있다.

오늘날에는 스포츠 기록을 향상시키고 신체 제기능의 양성을 목적으로 한 훈련법들이 연구 발표되기도 하였다. 특히 몸만들기 운동 혹은 보건 및 미용체조와 같은 운동들은 신체를 형성해내는 운동의 형태로 이해할 수 있을 것이다. 형태가 어떠하든 간에 수행하는 활동이 바람직한 방향으로의 인간 형성이라는 기본 방향을 추구함으로써 체육교육적 신체활동이 수행될 수 있도록 하는 것은 중요하게 고려되어야 할 것으로 흥미본위의 학습을 비판하는 차원을 벗어나지 못하는 입장에서 획일적 편의적 방법의 신체활동 방법을 채택하는 것은 작업능률의 향상적 측면뿐 아니라 신체의 결함을 교정한다는 측면을 배려하지 못하는 위험한 것일 수 있다. 또한 신체형성을 위한 신체활동의 수행 시 예술성을 포함시킬 수 있는 노력이 가해져야 할 것이다. 운동은 유희성을 지닌 동시에 생활 속에 밀착되어 이루어지는 활동이므로 생활의 철학과 표현이 함께 이루어질 수 있는 신체활동을 통한 예술의 표현이란 것을 기억해야 한다. 방법적인 측면에서 신체형성을 위한 운동은 효과를 극대화시킬 수 있는 과학적이고 합리적인 방법을 채택해야 하고 신체 전반의 기능적 손상이 일어나지 않도록 하는 안전성의 확보도 함께 요구된다.

4. 신체운동기술의 이해

신체운동이란 것이 체육에 있어 필수불가결한 부분이란 것을 더 설명할 필요는 없을 것이다. 하지만 인간의 신체운동을 살핌에 있어 체육이란 의미를 부여할 때는 무엇인가의 특징이 반영되지 않으면 안 된다. 무엇보다는 신체활동을 하는 의미 혹은 목적이 있어야 한다는 것이며 그러한 신체활동의 수행에 있어 기술적인 부분이 반드시 고려되어야 한다는 것이다. 일반적으로 기술이란 말을 사용할 때는 무엇인가를 만드는 행위로 표현하고 있다. 인간을 도구적 동물(tool making animal)로 나타내는 것은 인간이 도구를 발명하면서 동시에 환경의 개조가 광범위하게 일어났음을 반영하는 것이라 볼 수 있다. 예를 들어 하천이나 바다라는 자연은 인간들의 생활공간을 제한해왔으나 수영을 하고 배를 만들어 사용함으로써 이와 같은 제한적 공간들을 생산적 공간으로 변화시킬 수 있게 하였다. 동물과의 생존경쟁 속에서 있던 인간이 동물을 사육할 수 있는 도구들을 만들어냄으로써 이들을 농경과 그 밖의 인간의 기본 생활을 영위하는데 효과적으로 사용할 수 있게 되었다. 단순한 도구의 사용에서 기계의 사용으로 진전되면서 생산 활동이 대량으로 바뀌게 되고 생활의 범위도 지구를 벗어나 우주로 넓어지게 되었다. 이와 같이 도구를 이용해 환경을 개조해 나가는 행위를 기술이란 말로 표현하고 있다. 비록 동물이 정교한 것을 만들어 사용할 수 있다고는 하지만 그러한 도구를 이용해 환경을 개조하는 능력을 갖추지 못했으므로 이것을 기술이라고는 나타내지 못하는 것이다. 이런 측면에서 기술이란 용어는 인간에게만 제한적으로 사용될 수 있는 것이라 볼 수 있다.

학자들은 기술을 환경과의 관계를 고려해 생산적 기술이외에도 사회적 기술, 인간적 기술 혹은 마음의 기술이란 의미로도 나타내고 있다. 생산기술이란 일반적으로 자연환경을 대상으로 하는 지적 기술의 특성을 나타내며 자연과학을 기초로 확실한 발달을 이루고 있다. 이런 측면에서 과학기술이 생산기술과 같은 의미로 사용되고 있기도 하다. 사회적 기술은 가족의 사회조직과 제도 혹은 도덕의 형성에 관련되는 것으로 이와 같은 사회적 기술이 여러 가지 생산관계를 통해 발생하는 사회의 기술로서 자연환경으로부터 생겨난 생산기술을 무시해 존재할 수 있는 것은 아니다. 인간적 혹은 마음의 기술도 마찬가지로 기본적으로 인간의 마음에 의해 표현되는 것이긴 하지만 실제적인 표현 양상을 보면 정신이 신체에 의해서 표현되도록 하고 있다. 이를 종합해보면 인간 신체의 이해에 있어 자연적 조건을 초월한 인간적 기술이란 것은 존재하지 않을 것이며 필연적으로 사회적 관계와 함께 얽혀있어야 한다는 점과 기술은 자연적 필연적인 측면과 창조적 주관적인 면을 동시에 지니면서 내적-외적 환경에 대해 언제나 전체적 통일적으로 적응해나가는 인간의 행위로 파악되어야 할 것이다.

1) 신체활동의 기술

기술에 대한 개념을 이해했다면 이제는 체육에서 다루는 신체활동의 기술에 대해 생각해보기로 하겠다. 인간은 자연적 생리적 존재이므로 그에 파생되는 자연적 필연적 법칙의 지배로부터 벗어날 수 없을 것이다. 자연적 환경과 사회적 환경을 벗어난 기술은 거의 찾을 수 없으므로 체육에서 주요하게 다루는 신체운동의 기술 역시 지적, 사회적인 기술의 면을 그 내면에 포함할 수밖에 없다.

신체활동이란 측면에서의 신체운동을 이해할 때 유희, 스포츠, 표현운동, 및 신체 형성 등을 다루게 되는데 이들은 각기 다른 기술적인 입장을 지니고 있기도 하다. 유희와 스포츠에서 집단의 놀이와 팀 스포츠에서는 사회적인 기술이 사용되고 있으며 표현운동의 경우 자기표현의 기술이기도 하고 신체형성적 측면에서는 신체형성의 기술이라고 볼 수 있다. 기술의 본질은 만들어내는데 있지만 만들어내는 것에는 객관적인 작품이나 제품만이 아닌 주관적인 마음의 작용과 건강까지도 포함된다. 신체활동, 즉 체육에 있어 기술이란 인간적 기술을 의미하는 것으로 단순히 기록을 높이거나 경기에서 승리한다는 객관적 결과만을 추구하는 것으로 그 본질을 찾아가서는 안 된다. 이와 같은 객관적 결과에 대한 노력이 인간자체의 형성에 되돌아가는 것이 되어야만 한다는 것을 의미하며 신체활동을 통한 연습과 기술의 습득이 의지와 신체라는 불가분의 관계를 고려한 것이어야 한다는 것이다.

신체와 의지(정신)를 함께 고려해야 한다고는 하지만 궁극적으로 정신이 신체가 갖는 한계를 벗어나게 할 수는 없다. 내면을 외부에 표현하는 것이 외부로서의 신체를 사용해 내부인 정신을 나타내주는 것이란 것은 신체가 표현에 있어 환경적 자연물을 나타내주는 것으로서 필연적인 법칙을 따르지만 내면인 정신은 자유와 창조성을 그 본질로 함을 의미한다. 이와 같은 필연과 자유를 매개해주는 것이 바로 기술인 것이다. 체육에서의 기술은 인간형성이라는 매우 복잡하고 어려운 제작의 과정에 관여하는 것으로 인간제작의 기술이라 볼 수 있으며 신체활동에서 사용하는 각각의 동작들과 연습의 순간들은 발전의 과정에 해당되는 것이라 하겠다.

2) 신체활동 기술의 합리성과 상징성

인간의 신체는 하나의 물체로서 혹은 기계작용을 하는 하나의 기계로서 이해될 필요가 있어 기본적으로는 자연의 법칙에 따라야만 된다. 즉 신체적 기술의 발휘는 기본적으로 자연과학적 법칙에 따라 되어야만 한다는 것으로 생체로서의 역학적 원리, 생물체로서의 생리적 작용과 기능적 원리를 무시할 수 없다는 것을 나타내는 것이다. 기술이란 것은 이와 같은 생명을 가진 기계의 효율적이고 생산적인 작용에 의해 발전할 수 있게 되어 있다. 같은 기술을 구상함에 있어 움직임의 원리를 이해하고 파악해 좀 더 기계적인 측면으로의 접근과 그에 맞는 인체 내에서의 생명활동 수행을 위한 에너지 공급의 균형을 이룰 수 있도록 기술의 습득이 일어나야지 단순히 동작의 수행적 측면만이 강조되거나 의지적-정신적인 측면만이 중시되어 신체활동의 수행이 일어나서는 안 된다는 것이다.

신체활동을 통해 의사소통을 이루려할 때 고려되어야 하는 부분은 위에 언급한 경제성과 합리성 외에도 상징성이란 부분도 있다. 인간의 신체는 매우 한정적으로 그 기능을 발휘할 수 있다. 하지만 무용이나 댄스에서 요구하는 것은 그와 같은 신체를 이용해 한정이 없는 표현의 연출로 그러기 위해서는 신체를 사용함에 있어 기술의 상징성을 사용하는 것이다. 예를 들어 두 팔을 이용해 나뭇잎의 흔들림이나 격한 파도를 표현해 낼 수 있으며 인간의 두 눈을 이용해 언어적으로 표현될 수 없는 다양한 느낌들을 전달할 수가 있게 된다. 그 외 신체의 각 부분을 사용해 상대에 대한 존경의 태도, 경멸의 태도를 표현할 수도 있다. 이와 같이 표현적 기술이란 추상화속의 상징성을 나타내는 기술과도 같은 것이라 할 수 있다. 가능한 더 인간적 내용을 내면에 담아 자유롭게 상징화할 수 있도록 신체의 움직임을 만들 수 있도록 하는 것이 필요하다. 신체 활동에 대한 기술의 연습은 신체활동으로서 자연과학적 법칙에 따라 행하는 동시에 경제성-합리성의 원칙에 합당하도록 수련해야 하며 함축적이고 분명한 메시지를 전달할 수 있는 상징성이 함께 포함되어 있어야만 한다.

제3장

체육의 개념적 이해

1. 체육의 개념

우선 체육의 개념은 무엇인가를 밝히는 것은 체육원리를 이해하는데 있어서 기초적인 작업이라 할 수 있다.

체육의 주체는 인간이라고 볼 때, 체육의 개념 또한 인간의 역사와 함께하고 있다고 할 수 있다. 다시말해 체육의 개념에 대한 고찰은 당연히 시대사적 측면에서 고찰되어지는 것이 타당할 것이다. 그렇다면 시대적 흐름에서의 체육의 개념은 어떠한 변화를 가져왔는가?

우리는 사적 문헌을 통해 체육의 개념이 인간의 역사와 더불어 시대의 변천에 따라 그 개념이 달라지고 그 가치를 종교, 사상, 정치, 경제, 문화의 양상에 따라 다양하게 변천되어 왔음을 알 수 있다. 그리고 체육이라는 현상과 개념의 규정에 대한 것 또한 그 시대 그 사회에서 추구하는 체육의 목적과 가치에 따라 상당한 차이를 보이고 있었다라고 할 수 있다. 예를들어 본다면, 고대에서는 정신과 신체를 동시에 수련하는 교육을 주장하였고, 중세기에는 문화발전에 따라 인간생활이 복잡해지고 분업화됨으로써 사회의 진보는 정신적 측면의 향상으로만 가능하다는 생각 때문에 체육활동을 경시했으나 근대에 와서는 사회발전과 진지한 교육의 연구로서 완전한 인간은 지혜만으로 되는 것이 아니라 신체와 정신이 고루 발달해야 하며 신체적 교육을 등한시하는 관념은 인간의 건전한 발달을 저해한다고 생각하게 되었다. 이와 같은 개념의 변동에 따라 체육의 의미도 많이 변천하여 왔다. 여기에서는 마에가와(前川)의 體育原

理에 있는 내용을 참고로 하여 체육의 개념에 대해서 기술하고자 한다(前川峯雄, 1981).

닉슨(Nixon)과 커즌스(Cozens)는 체육학입문(An Introduction to Physical Education)에서 체육을 '교육의 전과정 가운데서 활발한 신체활동과 그것에 관련하는 반응 및 경험에 의하여 개인의 개선함을 목표로 하는 것'이라고 정의하고 있다. 또 세퍼드(Shepard)는 체육의 기초와 원리(Foundations and Principles of Physical Education)에서 캐시디(Cassidy)의 정의를 인용하여 '체육이란 기본운동의 형식으로 행해지는 경험에 의해 일으켜진 개인변화의 총체이다. 이 경험의 과정은 지도나 가이던스(guidance), 학교조직과도 관계없이 진행한다.'라고 정의하였다. 이는 체육은 주로 생활경험에 기초를 두는 하나의 기초교육이라고 할 수 있다. 「Physical education is the sum of the changes in the individual caused by experiences centering in basic movement patterns. This process of experiencinggoes on with or without leadership and guidance in any particular kind of experience, with or without the sanction of the school system. Defined in this fashion, physical education is a fundamental education undergirding much of lifes' experience.」 이것을 요약한다면, 체육은 기본적 움직임 패턴들(basic movement patterns)을 중심으로 경험에 의해 일으키는 개인의 전체적인 변화이고, 이러한 경우는 지도자에 의하든가 혹은 학교조직의 시인(是認:어떤 사실을 옳거나 그러하다고 인정함) 등과 같은 것은 관계가 없다는 것이다.

또 저명한 미국의 저명한 체육학자 윌리암스(Williams)와 보로우넬(Brownell)의 예를들어 본다면, 건강교육과 체육의 관리(The Administration of Health Education and Physical Education)에서 '체육은 일정한 목표를 향하여 선택된 운동종목을 가지고 행해지는 신체활동의 총체이다'(Physical education is the sum of man's physical activities selected as to kind, and conducted as to outcomes.)라고 정의하고 있다.

앞에서 전술한 바와는 달리 human movement 라는 개념을 사용하여 시도한 정의에서는 다음과 같은 것이 있다. 체육은 운동과 표현형식에 제한된 작업에 의해 인간의 발달을 목표로 하고, 오늘의 세계에 있어서 필요한 human movement의 예술과 과학의 학교 프로그램이다(Physical education is the school program of art and science of human movement needed in today's world designed for human development through movement and human performance restricted to expressive form.)라고 하는 것이다. 즉, 여기에는 체육은 우선 학교의 프로그램이라고 하며 더욱 그것은 오늘의 세계에 있어서 필요로 하는 인간발달을 목표로 하는 인체운동의 예술과 과학의 프로그램이라고 한다. 방법적에는 운동과 인적(人的)인 작업을 수단으로 하고 있다고 하는 것이다.

조금 방향을 바꾸어서 유럽의 경우를 살펴보면, 독일이나 오스트리아에는 Leibesübung(체조, 운동)와 Leibeserziehung(체육)와의 두 가지 용법이 있다. 가울호퍼(Gaulhofer)는 Leibesübung에 대하여 가치적인 표상을 가진 것 같이 사용하는 것을 지시한 것이지만, 여기에 앞서 이미 1893년에 슈미트(Schmidt)는 Leibeserziehung이란 말을 사용하여 '체육은 전교육 가운데 중요한 부분을 이루며, 학교의 학생에 대하여 유희 및 자유로운 운동의 영역을 확립하여 신체적, 정신적인 훈련을 추진하며, 스포츠적인 활동에의 즐거움을 자각하게 한다'라고 정의하고 있다. 또한 내쉬(Nash)는 '대근의 활동 또는 활발한 전체적 활동에 관한 교육의 지도분야이다'라고 정의하고 있다(김영환, 김옥태, 2000). 결국 체육은 신체활동의 총체일 뿐만 아니라 신체활동을 수단 또는 매개로 하여 행함으로써 인간에 있어서 신체적, 정신적, 사회적 요소들의 변화를 가져올 수 있다는 점을 고려할 경우 신체활동을 수단으로 하고 있다는 점은 매우 중요하므로 체육을 신체활동에 의하여 이루어지는 교육의 영역이라고 볼 수 있는 것이다.

마지막으로, 구소련의 체육을 생각함에 있어서 간단히 보면, 소비에트교육과학 아카데미판의 "Soviet 교육과학사전"에서 '체육'은 다음과 같이 규정하고 있다. 즉, 체육은 '인간의 건강을 증진하고, 바른 신체발달을 달성하는 것을 목적으로 해서 실시되는 교육'이라고 한다. 소비에트에 있어서, 체육은 '지육, 덕육, 미육, 노동교육, 총합기술교육 등과 통일해서 시행되어지고 있고, 청소년의 공산주의교육과는 분리될 수가 없는 부분이고, 공산주의사회의 인간의 개성을 전면적으로 발달시키기 위한 중요한 조건으로서 실시되고 있다'고 하는 것이다. 이와 같은 정의로부터 더욱 체육의 기본과제에 있어서 다음과 같이 말한다. 즉, '체육은 건강을 증진하고 신체를 단련하는 것, 바른 신체발달을 도모하는 것, 필요한 운동능력과 기능을 아이들 중에서 산출하는 것, 가장 도덕적인,

의지적인 자질의 형성을 촉진시키는 것이다.'라고 기술되어 있다. 말하자면, 여기에서 체육의 목적, 목표와 같은 것을 나타내고 있다.

이 때문에의 수단으로서 '신체문화'가 이용되어진다. 앞에서 기술한 사전에 의하면 (1) 개인위생, (2) 자연력(태양, 공기, 물)에 의한 신체의 단련, (3) 운동수단, 이것에는 각종 신체적 트레이닝법, 체조, 유희, 스포츠, 여행이 포함된다. 이러한 운동수단을 이용하는 것은 '신경계, 근육, 호흡기관에 유익한 작용이 있다는 것, 물질대사를 강하게, 심폐나 폐 등의 내장기관을 강화'하기 때문이라고 한다. 게다가 신체적 트레이닝법을 갖고 '사람의 신체발달과 건강강화'의 수단으로 생각하고 있는 것도 그 특색이다.

2. 체육의 정의

앞서(체육의 개념) 언급한 내용 <표 3-1>에 제시한 바와 같이 수를 헤아릴 수 없을 정도로 무수히 많은 여러 가지의 정의가 있다. 여기에서는 이것들의 하나하나를 기술하지는 않을 것이다. 단지 여기에서 시도하고 싶은 것은 체육의 '정의'라고 하는 것이 어떠한 것이어야 할 것인가, 적어도 어떠한 것이 정의로서 타당한 지에 대해서만 다룰 것이다(前川峯雄, 1981).

정의는 영어의 'definition'에 맞는 것으로 되어 있다. 그것은 어떤 것을 define 하는 것이었다. 그것에는 (1) 의미(또는 진의)를 명확히 하는 (2) 경계, 범위 등을 한정하는, (3) 형상 등을 한정하는 것, 등의 의미가 있다. 여러 가지가 체육을 정의하려고 할 때는 그것이 어떤 의미를 가지고 그 범위는 어디까지 미치는 것이고, 그 범위를 넘어 체육이 아니게 되는 것을 탐구하지 않으면 안된다. 그러한 이유는 아마 이 정의가 완성되었다는 것은 그것이 체육현실을 설명할 수 있기 때문일 것이다.

<표 3-1>과 <표 3-2>에서 인용되어진 정의들에서 공통으로 하고 있는 점을 살펴보면, 체육은 교육으로서의 기능을 달성하는 것 혹은 교육의 한 분야라는 점이다. 이 경우 교육을 무엇이라고 해석할까를 검토해야하는 것이지만, 그것은 그냥 둔다고 해도, 인간의 형성에 관계하고 있는 것은 말할 필요도 없다.

인간의 형성이라고 하는 경우, 이미 닉슨과 카즌스, 혹은 카시테와 같이 '개인을 형성한다'고 하는 것도 중요하지만, 오히려 여기에서는 간단히 개인에 한하지 않고, 사람과 사람의 관계로서의 인간관계나 집단이나 나아가서는 사회의 형성에 관계한다고 하는 것이 타당할 것이다.

표 3-1. 국내의 체육개념과 정의

노희덕 (1969)	체육은 각 개인의 특성에 맞는 신체활동을 통해서 신체의 조직적 발달을 촉진하고 개인의 건강과 복리를 증진시키며 나아가 정신적·사회적으로 보다 유능한 인간을 육성하는 교육이다.
김종선, 정선희 (1979)	체육이란 계획적인 신체활동을 통한 인간행동의 변화이다.
정응근 (1990)	체육이란 신체 및 신체활동을 매개로 하여 신체적·정신적으로 조화된 인간을 형성하거나 그 일련의 과정에 관한 연구 활동으로 정의되어왔다.
강신복 (1994)	체육의 목적을 개인의 신체적 잠재력 실현을 추구하는 개인발달 목적과 사회 참여 준비, 기회균등, 보편성에 바탕을 두고 수월성의 성취를 추구하는 사회·문화적 목적, 건강과 체력, 놀이, 인간 움직임을 추구하는 교과숙달 목적의 3가지로 구분하였다.
김대식 (1993)	체육은 첫째, 스포츠를 포함한 신체활동이고 둘째, 운동생리, 신체역학, 운동학습 등 체육의 이론과목, 셋째, 전문적 성격을 지닌 체육실기지도 등을 포함하는 것이다.
안용규 (1994)	체육은 계획적인 대근육 활동을 통해서 인간의 운동 가능성을 개발하고 인간행동에 변화를 가져오려는 의도적인 교육의 일면이다.
김창룡 (1995)	체육이란 개인이 신체활동을 통해서 최적의 신체적, 정신적, 그리고 사회적 기술과 체력을 습득하는 과정이다.
김오중 (2000)	체육은 교육의 일 영역으로서 선택된 신체활동을 통해서 신체적, 정신적, 정서적, 사회적으로 조화된 인간을 육성하기 위한 교육의 활동이다.

표 3-2. 국외 체육의 개념과 정의

Hetheington. C.W. (1903)	체육은 제1의 대근육 운동 및 여기에서 결과 된 효과에 관련하는 것이고 제2의 성장과정에 있어서 불리한 조건에 부딪치는 일 없이 가능한 교육과정을 통해서 어린이의 건강과 성장의 실현에 기여하는 것이다.
Gulick. L.H.(1903)	체육은 체력을 인출하고 단련하며 어떠한 작업에나 적응할 수 있는 신체를 준비케 하며 일상생활을 보다 활동적이고 유용하게 한다.
Cassidy. R.F. & Thomas.W.D.(1931)	체육은 기본적인 운동 패턴에 중점을 두고 경험에 의해서 야기되는 개인변화의 총체이다.
Wood. T.D. & Cassidy. R.F.(1931)	체육은 기본적인 신체활동에 의해 어린이의 완전한 교육을 이루게 하는 공헌작용이다.
Nash. J.B(1948)	체육은 대근의 활동 또는 활발한 전신 활동에 관계하는 교육의 지도 분야이다.
Brownell, & Hagman.(1951)	체육이란 인간의 성장과 발달 그리고 행위에 있어 여러 가지 가치를 충분히 고려하여 선택하고 수행하는 신체활동에 의한 교육의 한 방법이다.
Williams. J.F. & Brownell. C.L. (1951)	체육은 일정한 복표를 향해 선택된 운동종목으로 행해지는 신체활동의 총체이다.
Nixon. E.W. & Cozeons. F.W. (1952)	체육은 활발한 근육활동과 그와 관련된 반응, 그리고 그 반응의 결과에서 오는 개인의 수정이나 변화에 관계되는 교육과정을 말한다.
Brown. C. & Cassidy. R.(1963)	인간움직임이란 환경과 상호작용하는 에너지 체계를 스스로 만드는 시간적이고 공간적인 인간위치의 변화이다.
Williams(1964)	체육의 목적은 개인이나 그룹에게 숙련된 리더십을 길러주고, 신체적으로 유익하고 정신적으로 만족하고 사회적으로 건전한 방향으로 행동할 수 있는 기회를 가질 수 있도록 적절한 시설을 제공해주는 데 있다.
Nixon. J.E.(1964)	체육이란 교육의 전과정 중에서 활발한 근육활동과 그것에 관련하는 제 반응에 관한 것이다. 또한 이와 같은 반응의 결과 당연히 일어나는 개인의 여러 가지 수정작용에 관한 것이다.

Bookwalther(1969)	체육의 목적은 사회적 위생적 기준에 따라 선정된 여러 가지 스포츠, 무용, 체조활동에 참가하고 교육을 받음으로써 신체적, 정서적, 사회적으로 통합되고 적응된 개인으로 최적의 발달을 이룩하는데 있다.
마에가와(前川) (1970)	체육은 인간의 신체 활동, 즉 대근활동을 수당으로 하는 신체의 교육 및 신체에 의한 교육이다.
Barrow. H.M.(1971)	체육은 스포츠·운동·무용과 같은 대근활동을 통한 교육이다. 체육은 신체활동을 통한 교육이며 계획적인 신체활동을 통한 인간행위의 변화를 위한 것이다.
Seidel. B.L. & Rasick. M.C.(1972)	체육은 인간움직임의 예술과 과학이다.
Sanborn. M.A. & Rasick. M.C.(1972)	체육은 신체활동이라는 자연 매개체를 통해서 개인의 발달에 공헌하는 전체교육과정의 일면이다.
Felshin. J.(1972)	체육은 예술과 과학 그리고 중요한 과정으로서 운동에 관한 학문이다.
Laporte (1973)	체육의 궁극적인 목적은 건전하고 흥미 있는 신체활동을 매개로 하여 개인을 조화 있게 발달시키고 교육 받게 하는 것으로, 이를 통해 각 개인은 신체적·정신적으로 자신의 최대능력을 깨닫게 되며 격렬한 정서적 스트레스 아래서도 협력하여 일하는 것을 배울 수 있다.
Thompson. J.C. (1974)	체육이란 신체운동을 통해서 이루어지는 교육의 한 방법이다.
가와무라(川村) (1974)	체육이란, 적절한 신체운동을 매개로 해서 인간의 생활능력의 향상을 꾀하는 것이다.
Bucher. C.A.(1975)	전 교육과정의 통합적 부분인 체육은 체육의 목표 실현을 꾀한다고 하는 관심으로부터, 선택된 신체활동을 매개로 해서 신체적, 정신적, 사회적으로 적성있는 시민의 형성을 도모하는 일 영역이다.
Daughtrey(1979)	민주사회에서 체육은 각 개인의 전면적 발달단계를 통해 능력의 성취와 발전 및 건강과 안녕에 기여하고, 신체적, 정신적, 사회적으로 긴급하면서도 장기적인 모든 삶의 문제에 적응할 수 있도록 하는데 그 목적이 있다.
Schurr(1980)	운동의 구조를 이해시키고 조직적 혹은 비조직적으로 운동을 광범위하게 실행시키며, 체력의 유지와 발달, 새로운 동료에게 접하도록 하고 운동을 통한 의사소통을 하도록 하며, 인간관계를 향상시켜 운동의 중요성과 의미를 찾을 수 있도록 하는데 체육의 목적이 있다.

교육을 가지고서 개인과 사회의 형성 작용이라고 규정할 수 있다면, 교육영역의 중에서 체육을 체육이 갖는 특성을 명확히 하고 이것에 의해 교육에서 있어서 체육의 독자성을 확정시키지 않으면 아니 된다. 체육의 독자성이란 무엇일까? 이것에 있어서는 여러 가지의 설(說)이 있다. 어떤 설은, '신체'의 교육에 있다고 하고, 다른 설은 운동문화의 전달과 개설에 있다고 하는 것도 있다.

그러나 이와 같은 목적만을 가지고서 체육의 독자성을 나타내는 것은 곤란하다. 그러므로 차라리 이것과 다른 방법을 취하지 않으면 안된다. 그것은 어떤 것일까? 체육의 특색을 부여하는 것이 아무래도 신체운동(physical activity)이라고 하는 요소에서는 없는 것일까?

무엇보다도 앞의 닉슨, 카즌스는 체육입문(An Introduction to Physical Education)에 있어서 physical activity와 그것에 관계하는 반응이나 경험까지 자세히 기술하고 있다.

또 어떤 것은 'the sum of physical activities(신체활동의 총체)'라고 하고, 어떤 것은 유희와 자유로운 운동 등으로 표현하고 있는 것도 있다. 좀 더 엄밀하게는 physical activity를 human movement라고 하는 경우도 있었다. 이와 같이, 표현의 차이는 있어도 말하려고 하는 것은 그다지 변함이 없는 것 같다. 문제는 이것이 체육에 있어서 어떠한 관련을 가질까하는 것이다. 그러므로 이것을 매개로 해, 수단으로서 행해지는 것이 중요한 것이 아닐까? 따라서, 이것을 체육에 적용시켜 보면, 신체활동이라고 하는 것을 가지고 행해지는 교육의 영역이라고 볼 수 있는 것은 아닐까?

오버토이퍼(Oberteuffer)는 체육의 정의에 대해서 'education through the physical'이라고 하는 것을 이용해서 이것을 한층 더 자세하게 'The physical implies the medium through which the education takes place'로 설명하고 있다. 따라서 그에 의하면, 체육이란 '신체적인 것'을 매개로 한 교육이다는 것이다. 그러나 여기에서 문제가 되는 것은 '신체적인 것(the physical)'에 있어서의 의미이다. 그것은 이미 알고 있는 것처럼도 생각하지만, 신체적이라고 하는 것의 의미는 결코 중요한 것은 아니다. 정신에 대립하는 것으로도 취할 수 있고, 또 심신일원론의 입장에서는 인체와도 취할 수 있는 것이다. 만약 그렇다면, 체육에 한정하지 않고, 모든 교육은 신체(the physical)를 매개로 하는 것이 없이는 행하는 것이 없는 것이다. 이렇게 볼 때, 체육을 다른 교육으로부터 구별하는 것은 불가능하다고 말하지 않으면 아니된다.

결국, 우리는 오버토이퍼(Oberteuffer)의 신체(the physical)를 이제 한걸음 진행시켜 '신체활동' 또는 '신체운동'을 매개로 하는 교육과 함께 취하는 것은 타당하지 않다고 생각된다. 최근 미국에서 Educaton through Physical Activities 라고 하는 서적이 출간되어지곤 있지만, 체육은 바른 '신체활동을 통해서(수단으로서, 매개로서 라고 하는 것은 동일한 것이라고 할 수 있다)'라고 정의 하는 것이 타당하다고 생각된다. 그리고 이와 같이 한정하는 것에 의하면, 다른 교육으로부터 구별하는 것이 가능하고, 또 그 독자성을 나타내는 것이 가능하다고 생각하는 것이다.

한편, 오늘날 미국에 있어서 체육을 'education through the physical'로 하는 것은 전술한 바와 같이 일반화되어 있지만, physical education은 '교육의 일면'(a phase of education), '교육의 일영역'(an integral part of the total education)으로 되어 있다. 하지만, 부쳐(Bucher)에 의하면 오늘날 체육을 '다만 대학 스포츠에 관한 것이라든가 근육이나 땀을 흘리는 문제를 생각하거나 또는 보디빌딩이라든가, 구령에 맞추어서 행하는 맨손체조로 보는 사람들이 있다'고 한 현실태에 대해서 언급한 것으로 볼 때, 체육에 대한 이러한 생각은 전면적으로 지지되고 이해되고 있다고는 할 수 없을 듯하다.

또 윌리엄스는 '신체적인 제활동이 매우 분명하게 신체적이었기 때문에, 신체의 프로그램도 신체적인 의미에서만 생각되고 있다는 것은, physical education의 불행한 전통이었다. 정신과 신체가 두 개의 별개의 실체라고 생각되고 있었을 때는 mental education은 정신만의 요구를 하였다. 그러나 인간에 있어서는 사실이다'라고 하는 체육에 대한 본성이 새롭게 이해됨에 따라서, physical education은 education through the physical이 된 것이다. 넬슨(Neilson)과 브론슨(Bronson)은 physical이라고 하는 말은 부적합하지만, 달리 최적의 용어가 없다. 그러므로 체육이 적당하게 이해되지 못하고 있다고 하고 있다.

좀 더 구체적으로 체육을 규정한 것을 미국의 여러 저서에서 찾아보자. 내프(Knapp)와 해그만(Hagman)은 '체육의 기본적인 목표는, 선택된 신체활동을 통해서 제반능력, 태도, 이상, 박력, 건강상태 등을 확립하고 또 유지할 수 있도록 촉진하는 것이다. 그것에 의해서 그 개인은 만족할 수 있는 생활태도를 수립할 수 있게 되는 것이다'라고 말하고 있다.

브라우넬(Brownell)과 해그만(Hagman)은 '체육은 최적한 성장발달을 촉진하는 것과 같은 대근활동에 참가하는 것에 의해서 얻어지는 건강한 제경험의 것이다'라고 하였다.

언급한 바와 같이 체육을 이와 같이 규정하는 것에 의하면, 어느 정도, 교육에 있어서 특성을 밝히는 것이 가능할 수 도 있지만, 앞에서 기술한 정의의 사례들 중에서 The school program이든지 학생의 교육만을 선택하는 것이 좋은가 아닌가가 문제가 되지 않는다.

만약, 체육을 가지고 간단히 학교의 교육영역에 한정하는 것이라고 하면, 직장체육이든지, 사회체육이든지 가정체육 등은 본래의 체육의 범위 외에 있다고 하는 것일까.

말할 필요도 없이, 가정, 사회, 직장체육 등은 나중에 기술하는 '체육의 분야'의 곳에서도 밝히고 있듯이, 그 기능이나 방법 등에서 보면, 혹은 교육의 밀도로부터 말해 반드시 학교체육과 같은 것은 아니다. 그것에도 관계없이 또한 가정이나 사회에 있어서 신체활동에 의한 교육이 행해지고 있다고 하면, 역시 체육의 가운데에 포함하지 않으면 안 되는 것일까.

사실, 듀이와 같이 교육을 가지고 생애(life long)에 걸치는 것으로 간주해 또한 0세부터 100세까지의 체력을 만드는 등이라고 생각하지 않으면 안된다고 하면, 체육을 학교 프로그램이나 학교교육의 범위에만 한정하는 것은 아마 좁아서 손해를 볼 것이다.

따라서 학교에 있어서 체육은 가장 전형적인 한편 가장 집약성이 높고, 계획적인 것으로 보는 것이 가능한 것으로서도, 그것을 학교만으로 한정하는 것은 정당하지 않을 것이다.

이것을 요약한다면, 현실적으로는 체육은 주로 학교교육으로서 행하지 않으면, 청소년기를 대상으로 하는 것과 같이 보는 것이 본래적으로 인생의 모든 연대에 걸쳐 행해지는 것이어서 그 범위는 간단히 학교만으로 한정하는 것은 안 되고 그리고 모든 사회에 있어서 행해지는 것이라고 말해지지 않으면 아니될 것이다. 이는 단순히 문장으로만 생각해 볼 때 학교체육과 생활체육으로 구분한 기준에 위배되는 것으로 생각하기 쉬우나 그 이면에 함의하고 있는 내용을 생각해 볼 때 이해가 될 것이다. 즉, 생활체육 또는 평생체육 또한 교육의 속성을 어느 정도 내재하고 있으므로, 학교체육에로부터 생활체육으로 이어진다는 점에서 체육을 학교만으로 한정하면 안된다고 한 것이다.

3. 신체활동

체육의 정의를 규정할 때, 신체활동이라고 하는 것이 중요한 내용으로 존재하고는 있지만, 실제 '체육'이라는 것에는 '신체활동'이 무엇으로 존재해 있는가를 나타내는 의미의 분명함이 매우 미흡하다고 할 수 있다. 그러므로 여기에서 좀 더 자세하게 다루어보고자 한다(前川峯雄, 1981).

1) 신체활동이란?

체육에 있어서 신체활동이 무엇으로 존재하는지를 밝힘으로서 좀 더 체육의 정의를 확실하게 할 수 있다. 상식적으로 말하면, 여기서 말하는 신체활동은 영어의 physical activity에 해당되는 것이지만, 그것이 반드시 정확한 것은 아니다. 한편 physical activity란, mental activity에 대응하는 것이라고 말하는 학자도 있다. 그러나 이와 같이 인간의 activity를 편의상 mental과 physical간으로 구별하는 것은 가능할 수 있어도, 그것이 인간의 activity에 있는 한, physical activity라고 말해도 mental activity를 동시에 의미하고 있다고 할 수 있을 것이다.

이는 결국 physical activity에서의 'physical'이라는 개념은 인간이 실천적 활동으로 이행하는 과정에서 신체적 뿐만 아니라 지각이나 기억, 판단, 정서와 같은 정신적인 요소, 그리고 대인관계와 사회성 발달 등의 사회적 요소를 발달시키게 되기 때문이다.

그러므로 physical activity는 mental activity인 것과 구별하기 보다는 유희와

같은 자유로운 운동, 체조, 경기, 구기, 격기, 무용 등을 하는 신체활동이라고 하는 것과 함께 취하는 것이 타당할 것이다. 이전에는 이와 같은 활동 또는 운동을 '대근활동(big muscle activity, large muscle activity)'이라고 하였다. 즉, 체조나 경기, 구기, 격기, 무용 등은 대근활동에 해당되는 것이다.

이와 같이 신체활동은 신체적인 요소의 활동뿐만 아니고, 심리적인 요소 및 사회적인 요소도 포함하고 있지만, 거기에 관계없이 '신체활동'이라고 불리는 것은 왜 일까?

그것은 신체활동을 단순히 물체의 운동으로 보는 것으로써, 그것은 중력의 지배에 의한 물체로서의 신체 움직임이 일정한 법칙에 따라서 행해지기 때문이다. 여기에서 다양한 심적 활동은 물리학의 대상이 되지 않는다. 하지만 이것이 실제로 신체적 표현이나 표출을 따를 때, 신체활동이라고 말할 수 있을 것이다. 그러므로 개념상, 신체활동은 분명히 심박활동과는 구별되는 것이다. 실제 신체활동은 인간의 활동으로서 심신불가분의 것으로서의 움직임으로 규정하고 있다. '체육이론'의 저서에서 Davis 등이 여기에서 말하는 신체활동을 특히 'human movement'라고 말한 것은 아마 그 때문이 아닐까?

어쨌든, 신체활동은 공간을 점유하고, 물체로서의 움직임을 하는 것이지만, 단지 물리적 자연 운동만은 아니다. 거기에는 기억, 판단 등등의 지적활동뿐만 아니라 정서적인 움직임도 포함하고 있는 것이다. 즉, 신체활동은 인간으로서의 행동에 있다고 할 수 있다.

2) 체육의 수단으로서의 신체활동

앞서 '신체활동이 의미하는 것'에 대해 고찰했던 것에 덧붙여서 지금 한 가지 중요한 것을 생각해보지 않으면 안된다. 그것은 '신체활동과 체육과의 관계'이다. 앞에서의 체육은 신체활동을 수단으로 하고, 혹은 매개로 하는 교육이었다. 그렇다면, 신체활동 그 자체 중에서 체육의 목적으로 하는 것, 혹은 체육에 의해 실현하려고 하는 무엇인가가 있다면 그것을 생각해 보지 않으면 안된다. 여기서는 '체육학원론'에 근거하여, 신체활동의 속에 체육적 가치실현의 가능성을 가지고 있는 것으로서, 그것을 '잠재적 가치'라고 나타내 두었다.

잠재적 가치라고 하는 것은, 그 자신 중에서 체육적 가치실현의 가능성을 내재하고 있는 것이다. 내재하고는 있지만, 직접신체활동을 행하고 있는 것이 어떻게 연습이나 학습을 행할까? 혹은 그것에 대해서 어떻게 교육적 지도를 더할까에 의해서 잠재적인 것을 현재화할 수 있는지 여부가 결정되어지는 것이다. 이 의미에서 체육의 입장으로부터 신체활동을 보는 것이 여기에서의 주요한 과제가 될 것이다.

체육의 수단으로서, 혹은 매개로서 보는 신체활동의 특성을 보면, 거기에는 두 가지의 면이 있는 것으로 생각된다. 그 중에서 한 가지는 신체활동을 실천하는 것 자체가, 그것을 학습 또는 연습을 행할 때이다. 이때는 명확히 학습활동이나 연습, 시합 등이라고 불리는 활동을 해, 신체활동이 한편으로는 경험으로서 장래의 행동에 기여하고, 다른 한편에서는 직접생활체의 내부 움직임을 촉진시켜 건강이나 체력, 의지, 그리고 다른 정적인·동적인 면에까지 일정한 영향을 가져오는 가능성을 가진다고 하는 것이다. 그 두 가지는 그 활동이 문화의 형태를 갖추어 우리들의 생활 내용에까지 이를 수 있는 가능성을 가지는 것이다.

첫 번째로 신체활동이 무엇인가를 실현하기 위한 수단이 되는 가능성을 가진다는 점에 대해서 생각해 보자. 예를들면, '몸만들기' 혹은 '체력만들기' 등이라고 불리는 것을 실현한다면, 신체활동을 실천하는 경우가 '수단'이 맞다. 거기에는 행해지는 신체활동 또는 운동 그 자체 때문에 되는 것은 아니다. 즉, 그 활동을 하는 것 자체가 목적은 아니다. 오히려 운동하고, 활동하는 목적은 '몸만들기', '체력만들기', 혹은 '기능만들기'에 있고, 따라서 신체활동은 그것을 위한 수단인 것은 말할 필요도 없다. 그러므로 수단이라고 불리기 때문에, 그 가운데에 목적실현의 가능성이 있다는 것을 의미한다. 그러나 '몸만들기', '체력만들기' 등에는 연습으로서 혹은 학습으로서 행해지고 있는 신체활동이 진보나 향상, 발육이나 발달을 위한 자극이 되는 것을 의미하고 있는 것이다. 근력이나 지구력이나 순발력이나 협응성이라고 하는 것을 향상시키기 위해서, 적절한 '부하' 즉, 자극이 없으면 안된다. 이러한 자극이외에는 다른 방법으로는 발달하지 않는 것이기 때문에 신체활동 또는 신체운동은 발달자극으로 사용되어지는 것이다. 특히 현대트레이닝에 있어서 과학적 연구가 많이 이루어져 신체운동을 체력양성의 자극으로서 이용할 때, 운동 종목보다도 운동의 양, 질 그리고 빈도를 과학적으로 처방하는 것이 중요한 설(說)로 여겨지기 때문에, 그것은 더욱더 매개 또는 수단적인 의미를 지닌다고 말할 수 있다. 수단은 적절한 방법이라는 측면에서 볼 때 그 의미를 더욱 더 발휘하는 것이다. 그렇기 때문에 운동이용에 관한 과학적 연구가 많이 이루어지지 않으면 안되는 것이다.

두 번째는 신체활동을 문화라고 생각해 보자. 이는 문화를 획득하고, 혹은 그것을 개선하면서 진보발전되는 것이라는 의미로 신체활동이 이용되는 경우이다.

오늘날 체조, 스포츠, 댄스, 격기, 야외활동 등은 운동문화(physical culture)로서, 모두 인간 생활의 내용물이 되고 있다. 이것은 아이들뿐만 아니라 지역적으로 확대해 행해지는 '운동유희'라고 칭하는 것이다. 그래서 이것을 가지고서, 아이들은 그 생활을 충족시키고 있는 것이다. 그러므로 인간은 운동문화를 자기 생활의 내용으로서 그 생활을 구성하는 것이 가능한 것처럼, 그것을 준비하지 않으면 그들의 생활은 그만큼 빈약한 것이 된다. 이러한 의미로 체육은 신체활동을 운동문화로서 전달하고, 그것들이 생활을 한층 더 충족시키듯이 행하는 능력을 갖게 하지 않으면 아니되는 것이다. 그러므로 여기에는 신체운동은 운동문화의 획득을 위해 이용되어진다. 이 경우 운동문화는 필요한 때 즉시 획득되어지는 것은 아니다. 연령단계에 따라서 문화를 재구성해서 학습하지않으면 안된다. 교육학에는 이것을 '문화의 심리화'라고 말하지만, 체육에서도 똑같이 말할 수 있는 것이다. 하였든 이 경우 신체운동은 흔히 운동문화로서 유형화되고, 그 획득에 필요한 것처럼 재구성되어지고 있다고 말할 수 있는 것이다.

이렇게 하여, 신체운동은 한편으론 발달자극으로서의 의미도 있지만, 다른 면에서는 운동문화로서의 의미를 가지는 것이라고 말할 수 있다. 여기에서는 젊은이들이 전력을 기울여 행한 스포츠 활동, 도시생활로부터 상실하게 되는 운동생활 활동 그것을 추구하는 것이다.

4. 체육과 교육의 관계

체육과 교육과의 관계에 대해서 앞에서(체육의 정의) 약간의 내용을 다루어 놓았으나, 미흡하다고 생각되어 다시한번 기술하고자 한다.

체육과 교육의 관계는 위계적 관계로서, 체육은 교육의 하위영역 중 하나라고 할 수 있다. 그러므로 교육의 목적을 달성하기 위한 노력의 일환으로 체육이 기여하는 것이다. 좀 더 체육과 교육제도와의 관계에 대해서 제시한 내용을 보면, 페레이(Fraley)와 존슨(Johnson)은 '체육이란 교육의 한 단면이며 모든 교육목표에 공헌한다'라고 하였으며, 멕클로이(McCloy)는 '체육은 교육제도의 한 분야이며 효과적인 조건을 갖춘 일정한 장소에서 지도되는 활동'으로 보았으며, 오버테이퍼(Oberteuffer)도 '체육은 인간행위의 본질과 근본적으로 관련되어 있다'라고 정의하였다(예종이, 1987). 또한 예종이(1987)는 '인생이란 인격의 완성을 위한 끊임없는 의지적 노력의 과정이며 광의의 교육이나 협의의 교육을 막론하고 교육의 가장 큰 기능 중 하나는 인격완성을 위한 조성작용에 있다'라고 하였다. 이러한 의미는 우리나라 교육법 제1조에 잘 명시되어 있다. 즉, '교육은 홍익인간의 이념 아래 모든 국민으로 하여금 인격을 완성하고 자주적 생활능력과 공민으로서의 자질을 구유하게 ...'와 같이 명시되어 있는 것처럼 교육의 목적이 인격완성에 있음을 알 수 있다.

또한 고대 그리스의 철학자 아리스토텔레스(Aristoteles)는 교육의 목적은 최선의 국가를 실현하기 위한 방책이라 하고 신체의 교육과 개인과 국가의 선을 실현시키는 방책의 중요한 분야로서 용기, 절제, 지혜, 정의의 배양책으로 그 필요성을 강조하였다(김철, 1982).

또 근대교육의 아버지라고 불리는 존 로크(John Locke, 1927)는 그의 교육론을 체육, 도덕, 지육, 신사의 교육으로 나누어 설명하고 그의 '교육에 관한 고찰'이라는 저서의 제1장 머리글에서 '건전한 신체에 건전한 정신이 깃든다'라는 말은 이 세상에서 행복한 상태를 간결하고 충분하게 표현하고 있다. 여기에서 그의 체육사상에서의 교육적 위치를 엿볼 수 있다.

또 교육학자 페스탈로찌(Pestalozzi)도 '인간의 조화적 발달의 조성이란 인간에 내재하고 있는 여러 소질을 조화적으로 개발 발전시키는 일'이라고 주장한 바 있는데 여기서 인간의 조화적 발달이란 지육, 덕육, 체육의 균형있는 발전을 기하는 이상적 인격의 도야를 말함으로써 체육의 교육적 역할을 강조하였다(예종이, 1987).

우리나라는 개화기에 이르러 1895년 고종은 전국민에게 내린 '교육입국조서'에서 '지난날의 경전 중심의 교육을 지양하고 세계정세에 눈을 뜨게 하는 새로운 교육의 중요성을 강조하는 가운데 교육의 3대 강령으로 덕육, 체육, 지육에 힘쓸 것을 당부하고 나아가 교육을 통한 국가중흥의 사명을 국가와 국민이 다 함께 하자'고 강조한 교육입국의 정신에서도 체육의 교육적 중요성을 잘 말해 주고 있다.

결국 교육이 '인간행동의 계획적인 변화'라고 정의된다면(정범모, 1974), 체육은 '신체활동을 통한 인간행동의 계획적인 변화'를 추구하는 교육의 한 독립적인 영역인 동시에 미완성된 '현실의 인간'을 완성된 '이상적 인간'으로 변화시키기 위하여 요구되는 신체활동의 장을 제공하고 때로는 교육목적 달성을 위한 수단과 방법이 됨으로써 교육과 체육은 밀접한 관련성을 갖고 있다고 할 수 있다. 그러므로 체육은 신체활동을 통하여 신체적·지적·정서적·사회적 성장을 조성하는 전인적 교육의 중요한 과정이며 심동영역, 인지적 영역, 정의적 영역이 한 교육의 장에서 복합적으로 이루어지는 교육활동인 것이다(예종이, 1987).

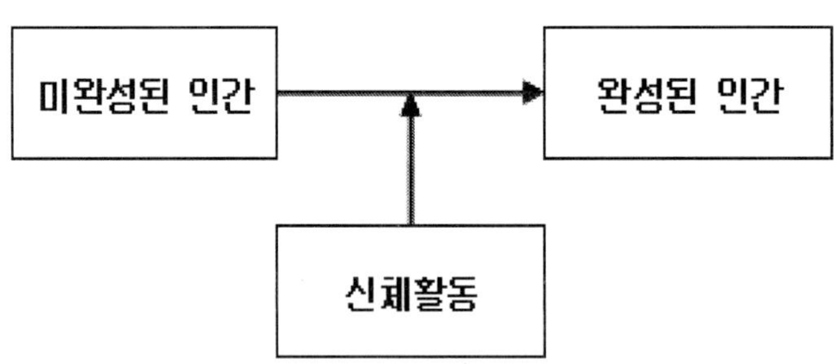

그림 3-1. 체육과 신체활동의 관계

5. 체육과 인간형성

체육과 인간형성은 새로운 문제이다. 이 문제는 체육의 개념이 어떠한 교육행위를 포함하고 있는 이상, 학교제도의 탄생이후 항상 논의되어졌고, 지금도 그러하다. 예를들면, 체육관이나 운동장에서 일어나는 많은 경험은 도덕성의 성장을 촉진시키기도 하고, 인간형성의 기회가 되고, 현재까지도 강하게 주장되어지는 공정, 협력, 스포츠 맨쉽이라고 하고 있는 용어는 체육의 전문잡지나 체육의 실천기록에 잘 나타나 있다.

그러나 또 한편으로는 스포츠를 주교재로 하는 체육에는 스포츠의 특성이 한 가지가 있다. 즉 '승리추구가 스포츠맨십이나 페어플레이 정신을 타락시키는 것'이다. 아이들이 '운동장으로부터 배우는 일은 승리추구를 위해 그들의 부정적인 품행을 많이 행하는 것 등은 신체나 정신에게 희생을 행하고 있다'라고 하는 체육에 있어서 인간형성기능에 대한 부정적인 견해도 많이 있다.

이러한 체육에 있어서 인간형성을 둘러싼 찬부론(贊否論)을 근거로 해서, '체육에 있어서 인간형성론'의 전망과 내용을 기술하고자 한다(體育原理專門分科會, 1995).

1) 체육에 있어 인간형성 연구의 필요성과 문제점

과거에서부터 현재에 이르는 체육의 학습지도요령에는 '협력, 공정, 규칙의 준수' 등이 사회적 목표로서 교과내용의 중요한 기둥으로서 생각해 왔다. 그러나 이제까지의 학습지도요령에는 체육으로 그와 같이 전개한다면, '협력, 공정, 규칙의 준수' 등의 사회적 목표가 달성되어질까. 혹은 스포츠를 그와 같이 실천하면, 바람직한 인간이 형성되는가 하는 방법론에 대한 내용기술은 없다.

그 이득으로써, 현실 체육의 수업실천에는 암중모색상태에 있고, 스포츠를 행하면 자동적으로 '사회적 태도'가 몸에 베이고, 궁극적으로 '사회적 성격'이 육성되어진다고 하는 안이한 '교육론'이나 '낙관론'이 횡행하거나 학습의 목적으로 내걸면서, 적정하게 평가할 수 없다고 하는 사태에 빠져 있다.

이처럼 상황의 원인이 한 가지 측면은, '체육에 있어서 인간형성'의 교육의 해석을 더해 본다면, 아이들에게 성실한 교사로 하면 할수록 체육에 있어서 도덕, 윤리교육에 과민하게 되는 것은 체육교사자신의 도덕교육 알레르기에 기인하기 때문이다. 이러한 도덕교육 알레르기는 일본의 전쟁전의 군국주의의 덕목주입주의교육을 신체의 측면으로부터 지지한 '체조과'나 '체련과'에의 반성에 기초를 두고 있다. 또 지금까지 없었던 스포츠를 둘러싼 윤리적 문제 상황도 명확히 하고자 노력하고 있다. 이러한 문제 상황의 증대가 예견되는 상황에서는 진지하게 '체육에 있어서 인간형성'의 문제를 생각해 볼 필요가 있고, 체육은 무엇보다도 전인적인 인간의 발달을 기획하는 '교육'의 중요한 요소로 있는 이상, 이 문제를 피해서 나아가는 것은 불가능하다.

체육원리의 영역에 있어서 '체육에 있어서 인간형성'의 연구에는 철학 혹은 교육철학의 방법론을 수용한 경우도 있다. 일반적으로 이러한 접근에서는 생물학적 존재로 있는 인간이 체육이라고 하는 교육활동을 통해서, 얼마나 사회적 존재가 될 수 있을지가 해석학적으로 기술된다. 그러나 거기에서의 '인간'은 추상적인 '인간'이며, 현실적으로 사회 제관계로 잘라 말한다면, 현실의 제조건과의 관련에서 생성되는 구체적인 사회적 인격으로서 기술되는 것은 드물다. 그 때문에 '문화'도 추상적으로 정적인 것으로 해 파악하는 경향이 있다. 다시말하자면, 스포츠문화와의 관련에서, 앞에 기술한 의미에서의 '인간'이 체육의 가운데에서 동적으로 형성된다고 하는 관점이 빠져 있다. 또한 연구방법이 해석학적인 방법에 의거해 있는 이상, '문화', '인간' 혹은 '인간형성'은 해석의 영역으로부터 하지 않고서, 각각이 무기적인 한편 고정적으로 파악하고 있다. 따라서, 최종적인 결론부분도 체육의 특성을 반영한 것이라기보다, 기존의 철학이나 교육철학에 있어서 제덕목과 각각의 논자의 운동경험이든지 직접으로 결부되기 위해서 논리적으로 비약하기 쉬운 것이라고 말할 수 있다.

2) 체육에 있어 인간형성의 구조

① 문화와 인간형성

앞에서 기술한 영역에 있어서 '체육에 있어서 인간형성'연구는 '문화(스포츠문화를 함의)'와 '인간'과의 동적인 상호작용에 의해 인간형성이 된다고 하는 관점이 빠져 있다.

이러한 기존의 '체육과 인간형성' 연구의 문제성은 지금까지의 '문화'관이나 '문화'개념 연구의 방법론이나 그 성과를 규정함에 있어서 생성되는 문제점과 연결되어 있다.

예를들자면, '체육과 인간형성'연구가 근거하고 있는 철학이론이나 교육철학 이론이 주로 독일계의 문화사회학, 역사철학 혹은 해석학적 교육학의 흐름을 토대로 하는 경우이다. 거기에서 논의되어진 '문화'는 추상적인 '인간'의 고도의 정신활동의 정적인 소산이라고 생각할 수 있기 위해, '인간형성'도 추상적으로 보편적인 '문화'와의 관련에서 파악할 수 있게 된다. 결과적으로 이념이나 가치, 이상이라고 말한 일정의 당위(sollen)나 규범(norm)을 전제로 해석할 수 있게 된다.

그러나 앞에서 기술한 의미에서의 사회적 제인격인 구체적인 '인간'의 '문화'에의 관계는 또는 '문화'와의 관계 내에서 이루어지는 인간의 '자기형성'은 실제로는 정적인 것으로 간주할 수 없다.

우선, 주체로서의 '인간'은 일일객체로서의 '문화'에 움직인다고 하는 창조적 행위를 반복하고 있고, 거기에서 한 방편으로, 주체가 객체인 '문화'의 가운데에 자기를 실현한다고 하는 '주체의 객체화'도 동시에 행해지고 있다. 그것과 병행해서, 주체가 객체를 우리 것으로 획득하는 '객체의 주체화'도 동시에 행해지고 있다. 게다가 주체가 객체인 문화에 주도적으로 움직이는 가운데에, 문화 가운데에 자기를 실현되면서, 동시에 '객체의 주체화'의 과정에서 주체는 자기변혁해 자기형성하고 있다.

이 과정을 객체인 문화의 측면에서 객관적으로 바라보고, 주체의 주도적인 움직임에 의해 문화도 변용, 변형되고, 그리하여 새로이 창조되어져 간다. 그러므로 변용되거나 창조된 성과(소산)로서의 문화는 또한 새로운 한 가지의 객체로서 주체의 앞에 대치하게 된다.

결국 이렇게 볼 때, '문화'와 구체적인 사회적 제인격인 '인간'의 상호작용에 의해 변증법적인 상호교류의 가운데서, '인간'은 자기형성되고, 동시에 문화 그 자체도 변증법적으로 창조되거나 변용·변혁해 가지 않으면 안된다. 또한 문화와 인간의 상호작용하는 가운데에서 형성되어지는 인간형성은 어떻게 보면 하나의 창조이자 동적인 과정이라고 할 수 있을 것이다.

② 체육과 인간형성의 구조

이제, 앞에서 기술한 것처럼 인간은 문화와의 동적인 변증법적 상호교류에 의해, 자기자신이 형성되고, 동시에 문화 그 자체도 변증법적으로 창조되어지는 것이지만, 이것은 체육에 있어서 인간형성의 구조를 이해하는 이상으로 커다란 예측을 주게 된다. 게다가, 체육에 있어서 인간형성은 체육이 스포츠를 주교재로 하는 교육적인 당위가 있는 이상, 인간과 스포츠문화와의 변증법적 상호교류 가운데에서 파악되어져야 하지만, 또 이것을 역설적으로 말하자면, 앞에서 약간의 검토를 더한 것처럼 스포츠문화를 분리해 인간형성이 논해지는 것은 논자(論者)의 독단적인 생각이나 감정이 혼입하거나, 한 때 체육의 역사를 나타낸 대로, 체육 그것이 외재적으로 이용되어진다고 하는 커다란 잘못을 범하는 것이 된다.

거기에서, 스포츠문화가 무엇으로 있는지를 명확히 제시하는 것은 꽤 과중하고 또한 곤란하지만, 당장 다음의 점만은 확인해 둘 필요가 있을 것이다.

원래, 근대 스포츠는 지금까지도 많은 논자에 의해 지적되고 있는 것처럼, 근대라고 하는 특정의 시대의, 서구(주로 미국에 있지만)라고 하는 특정의 지역의, 자본주의라고 하는 특정 사회의 시스템 가운데에서, 주로 신흥 자본가계급이라고 하는 특정 계급에 의해 생기고, 그와 같이 특정의 조직을 만들어 파급하면서, 합리화, 세련화의 세례를 받으면서, 발전해 온 것이다.

따라서 이와 같이 근대스포츠를 원류로 한 (현대)스포츠는 그 문화 가운데에, 근대시민사회의 사조(ethos)(자유, 평등, 공정, 자본의 윤리, 효율<승리>의 추구, 우승열패주의(優勝劣敗主義) 등을 충분히 함입하고 있다. 따라서 스포츠 참가, 엄밀히 말하자면, 스포츠문화의 학습은 무엇보다도 근대 시민사회의 원리를 배우는 것에 있을 것이다.

여기서 기술한 근대시민사회의 사조는 스포츠문화를 구성하는 중요한 요소이다. 구체적으로는 ① 스포츠의 룰이나 기술, 스포츠의 기술의 계통성, 혹은 그것들을 성립시키는 사상성, 과학성, 역사성의 총체 ② 스포츠에 관한 집단, 조직의 존재양태나 그 존재양태를 규정하는 총체에 반영해 스포츠 문화를 형성하는 일은 그 자체도 결부해 정적인 것이 된다.

그런데 현실은 사회 제관계로 잘라 말한다면, 현실의 제 조건과의 관련으로부터 생겨 구체적인 사회적 제인격인 '인간'이 스포츠문화로 움직일 때, 여건으로서의 스포츠문화의 총체는 주체에 어떠한 것을 강요하고, 주체와 그 활동을 스포츠 문화의 총체에 말려들게 하려고 한다.

거기에는 한편으로 주체는 객체인 스포츠 문화의 총체 가운데에, 자기를 실현하고, 또 다른 한편에서는 스포츠문화의 총체의 어떠한 것을 우리의 것으로서 획득하려고 한다.

이 때, 여건으로서의 객체인 스포츠 문화의 총체는 그 자신에 함의하고 있는 유독 가치적으로, 가능한 발전적 내실이 인간의 구체적인 스포츠 활동을 통해서 인간의 자기변혁의 계기를 제공하면서 자기형성을 현실화하게 된다.

이처럼 체육에 있어서 인간형성은 사회적 인간이 주체로서 객체인 스포츠문화의 총체에 움직여, 거기에 자기를 대상화하고, 주(主)-객(客)의 변증법적 상호교류의 가운데에서 스포츠 문화의 총체 가운데에서 예를들자면, 자유, 평등, 페어플레이의 정신(공정), 승리지상주의, 스포츠맨십 등을 비판적으로 음미하면서, 그것을 우리 것으로서 획득하는 활동이다.

그것과 동시에 새로운 객체(새로운 대상=새로운 스포츠문화)를 창조해 덧붙인다고 하면, 창조의 일련의 상호작용적인 사회적 과정이라고 말할 수 있을 것이다.

3) 현대 체육에 있어 인간형성의 원리

현대 스포츠를 낳은 근대는 개인주의와 자유주의 시대였다. 홉스, 로크, 루소는 대표적인 계몽사상가로, 그들 사상의 전제로 우주가 무한하고 불멸하며, 또한 인간의 욕망도 무한 또는 불멸에 있다고 믿는데서 그들의 사상이 형성되었다. 거기에는 무한의 공간 가운데에, 자유에 자원을 소비하고, 자유에 물건을 폐기하는 것이 진보이기도 하고 선이기도 했었다. 다시말하자면, 다른 사람에의 위해(危害)가 생기지 않는 한정된 조건하에서부터, 개인은 자기의 무한한 욕망을 충족하면서, 무엇을 행해도 자유이기도 하고, 자기결정이 무엇보다도 우선된 개인주의와 자유주의 시대이다. 이 시대는 또한 진보와 효율의 추구가 진보주의의 이름 아래에 신봉된, 미래세대와 현재세대의 이해가 단순히 일치하고 있다고 생각되어졌다. 이와 같은 시대배경의 아래에서 창조된 근대 스포츠는 한 방편에서 효율 중시에 대표되는 자본의 윤리(약육강식이나 우승열패)에 편입되어져, 다른 방편에서는 평등, 자유, 진보(보다 높고, 보다 빠른, 보다 강한) 등의 근대 사조에도 완전히 감화되어진다.

그런데, 현대사회는 이와 같이 진보주의를 소박하게 신봉하는 것에는 너무도 많은 문제를 드러내고 있다. 특히, 지구가 개방계에는 없고 유한으로 폐쇄계에 있는 이상, 현대사회는 인간의 이기주의나 무방종인 욕망을 제한할 수 없는 시대에 있다. 같은 양상으로 근대스포츠를 원류로 하는 효율중시의 현대스포츠도 한편으로는 경기의 급진화에 수반하는 도핑, 관객에 의한 폭동(훌리건)의 문제를 포함하기도 하고, 다른 한편에서는 뉴-스포츠의 발전에 수반하는 문제도 드러내고 있다. 스포츠가 인간의 귀중한 문화로서 존속하기 위해서는 그 대응책이 최대의 사항이다.

근대 윤리학은 '개인과 개인'의 대응관계를 기조로 한 윤리이고, 개인의 지각과 행동범위가 거의 일치하는 쪽의 '대면윤리'이다. 따라서 원래 소음이나 대자연의 문제에 대해 인식도 없고, 상정되지도 않았다. 이러한 것으로부터 눈앞에 있는 어려운 문제에 대해서는 종래의 윤리학은 무력하다. 또한 이 구조는 스포츠에 있어서도 같은 것이다. 근대라고 하는 시대배경의 가운데에, 근대스포츠에 의해 성립된 스포츠맨십의 제덕목은 '용기, 인내, 극기'등과 같이 철저하게 '개인윤리'가 없고 '대면윤리'에 그 사정이 있고, 도핑이나 훌리건, 뉴-스포츠의 출현에 수반하는 문제상황의 앞에서는 거의 무력하다. 체육수업에서 '모두 사이좋게 협력하고, 공정하게 행동하는 것'을 가르쳐 왔다. 그러나 그러한 규범을 몸에 베이도록 하는 것과 같은 새로운 문제상황은 한쪽 방향에서는 해결되지도 않고, 극복하는 것도 마음대로 되지 않는다.

이상의 논의를 요약해보면, 무엇보다도 체육에 있어서 인간형성의 새로운 원리는 근대 비판이나 사회 비판을 포함하면서, 승리지향의 근대 스포츠의 윤리(패러다임)의 전환을 가능하게 하는 것으로 되게 하지 않으면 안된다. 동시에 '환경', '자연', '생명', '공생'의 관점에서 구축될 필요가 있다. 加藤의 주장을 참고해 세 가지의 중요한 점을 기술해 본다.

첫째, 자연의 생존권을 확인하는 것. 즉, 인간뿐만 아니라 경관, 생물의 종, 생태계에서도 자연의 가운데에서, 최적으로 생존하는 권리가 있다고 하는 '애니미즘(물활론)'의 사상을 인정하는 것. 이 애니미즘의 사상은 인간의 무제한적 스포츠 욕구를 충족하기 위해 자연의 파괴가 용서된다라고 하는 인간의 '교만함'에 경종을 울리고, 그 억제에 기여하고 있다. 또한 이것은 인간이 만물의 영장으로서 인간이라고 하는 '종'의 우수성을 전제로 해 온 근대의 서구적 그리스도교문화와도, 또는 특정 인종의 우수성의 주장과 결부지어 민족적 편견과도 구별되어지는 것이다.

둘째, 지금의 세대는 미래의 세대에 대해서 윤리적인 책임이 있는 점을 인정하는 것. 즉, 욕망의 충족을 위한 환경파괴는 현재세대가 가해자이고, 미래세대가 피해자라고 하는 '세대간 윤리'의 인식을 유지하는 것이 필요하다. 이것은 또, 지금의 인간만으로 의결한 민주주의라고 하는 근대적인 의지결정 시스템에 그 재고를 강요하는 것이다. 이는 지금의 민주주의에서는 세대간에 걸친 애니미즘은 체크할 수 없다고 하는 구조적 결함이 있기 때문이다.

셋째, 모든 결정단위는 개인이 아니고 지구적 규모로 된 '지구주의'의 입장에서 행하는 것. 이것은 공산주의나 자본주의라고 하는 '사회', '개인'이라고 하는 축으로부터 재구축이 필요하다.

체육에 있어서 인간형성의 방법론을 이와 같이 생각해볼 때, 미국의 도덕교육의 중요한 사조인 '가치부여의 과정(the process of valuing)'을 중시한 '가치명확화(values clarification)이론'이 크게 도움이 된다.

최근 미국에 있어서 '체육에 있어서 도덕성의 발달이론'에 관한 제연구는 이 영역에서의 연구를 모색하고 있는 우리나라의 연구에 대해서 커다란 시사를 주고 있을 것이다. 특히, 구체적인 체육실천의 방법론 수준에서 연구가 전개되어지고 있는 한(N. Haan)의 구조발달이론(structural developmental theory)를 수용한 상호도덕이론(interactional morality theory)은 스포츠의 보다 좋은 가치를 자각적으로 창조해내는 능력을 육성하는 것이라고 단언할 수 있을 것이다. 이렇게 볼 때 현대는 체육이나 스포츠의 새로운 원리를 요구하고 있다고 하는 위기의식의 자각이, 확실히 추궁당하는 시대이다.

6. 체육의 개념 정립

앞에서 체육의 개념에 대한 내용을 다루었지만, 체육의 개념 형성과정과 용어 변천에 대해서 좀 더 체계적으로 다루어보고자 한다. 특히, 오늘날 체육이라는 용어를 비롯해서 체육관련학과의 교과과정에서 나타난 교과목 명칭의 사용을 살펴보면 일관성이 없다고 할 수 있다. 그러므로 여기에서는 다양하게 사용되어지는 '체육'이라는 개념에 대해서 함용기(1989)의 '체육의 개념정립을 위한 소고(1)'을 중심으로 하여 크게 세 가지 즉, 교육적 측면에서 본 체육과 독립된 학문으로서의 체육 그리고 사회적 측면에서의 체육으로 구분하여 기술해보고자 한다.

1) 교육적 측면에서 본 체육의 개념

오늘날 체육의 개념으로서 일반적으로 쓰이고 있는 'physical education'이라는 용어는 1840년대 하바드대학의 생리 및 해부학교수로 있던 John Warren의 저서 'Theoretical Treatise on Physical Education'에서 처음으로 사용되었다.

그러나 현대체육의 아버지라 불리는 Clack Hetherington 이전까지만 해도 체육은 'Physical Culture' 혹은 'Physical Training' 등으로 사용하였다.

실례로, 1880년대에 뉴욕에 'Hygienic Institue and School of Physical Culture'라는 사설학교가 있었고, 1890년 Edward Hartwell 이 맡은 직책은 'Divector of Physical Training for the Boston Public School'이었다. 이외에도 체육의 선구자인 Wood, Gulick, Jesse Williams, Tay Nash 들의 스승인 체육교수 Delphine Hanna 도 1885년 그녀가 받은 칭호가 'Instructor in Physical Culture at Oberlin Collage'였으며 같은 해 발표한 글의 주제도 'Persent Status of Physical Training in Nomal School'이라고 했다.

이와같이 대략 1910년 이전까지는 체육이 'Physical Culture', 'Physical Training'으로 불리었으며 체육이 'Physical Education'으로 널리 사용되기 시작한 것은 1910년 이후라고 할 수 있다. 이렇듯 점차 널리 사용되기 시작했던 'Physical Education'이라는 20세기 초까지는 'Physical Culture'나 'Physical

Training'과 거의 같은 'Education of the Physical(신체의 교육)'의 의미로 쓰여졌다. 이때의 체육(Education of the Physical의 의미)은 인간의 마음을 공백상태(blank tablet)로 보았던 John Loke의 사상에 근거를 두고 있었다.

즉, 신체훈련은 몸을 건강하게 한다는 생리학적, 해부학적 기초위에서 무조건 마음의 공백상태(blank tablet)가 아닌 신체의 공백상태(blank tablet)에다 교육자가 피교육자에게 운동을 부과시킨 것이다.

따라서 당시의 체육은 독일은 Jahn 체조와 스웨덴의 Ling 체조 등 형식적이고 기계적이었다. 그런데 인간은 체육이 'Education of the Physical'에서 'Education through the Physical'로 즉, 진보적인 방향으로 바뀌게 된 것은 그 당시의 교육의 변화, 다시말하면 단순한 주입식 교육(subject matter 중심의 교육)에서 진보적 교육(child-centered education)으로 전환되는 과정에서 자연적인 영향으로서, Luther Gulick, Tohmas Wood 및 Hetherington 등의 학자들이 이러한 진보적인 교육내용을 체육에 도입시켜, 종전의 단순한 체육중심의 인위적인 체육보다 놀이, 게임, 스포츠 등을 중심으로 한 체육의 전인교육 사상을 강조하였다.

따라서 이와 같이 교육적인 의미가 매우 강조된 'Physical Education'이란 용어를 그대로 정확한 체육의 개념이라고 하는 데는 몇 가지 문제점이 발견된다.

첫째, 체육을 'Physical Education'으로 표기한다면, '신체의 교육 또는 신체를 통한 교육'의 의미로써 주목적인 교육이 되고, 교육은 그 교육목적을 받쳐주는 수단으로서의 개념이 더 강하기 때문에 독립된 학문(academic disciplin)으로서의 개념이 희박하다는 점이다.

둘째, 'Physical Education'이란 용어를 살펴보면 그 철학적 배경이 심신이원론적인 입장이란 것을 발견하게 된다. 즉, 신체의 교육과 마음의 교육을 구별하여 따로 교육한다는 의미를 내포하고 있기 때문에 체육은 결국 국부적인 교육의 수단으로 취급되어 버리는 중대한 오진을 범하게 되기 때문이다.

셋째, 체육은 생리학, 역학, 사회학, 심리학 등의 제반 과학적인 기초위에서 이루어지는 학문이라고 할 수 있는데 'Physical Education'이라는 용어로서는 위와 같은 체육의 학문성이 충분히 표현되지 못한다는 점 등을 문제점으로 지적할 수 있다.

따라서 'Physical Education'이란 용어는 체육의 교육적 측면이 강조되는 분야에서만 사용하는 것이 바람직하다고 생각된다.

실제로 'Physical Education'이라는 용어대신에 'Kinesiology movement education', 'Biokinetics', 'Ergonomic', 'Anthropokinesiology', 'Exercise physiology' 등 여러 용어들이 대두되었으며, U.C.L.A 등 여러 학교에서 또한 체육과의 명칭을 'Department of Physical Education'을 사용하고 있으며 또한 체육학자 Wynn Updike 및 Peny Johnson은 'Physical Education'이라는 용어대신 신체활동을 강조하는 의미에서 'Physical Activity'를 사용할 것을 강조했다.

2) 독립된 학문으로서의 체육의 개념

1964년 Berkeley 대학의 체육교수로 있던 Henry는 'Journal of Health Physical Education and Recreation'에 'Physical Education:An Academic Discipline'이라는 글을 실어 체육의 학문성 여부를 처음으로 시도하였는데 이를 선두로 하여 체육학을 하나의 독립된 학문으로 정립시키려는 노력이 많은 학자들에 의해서 시도되었다. Henry는 'Academic Discipline'을 '학교에서 배우는 지식의 총체를 가진 한 개의 독립된 학문분야'라고 정의하면서 'Profession'과는 달리 지식이 인류의 번영에 도움이 되는 것과 관계없이 그 지식 추구 자체가 의미 있는 것이라고 말했다. 따라서 어떤 학문이든지 'Academic Discipline'이 되기 위해서는 각기 주된 분야가 있다. 예를들면, 인류학은 인간의 신체적, 사회적, 문화적 발달과 행동을 연구하는 것이고, 철학은 인간과 우주의 본질 및 기능을 연구하며, 심리학은 정신의 과정 및 행동을 연구하는 것이다.

따라서 체육이 'Academic Discipline'이 되기 위해서는 중요한 연구 분야가 되어야 한다. 그런데 체육은 지금까지 적용되어왔던 'Physical Education'으로 표기한다면 그 의미가 'Education of the Physical'이든 또는 'Education through the Physical'이든 'Education'이 체육의 연구분야가 됨으로써 '체육학'이라는 'Academic Discipline'이 될 수 없는 것이다.

그러나 분명히 체육은 생리학, 역학, 사회학, 심리학 등의 제과학을 기초로 하여 인간의 신체활동을 연구하려는 학문이기 때문에 'Academic Discipline'을 나타내주는 체육의 새로운 개념이 필요하게 된다.

이와같은 뜻에서 Wynn Udike 및 Perry Johnson은 신체활동을 강조하는 의미에서 Physical Activity라는 용어를 사용했으며 Rudof Laban, Eleaner Metheny, Warren Fraleigh 등은 'Human Movement'라는 용어를 사용할 것을 주장하였다.

그러나 'Physical Activity'라는 용어를 사용할 경우, 체육이 지니고 있는 문화적 가치나 과학성을 잘 나타내줄 수 없으며 'Human Movement'를 사용할 경우에도 체육이라는 하나의 개념으로 정립되기에는 너무 광범위하고 포괄적인 개념이 된다.

따라서 학문적 측면에서의 체육은 오히려 학문의 과학성을 강조하는 'Physical Science(신체과학)'가 가장 합리적인 용어라고 사료된다. 즉, 학문으로서의 체육이란 용어는 체육학의 기초를 이루고 있는 제과학들, 예를 들면, Philosophy, History, Psychology, Sociology 등의 인문사회과학과 Physiology, Biomechanics 등의 자연과학을 종합한 하나의 학문체계로서의 내용을 충분히 나타내 줄 수 있는 'Physical Science'가 가장 적합하다고 할 수 있다.

3) 사회적 측면에서 본 체육의 개념

현대사회는 기계문명이 고도로 발달하여 모든 산업이 기계화·자동화·분업화 됨으로써 생산성이 증대되고, 노동시간이 단축됨에 여가시간이 늘어나게 되었다. 따라서 물질적 풍요와 함께 보다 안락하고 편리한 생활을 영위하게 되었다. 그러나 한편, 기계문명의 발달은 대기오염을 비롯한 각종 공해문제와 새로운 질병을 초래하게 되었고, 또한 각종 교통수단의 발달, 편리한 생활의 여건 등으로 인하여 인간의 신체활동이 감소되었을 뿐 아니라 물질적 풍요로 인한 퇴폐적인 문화가 싹트게 되었다.

또한 이렇듯, 복잡하고 다양한 사회구조 속에서 각박한 일상생활에 적절히 적응하지 못함으로 인하여 스트레스가 축적되는 등 새로운 개인적, 사회적 문제에 부딪히게 되었다. 이와 같은 현상 속에서 많은 사람들은 공해나 질병으로부터 자신의 건강을 지키고, 일상생활에서 축적된 스트레스를 해소할 수 있으며 또한 사회생활에 잘 적응할 수 있는 능력을 기르기 위한 여러 가지 방법을 모색하게 되었다. 이러한 방법의 하나로 대부분의 사람들은 스포츠를 비롯한 체육활동을 선택하게 되었고, 이에 따라 오늘날 스포츠를 비롯한 체육활동은 하나의 커다란 사회현상으로 대두되었다. 그 대표적인 예로 미국이나 유럽의 'sport for all 운동', 'Trimm 또는 Trim 운동' 그리고 동구권의 'Mass sports 운동' 등은 이미 사회운동으로 정착되는 등 선진국일수록 특히 정책적으로 체육활동의 중요성을 홍보하고 장려함으로써 개인은 물론 건전한 사회·국가를 만드는데 노력하고 있다.

오늘날 사회체육의 개념으로 가장 보편화된 'Sport for all'이라는 말도 1975년에 개최된 유럽지역 스포츠관계 장관 회의에서 사회의 체육 활동의 필요성을 강조하면서 생긴 용어인 것이다.

이처럼 현대의 체육은 사회적 측면에서도 다음과 같은 대단히 중요한 의미와 가치를 지니고 있다.

첫째, 오늘날 sports를 비롯한 체육활동은 인류사회의 중요한 문화(Culture)로 정착되었다. 문화(Culture)란 넓은 의미에서 '인간이 살아가는 행동양식'이라고 정의할 수 있으므로 오늘날의 체육 또한 인간이 살아가는 데 필수적인 수단이라는 의미에서 하나의 문화현상으로 파악해도 좋을 것이다. 즉, 올림픽 운동(Olympic Movement)이 그 좋은 예라 할 수 있다.

둘째, 스포츠를 비롯한 체육활동은 개인의 건강과 체력을 유지·증진시켜 줄 뿐만 아니라 인간의 근원적 경향(Original Tendency)을 바람직한 방향으로 유도함으로써 심리적·정서적 안정에도 큰 도움을 준다. 또한 스포츠맨십(Sportsmanship) 이나 페어플레이(fair play) 정신을 통하여 민주사회의 건전한 시민성, 사회성 등을 함양할 수 있다.

셋째, 체육활동은 질병은 예방하고, 퇴폐문화를 퇴치하는 등 건강하고 건전한 사회풍토를 조성하며 나아가 국민적 단합과 비정치적인 국제경쟁으로 세계평화의 증진에도 기여하게 되는 것이다.

이상에서 함용기는 교육적인 측면에서 체육 용어의 사용에 있어서 Physical Education의 사용이 타당하고 밝히고 있어 필자도 또한 그에 대해 지지하는 입장을 나타내고 싶다. 그 이유는 사회적으로 커다란 의미와 가치를 지니고 있는 체육의 개념을 지금까지 통용되어 오던 'Physical Education'라고 분류, 규정하여 사용하는 것이 타당하다고 보기 때문이다.

반면에, 'Human Movement'라는 용어는 사회적 측면을 고려한다면 인류의 역사와 함께 변화되어온 인간의 사회운동과 문화를 포괄적으로 나타내주는 의미가 강조되어 있으므로 오늘날의 체육이 현대사회에서 차지하는 비중과 그 사회적 역할을 충분히 고려했을 때 이러한 사회적 차원에서의 체육의 개념으로 'Human Movement'가 매우 적절하다고 할 것이다.

그리고 독립된 학문(Academic Dicsipline)으로서 체육을 살펴 볼 때, 연구적 학문적 차원에서의 체육의 개념은 'Physical Science'로 하는 것이 매우 적절할 것이다.

이렇게 구분하여 체육이라는 용어를 사용하는 것이 오늘날, 우리가 사용하는 '체육'이란 개념은 매우 광범위한 의미를 지니고 있으며, 교육적인 측면, 학문적 측면, 사회적 측면에서 그 의미가 각각 다르기 때문에 이를 하나의 개념으로 규정하여 모호하게 혼용하기보다는 각각 분리 규정하여 사용하는 것이 합리적이라고 할 수 있다.

제4장

체육과 유사개념

1. 놀이

1) 놀이의 개념

일은 어떤 목적 달성을 위한 수단이므로 일 자체는 고통이 따르게 되고 강제성도 있다. 그와 반대로, 놀이는 활동 자체가 즐거움과 만족을 주고 어떠한 강제성 없이 자발적으로 행해지므로 일반적인 어떤 목적이나 목표와 독립된다. 그러나 아이들의 활동에는 일과 놀이의 구분이 없으며, 아이들에게는 놀이가 곧 일인 것이다. 놀이 활동을 통해서 새로운 기능을 얻으며 사회의 습관을 익혀서 일을 할 수 있게 된다. 그러므로 아이들에게 있어서 놀이는 심신의 발달에 중요한 역할을 한다.

(1) 놀이 시간은 학습 시간이다.

현대 유아 교육에서 놀이의 중요성이 강조되는 이유는 놀이가 어린이의 생활일 뿐만 아니라 학습의 기본 형식이기 때문이다. 어린이는 놀면서 배운다. 놀이를 통해 자연스런 방식으로 앎의 지평을 넓혀 가며 감각 운동적인 능력과 기능을 형성해 간다. 또한 놀이 기술이나 규칙에 친숙해지고 놀이의 내용을 알게 되며 새로운 고안과 창작도 할 수 있게 된다. 놀이는 지적 이해를 가능케 해 주며 동시에 정서적 발달과 사회적 학습의 기회를 동시에 제공해 주며 발달시킨다.

이와 같이 놀이가 어린이 학습의 수단이 된다면, 놀이와 학습은 어떤 관계에 있는 것일까?

① 효과적인 학습 과정은 학습자의 자발적 동기를 전제로 한다. 이는 강요에 의한 학습보다 배우고자 하는 자발적 동기에 의한 학습이 효과적임을 뜻한다. 그런데 놀이도 어린이 자신의 자발적 욕구에서 우러나는 행동이기 때문에 놀이에는 이미 효과적 학습의 기본 조건이 갖춰져 있다고 하겠다.

② 학습자의 적극적인 행동은 학습의 효과를 높이는 데 필수적이다. 어린이는 놀이 세계의 주인공으로서 적극적으로 탐색하고 결정, 선택하며 주변의 인적, 물적 환경과 다양한 상호 작용을 맺게 되므로 폭넓은 학습 기회를 가질 수 있다.

③ 유아기 어린이에게는 구체적인 경험을 통한 학습이 효과적인데, 이러한 학습 원리가 놀이 활동 중에 가장 이상적으로 실현된다고 하겠다.

④ 놀이의 자유로운 분위기와 융통성 있고 가작적인 요소로 인해서 어린이의 창의적, 혁신적 학습이 촉진될 수 있다.

⑤ 놀이에서는 사건이나 행동이 반복적으로 나타나므로 경험이 심화되고 확대되어 학습 효과를 높일 수 있다.

(2) 놀이 시간은 교육 시간이다.

놀이가 어린이 학습의 효과적인 수단이라는 사실은 놀이를 유아 교육의 매체로 적극 활용해야 할 필연성을 강력하게 시사해 주고 있다.

이제까지 많은 심리학자와 유아 교육 전문가들이 놀이를 유아 교육 방법으로 활용할 것을 역설한 바 있다. 이상금(2005)은 유아 교육의 본질적 기능 가운데 놀이의 중요성을 다음과 같이 지적하였다. 즉, 놀이는 유아기 교육의 조화적인 발달, 종합적인 학습을 성취시키는 최상의 방법이다. 유아 교육은 놀이를 왕성하게 유도함으로써 종합적이고 유연성 있는 지도가 가능 하고, 인간 교육의 목표도 달성할 수 있다. 라고 강조했다.

한편 김광웅(2006)은 놀이가 유아 교육 방법으로서 가장 적절한 이유를 다음

여섯 가지 놀이 속성을 들어 설명하고 있다.

① 놀이는 어린이들이 가장 즐기는 활동이다.

② 놀이는 어린이들의 자발적인 활동이다.

③ 놀이는 체험적이다.

④ 놀이는 다양한 경험을 포함한다.

⑤ 놀이는 반복적이다.

⑥ 놀이는 탐구적이며 창의적이다.

일반적으로 놀이가 유아기 어린이의 생활 자체이며, 교육적 가치를 지닌다 해도 모든 놀이 경험이, 어린이 성장에 긍정적으로 작용한다고 단정할 수는 없다. 어떤 놀이감은 어린이의 위생과 안전을 위협할 수도 있고 어떤 놀이 친구의 언행은 다른 어린이에게 나쁜 영향을 줄 수도 있다. 이런 사실에서 볼 때 어린이의 놀이 활동이 보다 교육적이고 가치 있는 활동이 되기 위해서는 정비된 놀이 환경을 제공하고 효율적으로 지도해야 할 필요성이 있음을 알 수 있다.

(3) 놀이 시간은 평가 시간이다.

어린이는 놀이를 통해 자신의 모든 것을 표현한다. 자신의 정서 상태는 물론이고 신체적, 인지적, 정서적, 사회적인 모든 영역이 놀이에 반영되기 때문에 오래 전부터 놀이 시간은 어린이의 평가 자료를 수집하는 시간으로 활용되어 왔다. 특히 놀이는 어린이가 자발적으로 참여하는 활동이기 때문에 인위적으로 어린이를 조사하는 방법보다 자연스런 상황에서 어린이의 있는 그대로를 관찰할 수 있는 장점이 있다.

놀이 시간을 통하여 평가할 수 있는 내용을 구체적으로 살펴보면 다음과 같다.

① 놀이에 참여하는 어린이의 전반적인 발달 수준을 평가할 수 있다. 놀이를 하고 있는 어린이의 손동작과 몸의 움직임을 통하여 대·소 근육 조절 능력 및 눈과 손의 협응력 수준을 파악할 수 있으며 어린이의 언어 표현이나 인지 반응을 근거로 언어 능력과 지적 능력도 평가할 수 있다. 또한 놀이 친구와의

상호 작용 정도에 따라서 사회성 발달수준도 파악할 수 있다.

② 놀이에는 어린이의 정상적인 발달뿐 아니라 발달상의 문제점이 표출되므로 이를 진단할 수도 있다. 놀이 중에 신체적 장애나 사회 정서적 장애, 지적 장애 등을 진단하며 필요한 경우에는 전문 상담가나 치료자에게 처치를 의뢰해야 한다.

③ 놀이 행동 자체가 평가의 대상이 될 수도 있다. 즉 어린이가 흥미롭게 참여하는 놀이는 어떤 놀이인가, 주로 사용하는 놀이감은 어떤 것인가, 놀이 집단은 어떻게 구성되는가(성별, 집단의 크기, 연령 등), 놀이는 얼마 동안 지속되는가, 놀이자간의 상호 작용은 어떠한가 등을 평가하여 보다 효율적인 놀이 지도의 참고 자료로 삼아야 한다.

(4) 놀이 시간은 치료 시간이다.

놀이에는 어린이의 기쁨, 슬픔, 불안, 좌절, 질투, 공포, 분노 등 모든 감정이 표현되는데, 많은 학자들은 이러한 감정의 표출을 통해 어린이의 정서부적응이나 기타 문제 행동이 자연스럽게 치료된다고 주장하였다(이숙재, 2004).

2) 놀이와 신체발달

(1) 놀이와 신체 발달

어린이가 놀이를 하려면 신체를 움직여야 한다. 놀이 중에는 온몸을 과격하게 움직여야 하는 놀이가 있는가 하면 손이나 입 등 신체의 일부를 소극적으로 움직여서 하는 놀이도 있다.

어린이의 신체 발달과 놀이 동작은 서로 밀접한 관계를 맺는데 특히 다음과 같은 몇 가지 측면에서 중요성을 찾을 수 있다.

① 놀이 동작은 유아기 어린이의 신체 성장을 촉진시켜 준다. 신체 성장에는 신장, 체중, 흉위, 체형, 신체 비율, 근육과 지방 조직 등의 양적 성장은 물론이고 심장, 혈압, 배설, 수면 등 생리 기능의 발달도 포함되는데, 달리기, 매

달리기, 미끄러지기, 손으로 조작하기 등의 다양한 놀이를 통하여 신체가 성장하고 생리 기능도 발달된다.

② 어린이는 다양한 놀이 동작을 함으로써 바른 자세를 형성할 수 있게 된다. 유아기는 서고, 걷고, 앉는 등의 기본자세가 형성되는 시기이다. 특히 유아기 어린이는 가슴 근육이 잘 발달되지 않아서 가슴이 좁고, 어깨는 처지고 배가 튀어 나왔으며 무릎이 굽어 있는 등 불안정한 자세를 취하게 된다. 그러므로 굴 속 기어 나가기, 시소타기, 평균대걷기와 같이 신체 각 부분의 조화를 이룰 수 있는 놀이를 함으로써 바른 자세가 형성될 수 있다.

③ 놀이 동작을 통해 기본 운동 능력이 증진된다. 유아기는 기본적인 운동 기술 학습의 가장 이상적 시기라고 한다. 이 시기의 유아는 신체가 유연하여 새로운 기술을 갈등 없이 받아들일 수 있을 뿐만 아니라 모험심이 많아서 새로운 동작을 시도해 보려는 열의가 대단하기 때문이다. 기본 운동 능력에는 기어오르기, 뛰기, 던지기, 매달리기, 기어가기 등의 대근육 운동 능력과 물체의 조작, 눈과 손의 협응, 잡기, 쥐기 등의 소근육 운동 능력이 포함되는데 놀이 동작이 반복됨으로써 이러한 운동 능력이 더욱 발달된다.

(2) 놀이와 사회성 발달

어린이는 놀이를 하면서 사회적인 존재로 성장하게 된다. 놀이에는 새롭고 신기한 작은 세계가 펼쳐지며 어린이는 그 속에서 풍부한 사회 경험을 할 수 있다. 그리하여 친구들과 함께 협동하고 사이좋게 놀거나 경쟁하고 싸움을 하면서 다른 어린이와 함께 살아가는 지혜를 배우게 되고, 도덕적 기준이나 규칙, 성역할 등 수많은 사회적 학습을 하게 된다.

이와 같이 어린이의 사회성은 가정이나 학교에서 직접 가르쳐서 발달되는 것이 아니고 어린이의 경험이나 발달 정도에 따라 단계적인 놀이 경험을 통하여 이루어지게 되는 것이다. 특히 유아기 어린이는 자기중심적이고 타인에 대한 조망 능력이 부족하기 때문에 다양한 극적놀이를 친구들과 자유롭게 함으로써 여러 종류의 사회적 역할을 올바르게 이해하고 각 역할에 적합한 행동을 취할 수 있게 된다.

① 비참여 행동

엄밀한 의미에서 놀이로 볼 수 없는 행동이다. 다만 순간적인 흥미에 따라 어떤 것을 몰두해서 바라볼 뿐이다. 흥미 있는 것이 없을 때에는 자신의 몸을 만지작거리거나 의자에 앉았다 일어서는 행동을 반복하기도 하며, 또 여기저기에 서 있거나 선생님을 따라다닌다.

② 방관자적 행동

이 행동은 다른 친구의 놀이를 지켜보는 것으로 가끔씩 자신이 구경하고 있는 친구에게 말을 걸거나 질문을 하기도 하며, 제안을 하기도 한다. 그러나 놀이에 직접 참여하지는 않는다. 이 행동이 비참여 행동과 다른 점은 특정 어린이 집단을 바라본다는 점과 가까운 거리에서 지켜봄으로써 필요한 경우에는 말을 걸 수도 있다는 점이다.

③ 단독놀이

주변에 있는 어린이들과 이야기를 나눌 수 있는 위치에서 친구가 사용하는 놀이감과는 다른 놀이감을 가지고 혼자서 독자적으로 놀이하는 형태이다. 곁에 있는 친구와 가까워지려는 시도를 전혀 하지 않는다. 주로 2세 반의 어린이가 많이 참여하는 사회적 놀이이다.

④ 병행놀이

이 놀이는 어린이가 주변의 다른 친구들과 동일한 놀이를 하지만 서로 접촉하거나 간섭하지 않고 혼자서 놀이하는 형태이다. 다른 어린이와 함께 논다기보다 다른 어린이 곁에서 논다고 할 수 있다.

⑤ 연합놀이

다른 어린이와 함께 노는 집단놀이의 일종으로 놀이 내용에 대해 이야기를 주고받거나 놀이감을 빌려 주기도 하지만 역할을 분담하거나 놀이 내용이 조직적으로 전개되지는 못한다.

⑥ 협동놀이

한, 두 명의 어린이가 지휘권을 갖고 역할을 서로 분담하여 공동의 목표달성을 위해 진행하는 조직적인 놀이이다. 주로 4세 반 이후의 어린이가 많이 한다(이숙재, 2004).

3) 놀이의 개념 및 특성

우리는 놀이가 매우 익숙한 용어이고 주변에서 흔히 볼 수 있는 행동임에도 불구하고, 놀이의 본질 규명이 그리 간단하지 않음을 알 수 있다.

놀이를 하나의 행동 범주로 개념화할 때 당면하게 되는 문제는, 놀이가 다른 행동과 엄밀하게 구별되지 않는다는 점이다. 놀이와 유사한 행동으로 자주 언급되는 것이 탐색 활동(exploration) 인데, Hutt(1971)는, 탐색 활동이 '이 물건의 속성은 무엇인가(What does this objects do)?'에 연관되는 행동인 반면에 놀이란 '이 물건을 가지고 무엇을 할 수 있을까(What can I do with this objects)?' 라는 문제에 연관되는 행동이라고 설명하면서, 탐색활동을 특정 탐색(specific exploration)과 다각적 탐색(diversified exploration)으로 세분화하였다. 특정 탐색이란 비교적 새로운 자극물을 접할 때 그 자극물을 만져 보고 조작하여 시험해 보는 반응을 의미하고, 다각적 탐색은 자극물의 특성을 파악한 후에 좀 더 내적으로 동기화되고 오랜 시간 동안 지속되는 탐색으로 그는 전자보다는 후자가 더 놀이에 가깝다고 보았다.

한편, 최근에는 탐색과 놀이의 다른 점을 강조하여, 놀이와 탐색을 전혀 별개의 행동으로 간주하려는 학자들도 있다고 Burghardt(1984)는 지적하였다. 즉 탐색은 일종의 정보 수집 활동이라고 할 수 있으나 놀이에는 즉각적인 기능이 없으며, 탐색은 놀이에 앞서서 나타날 뿐만 아니라 익숙한 상황보다는 새롭고 신기한 상황에서 더 잘 나타난다는 것이다.

그러나 놀이나 탐색은 어떤 외적 목표를 성취하기 위한 것이 아니라 내적으로 동기화된 행동이라는 공통점을 갖고 있으며, 동물이나 인간의 초기 단계에서는 탐색을 곧 놀이로 보아야 하므로 물건을 가지고 노는 놀이(object play)의 일종으로 간주해야 한다는 주장이 강하게 제기되고 있다.

또한 놀이의 개념을 밝히는 데 있어 어떤 용어의 개념적 가치가 그 반대되는 말에 의하여 규정될 수 있다는 사실에 근거하여 놀이와 놀이가 아닌 행동을 서로 대비시켜 접근하는 학자들도 있다. 예를 들어 Levy(1978)는 놀이 행동을 개성의 창의적이고 심오한 특성을 전개할 수 있도록 촉진시켜 주는 역동적 과정으로 정의하였다.

Levy(1978)는 놀이 행동의 특성으로 내적 동기화, 현실, 내면적 통제 등 세 가지 특성을 지적하였다. 놀이의 세 가지 특성 가운데 내적 동기화란, 행동의 결과에 의해서 만족을 얻는 외적 동기화와는 달리 행동 자체에서 만족을 얻는 것을 말한다. 만일 어떤 어린이가 보물찾기를 하는데 나무 밑에서 보물을 찾아 기뻐하며 그것을 가지고 갔다면 이 어린이는 자기 행동의 결과에 보상을 받은 것이다. 그러나 보물을 찾은 후에도 보물을 다시 감추고 찾는 행동을 반복했다면, 찾는 행동 자체가 보상이 된 것이며 바로 이런 행동을 놀이라 할 수 있다. 이와 같이 내적으로 동기화 된 행동은 자기의식(self-consciousness)과 일치하게 된다.

Levy(1978)가 지적한 놀이의 두 번째 특징은, 놀이 중에 현실이 잠시 동안 정지 되어 어린이가 현실적 자아를 떠나서 '환상적 자아', '상상적 자아' 로 변신 할 수 있다는 점이다. 이러한 특성 때문에 어린이는 놀이 세계에서 현실에 얽매이지 않고 자유롭게 다양한 탐색과 경험을 할 수 있다. 마지막으로 놀이자는 운명에 대하여 자기 자신이 얼마간의 책임과 통제권을 갖고 있다고 믿는 내면적 통제를 하게 되는 특징이 있다. 따라서 내면적 통제자는 자신에게 책임과 통제권이 있다고 믿음으로써 외부 요인의 영향력에 의존하는 사람보다 인생 전반에 만족할 수 있으며 여가나 일에 만족하게 된다고 한다.

Frost와 Klein(1979), Dattner(1969)도 놀이와 상대적으로 정의될 수 있는 일과 놀이의 특성을 대비시킴으로써 놀이의 필수적 조건을 제시하려고 시도하였다. 이 학자들이 주장한 놀이와 일의 특성은 각기 다르지만, 놀이와 일이 이분화 되는 것이 아니라 연속선상에 있음을 강조하는 점에 있어서는 의견을 같이하였다.

Dattner도 놀이와 일을 다음 네 가지 측면에서 비교하고 있다. 먼저 일은 우리의 생계를 유지하기 위해서 강제적으로 요구되지만 놀이는 지극히 자발적으로 표출되는 행동이라는 점, 일은 생산과 관련되는 반면에 놀이는 그 자체가 목적인 경우가 많다는 점, 또한 일은 외부에서 강요된 규칙에 따르게 되지만 놀이를 지배하는 규칙은 자발적으로 형성된다는 점, 마지막으로 일은 현실 세계에서만 이루어지나 놀이는 현실 세계를 초월할 수 있다는 점을 각각의 특성으로 지적하였다.

한편, Sutton-Smith와 Kelly-Byrne(1984)는 이제까지 놀이의 본질이 너무 이상적이고 긍정적인측면에서 규명된 경향이 있다고 반박하였다. 즉 많은 학자들이 놀이의 특성으로 자유와 자발성, 긍정적 정서, 융통성과 사회화기능 등을 지적하였는데 실제적인 놀이 행동에는 이런 특성 이외에 어둡고 비관적인 측면도 포함된다는 것이다. 예를 들어 유치원에서의 놀이 상황을 살펴보면, 한 어린이의 자유로운 선택이 힘 센 친구들에 의해서 저지되기도 하며, 때로는 서로간의 의견 충돌로 싸움이 벌어지기도 한다는 것이다.

학자들의 견해를 종합하여 놀이의 개념을 정리하면 다음과 같다.

① 모든 놀이는 자발적인 행위이다.

② 어린이의 놀이는 상상적 측면이 강하다.

③ 놀이는 행동의 결과보다 행동 자체가 목적인 행위이다.

④ 모든 놀이는 고유의 규칙을 갖고 있으며 놀이 규칙이 위반되는 순간 놀이 세계는 무너진다.

⑤ 놀이에는 경쟁적 요소가 내포되기도 한다(이숙재, 2004).

2. 레크리에이션

레크리에이션은 일하지 않는 동안 사람들이 참여하는 활동과 관계된다. 그것은 개인이 내면의 자기 동기부여 요구 때문에 자발적으로 관여하는 특정한 활동이 포함된다. 그러한 참여는 좋은 경험과 신체적, 사회적응, 정신적 그리고 또는 더 좋은 존재를 위한 감각적인 질의 공헌을 준다. 교육으로서 레크리에이션의 종류로 첫째로 여가시간은 레크리에이션이 되기 위해서는 본인의 자유시간 동안 활동에 참가해야 한다. 이 견해의 중점은 노동은 만족되어야 하고 참가자는 즐길 수 있어야 한다. 둘째는 즐기는 것으로 그 활동은 만족되어야 하고 참가자가 즐길 수 있어야 한다. 셋째는 자발성으로 개인은 강제가 아닌 자신의 의지로 그 일을 선택해야만 한다. 넷째는 건설적으로 그 활동은 건설적이어야 한다. 그 사람의 신체적, 사회적 또는 다른 것에 해롭지 않아야 한다. 더 조화로운 개인이 되는 데 도움을 줄 수 있어야만 한다. 다섯째는 생존과 관계되는 것으로 먹고 자는 것은 레크리에이션 활동이 아니다. 저녁과 연관된 만찬에 참여하는 것은 일의 한부분이고 예를 들어 사회적 게임과 친목회는 레크리에이션 활동의 중요한 부분이다(강유원, 김이수, 2007).

1) 레크리에이션이란?

레크리에이션 운동에 대한 조직적인 발달은 19세기 말부터 20세기 초까지 미국과 영국 같은 선진국에서 나타나기 시작하였다(Kraus, 1978). 이들 국가에서는 산업혁명 이후 산업사회의 성장과 더불어 대량의 여가시간이 발생되게 되자 레크리에이션 운동이 벌어졌다. 즉, 갑자기 닥친 대량의 여가시간을 잘 보내야 사회의 혼돈을 막을 수 있고, 더 나아가 생산성도 높일 수 있다는 사회운동적 차원에서 레크리에이션 협회가 결성되어 레크리에이션이라는 용어가 발생되었다.

1911년에 미국에서 레크리에이션이라는 운동단체의 명칭이 생기고, 1914년 Gillin이 최초로 사회학 논문에 레크리에이션이라는 용어를 발표하였으며, 1932년 미국 LA에서 제1회 세계레크리에이션 회의를 개최하면서 레크리에이션의 용어가 오늘의 세계적인 용어로 사용되게 된 것이다(정용각, 2007).

(1) 언어적 의미

레크리에이션이라는 단어는 20세기 현대적 문화생활에서 나타나 신용어로 일반인들에게 불리게 되었다. ‘recreation’ 이라는 단어는 두 개의 라틴어로부터 파생되었다. 즉, ‘새롭게 한다.’는 의미의 ‘recreatio’ 와 ‘회복한다.’ 는 의미의 ‘recreare’이다. 따라서 대부분의 사전적 정의는 자기 자신을 새롭게 하고 회복시키는 개념으로부터 파생된 용어임을 제시하고 있다.

이러한 레크리에이션 용어의 동의어를 보면 이완(relaxation), 오락(amusement), 기쁨(pleasure), 기분전환(diversion), 유쾌한(pleasant), 재창조(create anew), 심신을 일신하는(recreated), 상쾌한(refreshing), 다시 활기를 띠는(reinvigorating), 원기회복(refreshment), 그리고 편안함(comfort)이 있다. 그 외에 recreate, recreational,

그리고 recreative를 포함하여 레크리에이션에 관련시키고 있다(Edignton et al, 1995).

recreation은 기분전환, 휴양, 보양, 오락, 여가선용, 레크리에이션의 의미로 사용되고 있으며, re-creation은 재창조, 개조의 의미로 사용되고 있다. 이러한 의미로 인하여 일부 사람들은 레크리에이션을 재창조라는 의미로 해석하기도 한다.

(2) 학자들의 견해

레크리에이션의 본래 개념은 노동을 위한 단순한 휴식으로 여겼다. 이러한 것은 동양이나 서양이나 모두 일을 중시하는 관념이 지배적이어서 일을 하고 난 후 휴식을 잘 함으로써 보다 나은 일을 하기 위한 휴식의 방법, 즉 "사람들로 하여금 일로부터 다시 회복되어 원기를 새롭게 회복시키는" 개념으로부터 출발되었기 때문이다. 또 다른 사람들은 자유로운 시간의 활동(activity)을 레크리에이션으로 보고 있다. 그러나 레크리에이션에 대한 이러한 접근은 분명히 한계를 지니고 있다. 많은 레크리에이션 이론가들은 놀이(play)와 레크리에이션의 개념을 동일한 것으로 보고 있으나 일부 다른 학자들은 놀이와는 다른 실체로서 그 의미를 파악하고자 하였다.

예를 들면, 놀이는 에너지 표출과 관계된다고 하는 학자가 있는가 하면, 레크리에이션은 긴장완화와 원기회복을 위한 활동과 관계된다고 주장하기도 한다. 그렇지만 레크리에이션 이론이 처음 등장할 때 레크리에이션이란 주로 성인들의 활동을 의미하였으며, 놀이는 어린이 활동을 의미하였다(Torkildsen, 1989).

사회학 사전에서는 레크리에이션을 "개인 혹은 집단이 여가동안에 추구하는 활동으로 직접적 자기 자신에게 나타나는 자유와 기쁨이며, 활동 자체 이외에 아무런 보상을 바라지 않는 활동"이라고 정의하고 있다(Fairchild, 1944). 그런가 하면 Hutchinson(1949)은 "레크리에이션은 가치가 있고 사회적으로 수용할 수 있는 여가 경험으로서 자발적으로 참여하여 개인에게 만족을 제공해 주는 활동"이라고 하며 사회적 수용을 강조하였다.

한편, 레크리에이션을 도덕적으로 건전하고 정신적·육체적으로 건설적인 행위로 보는 학자들도 있다. 즉, "레크리에이션은 인간의 도덕적이고 윤리적인 측면에서 건전한 활동이며, 정신적이나 육체적으로 건전하게 계발될 수 있는 행위"라 하여 건전성을 강조하고 있다. 그런가 하면 Romney(1945)는 "레크리에이션은 개인의 반응(response), 심리적 반응(reaction), 태도, 접근, 그리고 생활방식" 이라고 하며 레크리에이션을 어떤 움직임(motion)이라기보다는 정서(emotion)라고 믿었다.

Avedon(1974), Gray와 Greben (1979)은 "개인의 웰빙(well-being)을 제공해주는 것으로의 레크리에이션"으로 보고 있다. 직업전문가들과 연구자들은 레크리에이션을 정의하는 견해가 다르게 사용되고 있다. 특히, 우리나라의 경우 현장 레크리에이션 전문가들의 레크리에이션에 대한 견해와 학자들의 견해 사이에는 괴리가 있다. 현장 전문가들은 레크리에이션을 상업적 이벤트 사업의 형태로 많이 이용하다 보니 레크리에이션의 본질을 벗어나는 경우가 다반사다. 그러나 이들이 가장 현장에서 많이 사람들을 접하다 보니 대부분의 일반인들이 보는 레크리에이션은 노래 부르고 지도자에 의해 게임을 하는 집단의 활동 정도로 가볍게 보는 경향이다. 따라서 우리나라에는 레크리에이션에 대한 인식이 미국이나 선진국과는 분명히 다르게 정착되어 활용되고 있다. 이러한 면에서도 우리문화를 고려한 레크리에이션에 대한 올바른 인식과 교육적 노력이 반드시 있어야 할 것이다.

레크리에이션은 흔히 "자유 시간 동안에 기쁨을 주고, 사회적 질을 회복시키려고 참여하는 활동"으로 본다(Kraus, 1990). 레크리에이션은 개인이 특수한, 건전한 그리고 자발적인 활동에 참여를 포함한다. 이것은 여가와는 대조적인 것으로 가치지향은 아니다. 그러나 레크리에이션 참여는 건설적이고, 긍정적이며, 사회적으로 수용할 수 있는 행동이어야만 한다. 따라서 이러한 행위는 일부 사람들이 여가동안에 행하는 흔히 불건전하고 반사회적인 가치가 없는 것은 포함되지 않는다(Edginton, Jordan, DeGraaf & Edginton, 1995).

Kelly와 Godbey(1992)는 레크리에이션은 "사회의 목적을 달성하기 위해 조직화된 활동" 이라고 주장하였다. 레크리에이션은 특수한 방식으로 사회의 선(good)을 위하여 의도적이고, 조직화되며, 그러한 결과를 생성하는 데 역할을 한다. 이러한 의미에서 본다면 레크리에이션에 대한 의식은 레크리에이션 교육자뿐만 아니라 현장 전문 지도자들의 올바른 이해가 필요하다고 본다(정용각, 2007).

2) 레크리에이션의 종목과 분류

레크리에이션 종목 가운데는 다종다양(多種多樣)한 것들이 헤아릴 수 없이 많지만 대개 아래와 같이 다섯 가지로 나누어 정리 할 수 있다(한국여가레크리에이션협회, 1994).

① 지적(知的) 레크리에이션

독서, 연구, 연설, 웅변, 지적게임(puzzle game), 퀴즈게임, 알아맞히기, 창작 등.

② 사회적(社會的) 레크리에이션

담화, 게임, 캠핑, 포크댄스, 각종 파티, 축제, 봉사화동, 복지사업, 동아리, 계 등.

③ 예능적(藝能的) 레크리에이션

미술, 문학, 음악, 연극, 재봉, 수예, 공작, 인형극, 영화감상, 조각 등.

④ 신체적(身體的) 레크리에이션

수렵, 낚시, 하이킹, 등산, 소풍, 골프, 각종스포츠, 수영, 산보, 팀 게임 등.

⑤ 취미적(趣味的) 레크리에이션

명승지, 고적답사, 여행, 해수욕, 벚꽃놀이, 단풍놀이 등.

위와 같이 많은 활동종목이 반드시 한 분야에서만 국한되어 있지 않고 다른 여러 분야에도 관련되고 있음을 알 수 있다. 예를 들어 포크댄스는 남녀 여러 사람이 어울려서 즐기는 활동으로 사회적 레크리에이션이기도 하지만 한편으로는 신체적 레크리에이션이기도 하다. 한 종목이 몇 군데 걸쳐 있다 해도 주된 분야에 관련해서 분류하고 있다. 그리고 여러 가지 활동종목도 개성, 성별, 취미, 연령, 직업에 따라 다른 만큼 각자에 알맞은 종목을 선택하는 것이 바람직하다.

현대 사회에서 일과 후 근력과 정신력을 새롭게 하고 여가시간 동안 생기는 기분전환은 레크리에이션의 필요성을 새삼 느끼게 한다. 1938년 미국에서는 레크리에이션이 체육과 건강에 관련됨으로써 공인단체의 한 부분이 되었다. 이것은 남녀노소 모두에게 레크리에이션 활동 역할이 중요하다는 것을 반영하는 조치이다. 학교, 기업, 지역사회 그리고 가족들은 여가교육의 책임감을 인식하면서 체력과 즐거움의 활동을 증대하여 제공한다. 기업들은 회사 내에 체력센터를 설치하고 스포츠 팀을 후원하며 사원과 사원 가족에게 다양한 체력활동의 기회를 제공한다. 가정 체육 프로그램과 가정용 운동기구의 대중화 추세는 성인들의 체력발달을 위해 자신들의 자원을 잘 이용하고 있음을 예증하는 것이다(최태원, 권오일, 2007).

레크리에이션 산업이 급속히 증가하고 있는데, 이것은 여가시간과 소득(discretionary income)의 증대 때문이다. 국가 기관에서 많은 사람들을 위한 환경보호, 공원조성, 운동 프로그램 개발 등에 관심을 가지고 있는 것은 레크리에이션의 중요성을 인식한 것이며, 많은 학교와 대학에서는 교육과정을 확대·개편하여 평생체육의 일환으로 도보여행(backpacking), 카누타기(canoeing), 급류보트타기(rafting), 암벽등반(rock climbing), 스키(ski), 수상 운동 등의 체육활동을 포함하고 있다(이광섭, 안용규, 2000).

3) 레크리에이션의 필요성

일로 피로해진 심신을 정상적인 상태로 회복하기 위하여 자유시간을 활용하여 즐기는 여러 활동, 일반적으로 여가·레저(leisure : 자유시간)에 개인적 또는 집단적으로 행해진다. 외적 보수나 생존의 필요 때문에 강제됨이 없이, 일 자체에 직접적인 의미가 부여되는 자유롭고 즐거운 활동을 말한다. 따라서 레크리에이션은

① 일과 자유시간의 관련이 중시된다.

② 활동을 중시하고 단순한 휴식은 제외된다.

③ 활동의 자유와 즐거움이 강조된다. 강제된 활동은 고역이므로 내적 욕구와 결부된 만족도가 높은 활동이 효과적이다.

④ 개인차가 크다. 같은 활동이 개인에 따라 즐거움도 되고 고역도 되기 때문에 활동은 개인의 기호나 태도가 중시되어야 한다.

⑤ 사회적 상식에 합치되는 건전성이 요구된다.

이상의 조건으로 이루어지는 활동이 레크리에이션이라 할 수 있지만, 전통적 개념은 작업 중심 사회를 배경으로한 수단적 의미의 개념, 즉 보다 나은 작업을 위해서라는 생각이 바탕에 있다. 자유시간의 사용을 작업과 관련시켜 생각하는 것은 중요하지만, 노동이 질적으로 변화하고 자유시간이 증가한 오늘날, 그것은 수단이라기보다도 목적이라는 생각이 강조된다(최태원, 권오일, 2007).

남녀노소의 구별 없이 레크리에이션에 관한 기본적 욕구는 새로운 경험의 욕구, 창조적 표현의 욕구, 사회적 관계의 만족, 신체 활동의 욕구, 경쟁의 즐거움 등이다.

레크리에이션은 무엇보다도 생활에 대한 심리적인 만족을 느끼기 위해 필요하다. 이러한 심리적인 만족이란 행복한 느낌을 의미하며 이는 곧 생활의 질적인 향상에 직결되는 요인이다. 심리적인 만족이나 행복감이 레크리에이션에 의해서만 가능한 것은 아니지만, 진정한 만족이란 보다 자발적으로 참여하는 활동에 의해 가능하며 자발적인 참여의 기회는 노동보다는 여가 중에 더 많이 접하게 된다는 관계를 고려 할 때, 레크리에이션이 없다면 생활의 만족이 적을 것이 분명하다.

레크리에이션을 통해 만족을 느끼게 되는 이유는 레크리에이션 활동이 재미있는 것이기 때문이기도 하지만 좀 더 구체적으로 보면 자신의 욕구를 표현할 수 있기 때문이다. 이와 같은 욕구는 스트레스의 해소, 즐거움에 대한 추구, 새로운 경험 등 여러 가지가 있는데 의무적인 직업이나 노동에 의해서는 표출이 힘들고 대부분 자신이 마음대로 참여를 할 수 있는 여가 중에 가능하다.

레크리에이션 참여에 의한 생활의 만족은 여러 가지 다른 긍정적인 영향을 가져오게 된다. 즉, 일에서 오는 지루함과 불안, 그리고 심신의 피로와 중압감을 해소함으로써 자신의 직업에 대한 동기를 강화시킬 수 있다.

레크리에이션은 가정과 기타 다른 사회생활을 잘해 나가기 위해서도 필요하다. 개인적인 레크리에이션이나 집단적으로 참여하는 레크리에이션이 모두 자신과 다른 사람을 이해하며 서로의 관계를 개선하는 데 도움이 될 뿐만 아니라 절제와 관용, 그리고 협동이나 준법과 같은 사회의 규범을 배우게 된다.

레크리에이션은 인권의 평등과 사회복지의 질적인 향상을 위해서도 필요하다. 과거에는 레크리에이션이 개인적으로 문제로 생각되어 국가적인 관심을 별로 받지 못하였으나 오늘날은 여러 가지의 사회적인 변화에 의해 국민 전체의 문제로 인식되고 있다. 즉, 점점 많아지고 있는 여가 시간과 개선되는 생활여건, 그리고 여가를 중시하는 사람들의 생활관 등에 의해 레크리에이션 기회도 다양화되고 여가의 선용에 대한 정부의 관심과 노력이 모아지고 있다. 따라서 의식주의 해결이라는 기본적인 복지가 아니라 생활의 질적인 향상을 위한 보다 차원 높은 복지를 위해 레크리에이션에 대한 문제를 해결해야 할 때이고 여가생활에 특별한 장애를 가지고 있는 특수계층을 위한 레크리에이션도 관심이 되고 있다.

4) 레크리에이션의 기능

레크리에이션의 기능은 여러 가지가 있으나 그 중 휴식과 즐거움의 경험, 신체적인 발달과 건강, 지식과 기술의 습득, 사회적인 교류, 그리고 사회복지의 개선 등을 대표적인 것이라 할 수 있다.

(1) 휴식의 기능

직업적인 일이나 기타 일상생활로부터 오게 되는 심신의 중압감(스트레스)을 해소해 준다는 기능이다. 여기서의 휴식은 단순한 '쉼'으로서의 휴식일 뿐이며 우리의 스트레스를 모두 해결해 주는 기능은 아니다. 레크리에이션이 스트레스 해소시킬 수 있다는 것은 스트레스가 있을 경우에만 해당된다. 따라서 스트레스가 없을 경우에는 레크리에이션이 필요가 없을 것이라고 생각할 수도 있으나 스트레스가 정말로 없는 경우에도 놀고 싶은 마음은 늘 있게 마련이다. 이러한 관계로 보아 레크리에이션 참여의 목적이 스트레스의 해소가 아닌 다른 데에도 있다고 볼 수 있다(김경철, 2006).

(2) 즐거운 경험

반복적이고 무미건조한 시간들은 피하고 보다 새롭고 흥미 있는 시간을 갖고 싶어 하는 것이 인간의 본능인데(Kraus, 1971), 이는 스트레스 해소의 단계를 넘어 보다 짙게 즐기고 싶은 욕구에 속한다. 레크리에이션이 필요한 이유를 물으면 많은 사람들이 스트레스의 해소를 강조하지만 실제로는 그저 즐거운 시간을 가지려는 욕망이 더 크다고 할 수도 있다. 우리 주위에서 볼 수 있는 수많은 레크리에이션 기회들이 주로 이와 같은 즐거워하려는 본능을 위해 마련된 것들이다.

이 즐거움에 대한 본능은 인간에게 필수적이기는 하지만 한없이 좋은 것도 아니다. 즐거움이란 그 정도가 일정하지 않아 단순한 휴식이 즐거움으로, 즐거움이 짙어지면 짙어질수록 쾌락으로 변하게 되며 이러한 쾌락이 파멸까지 가져올 수 있다.

마약, 술, 섹스 등이 주로 쾌락의 대상인데, 이러한 즐거움은 흔히 흥분을 동반하게 되고 결과적으로는 폭력적이며 처참한 상황에 빠지는 수도 있다.

레크리에이션에서의 즐거움은 만족스러운 생각, 보람, 혹은 혼자서 느끼는 '의미스러움' 등을 모두 포함하게 된다. 즐거움이란 개인적인 느낌이기 때문에 레크리에이션에서의 즐거움은 본질적으로 '조용한 것'이라고 볼 수도 있으며 레크리에이션 지도자가 사람들에게 소란한 즐거움을 자아내려고 애쓰는 것은 바람직하지 않다(김경철, 1994).

(3) 신체적인 발달과 건강

레크리에이션 중에도 신체적인 움직임이 많은 경우, 즉 스포츠나 야외활동 등은 이러한 건강이나 체력에 대한 효과가 클 수밖에 없으며 그 효과가 대부분 오랜 시간이 지난 후에 나타나게 된다.

신체적인 발달과 건강은 레크리에이션 참여의 주목적일 수도 있고 부산물일 수도 있다. 즉, 건강과 체력의 보강 때문에 레크리에이션에 참여할 수도 있고 레크리에이션에 즐겁게 참여한 결과에 의해 건강을 부수적으로 얻을 수도 있다는 말이다.

건강이나 체력의 보강과 같은 외적인 동기 때문에 레크리에이션에 참여하는 경우에는 참여의 만족이 감소하던가, 참여하는 횟수가 뜸해지던가, 줄기찬 인내와 각오가 없는 한 아주 참여를 중단할 가능성이 커진다. 레크리에이션을 통해 건강을 얻고 신체적인 발달을 기할 수 있는 것이 사실인데, 바람직한 것은 건강과 신체적인 발달이 주목적으로서가 아니라 즐거움에 따른 부산물로서 얻어낼 수 있도록 하는 것이 좋을 것이다.

(4) 지식과 기술의 습득

레크리에이션은 특정한 분야에 관한 기술과 지식을 습득할 수 있게 하는 기능도 있다. 예를 들면, 컴퓨터, 도예, 그림, 붓글씨, 그리고 테니스와 골프 등 각종 활동의 기술을 여가를 통해 배우는 수가 많다. 이러한 배움으로써의 레크리에이션도 자신이 원하는 활동일 수도 있고 외부적인 이유가 작용할 수도 있다는 차이가 있으며 배운 기술들이 자신에게 진정한 레크리에이션으로 이용되는 수도 있고 중단되는 경우도 생긴다.

(5) 사회적인 교류

레크리에이션 참여를 통해 자신과 다른 사람들을 이해하게 되며 이런 과정을 통하여 사람들과 함께 사는데 필요한 지식과 태도를 배우게 되는데 이를 곧 사회화(socialization)라는 용어로 설명하고 있다.

사회화와 레크리에이션은 서로 상호 보완적이다. 레크리에이션 참여가 사회화에 영향을 미치게 되고 사회화는 레크리에이션 참여에 영향을 주게 된다. 즉, 레크리에이션을 통해 이해와 관용, 자제, 가치관의 형성, 협동과 갈등의 해소, 혹은 준법 등을 배우게 되며 이러한 태도가 결국 레크리에이션 활동의 선택과 참여를 위한 동기와 영향요인으로 작용하게 된다(Kraus, 1971).

(6) 사회복지의 개선

레크리에이션은 가정의 안정이나 사회의 서비스를 보다 원활하게 해 주는 기능도 있다. 레크리에이션 참여를 통해 가족들의 건강과 심리적인 위안을 얻을 수 있고 보다 활기 있는 생활을 가능하게 하기 때문이다. 우리 주위에 있는 많은 레크리에이션 기회들은 그 자체가 하나의 사회적인 서비스로서 참여자들의 욕구 표현을 위한 기회를 제공한다.

레크리에이션을 선택적으로 즐기는 때에는 그 서비스의 질이 아주 중요하다. 프로그램의 질과 이에 관련되는 서비스가 좋은 곳을 사람들이 선호하며 서비스의 질이 나쁘다는 것은 고객을 잃는 것과 같고 이는 곧 경영의 실패를 의미하기 때문이다(김경철, 2006).

5) 레크리에이션 영역

레크리에이션의 영역은 레크리에이션을 전개하는 기관이나 장소에 따라 분류될 수 있다. 레크리에이션 활동 영역들은 레크리에이션 운동의 실천 영역이며 현대 사회의 건전한 여가활동과 여가교육의 근원지라고 할 수 있다.

장소를 중심으로 레크리에이션 활동 영역을 분류하고 그에 따른 각각의 영역별 역할과 기능을 살펴보고자 한다(임수원, 이정래, 송은주, 2001).

(1) 지역사회 레크리에이션

지역사회는 지역 공동체라고도 하는데 이는 인구나 생태학 등의 용어와 같이 생물학적 개념에서 유래한 것으로 지역성과 공동성이 기본요소가 되며, 일반적으로 주민의 대부분이 일상생활의 주요부분을 영위하는 지리적 생활공간이라고 할 수 있다. 지역사회는 단일한 속성만이 아닌 복합적 요소를 지니는 생활공간으로서, 일반적으로 ①사람, ②지리적 공간, ③사회적 상호작용, ④공동체적 유대의식과 같은 네 가지 요소를 포함하여 정의되고 있으며, 한 장소에 주거를 정하여 삶의 터전을 이루는 정주의 단위를 기초로 정의되기도 한다. 따라서 지역사회는 일정한 지리적 공간에서 상호의존적 기능의 수행과 관련된 상호작용을 통하여 서로 간에 공동의 연대의식을 발전시켜 나아가는 정주생활의 단위라고 볼 수 있다. 결국 지역사회란 일정한 지리적 영역 안에서 공동의 유대를 지니고 사회적 상호작용을 전개하는 인간집단으로 정의 할 수 있다(임번장, 2000).

지역사회 레크리에이션은 지역의 공공기관 레크리에이션 그리고 이윤추구를 목적으로 행하는 상업 레크리에이션도 포함되기 때문에 지역사회 레크리에이션의 범위는 상당히 광범위하다(김오중, 2000).

지역사회 레크리에이션의 주요 장점에 대한 체계적인 연구가 이루어지고 있지는 않지만 일반적으로 지방자치 단체의 여가 서비스 조직의 목적은 다음과 같다(Kraus, 1984).

① 모든 연령, 배경, 경제 계층의 지역 거주민들에게 지역 상황에서 건설적인 여가 기회와 즐거움을 제공함으로써 풍요로운 삶의 질을 향상시켜 준다.

② 다양한 레크리에이션 경험과 참여를 통해 건강한 신체를 제공하고, 사회적, 경제적, 지적, 정신적 성장과 발달에 직접적으로 공헌한다.

③ 지역사회의 물리적 환경을 향상시키고, 생태학적 인식, 환경교육 프로그램을 육성하며, 공원, 녹지공간을 네트워크화 함으로써 지역사회를 살기 좋은 공간으로 만든다.

④ 지역사회 청소년들에게 바람직하고 즐거운 여가 기회를 제공할 수 있는 도전적인 프로그램을 제공함으로써, 약물남용, 알콜 중독, 비행과 같은 반사회적, 파괴적 여가활동을 막거나 최소화한다.

⑤ 거주민들의 장원봉사 서비스 프로그램, 협력 사업을 통해 지역주민의 공동체의식, 긍지 및 사기를 강화한다.

⑥ 신체 장애자, 정신지체 장애자 등 지역사회의 소외계층에게 치료 레크리에이션 프로그램과 장애인들을 위한 프로그램을 제공함으로써 레크리에이션적 욕구를 충족 시켜준다.

⑦ 지역의 상업적 지원을 돕고 사업과 고용을 촉진할 수 있는 여러 활동, 스포츠, 문화적 사업을 제공함으로써 지역 산업의 성장, 바람직한 생활공간을 만들어 지역 사회의 안정과 경제적 안정을 유지하도록 돕는다.

⑧ 특별한 이벤트, 예술 활동을 제공하며 문화센터, 민속 문화 관련 활동을

촉진함으로써 풍부한 문화생활을 제공한다.

⑨ 지역사회 중심 활동의 하나로 건강관련 서비스와 프로그램을 제공하고 지역사회에서 행해지는 야외 레크리에이션 활동을 위한 기회를 제공하고 지원함으로써 지역사회의 안전과 건강을 촉진한다.

⑩ 지역 청소년과 노인들에게 의식(ritual and ceremony), 전통적 이벤트, 축하행사 등을 제공하고, 복잡한 도시생활로 인한 긴장과 공격적 성향을 완화시켜주고, 사회적으로 유용하고 건설적인 활동을 촉진시켜주는 통로를 제공해 준다.

뿐만 아니라 김오중(2000)은 오늘날 지역사회가 실시하는 레크리에이션의 역할을 다음과 같이 정의하고 있다.

① 지역사회 생활에 대한 주민의 의식을 높인다.

② 이루지 못한 욕구의 충족을 도모한다.

③ 사회적 활동 또는 사회적 경험에 참가하는 기회를 얻는다.

④ 바람직하지 못한 영향, 여러 조건으로부터 주민을 수호하며 건전한 여가이용의 기회를 부여한다.

⑤ 공통의 욕구를 채우기 위해 다른 지역사회 여러 기관과 협력한다.

⑥ 공통의 목표, 공통의 의지를 가질 기회가 된다.

⑦ 여러 그룹, 여러 가지 활동간의 협력을 추진한다.

⑧ 지역사회를 위해 도움이 되는 지도자를 육성한다.

⑨ 범죄방지에 도움이 된다.

⑩ 지역사회 주민의 결속을 가져다준다.

이와 같이 지역사회 레크리에이션은 광범위하고 다양한 목적과 역할을 가지고 있다. 지역사회 레크리에이션은 지방자치구현의 실천적 수단이며, 지역사회와 주민의 복지를 위해 제공되는 서비스라고 할 수 있다. 오늘날 지역사회의 모습은 바람직한 방향으로만 발전하고 있는 것은 아니다. 도시화, 인구증대, 경제성장, 기술 발달 등으로 인해 여러 가지 사회문제가 발생하고 있는 지금 지역주민의 신체적, 정신적, 사회적 욕구를 충족시키고 생활에 쫓기는 지역주민에게 건설적이고 풍부한 여가활용의 기회를 제공한다는 것은 매우 의미 있는 일이다. 또한 지역사회 전체를 위한 레크리에이션을 계획하는 일은 정부의 개입을 반드시 필요로 한다. 그러한 사업을 위해서는 지역사회 전체의 인식보급, 재정의 확보, 지도자 보유가 반드시 필요하다.

(2) 직장 레크리에이션

직장 레크리에이션은 기업체 또는 직업에 따라 일터를 중심으로 그곳에서 근무하는 사람들의 규모, 목적, 혹은 종업원들의 성격에 따라 그 형태가 다르게 나타날 수 있다. 현재 우리나라도 생활체육의 전개와 함께 그 중요성이 더욱 강조되고, 여가시설을 보유하고 있는 기업체들이 증가하고 있는 실정이다. 직장 레크리에이션은 여러 가지 장점을 가지고 있는데, 다양한 레크리에이션 프로그램을 통하여 고용주와 종업원들 간의 인간관계 개선과 안전성 향상에 기여할 수 있으며 종업원들의 건강, 작업능률과 단결심, 협동심, 사교성을 향상시킬 수 있다(문정옥, 2000).

오늘날 여러 선진국에서 직장 레크리에이션을 장려하고 있는 이유를 살펴보면 다음과 같다(김오중, 2000).

① 종업원과의 인간적 조화를 도모한다.

② 종업원의 건강을 증진 · 개선한다.

③ 경영자 측과 종업원간의 협력관계를 개선하여 바람직한 인간관계를 형성한다.

④ 노동의 능률을 높인다.

⑤ 직장의 명랑한 분위기가 조성된다.

따라서, 직장 레크리에이션은 직장인들의 생활에 활력소가 될 수 있고, 조직의 지위나 빈부의 관계를 떠난 공동체 의식을 형성하고 나아가 기업의 경쟁력과도 직결된다는 점에서 기업인, 경영자, 사원이 모두 공감대를 형성하고 있으며, 노동시간과 여가시간의 적절한 활용과 조화, 운동 부족으로 인한 체력보강, 인간과 노동 소외에 대한 예방, 인간관계 개선이라는 측면에서 긍정적 영향을 끼침으로써 업무의 집중력을 강화시키고 생산성을 높일 수 있다는 장점이 있다(임수원 외 2인, 2001).

(3) 학교 레크리에이션

학교 레크리에이션의 목적은 학교에서 학생을 대상으로 유익하고 즐거운 레크리에이션을 배우게 하는 동시에 졸업 후에도 여가를 건전하게 이용할 수 있도록 하며 아울러 삶의 질을 높여 주도록 하는데 그 목적이 있다. 오늘날 우리 학교 교육은 입시 준비를 위한 지적 편중주의 교육으로 치중되고 있다고 해도 과언이 아니다. 학교 교육은 지적·정서적·사회적·신체적으로 조화를 이룬 참다운 인간을 육성하는데 있다. 학교 레크리에이션은 학생들로 하여금 여가·레크리에이션에 대한 지식과 이해, 기능과 방법, 태도와 습관 들을 길러 줌으로써 생활을 즐겁고 명랑 하게 영위할 수 있게 해준다(김오중, 2000).

학교 교육의 목적을 이탈해서는 학교 레크리에이션이라고 할 수 없다. 따라서 학교 레크리에이션은 학교 교육의 일환으로 행해져야 한다.

이러한 학교 레크리에이션의 활성을 위한 학교 교육의 역할을 살펴보면 다음과 같다(김오중, 2000).

① 음악·체육·미술·공작·가사와 같은 교재를 통해 학생의 현재 및 장래 생활에 기여할 수 있는 레크리에이션에 관한 기술과 이에 대한 올바른 이해와 태도를 길러 준다.

② 균형 있는 과외활동 프로그램을 마련하여 교사의 적절한 지도와 조언 하에서 학생에게 레크리에이션의 기회를 제공해 준다.

③ 학업에 지장이 없는 한도 내에서 학교시설의 일부, 운동장, 체육관 등을 그 지역사회의 주민들에게 개방 이용하도록 한다.

④ 학생 및 교사는 자기의 전문적 기술을 통해 지역사회의 레크리에이션 활동을 지도하여 현재 유리되고 있는 지역사회와 학교의 관계를 통해 그 지역의 개발에 기여해야 한다.

⑤ 학교 당국은 학생들의 욕구불만을 레크리에이션 활동을 통해 충족시킬 수 있도록 모든 조치를 강구해야 한다.

(4) 치료 레크리에이션

치료 레크리에이션 또는 레크리에이션 치료는 특별한 요구가 있는 일련의 사람들을 치료하는 수단으로 레크리에이션을 활용한다. 치료 레크리에이션은 장애 또는 사회적 여건 때문에 여가생활에 적응하는 것이 어려운 한계를 갖고 있는 개인에게 도움을 주기 위한 것이다.

치료 레크리에이션은 1950년대 병원 레크리에이션(hospital recreation)이라 부르던 분야로 주로 병상에 있는 환자와 회복기에 있는 환자들에게 간단하고 오락적인 신체활동이나 기타 관람형태의 프로그램을 제공함으로써 그들을 신체적·정신적으로 안정시켜 보다 빠른 회복을 목적으로 실시해 오던 영역이 였다. 오늘날에는 병원 레크리에이션의 대상이나 프로그램이 그 범위가 점차 확대되어 병원의 환자들은 물론, 신체장애인, 정신 지체인, 극빈자 그리고 수감자에 이르기까지 신체적 혹은 정신적인 제약을 가진 사람들을 모두 포함하고 있다(문정옥, 2000).

따라서 치료 레크리에이션이란 특별한 요구와 문제를 가지고 있는 사람들의 행동을 변화시키기 위해 사용하는 레크리에이션 경험의 과정으로 정의할 수 있다. 또한 Austin(1991)은 치료 레크리에이션의 정의를 레크리에이션과 여가활동을 통해 문제를 방어 또는 해결하도록 돕거나 클라이언트(치료 대상자)의 성장을 돕기 위한 계획적이고 의도적인 개입이라 했고, Kraus(1971)는 질병과 장애로 고통 받고 있는 사람의 욕구를 충족시킬 수 있도록 계획된 특별한 활동으로 레크리에이션을 제공하는 전문적인 서비스로 정의하였다. 이러한 개념을 종합하면, 치료 레크리에이션이란 신체적, 정신적, 사회적 행동을 바람직하게 변화시키고 개인의 성장과 발전을 증진시키기 위해 레크리에이션 서비스를 활용하는 의도적인 개입과정이다.

치료 레크리에이션 활동은 치료 대상자들에게 창조적인 경험과 건강한 대인관계, 재사회화를 촉진시키고 불안과 긴장을 제거하여 사회에 완전히 참여할 수 있게 도와주며, 특수한 욕구나 능력을 원하는 장애인들이 그들의 정서적·신체적 건강 또는 지역사회 속에서 자립할 수 있는 능력과 자신감을 갖도록 하는 데 도움을 준다. 치료 레크리에이션의 필요성을 살펴보면 다음과 같다(김오중, 2000).

① 장애인이나 환자의 치료를 도울 수 있다.

② 보다 바람직한 사회적응을 꾀할 수 있다.
③ 퇴원 후 개인적인 사회 적응을 꾀할 수 있다.
④ 레크리에이션 활동에 참여함으로써 자신과 타인에 대한 올바른 이해를 하여 자신의 생활에 자신감을 가질 수 있다.
⑤ 자발적인 참여와 흥미, 보람을 스스로 발견한다.
⑥ 독립심을 기른다.
⑦ 신체적 기능을 높인다.
⑧ 인간관계를 개선시킨다.
⑨ 인생의 가치를 인식하게 한다.
⑩ 지도력을 길러 준다.

치료 레크리에이션은 제도적으로 다른 주거환경 속에서도 제공될 수 있으며, 자립과 재활과정에 기여하고, 지역사회에 환자들이 성공적으로 복귀하는 것을 용이하게 한다. 또한, 심리적·신체적·사회적 혜택을 필요로 하는 심각하고 영구적인 장애인들의 삶의 질을 높여 줄 수 있다.

치료 레크리에이션 서비스는 여가능력 접근법을 기준으로 대상자의 여가참여와 여가생활에 관련된 지식, 태도, 기술 등을 익히고 발달시키는데 그 목적을 두고, 임상에서뿐만 아니라 지역사회에 있는 대다수의 대상자들이 필요로 하는 서비스 영역이다. 그리고 참여자가 직접 활동 프로그램에 관여하여 지속적인 여가생활 유형을 인식하고 지속적인 여가생활을 지향할 수 있는 여가활동 습득 및 개선에 목적을 두고 있다(김오중, 2000).

3. 사회체육

1) 사회체육의 개념

사회체육은 나날이 증대하는 여가를 건설적이며 창조적인 활동으로 유도하고, 각종 현대병을 예방하며 현대사회에 적응 할 수 있는 건강과 체력을 증진시키며 체육활동 참여를 통한 건전한 시민의식을 고취시키고자 하는데 그 목적이 있다.

이러한 사회체육이 범국민적인 시민운동으로 확산되기 위해서는 체육의 수단인 신체활동이 인간생활에 있어서 지니는 의의나 가치에 대하여 구체적이고 현실적인 이해가 선행되어야 함은 물론, 사회체육의 본질과 역할을 국민들에게 인식시켜 주고, 발전적인 국민의 참여로 사회체육활동 인구의 저변을 통한 체육의 생활화라는 사회적 풍토가 조성 되어야 한다.

체육은 개인의 인격형성과 더불어 보다 나은 삶을 영위 할 수 있는 근원적 잠재력을 배양한다. 그리고 정치·경제·사회·교육·문화 등의 여러 사회 제도와 결합하여 사회발전을 추진시키는 긍정적·능동적 기능을 발휘한다는 점에서 서구 여러 선진국에서 이미 오래 전부터 국가의 주요 복지 정책 가운데 하나로 추진 해오고 있다.

체육은 협의의 개념과 광의의 개념으로 나누어 생각 할 수 있다. 광의의 체육은 신체활동을 매개로 한 인간의 행위를 말하고 협의의 개념은 체육 교육에 한정하여 사용되는 경우로 직접 또는 간접적 신체활동을 매개로 하여 교육의 일반목표를 성취하는 교육의 일개분야로 정의 할 수 있다.

체육의 영역은 두 가지 하위영역으로 구성되는데 하나는 수직적 영역과 수평적 영역이다.

수직적 영역은 생애주기에 다른 분류로 유아, 아동, 성인, 장년, 노년체육을 의미한다. 수평적 영역은 가정체육, 학교체육, 사회체육으로 구성된다.

가정체육은 주부, 모자체육이 있으며 학교체육은 정과체육, 과외자율체육을 포함하며, 사회체육에는 지역사회체육, 직장체육, 상업체육 등이 있다.

사회체육의 특징에는 다음과 같은 네 가지 특징을 지닌다(임번장, 1991).

① 사회구성원의 건강 및 후생복지 향상이라는 목적을 체육, 스포츠, 레크레이션을 통해 성취하는 일반 대중의 체육활동이다.

② 자유시간의 창조적인 선용방법으로 널리 활용되는 여가활동이다. 스포츠활동을 통한 창조 적인 여가활동은 궁극적으로 명랑한 사회를 건설하고 건강한 국민을 만들어 국력을 신장시킨다.

③ 단순한 여가선용이라기 보다는 한층 적극적인 의미를 지닌 범국민적 사회

운동으로서 각종 스포츠를 사회에 널리 보급하여 건전한 사회기풍을 조성한다.

④ 사회체육은 창조적인 여가활동으로서 그 자체가 즐거움으로 행하여지며 건강하고 행복한 삶 을 영위하는 복지사회 건설의 기본바탕을 이루는 사회 교육적 활동이다.

2) 사회체육의 필요성

사회체육의 필요성과 목적은 문화인류학적 관점에서 볼 때 여가의 증대로 인한 인간의 생활양식에 변화를 초래함으로써 여가 활용 수단에 대한 필요성이 급격히 증가 하고 있다. 현대사회에서의 여가는 중대한 사회문제로 등장하고 있다. 과거의 의식주가 생활에 주된 관심 대상이었다면 현재는 여가시간의 활용이 인류생활의 기본문제로 제기 될 것이다. 또한 사회교육은 인간의 자유시간을 건설적·교육적으로 선용하는 기회를 제공하여 건전한 사회적 풍토를 조성하는데 기여 할 수 있다.

생리학적인 측면에서 운동을 규칙적으로 실천하는 사람은 신체활동을 하지 않는 사람에 비해 건강을 유지 하는데 많은 효과를 보고 있다. 운동부족병인 만성 성인병 질환(고혈압, 당뇨, 고지혈증, 심장병 등)과 요통, 신경과민, 비만, 신체적, 정신적 질환 등 여러 가지 경미한 질환이 빈발 한다는 의학적 증거가 많이 보고되고 있다.

사회체육은 운동 부족의 현대 도시산업화사회에서 인간의 생존에 필요한 적정량의 신체활동을 위한 장을 제공함으로써 건강유지 뿐 아니라 튼튼한 체력을 육성 할 수 있다. 또한 신체활동은 근심과 걱정의 완화, 공격성의 억제, 죄의식의 경감, 열등감의 해소를 가져온다. 따라서 사회체육은 공포나 분노 그리고 스트레스와 같은 정서적 변동에 의해서 정상적인 생리적 균형이 파괴되었을 때 격렬한 대근운동을 통하여 정상상태로 회복하는 것을 돕는다.

사회적으로 볼 때 스포츠는 사회화를 촉진한다. 스포츠 활동을 통한 팀웍, 복종심, 단련, 적자생존원리 등 원만한 사회생활을 할 수 있게 해준다. 그 이외에도 청소년 문제해결과 지역사회 통합 기능 등을 가진다.

최근 우리나라는 체육이 주로 학교체육과 사회체육의 두 분야에서 실시되어

왔으나 생활수준의 향상과 여가시간의 증대에 다라 평생체육의 필요성이 더욱 요구되고 있다.

전생에 걸쳐 참여하는 스포츠의 존재 형태를 말하며, 일생동안 각 시기 또는 생활 각 분야에서 필요 할 때 행 할 수 있는 다양한 스포츠 프로그램의 제공과 이론을 위한 문화적 환경을 정비 하는 것을 말하며 스포츠의 즐거움을 경험 시키고 스포츠 애호심을 길러, 그것이 기반이 되어 자기 인생에 있어서 각 단계에 상응하여 여러 가지 스포츠를 즐기는 것을 말한다.

사회체육은 그 대상이 유아에서 노인에 이르기까지 폭이 매우 넓다. 또한 사회체육의 참여 집단도 연령, 성, 학문적, 경제적 배경이 다양하며, 강제성을 띠지 않은 자발적인 활동이기 때문에 참여하는 사람들 각자가 즐거움과 함께 보람을 느낄 수 있어야 흥미를 가지고 사회체육활동을 하게 될 것이다. 사회체육의 궁극적인 목적과 목표는 전국민이 체육을 통하여 건강하고 행복한 삶을 영위하는데 궁극적인 목적이 있다고 본다.

사회체육은 대부분 활동 그 자체에 즐거움과 의의를 부여 하며 자발적으로 참여하는 활동이기 때문에 학교체육과 같이 명확한 목표나 목적이 설정되어 있지 않는 것이 특징이나 개인, 집단 및 국가 사회의 측면에서 다음과 같은 목적을 지닌다.

① 기분전환과 즐거움을 배가 시켜 삶의 질을 개선시킨다.
② 다양한 종목을 선택하고 실천하여 체력 증진과 건강을 유지 시킨다.
③ 운동기능의 향상을 통한 여가생활을 누릴 수 있는 잠재력을 키운다.
④ 대인관계를 원활하게하고 객관적 사회생활 능력을 기른다.
⑤ 민주적 생활 태도인 공명정대, 협동심, 준법정신, 책임감 등을 배양한다.
⑥ 자연 속에서 올바른 인생관과 우주관을 정립한다.

4. 생활체육

1) 생활체육의 개념

국민들의 소득수준 향상과 여가시간의 증가에 따라 문화생활과 취미생활에 대한 관심이 크게 늘어남에 따라 일반국민의 스포츠 및 체육활동에 대한 관심과 욕구가 증대되며, 생활체육에 대한 사회적 관심이 높아지고 있다. 특히 자동화, 기계화 된 사회구조 속에서 운동부족으로 야기되는 성인병 등의 문제는 심각한 사회병리 현상을 초래하였다. 즉, 인간의 힘을 덜기 위한 기계화, 자동화가 가져온 운동부족 현상과 산업화, 도시화와 인구의 증가로 인한 환경공해 등은 건강과 체력을 저하시키고 질병 발생률을 크게 증가시키고 있다. 그런데 질병 발생률의 증가와 함께 질병 양상도 달라져 운동부족 등으로 인한 각종 성인병이 심각해져 가고 있다.

따라서 성인들의 스포츠 참여 필요성이 자연스럽게 강조되기 시작하였고, 정부차원에서도 생활체육을 국민대다수의 욕구를 충족시킬 수 있는 사회복지 정책의 하나로 인식하여 성인들의 스포츠 참여를 증진하기 위한 연구와 정책에 관심을 갖기 시작하였다.

생활체육은 어린이에서부터 노인에 이르기까지 모든 사람의 성별, 나이, 인종, 종교 등에 관련 없이 종합적인 신체적성의 수준 향상과 건강증진을 위해 실행하는 모든 종류의 체육활동이다. 신체운동의 총체를 체육으로 정의한다면, 이 체육을 범국민적으로 보급하고 향상, 발전시키는 운동을 의미한다. 그런데 이는 단순히 노동시간 이외에 행해지는 소극적인 여가체육활동으로 이해하기보다는 적극적인 의미에서 이해해야 한다. 곧 생활체육은 각종 신체운동을 모든 국민의 신체적, 정신적, 사회적, 도덕적, 문화적 발달에 기여하기 위한 목적으로 생활 속에 널리 보급하여 실천하는 운동이다. 아울러 생활체육이 잘 발달하기 위해서는 지역사회의 충분한 이해와 자발적 참여가 이루어져야 하는데 교육적, 비영리적 자세를 가질 때 자유롭게 참가할 수 있을 것이다. 그리하여 생활체육은 구성원의 건강과 행복을 증진하고 복지사회 건설을 위하여 자발적인 참여자의 활동을 지원, 촉진하고자 하는 평생 교육적 체육활동이다.

생활체육이란 생애교육과 생활교육과의 관계에서 볼 때, 체육을 생활문화 혹은 운동문화로서 모든 사람의 일상생활에 생활화시킴을 의미한다. 생활체육은 우리의 생활을 합리화하고 내적 충실을 도모함이 목적이며, 체육의 생활화를 통해 개인의 건강 증진은 물론 복지사회 구현의 차원에 목표를 두고 있다. 생활체육은 주로 여가선용 방법으로 널리 활용되고 있는 것이 일반적이며 그 활동은 체육활동, 레크리에이션, 놀이, 게임 등 즐거움을 줄 수 있는 신체활동이 주가 된다. 그러므로 생활체육은 강세성을 띠어서는 안 되며, 누구나 스스로 자유롭게 참여함으로써 즐거움을 찾고 건강을 유지하며 보람된 삶을 찾도록 해야 한다. 아울러 오늘날 생활체육은 개인적 견지에서 건강 유지와 즐거움을 위한 소극적 활동에서 벗어나 사회적, 국가적 견지에서 보다 긍정적인 기능을 발휘하는 적극적 활동으로 변모해 가고 있다. 생활체육의 중심이 되는 것은 정치, 경제, 문화, 교육과 산업구조가 인간생활에 미치는 영향에서 인출되어야 할 것이다. 예를 들면 현대인의 생활환경에서의 공통적인 문제는 공해문제, 인간소외문제, 운동부족 등인데, 이에 따라 각자의 연령이나 성별에 맞는 생활체육의 내용, 방법, 제도, 조직, 시설 등을 고려하여 자신에게 알맞고 지속적인 실천이 가능한 운동을 선택하여 실시하여야 한다.

결국 현대의 생활체육의 개념은 개인의 창조적인 여가선용 방법으로서 뿐만 아니라 복지국가 건설의 구심체 역할을 하는 주역으로서 보다 광범한 활동들을 포함하고 있다. 그리고 유아에서부터 노인에 이르기까지 모든 사람의 성별, 연령, 종교에 관계없이 종합적인 신체적응 향상의 건강증진을 실행하는 모든 종류의 스포츠 활동 및 신체운동의 총체로 정의하고 이를 범국민적으로 보급, 향상, 발전시키는 운동을 의미한다. 다시 말해 생활체육은 개인이 건강하고 행복한 삶을 살 수 있도록 해주며, 밝고 명랑한 사회분위기를 조성하여 복지국가의 이념을 실현할 수 있도록 신체적, 정신적, 도덕적, 정서적인 건강을 도모하기 위한 일단의 신체활동을 말한다. 때문에 생활체육에는 일반적인 스포츠 활동을 물론 낚시, 레저와 댄싱 등 모든 사교활동이 포함된다.

체육문화와 스포츠는 모든 사람들에게 개방되어 있어야 하며 인격의 향상과 병행 되어야 한다는 것이 오늘날 전 세계적인 경향이다.

스포츠는 국민들의 건강과 현대인의 생활양식에 큰 영향을 미친다. 운동을 하면서 사람들은 기쁨을 느끼게 된다. 스포츠는 개인에게 있어서 기분전환을 시켜주고 때로는 교육의 수단으로 인격형성에 기여한다. 스포츠는 대중매체나 문화 또는 패션 등에 영향을 미치기도 하며 여러 가지 문화적 형태의 주요한 부분이 되고 있다.

모든 사람들을 위한 스포츠(sport for All) 즉, 생활체육은 건강의 유지·증진뿐만 아니라 건전한 신체적 심리적 상태의 유지라는 차원에서 모든 사회의 정책 개발에 주요한 역할을 하고 있다.

특히 생활체육은 교육, 문화 및 어린이와 청소년들의 신체발달에 영향을 미칠 뿐만 아니라 생활에 있어서 가장 중요한 변혁기인 사춘기를 극복하는 데도 큰 도움을 준다. 이것은 또한 생물학적 성숙 및 사회적응의 한 과정인 동시에 생활환경의 변화에 대처하는 능력을 배양하는 과정이기도 하다. 무엇보다도 중요한 것은 자신을 극복하고 게으름과 나태함에서 탈피하여 건강을 유지· 증진함과 동시에 보다 나은 삶을 영위 하게 하는 것이다.

체육은 인간이 신체활동을 통하여 신체적 능력을 향상시키고 심리적·사회적으로 건전하게 하여 장차 사회생활에서 훌륭한 생활인이 되도록 하는 교육적 활동이다. 따라서 체육은 신체의 각 기관을 고르게 튼튼히 발달시키고 기능을 증진하는 심리적 활동과 신체활동을 통하여 사회생활에 필요한 지적· 정서적· 사회적 발달에 목표를 둔 인지적· 정의적 활동으로 나눌 수 있다. 이러한 체육의 목표가 사회전체의 성원에게 적용된 생활체육은 생애의 어느 한 시기에 국한하여 체력을 증진시키는 수단적인 단편적 활동이 아니라 생애 전 주기에서 신체활동을 통하여 개인의 건강을 지속적으로 유지하여 사회생활에 필요한 생활 체력을 배양하고 원만하고 건전한 인간관계의 형성을 제공하여 삶의 질을 향상시켜 주는 넓은 의미의 체육이다.

우리나라에서는 생활체육이란 용어와 함께 국민체육, 평생체육, 사회체육이란 용어들이 사용되며 통상 영문으로 표기하는 경우에는 Sport for All로 사용되고 있으며 국민체육진흥법상의 정의(법제2조 제4호)는 생활체육이라 함은 건강 및 체력증진을 위하여 행하는 자발적이고 일상적인 체육활동으로 규정하고 있다. 따라서 생활체육의 개념을 도출할 때는 기존의 체육개념에서 파생된 개념으로 이해할 것이 아니라 새로이 발전하며 살아 움직이는 개념으로 파악되어야 한다. 생활체육은 일반적인 체육의 개념을 벗어난 독특한 개념이라기보다는 오히려 국민복지차원에서 동기가 순순한 목적과 목표를 성취하기 위한 파생적 개념이며 광범위한 개념이다.

결국 생활체육(Sport for All)은 유아에서부터 노인에 이르기까지 모든 사람의 성별, 연령, 종교에 관계없이 종합적인 신체적응 향상의 건강증진을 실행하는 모든 종류의 스포츠 활동 및 신체운동의 총체로 정의하고 이를 범국민적으로 보급, 향상, 발전시키는 운동을 의미한다.

최근 국민생활체육협의회는 1주일에 3번, 하루 30분 이상 운동하자는 Sports7330 캠페인 선포식을 가졌다. Sports7330은 국민의 건강증진 및 건전한 여가 활동의 붐을 조성하기 위해 문화관광체육부와 국민생활체육협회가 공동으로 주최하여 생활체육의 활성화를 위해 범 국가차원의 캠페인을 전개하고 있다.

2) 생활체육의 영역

생활체육은 각 나라마다 역사적인 전통, 정치, 사회, 문화적인 배경과 경제적인 수준에 따라 상이하나 지향하는 목적은 체력 향상 및 건강의 유지증진, 복지에 바탕을 둔 삶의 질 향상, 정신적, 도덕적, 사회적으로 미치는 순기능적인 효과의 제고, 국력의 신장 및 국가발전 등의 공통점을 가지고 있다.

생활체육의 성격은 성, 연령, 계층 등에 관계없이 모든 국민을 대상으로 하는 체육활동이며, 개인의 자유의사에 따른 자발적이고 평생을 통한 지속적인 개인의 취미와 생활수준에 따른 체육활동이다. 그리고 건강한 체력의 유지· 증진과 풍요롭고 행복한 삶의 질적 향상을 위한 복지사회를 지향하는 사회교육적인 활동이다.

생활체육의 영역은 여러 가지 측면에서 살펴볼 수 있는데 주로 어떤 형태의 활동들을 내용으로 하는가 하는 영역 구분이 가능하다. 이러한 분류는 생활체육의 활동종목들을 나열하는 것과 비슷하다고 할 수 있는데 활동의 범위나 성격으로 보아 일정한 구분을 하기가 애매하나 대체로 활동대상에 따른 분류, 활동의 전개장소에 따른 분류, 활동 기회의 제공기관에 따른 분류로 나눌 수 있다.

생활체육이 개인이 지니고 있는 잠재적인 신체활동의 욕구를 최대한으로 신장하고 체육을 통한 복지사회의 이념구현을 목적으로 하는 체육의 대중화라는 근거로 생활체육의 영역을 유아체육·아동체육·청소년체육·성인전기체육 ·성인후기체육· 노인체육 등의 수직적 영역과 가정· 학교· 직장· 지역사회에서 이루어지는 수평적 체육활동 영역으로 이분화 되고 있다.

3) 생활체육의 기능

(1) 생활체육의 생리적 기능

산업화에 따른 자동화 기계문명의 발달 등으로 인하여 인간의 자연적 신체활동이 극도로 제한되어가고 있는 도시화된 고도산업화 사회에 살고 있는 인간은 운동부족을 일으키기 쉽다. 운동을 적게 하면 심장병, 당뇨병, 요통, 신경과민, 비만, 정신경증, 기타 여러 경미한 신체 및 정신적 질환이 반발하게 된다. 반면, 운동을 규칙적으로 하게 되면 혈압이 낮아지고 콜레스테롤 같은 혈액 속의 지방성분이 저하되기 때문에 동맥경화증을 막아준다. 또한 체중이 늘어나거나 지방질이 축적되는 것을 막아 주며 심장질환 등 성인병을 예방할 수 있다. 그리하여 운동을 규칙적으로 이행하는 사람은 신체활동을 하지 않는 사람에 비하여 건강을 보다 효과적으로 유지할 수 있다.

(2) 생활체육의 심리적 기능

도시화되고 산업화되어 극심한 경쟁과 복잡 다양화될 미래사회는 다극적인 압력과 통제에 의하여 고도로 기계화되고 문명화되며 특성화된다. 따라서 그 성원은 일상생활 속에서 끊임없이 강도 높은 정서적 긴장과 압박을 받게 된다. 따라서 개인은 사회 성원의 일원으로서 자신과 사회의 존속을 위하여 주위 환경에 순응하고 생존할 수 있는 사회·정서적 균형을 유지하여 안정을 취할 필요가 있다. 이것은 긴장 및 갈등의 해소와 유대감 및 우애감의 형성을 통하여 이루어진다.

생활체육은 심리적으로 근심·걱정의 완화, 공격성의 억제, 죄의식의 경감, 열등감의 해소 등을 가져오게 한다. 또한 생활체육은 사람들이 사회에서 함께 어울려 살며 의지하는 감정적 유대를 조성시켜 준다. 그리고 사회성원인 개인이 건설적인 양식으로 함께 공존하는 데 필요한 요소인 우호적 인간관계를 창출하고 강화함으로써 원만한 사회생활을 영위할 수 있게 해 준다.

(3) 생활체육의 사회적 기능

고도 산업사회가 가져온 기계화와 자동화로 인하여 인간 노동력의 필요성이 감소되고 점차 여가시간이 증대되어 가고 있어 이의 활용이 개인적으로나 사회적으로 매우 중요한 의미를 지니고 있다. 결국, 개인적으로는 매일 단조로운 작업에서 오는 무미건조한 기계의 감시자로서의 중압으로부터 벗어나 하루의 피로를 해소하고 내일의 건설적인 생활설계를 위한 밑거름이 될 여가시간의 추구에 관심을 가질 필요성에 부딪치게 된다.

생활체육은 이렇게 성취지향적인 사회의 이념을 학습하는데 중요한 역할을 담당하며 업적 사회에 내재되어 있는 경쟁적, 업적, 지향적 행동을 학습시키고 합법적인 수단을 통하여 목표를 성취시키는 가치를 내면화시킴으로써 사회체제의 유지와 존속에 기여한다. 스포츠는 각기 다른 개성과 이해를 지닌 이질적인 개인 유기체를 공동체로 융화하여 화합시키는 기능을 갖고 있다. 스포츠 참가자가 한 팀의 구성원이 되거나 클럽의 성원이 되도록 하는 것은 스포츠 활동에는 참가자 개인을 그 팀이나 클럽으로 융화시키기에 충분한 상호 인간관계의 결속력이 내재되어 있기 때문이다.

4) 현대사회와 생활체육

(1) 사회변화와 생활체육

인간이 인간다운 삶을 영위하는데 있어 가장 근간이 되는 것은 생활의 활력소를 끊임없이 재충전시킬 수 있는 건강의 보장이라 할 수 있다.

그러나 기계화, 산업화가 진행될수록 국민소득이 증대되고 노동시간이 감소되어 여가시간이 늘어나는데 비해 정신적 긴장은 가중되고 신체활동의 기회가 줄어 국민의 건강과 체력이 약화되어 가고 있으며 이 문제는 단순히 개인차원에서 해결될 수 없는 과제로서 국가적인 차원의 정책마련이 필요한 실정이다.

(2) 사회, 문화적 국민의식의 변화

사회구조의 변화 및 삶의 질 향상을 추구하는 가치관의 변화에 따라 다양한 측면에서 복지에 대한 수요가 증대할 것이다.

일반적으로 국민소득 수준의 증대에 따라 복지지출에 대한 수요는 다른 분야에 비해 빠르게 증대될 것이며, 1인당 국민소득 수준이 2배 증가할 경우 국내총생산(GDP)에서 복지재정이 차지하는 비중은 약 1.5배 늘어나는 것으로 전망되는 등 복지수요가 증대되고 있다. 삶의 질 향상과 주관적 가치의 다양성을 중시하는 새로운 가치관, 즉 다양하고 주관적인 정서에 기초하여 생활방식을 결정하고 삶의 의미를 평가하는 풍조가 보편화 되어가고 있다. 이러한 다양성의 확산은 생산보다는 소비에, 노동보다는 문화와 여가 생활에 대한 관심의 고조로 표출될 것이며, 특히 여가 중에서도 건강유지를 위한 체육활동에 대한 요구가 증대하는 등 가치관의 변화와 여가 및 건강에 대한 관심이 고조되고 있다.

국민들의 삶의 가치를 구현하기 위한 여가 생활양식은 기대수준과 욕구가 다양해질 것이며, 특히 적극적이고 활동적이며 창조적인 여가활동을 위한 스포츠 활동의 비중은 증가하고 유형도 다원화되어가고 있다.

경제발전에 따른 여가 및 체육활동 참가욕구의 증대는 관련 정보에 대한 양적 수요 및 질적 전문화를 수반하게 될 것이며, 지방자치제의 실시로 정치, 경제, 사회 등 모든 분야에서 중앙정부의 역할이 축소되고, 지방정보의 역할이 증대되어 각 지역의 특색과 욕구에 맞는 다양한 정책이 전개될 것이다.

이에 따른 생활체육 시설의 건립이나 프로그램의 개발 보급은 주로 지방자치단체에 의해 주도되는 것이 당연하나, 현재는 지방자치 단체의 재정이 취약하여 생활체육의 활성화를 추진하는데 어려움이 예상된다. 따라서, 국민의 대다수를 차지하게 될 도시 주민들의 건강과 체력증진에 대한 관심은 더욱 증대할 것이다.

(3) 경제적 환경의 변화

국제화, 개방화의 진전으로 선진 외국과의 경제적, 인적 교류가 활발해질 뿐 아니라 소득증대에 따라 국민들의 해외여행이 급증하는 등 외국과의 접촉기회가 대폭 확대되고 있다. 특히 정보통신의 발달로 시간적 동시화는 국제적 개방화를 더욱 가속화시킬 것으로 보이며, 물질적인 측면뿐만 아니라 사회적 규범이나 개인들의 가치관, 문화 등도 급속하게 서구화될 것이며, 특히 여가 활동이나 스포츠 등도 서구화, 고급화 될 것이다.

경제성장에 따라 산업구조도 점차 고도화되어 서비스업의 비중이 지속적으로 높아지는 반면 농·어업 및 제조업의 비중은 점차 낮아져 전형적인 선진국형 산업구조로 전환될 것으로 예상된다.

앞으로 소득증대와 여가선호도 증대 등으로 노동시간은 크게 단축될 것으로 전망 된다. 최근 주5일 근무제 또는 토요일 격주 휴무제를 도입한 기업이 적지 않으므로 향후 노동시간은 점차적으로 줄어 2020년에는 선진국 수준인 37시간대로 단축될 것으로 전망되며, 이러한 노동시간의 단축은 여가시간의 확대로 이어져 여가, 그중에서도 체육활동에 대한 수요를 증대시키게 될 것이다.

5. 스포츠

일반적으로 스포츠는 '전환한다'는 뜻의 중세 영어의 동사 'sporten'이나 'disport' 혹은 라틴어 'desporture'에 어원을 두고, '방향전환' 또는 port(나르다)를 확대 해석한 즐거움을 나르다 라는 기본적인 의미와 오락(recreation)과 싸움(dispurtes)이라는 의미를 갖는다. 이것은 넓은 의미의 스포츠에는 우리가 알고 있는 여러 경쟁 스포츠들과 함께 전통적 민속놀이, 낚시, 요트, 사냥, 하이킹, 등산 등의 비경쟁적인 레저스포츠들도 포함된다. 그러나, 여러 스포츠사회학자들은 스포츠의 신체성, 규칙성, 경쟁성 등을 강조하여 이를 놀이와 게임으로부터 분리하여 정의해 왔다. 즉, 스포츠는 경쟁적인 신체적 활동의 제도화된 형태로 정의 했는데, 이를 좁은 의미의 스포츠라고 할 수 있다.

좁은 의미로서 스포츠에 대한 정의에 의하면 특정한 조건 아래 어떤 활동은 스포츠 활동으로 분류될 수 있으나 다른 조건 아래서는 그렇지 못하는 경우도 있다. 예를 들어, 수영, 등산, 사이클링 등이 경쟁적 조건 아래서 행해지지 않을 경우 스포츠로 간주되지 않고 오락이나 놀이의 한 형태가 된다. 스포츠라는 어휘와 관련하여 유희, 경기, 체육 등 유사어가 많으나 오늘날 이들을 엄밀하게 구별하여 사용하고 있지는 않다. 원래 스포츠의 개념은 특정 운동경기가 레크레이션으로서 오락적인 의미를 가진 것을 의미하였지만 오늘날 체육, 운동, 운동경기, 신체활동, 체육활동, 스포츠 활동이라는 식으로 불분명하게 사용되고 있다. 이와 같은 경향은 오늘날에만 있는 것이 아니다.

그 이유는 유사어에 대한 각 단어의 의미가 사회구조적 변화와 시대의 흐름과 함께 변하였고, 또한 유사어 사이에서도 의미상의 중복이 많아지기도 하고 용법상의 혼란이 있기 때문이다. 최근 스포츠의 개념은 매우 광범위 하게 사용되고 있다. 얼마 전까지만 해도 스포츠 활동, 체육활동이라고 할때 두뇌활동이나 정신활동을 고려하지 않은 신체활동 또는 대근육 활동을 떠올렸다. 그러나 지난 2002년 대한체육회에서는 바둑을 인정종목으로 승인하자는 안건이 나왔고, 그 과정에서 여러 논의 중 IOC에서도 체스를 한 종목으로 인정하고 있고 바둑이 룰과 경쟁이 기본이 되는 스포츠의 요소를 가지고 있으므로 인정하는 데 무리가 없다는 결론을 내렸다. 중국에서는 이전부터 바둑을 두뇌스포츠로 인정하여 체육부에서 지원 및 관리를 하고 있다.

바둑이 스포츠로 인정받게 되는 것은 몸과 마음을 하나로 보고 그 조화를 중시하는 동양철학에 근거한 개념적용에 기초하였음을 볼 수 있다. 이것은 몸은 결코 정신과 분리시킬 수 없으며, 신체적이라는 물질적 개념이 아니라 살아 있는 생명의 존재로서 몸에 대한 인식이 바뀌었음을 말하는 것이다. 이러한 인식론에서는 대근육만이 아닌 미세근육도 두뇌요인에서 나오는 아주 섬세한 신체활동이라고 인정하게 되고 그것을 스포츠 활동에 포함시키는 것은 합리적인 것으로 볼 수 있다. 현제 제도화된 스포츠 중에서 사격이나 양궁은 신체 중 대근육을 사용하거나 체력 소모가 많은 동적인 움직임 위주가 아니라, 정적이며 정신적인 능력이 더 많이 요구됨에도 불구하고 스포츠로서 인정받고 있다(박문환, 2006).

1) 스포츠의 유사개념

(1) 스포츠의 발전단계

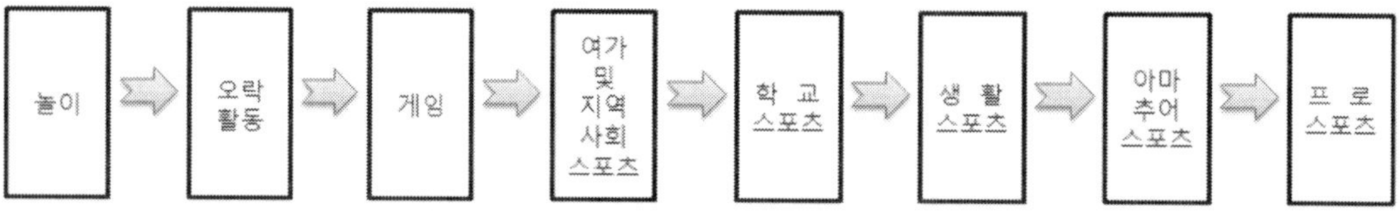

그림 4-1. 신체활동과 스포츠의 전개(Bucher & Krotee, 1997)

<그림 4-1>에서 보듯 놀이로부터 시작된 신체활동이 기임을 거쳐 스포츠로 전개되어 나아가는 과정이다. 특히 스포츠영역을 세분하여 다루고 있으나 놀이에서 시작되어 게임의 형태를 거쳐 스포츠로 발전하는 단계과정을 잘 보여준다.

(2) 스포츠의 유사개념

<그림 4-2>에서 보듯 놀이는 가장 기본적이고 포괄적인 인간 활동으로 게임을 포괄하고, 게임은 스포츠를 포괄한다.

그림 4-2. 스포츠, 놀이 및 게임의 관계(Loy, McPherson & Kenyon, 1978)

① 놀이

게임과 스포츠 생성의 기초로서 가장 단순하고 초보적인 인간의 본능적 활동이다. 여기서 강조되는 것은 자유성과 자발성이다. 소꿉장난, 공기놀이, 병정놀이 등 본격적인 신체활동과 경쟁성이 없는 활동이 놀이에 속한다.

② 게임

놀이가 보다 조직화되고 역할의 분담이 더욱 뚜렷해진 것이다. 따라서 게임은 규칙과 경쟁의 개념이 도입되기 시작하는 인간 활동으로 보다 경쟁적인 놀이라고 볼 수도 있다. 놀이의 형태가 스포츠의 형태로 변화해 나가는 데 있어서 놀이와 스포츠의 중간에 위치한 것이다.

③ 스포츠

놀이와 게임에 비해 스포츠는 규칙, 조직, 제도, 경쟁의 측면에서 가장 높은 수준에 있고 다양한 신체기능의 활용이 대단히 강조된다. 그리고 놀이와 게임은 확률이나 행운에 의해 승패가 결정되는 경우도 많이 있으나 스포츠의 경우 승리하기 위해서는 이에 합당한 훈련이나 기술의 습득이 필수적이다. 참고해야 할 것은 특정 조건하에서는 어떤 활동들이 스포츠로 분류될 수 있지만 다른 조건하에서는 그렇지 못할 수도 있다는 것이다. 예를 들어 수영을 친구들과의 즐거움을 위해 행할 때에는 놀이의 한 형태가 되겠으나 제도화된 규칙 속에서 상대방을 이기기 위해 행할 경우에는 스포츠가 되는 것이다. 반면, 화투, 장기, 투계, 투견 등은 규칙에 의해 행해지는 경쟁적 활동이나 인가의 육체적 활동과는 무관하므로 게임의 영역에 속한다고 해야 할 것이다(Snyder & Spreitzer, 1983).

<표 4-1> 놀이, 게임, 스포츠의 특성 비교(Santomier)

구 분	특 성							
놀 이	허구성	비생산성	자유성	쾌락성				
게 임	허구성	비생산성	분리성	미확정성	규칙성	경쟁성		
스포츠	허구성	비생산성	분리성	미확정성	규칙성	경쟁성	제도성	신체활동성

한편, 조깅이나 윈드서핑, 등산과 같이 이기려는 상대방이 존재하지 않는, 개인이 홀로 하는 스포츠의 경우 스포츠가 아닌 것으로 여겨질 수 있으나 이러한 경우 개인이 자연을 상대로 또는 자신의 체중을 상대로 해서 경쟁하고 싸우는 것이라면 이들도 스포츠의 영역에 해당된다 할 것이다.

이러한 것들을 바탕으로 McIntosch는 스포츠를 4가지 영역으로 분류하였다.

① 경기 스포츠(skill sports) : 운동기능의 탁월성을 이용하여 자신의 우월성을 입증하는 육상 경기 및 각종 구기 활동

② 투쟁 스포츠(combat sports) : 상대방과 직접, 간접적인 투쟁을 통하여 자신의 우월성을 입증하려는 복싱, 레슬링, 유도, 검도 등의 활동

③ 극복 스포츠(conquest sports) : 환경이나 주어진 상황에 극복하려고 노력하는 등산, 수영, 하이킹 등의 활동

④ 율동적 무용체조(eurhythmics) : 신체활동을 통하여 인간의 이념이나 감정을 표출하고 전달하려는 무용, 리듬 체조 등의 활동

2) 스포츠의 특성

스포츠의 가장 두드러진 특성으로 신체활동성을 들 수 있겠으나 스포츠는 우리의 일상생활에서 경험할 수 없는 다양하고도 색다른 특성들이 있다.

① 신체활동성 : 스포츠는 신체의 움직임을 통해 자신의 실력과 기술을 발휘하는 활동이다. 이 때 개인은 상대방과 겨루며 경쟁할 수도 있으나 자연과 싸울 수도 있고 개인이 세워둔 목표와 겨룰 수도 있는 것이다. 이는 스포츠를 놀이 및 게임과 구분하는데 있어서 중요한 기준이 되기도 하는데 예를 들어 투계나 화투와는 달리 승마와 자동차경주가 스포츠에 포함되는 이유는 인간의 신체적인 활동, 기술, 민첩성, 노력 등이 개입되기 때문이다.

② 비생산성 : 스포츠는 한 개인이 신체활동을 통해 자신의 시간과 수고를 들이더라도 재화나 상품을 만들어내는 활동은 아니다. 스포츠를 직업으로 하는 프로스포츠선수들과 일부 아마추어선수들의 경우 스포츠 활동으로 금전적,

물질적 보상을 받는 경우가 있으나 일반인들이 일상생활에서 행하는 스포츠 활동은 물질적인 생산을 목적으로 하지 않는다.

③ 규칙성 : 스포츠에서의 경쟁은 사전에 합의된 규칙에 근거하여 이루어진다. 이 규칙에 의해서 스포츠에서의 승패는 순간의 행운이나 불운에 의해서가 아닌 실력과 기술, 그리고 경험에 의해서 결정되는 것이다. 또 이 제도화된 규칙은 신체활동성과 함께 스포츠를 놀이나 게임으로부터 차별화시키는 중요한 기준이 된다.

④ 허구성 : 스포츠는 가상적 상황을 다루는 소설과 같이 허구적인 것이다. 예를 들어 스포츠에서 개인간 또는 국가간의 승패는 우리의 실제 일상생활과는 아무런 관계가 없다. 또한 사회에서 중요시되는 개인의 신분이나 배경은 스포츠의 세계에서는 아무런 힘을 발휘하지 못한다. 따라서 일상생활에서 특정한 신분이나 상황으로 인해 불가능하게 보일 수도 있는 승리, 감독, 기쁨, 만족 등이 스포츠에서는 가능케 되는 것이다.

⑤ 불확정성 : 스포츠는 그 내용이 매번 다르고 결과가 확실치 않다는 특성이 있다. 바로 이러한 불확정성으로 인해 스포츠는 박진감과 흥분을 자아내게 하는 것이고 대중들은 경기를 관람하게 되고 스포츠뉴스나 신문을 통한 경기결과에 관심을 갖게 되는 것이다. 실력의 격차가 현격하여 경기결과가 확정적이면 대중들의 관심은 저하되기 마련이다. 따라서 모든 스포츠조직들은 이러한 불확정성을 유지하기 위해 많은 노력을 기울이는데 예로는 체급별, 연령별 경기, 드래프트제도 등이 있다(Loy, McPherson & Kenyon, 1978).

⑥ 이중성 : 스포츠는 고통과 환희, 아름다움과 강인함, 승리와 패배, 우리팀과 상대팀, 기쁨과 절망, 폭력과 부드러움 등의 용어로 자주 표현되는 이중성과 모순의 세계이다(Snyder & Spreitzer, 1983). 그러나 이 특성으로 인해 대중은 학력, 성별, 연령의 제한을 넘어 스포츠를 쉽게 이해할 수 있다.

⑦ 정화성 : 스포츠는 무미건조한 현대산업사회에서 카타르시스와 같은 역할을 한다. 스포츠에 사신의 감정을 이입하여 위험, 흥분, 환희를 느끼고 이를 통해 축적된 혼란과 불건전함, 스트레스 등을 해소하여 감정을 정화시킨다. 특히 오랜 시간의 훈련과 절제된 자세를 요구받고 감정의 표현도 제한 받는, 무미건조한 삶을 사는 대중들에게 감정변화의 기회를 제공한다(Elias & Dunning, 1970).

3) 스포츠의 개념 및 정의

스포츠의 개념은 사회적, 경제적, 문화적 영향을 받으면서 변화해왔으며 현대에 이르러 그 의미는 매우 광범위하게 확대되었다.

체육과 스포츠에 대한 개념을 혼돈하여 사용하는 것을 자주 볼 수 있으며 최근에도 체육과 스포츠의 개념을 가지고 많은 논의가 되고 있다. 스포츠와 체육은 경우에 따라서는 범위나 역할이 서로 중복되는 경우도 없지는 않으나 엄밀히 말하면 이들은 뚜렷이 다른 개념이다.

체육의 정의는 학자들의 체육에 대한 견해는'신체운동을 통한 교육(신체활동을 통한 바람직한 인간행동의 계획적인 변화)'으로 정의되고 있다.

스포츠의 정의는 '제도화되고 경쟁적인 신체활동을 바탕으로 이루어질 뿐 아니라 이 신체활동의 주체인 인간의 내면적인 정신활동까지 모두 포함하는 것'이라고 할 수 있다.

① 운동주체의 심리에 따른 견해

이 주장은 신체운동을 행하는 주체의 심리적 태도를 기준삼아 스포츠를 규정한다는 것이다. 근대 스포츠의 이념 정립에 크게 공헌하였던 독일의 Carl Diem은 '스포츠란 유희의 한 현상이다'라고 설명하면서 어떤 신체활동이 스포츠이냐 아니냐는 전혀 본인의 마음의 자세 즉 심리적 태도에 의하여 결정된다고 하였다. 즉 같은 사냥이라도 즐기기 위해서라면 스포츠가 되고 생업을 위해서라면 직업이 된다는 것이다. 영국의 스포츠 사회학자인 McInosh은 스포츠를 놀이의 한 행태로 보고 '스포츠이 기본적 특징은 승리에 대한 노력이다.'라고 규정하면서 비슷한 견해를 나타내고 있다.

② 운동기능에 따른 견해

이 주장은 신체운동의 기능을 기준삼아 스포츠를 규정한다는 것이다. 그 대표적인 예로 영국의 월펜드 위원회의 보고는 '기본적으로 사회의 일반 복지에 공헌하는 모든 운동을 스포츠에 포함시킨다.'고 규정하였고 일본의 스포츠 진흥법 제2조에서도 이 법률에서의 스포츠란 '운동경기 및 신체운동으로써 심신의 건전한 발달을 꾀하기 위하여 행하여지는 것을 말한다.'라고 되어 있다.

③ 분석적 견해

이 주장은 이미 널리 존재하고 있는 신체운동의 여러 형태를 종합해서 스포츠로 파악하려는 움직임을 들 수 있다. 그 대표적인 것이 유럽 스포츠 장관회의가 채택한 '유럽 모두를 위한 스포츠 헌장'에 나타난 스포츠의 정의이다. 즉 이 헌장에서는 스포츠의 범주에 경쟁적인 게임 및 스포츠, 야외활동, 아름다움의 운동, 조정운동 등을 모두 포함시키고 있다.

4) 스포츠 체육적 가치

① 신체적 가치

스포츠활동은 대근운동이므로 신체의 발육과 발달을 조장한다.

신체가 성장 발달하는 과정에 있어서의 운동기능의 발달은 근육의 발달에 따라 이루어지며, 따라서 미숙한 스포츠활동에 있어서는 기술보다도 근육이 우선적으로 작용한다.

신체의 발육과 발달은 인체의 순환·호흡·소화·배설·내분비 등 생리적 계통에 속하는 이러한 생리적 기능을 자극하여 극히 자연스러운 상태에서 신체의 발육·발달을 조장한다. 또 활동은 기본적인 활동능력을 향상하는 활동이므로 모든 작업의 능률을 높이는 일이 된다.

인간의 기본적 활동능력이란 달리기·뜀뛰기·던지기·운반·헤엄·등반·매달리기·들어올리기 등의 기능을 말하는 것인데 이러한 기본능력이 종합되어 추격·도약·

포획·어로·수립·격투 등으로 표현된다.

② 지적·정서적 가치

스포츠에서는 그 기능의 진보·향상을 위하여 부단한 반성과 연구가 따라야 하는데, 이러한 문제해결의 과정을 통한 연습과 정은 개인경기 뿐만 아니라 단체경기에서도 적용된다. 이 경우는 개인의 체력과 기능의 향상 이외에도 팀의 일원으로서 협력적인 연구, 상대의 복잡한 움직임에 대응하고 그것을 타파하기 위한 작전계획이라는 기능적인 문제가 동반된다.

따라서 ㉮문제해결의 과정을 합리화 시키며 ㉯연구의욕을 자극하고 ㉰스포츠에서의 연구적 경험을 생활면에서도 활용하게 하며 ㉱피로에 의한 사고력 등의 감퇴를 스포츠에 의한 나쁜 영향이라고 생각하지 않게 할뿐더러, 스포츠를 생활 속에 활용하는 의의를 충분히 이해시켜 스포츠를 행하는 사람의 지적 발달을 도운다.

스포츠에서는 또 경쟁에 의한 승패에 따라서 쾌·불쾌를 경함하게 된다.

성공의 기쁨은 이후의 행동의 에너지가 되며, 실패의 불쾌는 자기를 심히 자극하여 곧 제2의 출발을 하게 한다. 이와 같이 자기의 감정체험을 곧 반성할 수 있으므로 정서적 통제의 경험을 자연히 할 수 있게 된다.

③ 사회적 가치

경쟁은 상대가 있음으로써 즐거운 경험이 된다.

스포츠 운동은 경쟁이며 승부를 목표로 하기 때문에 한편으로 보아서는 경기자는 서로 대립적인 입장에서 적대시할 것 같지만 실은 경쟁이이기 때문에 상대자는 타도할 적이 서로 협력해서 경기를 진행시키는 동료인 것이다. 평소에 연마한 기술을 시합을 통해서 가장 잘 발휘하기 위해서는 규칙의 준수를 통한 협력이 있어야하는 것이며 만약 반감과 반발이 경기를 지배한다고 하면 그것은 경기가 아니라 투쟁인 것이다.

참된 스포츠맨이 스포츠를 행하는 동기는 '어떤 활동을 가장 잘 성취 하겠다'는 욕구에서 출발하는 것이기 때문에 참된 스포츠맨은 상대편의 컨디션이 불량한 틈을 타서 이득을 보거나 부정과 억지로 승리한 것보다는 오직 최선을 다해서 자기의 기술을 발휘하는 것을 만족으로 여기고 깨끗이 이기고 깨끗이 지는 것을 자랑으로 삼는 것이다.

객관적인 조건 아래 정정당당하게 자기의 전력을 다하려는 태도는 자기를 낮추고 사양하며 상대를 존경하는 태도인데, 여기서 참되고 바른 예의가 나타나게 된다.

개인경기나 단체경기를 불문하고 모든 스포츠는 일정한 규칙에 의하여 행동이 규정되어 있다. 이 규칙은 각자가 대등한 조건 아래 있음을 규정하는 것으로서, 이 규칙을 무시하고서 스포츠는 성립하지 않는다. 규칙에 충실함으로써 스포츠는 즐거우며, 거기에 참다운 경기로서 재미도 있는 것이다.

한편 스포츠는 승부를 전제로 한 경쟁적인 운동이지만 그 경쟁의식은 이성에 의하여 통제되고 순화된다.

스포츠활동이 이성에 의하여 통제될 때 발휘되는 도덕적 행위를 우리는 운동정신-스포츠맨쉽 이라고 부른다.

이 정신이 있기 때문에 스포츠는 격렬한 경쟁장면을 전개하면서도 예의, 관용, 극기, 자제, 옳은 권위에 대한 복종, 상대의 권리존중 등의 도덕사회적 분위기가 유지되는 것이다.

스포츠맨은 스포츠가 형성하는 사회적 환경 속에서 훈련을 쌓게 되며 만약 반사회적 행위를할 경우에는 처벌되며 사회적 비판의 대상이 되므로 누구나 페어플레이를 바라게 된다.

그래서 스포츠는 사회성을 배양하는 교육의 장이 되는 것이다(정종훈, 김유수, 안종학, 2007).

제5장

체육원리의 영역별 이해

1. 운동생리학의 이해

1) 운동생리학의 역사적 조망

(1) 운동생리학이란?

인체는 필요에 따라 화학적인 에너지를 사용해 기계적인 움직임을 만들어내는 잘 조합된 기계("working machine")로 표현될 수 있다. 즉, 자동차에 있어 어떻게 폐쇄된 냉각 시스템이 압력을 견뎌내며 냉각수의 순환을 만들어내는 것인가에 대한 기초적인 이해가 있다면 인체가 운동(혹은 일)을 수행하면서 어떻게 체온의 상승을 조절하는 가에 대한 이해를 쉽게 할 수 있게 될 것이다. 또한 세포내 대사적 기능을 이해한다면, 운동 중 생성되고 소멸하는 열에 대한 이해를 쉽게 얻을 수 있을 것이다. 이러한 측면에서 운동 수행을 위한 신체에 대한 생리적 체계뿐만 아니라 가능한 세포 생물학적 적응 현상에 대한 기전적 지식을 습득하는 것은 매우 중요하다 하겠다.

운동생리학(exercise physiology)이란 인체의 기능적(즉, 생리적) 측면에서 신체가 운동에 어떻게 반응하고, 적응하는 가를 연구하는 학문으로 정의할 수 있으며 이때 신체 운동이라 함은, 일회성의 급성 운동(acute exercise)과 규칙적으로 반복되는 훈련 모두를 포함한다. 인체라는 기계는 운동시 세포의 대사활동을 통해 안정시의 20배 이상에 해당하는 에너지 생성율을 보이기도 하며,

폐는 산소 섭취량을 안정시와 비교해 30배 이상 증가시킬 수 있다. 또한 심장은 전기적인 신호를 통해 안정시에 비교해 약 3~4배 이상의 박동을 보이기도 한다. 운동시 인체 내에서 보여 지는 이러한 과정들은 복잡한 신경체액성의 순환을 통해 자료의 통합과 기억 능력을 갖게 하며, 이것은 마치 정교한 컴퓨터와 같이 통제되고 조절된다. 이 밖에도, 내부적인 자율체계의 활동에 의해 "손상된 부분"에 대한 수리 능력에 의해서도 조절되기도 한다. 이러한 모든 것을 고려해 볼 때 인간의 신체가 대단히 우수한 기계라는 것은 판명되는 바이다. 연령이 증가함에 따라 인간이란 기계는 녹이 슬고 닳아 없어지는가? 만일 그렇다면 운동이란 것이 어떻게 이러한 현상들을 늦추어줄 수 있을까? 이와 같이 운동과 관련해 일어나는 생리적인 현상 혹은 변화들을 체계적으로 이해하는 것은 운동과학의 발전을 위해 대단히 중요하다 하겠다.

(2) 운동 생리학의 기원

운동생리학의 기원은 B.C. 3,000~1,000년의 초기 그리이스와 소아시아 시대로 거슬러 올라간다. 알렉산더(Alexander) 제국을 비롯한 고대 크레타(Minoan)와 미케네(Mycenaean) 문명, 데이빗(David)과 솔로몬(Solomon)의 위대한 성서제국, 아시리아(Assyria), 바빌로니아(Babylonia), 메디아(Media), 페르시아(Persia) 등이 포함된다 하겠다. 실제적으론 그 이전부터 운동, 스포츠, 게임 그리고 건강관련에 관한 주제들을 다루어 온 것으로 알려져 있다. 이 외에도 시리아(Syria), 이집트(Egypt) 마케도니아(Macedonia) 아라비아(Arabia), 메소포타미아(Mesopotamia) 와 페르시아(Persia), 인디아(India) 및 중국(China) 등의 고대 문명의 발상지에서도 스포츠, 게임 그리고 건강에 관련해 개인의 위생, 운동 및 훈련에 대한 문헌을 찾을 수 있다. 그러나 서구 문명에 엄청난 영향을 미친 고대 그리스의 의학자 Herodicus(B.C. 5th century; 신체 훈련시 적절한 식이섭취의 중요성 강조), Hippocrates(B.C. 460-377; 예방의학의 아버지["father of preventive medicine"]로 불리며 Hippocratic 선서[Hippocratic Oath]로 잘 알려져 있음) 및 Galen(A.D. 131-201; Claudius Galenus으로도 불리며 일생을 통해 건강법["law of health"]에 대해 가르쳐 신선한 공기를 호흡하고 적절한 음식을 섭취하며 올바른 음료를 선택해 마시도록 하였으며 운동을 하고 충분한 수면을 취하며 매일 숙변을 보고 정서를 잘 조절할 것 등을 강조함) 등에 의해 그 실제적인 태동을 찾을 수 있을 것이다. 특히, Galen은 운동이 인간의 해부와 생리, 영양, 성장과 발달 및 다양한 질병 등에 미치는 이로운 효과와 좌업 생활에 대한 경계 등을 포함하는 다양한 연구 업적을 남겼으며 다음과 같이 적절한 양(quantity)과 지속시간(duration)을 포함하는 활력적인 운동에 대해 놀랄 만큼 통찰력 있게 기술하였다.

나에게 있어 다만 활력적일 때 운동이라 할 수 있지, 모든 움직임이 운동으로 보이진 않는다. 하지만 활력적이란 것이 상대적인 개념이므로 같은 움직임을 갖더라도 어떤 사람에게는 운동이 될 수 있지만 다른 사람에게는 운동이 되지 않을 수 있다. 활력이 있다는 분류는 호흡계의 변화를 동반한 것이어야 한다는 것으로 만일 호흡계의 변화가 일어나지 않는다면 운동이라 불릴 수 없다. 그러나 어떤 사람이 호흡을 더 많게 혹은 더 적게 아니면 더 빠르게 하도록 강요된다면 그것은 그 사람에게 운동이 될 수 있다. 그러므로 체육관에서 행하거나 혹은 도시에 거주하면서 공공장소에 나와 스스로의 신체를 단련하기 위해 레슬링을 하거나 원반을 던지거나 혹은 그 외 다른 스포츠에 참여하는 것을 운동(exercise) 혹은 체조(gymnastics)라 부를 수 있는 것이다.

운동을 한다는 것을 내 생각으로는 두 가지의 측면에서 생각해야 한다고 본다. 하나는 신체내 배설물(노폐물)을 제거하는 것이며 다른 하나는 신체를 단련시켜 좋은 상태를 만들어내는 것이다. 활력적인 움직임만이 운동이라 할 수 있으므로 운동으로부터 다음의 세 가지를 얻게 될 것이다: 기관의 손상으로부터 기관을 단단하게 해줌, 신체를 따뜻하게 유지시켜줌, 호흡계의 가속화된 움직임. 이러한 운동의 결과로 개인에게 다음과 같은 이점이 오게 된다. 조직이 강건해짐으로써 그러한 기관의 기능이 강해지고 신체가 따뜻해짐으로써 신체에서 제거되어야 할 것들을 강하게 배출시킬 수 있고, 대사작용을 원활하게 만들며, 체내에 더 나은 확산 등을 통해 영양소의 공급이 일어나도록 하는 반면 만일 조직이 단단하게 굳어있다면 부드럽게 해주고, 액체성분들은 묽게 희석시켜주며, 필요한 관들(ducts)을 팽창시켜준다. 활력적인 호흡계의 활동을 통해 노폐물의 배출이 원활히 일어나도록 한다.

(3) 근대적 개념의 운동 생리학

유럽에서의 르네상스(renaissance), 계몽기(enlightenment) 및 산업 혁명 등은 운동 생리학을 새롭게 태어나게 하는 계기가 되었다. 이탈리아의 의사 Hieronymus Mercurialis(1530-1606)는 De arte Gymnastica apud ancientes(The Art of Gymnastics among the Ancients)를 출판해 체조(신체 훈련과 운동)와 건강(위생)의 중요성을 피력해 유럽(특히, 스웨덴과 덴마크의 체조계)뿐 아니라 초기 미국(19세기의 체조-위생 운동)의 생리학 발전에 지대한 영향을 미쳤다. 1700년대 후반, 프랑스의 Antoine Lavoisier(1743-1794; 화학의 아버지["Father of Chemistry"])는 산소가 공기에 존재하면서 연소를 일으키게 한다고 발표해 현대에서 사용하는 호흡(respiratory)이란 개념에 기초를 마련하였다. 이 후 독일의 생리학자인 Claude Bernard(1813-1878; German)이 음식물은 탄수화물, 단백질, 지방으로 구성되어 있다고 하였고 섭취하는 음식물의 형태에 상관없이 간에서 glycogen 합성이 일어남을 발견해 운동 대사(metabolism) 연구의 기초를 형성하였다.

19세기 초반 영양(nutrition) 과 식이요법(지방 축적을 줄이기 위한), 운동 및 신체적성에 관한 일반적 지식, 여가를 위한 훈련(혹은 체조)과 개인 건강 및 위생과 관련한 사항들이 당대 최대의 관심사("hot topics")가 되면서 최적의 신체적성을 달성할 수 있는 운동, 레크리에이션을 위한 훈련(혹은 체조), 스포츠를 위한 준비 운동 및 개인의 건강과 위생에 관련된 모든 것들에 대해 고려하게 되었다. 19세기 중반 이 후 생리 및 생리해부의 교수였던 Austin Flint, Jr.(1836-1915)은 그의 저서 The Principles and Practice of Medicine에서 인체의 기능에 초점을 맞추어 순환과 호흡에 대한 혈액 생리를 포함하는 광범위한 생리학의 기초적 원리들을 확립시켰다. 그의 연구에는 특히 자세(posture)와 운동, 연령(age)과 성(gender)이 심박수에 미치는 영향, 근육 활동이 호흡 및 질소 제거(nitrogen elimination)에 미치는 영향 등이 포함되어 현재 생리학 및 운동 생리학의 개척자로 불려지고 있다. Edward Hitchcock(1793-1864)은 이후 근육의 구조 및 기능(muscle structure & function), 위생과 신체 교육 등에 중요한 업적을 남겼으며 Edward Hitchcock Jr.(1828-1911)은 개인의 근력 측정 시 인체를 인체 계측학적(anthropometric)으로 신체를 평가해 훈련과 운동 프로그램의 한 부분으로 활용되어야 한다고 주장했다.

Thomas Huxley는 균형적인 식이 섭취의 중요성을 일깨우면서 음식의 섭취와 소화능력을 고려해 성인의 하루 식이 섭취의 양을 '과학적 혹은 생리적인 기반 하에 2 pounds의 빵과 3/4 pound의 지방이 적게 함유된 육류를 섭취하라'고 하였다. 또한 "인생에서 성공한 사람은 유년시절 신체적 건강을 잘 비축해 긴급한 상황에서 고통 없이 하루에 16시간 정도의 일을 수행할 수 있어야 한다." 고 하였다.

현대에 들어와 실질적인 운동 생리학의 발전을 이룩한 것은 George Wells Fitz(1860-1934, M.D.)가 1892년 하버드 대학의 Department of Anatomy, Physiology, and Physical Training에서 일반 생리학, 해부학 및 위생학 등을 가르치면서부터이다. 1927년 Harvard University's Business School에서 하버드 피로 실험실(Harvard Fatigue Laboratory; 1927-1946년)이 생기면서 운동생리학의 발전은 가속화되었다. 하버드 대학의 피로 실험실은 Lawrence J. Henderson (1878-1942; M.D.) 에 의해 설립되었다. Dr. David Bruce Dill(1891-1986년)은 하버드 피로 실험실의 director로 20여 년간 근무하면서 기초 및 응용 운동 생리학과 관련된 353편의 논문과 한권의 책을 출판했으며 많은 실험 및 분석 방법을 구체화시켰다. 하버드 피로 실험실에서 다룬 주요 연구 분야로는 운동시 대사 및 기질의 이용(최대 산소 섭취량[VO_2max], 산소 부채[O_2 debt], 운동 및 회복시 탄수화물/지방 대사 등을 포함), 환경 생리 분야(고도[altitude]와 운동, 기후/ 온도와 운동 등을 포함), 질병과 생리(당뇨병 및 심혈관계 질환과 운동 등을 포함), 연령의 변화와 생리(연령의 변화에 따른 기초 대사율[BMR] 의 변화, 최대 산소 섭취량[VO_2max] 변화, 최대 심박수[HRmax]의 변화 등을 포함), 운동과 혈액 생리(산-염기 평형, 산소 포화[O_2 saturation]와 산소/이산화탄소 부분압의 변화[PO_2/PCO_2], 운동과 영양(영양 분석을 위한 기술적 발전, 비타민의 섭취와 운동, 음식의 섭취와 운동 수행력의 관계 등을 포함) 등으로 다양한 분야를 다루었음.

이렇게 왕성한 연구 활동을 하던 Harvard Fatigue Laboratory가 해체됨에 따라 기관을 구성하고 있는 연구원들이 세계로 퍼져 연구 활동을 수행하게 되었고 이것이 운동 생리학이란 학문을 보급하는데 커다란 공헌을 함.

제 2 차 세계대전이 터지면서, 운동생리학 분야에서의 연구의 방향이 군인의 신체 단련이란 것으로 귀결되어 군사적 훈련 프로그램(pre-military training programs)의 개발에 중점을 두었다. 이와 비슷한 시기에 미국 어린이의 신체적 발달 정도와 체력이 유럽의 어린이들에 뒤진다는 보고가 있은 후 미국에서는 AAHPER(The American Association for Health, Physical Education, and Recreation; 1949년)가 결성되어 현재의 AAHPERD(The American Association for Health, Physical Education, Recreation and Dance)의 전신이 되었다. 신체 적성 평가의 개척자이며 운동 생리학 실험실의 director 였던 Thomas Cureton(The University of Illinois)은 생리적 연구를 위한 연구 방법의 수립에 지대한 공헌을 하였다. 1960년 미국의 John F Kennedy는 “연약한 미국인들”(The soft American)이란 연설문에서 “우리 시민들이 신체적으로 활력인 것은 미국의 가장 귀중한 자원이다. 만일 우리가 이러한 소중한 자원을 마구 낭비하고 무시한다면, 그리고 우리가 만일 강한 육체라는 소중한 자원을 줄게 하고 연약하게 자라도록 한다면 우리는 우리 국민들이 위대하고 활력적인 도전들에 대해 극복할 수 있는 능력을 파괴시키는 것이 될 것이다. 우리는 국가로서 충분한 우리의 잠재력을 깨닫지 못할 것이다.” 라고 하여 국민들의 육체적 건강의 중요성을 일깨우기도 하였다.

이 후 미국의 Nixon 행정부는 Sports Illustrated(vol.13, 14-17)에서 신체적성과 스포츠 프로그램은 단순히 젊은 학생들만을 위해서가 아니라 사업과 산업체에 근무하는 사람들에게도 적용이 될 수 있도록 해야 한다고 주장하면서 전 인생을 통한 신체적성 프로그램의 실행과 비만, 심혈관계의 질환 등에 대해 우려하였다. 1970년대에 들어서면서부터 미국에서는 정부 차원에서 심혈관계 질환의 진단 및 향상을 위한 운동 테스트 및 운동처방 프로그램을 개발하였으며, 대도시의 백화점 옥상에 "Corporate Fitness"라고 하는 Fitness 시설(육상 트랙, 농구장, 테니스 코트 등을 포함)을 설치해 도시 거주자 및 직장인들에게 운동의 기회를 마련해주었다. 이러한 사회적 요구에 부응해 많은 대학에서 운동생리학과 신체적성 그리고 심장 재활 프로그램을 체계적으로 교육에 도입되었으며 연구 단체 및 저널의 창간에도 이바지하였다.

한편, 유럽에서의 운동생리학의 발달은 스톡홀롬의 Royal Central Institute of Gymnastics의 director로 활동했던 Per Henrik Ling(1776-1839, Swedish; 현대 운동 생리학의 시조)과 그의 아들인 Hjalmar Ling이 시조로 활약했던 The Karolinska Institute Medical School이라 할 수 있으며 The kinesiology of body movements(1866년)를 출판하였음. 이와 함께 유럽에서의 운동 생리학은 덴마크의 Copenhagen 대학 내(1909년) 설립된 The August Krogh Institute를 중심으로 발달되었다. Johannes Lindhard(1870-1947, M.D.)와 August Krogh(1874-1949, Ph.D.) 등은 대표적인 초기의 운동생리학자들로 폐에서의 가스 교환, 운동 중 지방과 탄수화물의 상대적 에너지 공헌도, 운동 강도에 따른 혈류량의 재분배 그리고 운동 중 심호흡계의 변화(즉, 심박출량의 변화) 등에 대해 이미 상당한 수준의 연구를 수행하였다. August Krogh는 1910년 그의 아내이자 의자였던 Marie와 함께 확산(diffusion)에 의해 폐에서의 가스 교환이 일어나는 것이라고 발표해 그전까지 운동 중 혹은 고도에 노출시 산소가 폐조직으로부터 혈액으로 분비됨에 의해 공급된다고 한 Sir John Scott Haldane와 James Priestley의 주장을 일축했다. 운동 중 가스 분석기와 체중계를 운동생리학 분야에 도입시켰으며, 개구리 근을 이용해 안정 시와 운동시 근육 모세혈관 내 혈류량의 변화 기전을 연구하여 그러한 공을 인정받아 1920년 노벨상(Nobel prize)을 수상하였다. 이 시기에 영국인으로 운동시 호흡계에 관한 연구를 수행하며 가스분석기를 개발한 John Scott Haldane(1860-1936)과 산소 부채와 최대 산소 섭취량이란 용어를 운동 생리학에 도입에 최대 산소 섭취량이 운동 수행력을 결정짓는 중요한 요인임을 밝히고 근육 내 열의 생성을 관찰해 1922년 Nobel Prize를 수상한 Archibald Vivian Hill(영국), glucose의 대사 시 젖산의 생성을 피로의 발생 원인으로 설명하고 세포 내 대사적 경로에 대한 연구 업적을 인정받아 Nobel Prize를 수상한 Otto Meyerhoff(1884-1951, German), 호흡 가스를 bag에 모아 운동시 호흡 가스의 분석을 시도한 C.G. Douglas등도 초기의 훌륭한 운동 생리학자들이었다.

Erling Asmussen(1907-1991), 탄수화물 로딩의 개념을 처음(1939년)으로 도입시킨 Erik Hohwii-Christensen(1904-???), Marius Nielsen(1903-???) 그리고 Ove Hansen 등은 모두 덴마크인으로 근섬유 형태, 자세 및 운동 강도에 따른 근력

과 수행력의 변화 및 환기량, 심혈관계의 반응, 운동 중 근육 내 산화적 역량의 변화, 운동 중 호르몬과 심부 온도의 변화 등의 연구로 1930년대부터 1970년대까지 무수히 많은 연구 발표를 하였다. 이 후 현대에 이르기까지 Erik Hohwii-Christensen의 지도를 받아 The Karolinska Institute Medical School에서 수학한 Per-Olof Astrand(1922- , M.D. & Ph.D.; Swedish)와 그의 제자들인 Bengt Saltin과 Bjorn Ekblom(Swedish) 등이 무수한 연구업적을 남기고 있다. Jonas Bergstrom과 Eric Hultman(Swedish) 등은 1960년대 초부터 1970년 중반에 이르기까지 근 생검법(Needle biopsy procedure)을 이용한 근육 생리를 발전시켰으며 Per Scholander(1905-1980, Norwegian)은 가스 분석기를 이용해 호기 가스로부터 산소와 이산화탄소를 측정해 본인의 이름을 붙인 Scholander's micrometer gas analyzer를 고안하였다. Lars A. Hermansen(1933-1984, Norwegian)은 '무산소적 에너지의 방출'(Anaerobic Energy Release)이란 개념을 체계화시켰다. Martti Karvonen(M.D. & Ph.D., Finland)은 현재 훈련 및 운동처방에서 예비 심박수를 이용해 운동 강도를 설정하는 예비 심박수의 예측을 위한 "Karvonen formular"을 발표하였다.

현재는 운동생리학이 운동시 일어나는 반응이나 적응 현상들을 설명하기 위해 세포의 전달 체계에 관해 많은 관심을 기울이고 있다. John Holloszy는 1960년 이후 현재까지 무수한 연구 논문을 통해 운동과 관련된 인체의 에너지 대사적 적응 및 변화, 세포내 대사 기질들의 전달 경로 등을 분자 생물학적 수준에서 체계적으로 살펴 운동 생리학의 위상을 한 단계 높이고 있다. 이와 같이, 운동 생리학은 신념 있는 많은 운동과학자들에 의해 발전을 거듭해 왔으며 앞으로도 운동 과학을 체계적으로 이해하고 발전시키기 위해 과학도들의 의미있는 연구가 진행될 것으로 기대된다.

2) 생체 에너지론

생명의 유지를 위해 이루어지는 모든 기본적인 활동(호흡 및 음식의 섭취 등을 포함)시 에너지는 필요하다. 인체에서의 에너지 요구량은 활동의 정도에 비례해 증가하게 된다. 즉, 움직임이 적은 활동 시 혹은 강도가 낮은 운동의 수행 시 필요한 에너지의 양은 움직임이 많고 강도가 높은 운동의 수행 시 요구되는 에너지에 비해 상대적으로 적게 된다. 이러한 측면에서 에너지는 운동을 수행하기 위한 역량("The capacity or ability to perform work")으로 정의될 수 있을 것이다. 에너지의 근원은 태양빛으로부터 발생하는 것, 즉 태양에너지(solar energy)로 녹색 식물들은 태양빛을 통해 광합성(photosynthesis)을 일으켜 필요한 에너지를 생성하고 대부분의 동물들은 이렇게 성장한 식물들(혹은 동물들)을 섭취하고 대기의 산소(O_2)와 함께 사용되어 호흡(respiration)이라는 대사적 과정을 통해 화학적 에너지를 생성해 내는 것이다. 에너지는 6가지의 형태로 분류되는데, 역학적/기계적(mechanical), 화학적(chemical), 열(heat), 전기(electrical), 빛(light) 및 핵(nuclear) 에너지가 그것이다. 이러한 에너지의 형태들은 상호 전환되는 특징을 보이지만 이렇게 형태적인 전환이 일어날지라도 최초 지니고 있던 에너지의 양은 그대로 보존된다고 해 에너지 보존의 법칙(The conservation of energy) 혹은 열역학 제1법칙(The first law of thermodynamics)이라 부른다.

이렇게 에너지를 형태별로 분류하는 것과는 별도로 에너지는 일반적으로 위치 에너지(potential energy; 'energy of position')와 운동 에너지(kinetic energy; 'energy of motion')의 두 가지로 분류된다. 예를 들면, 급경사의 오르막길에 주차 되어 있는 차는 위치 에너지를 가지고 있으며, 브레이크를 풀어 자동차가 아래로 굴러감에 따라 위치에너지는 운동에너지로 전환된다. 또한 에너지는 기본적으로 위치에너지가 감소하면서 운동에너지(kinetic energy)와 열을 생성하게 되며 이 두 에너지의 합은 평형을 이루게 된다. 즉, 위치에너지는 물의 흐름이 위에서 아래로 일어나듯, 기체나 액체가 고압/고농도로부터 저압/저농도로 확산을 일으키듯이 에너지의 상태가 높은 것으로부터 낮은 것으로 줄어들기만 할 뿐 늘어나지 않는데 이러한 원리를 열 역학 제 2 법칙(The second law of thermodynmics)이라 한다. 위치 에너지가 운동에너지로 전환됨에 따라 일을 수행할 수 있는 잠재적인 역량은 더 낮아진다. 앞서 언급하였듯이 이러한 에너지들은 하나의 형태를 그대로 유지하는 것이 아니고 필요에 따라 상호 전환될 수 있으며 운동시 에너지 생성과 관련해서는 화학적 에너지의 기계적 에너지로의 전환에 주로 초점을 맞추게 된다. 이러한 측면에서 인간의 움직임을 만들어내는 것을 결과적으로 기계적 에너지에 의한 것이며 이러한 기계적 에너지의 생성은 체내에 저장되어 있거나 혹은 음식을 통해 섭취되는 화학적 에너지로부터 이루어지는 것이라 할 수 있다.

❍ 에너지의 방출과 보존의 과정

① 자유에너지 감소반응(Exergonic reactions: 'downhill process')

자유(free) 에너지를 주위의 환경으로 방출해내는 물리적 혹은 화학적 과정을 의미하며 그 결과로 유리 에너지는 감소하게 됨.

② 자유에너지 증가반응(Endogonic reactions: 'uphill process')

에너지를 흡수 혹은 저장하는 화학적 과정으로 생물학적인 일 수행을 위한 유리 에너지의 증가를 초래하게 됨.

이러한 exergonic과 endogonic 반응은 서로 밀접한 관련성을 지니고 있는데 실제적으로 반응물의 위치 에너지(potential energy)와 생성되는 에너지 사이에 나타나는 차이는 방출된 에너지의 양이 된다.

$$H_2 + O \rightarrow H_2O - 68\ kcal.mol^{-1}\ \text{(Exergonic)}$$

$$H_2 + O \leftarrow H_2O + 68\ kcal.mol^{-1}\ \text{(Endogonic)}$$

(1) 아데노신 삼인산

아데노신 삼인산(Adenosine triphosphate; ATP)은 활동근에 직접적으로 이용될 수 있는 화학적 에너지 형태이로 세포가 원하는 기계적 일의 수행을 가능케 한다. 인체는 결국 ATP를 생성함으로써만 필요로 하는 움직임을 만들어낼 수 있게 되는 것이다. 즉, 섭취하는 음식물은 에너지원으로 사용될 수 있긴 하지만 결국 근세포 속에서 실제적인 에너지를 생성하기 위해서 ATP 형태로 변환되어야만 한다. 근 종류에 따라(즉, 평활근, 골격근, 심장근 등) 이루어지는 기계적/물리적 운동, 신경세포에 의한 신경전달, 내분비 계통에서 분비하는 각종 호르몬 등 인체에서 일어나는 작업의 형태는 다양하지만 세포의 종류나 형태와는 상관없이 세포가 작업을 수행하기 위해서는 결국 ATP가 분해시 방출되는 에너지를 사용해야만 한다. ATP의 화학적 구조를 보면 Adenosine이라 불리는 큰 복합분자와 3개의 인산기 즉, triphosphate로 구성되어 있다. 끝부분의 인산결합이 화학적으로 분리될 때 큰 에너지가 방출(1mole의 ATP가 분해시 약 7.3kcal의 열량을 생성)되어 인체가 운동 혹은 작업을 수행할 수 있게 된다. ATP는 하나의 아데노신(adenosine) 복합체(고리형의 염기인 아데닌 [adenine] + 5탄 당의 탄수화물인 라이보스[ribose])에 세 개의 인산기(phosphate) 그룹이 결합에 이루어지는 화합물로 인산기들이 불안정하게 결합되어 있어 인산기가 떨어지면서 많은 에너지를 방출하게 된다.

$$\text{ATP} + H_2O \xrightarrow{\text{Adenylate kinase (ATPase)}} \text{ADP} + HPO_4^{2-} \; -7.3\ \text{kcal.mol}^{-1}$$

$$\text{ADP} + \text{CP} + H^+ \rightarrow \text{ATP} + \text{Cr}$$

(2) 인산-크레아틴 : 에너지 저장소

ATP는 인체에 매우 적응 양(약 80~100 g)만이 저장되어 있으며 혈액이나 다른 조직으로부터의 ATP 공급이 불가능해 최대의 운동시 근육으로부터 동원될 수 있는 ATP를 사용해서는 단지 수초(2~3초) 밖에는 운동을 지속할 수 없게 되며 운동의 지속을 위해서는 사용되는 비율만큼 반드시 재합성이 이루어져야 한다. 즉, 운동을 통해 인체 내 에너지 요구량이 급격히 증가하면 ATP의 저장량을 빠르게 감소되어 운동을 지속하기 위해서는 거의 즉각적으로 ATP의 재합성이 일어나야 한다. 이러한 인체의 필요에 의해 인산크레아틴(creatine phosphate)의 분해가 자극된다. 세포내 인산크레아틴의 저장량은 ATP와 비교해 약 4~6배 가량 높으며 추가적인 산소의 공급 없이도 에너지를 생성할 수 있다는 매우 큰 장점을 지니고 있다. 즉, 인산계는 근육에서 ATP를 가장 신속하게 이용될 수 있는 공급원으로 여러 단계를 거치는 복잡한 화학적 반응과 무관하다. 이와 같이 ATP와 CP를 이용해 생성할 수 있는 에너지는 매우 짧고 최대 강도를 요구하는 종목 즉, 빠른 start를 요하는 단거리 종목(50~100m), 높이 뛰기, 포환던지기, 역도 등을 수행 시 주요한 에너지원이다.

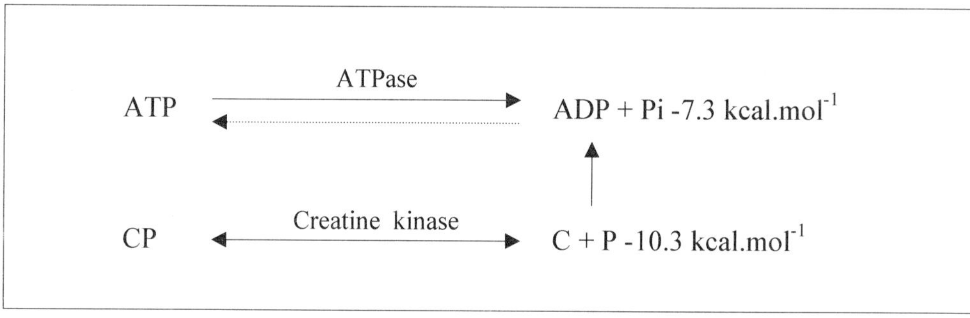

표 5-1. ATP-PC 체계를 통한 신체 내 에너지 이용 가능량의 추정

	ATP(503g)	PC (74g)	ATP + PC
1. 근육 내 농도			
a. $mmol.kg^{-1}$*	4~6	15~17	19~23
b. 총 mmol	120~180	450~510	570~690
2. 에너지로의 환산**			
a. $kcal.kg^{-1}$	0.04~0.06	0.15~0.17	0.19~0.23
b. 총 kcal	1.2~1.8	4.5~5.1	5.7~6.9

* 체중이 70kg이고 근육량이 30kg인 사람을 기준으로 적용했음.
** 1mole의 ATP당 10kcal의 열량이 생성됨을 기준으로 했음.

(3) 무산소적 해당과정

이렇게 근육에 저장되어 있는 ATP와 CP의 저장량이 감소함에 따라 계속적인 에너지의 동원을 위해 체내에 저장되어 있는 에너지원들을 사용하게 되는데 그 첫 번째 단계가 무산소적인 대사에 의한 탄수화물의 분해를 통한 ATP의 생성이다. 이것을 무산소적 해당과정(Anaerobic Glycolysis 혹은 Embden-Meyerhof pathway)이라 한다. 이러한 대사 과정은 1930년 독일의 과학자 Gustav Embden

과 Otto Meyerhof에 의해 발표되었으며 대사 과정에서 산소와는 독립적으로 젖산의 생성 및 축적을 유발하면서 소량 (2~3)의 ATP를 생성하게 된다. 젖산의 생성 및 축적을 동반한다고 해 젖산 시스템(Lactic acid system)이라고도 부른다. 글루코스의 분해에 의하는 경우 2개의 ATP만을, glycogen의 분해에 의한 경우 3개의 ATP만을 생성하며 약 1~3분 가량 지속되는 운동시(예. 400/800 질주) 주요한 에너지 공급체계라 알려져 있다. 무산소적 해당과정에 중요하게 작용하는 조절 효소들은 헥소 카이네이즈(Hexokinase; HK), 포스포 프럭토카이네이즈(phosphofructokinase; PFK), 파이루빅 탈수소효소(pyruvate dehydrogenase; PDH), 파이루빅 카이네이즈(pyruvate kinase) 그리고 젖산 탈수소 효소(lactic dehydrogenase; LDH) 등이다.

무산소적 해당과정으로 부터 ATP의 재합성이 일어나는 것을 요약하면 :

글라이코진 $(C_6H_{12}O_6)_n$ → 글라이코진 $(C_6H_{12}O_6)_{n-1}$ + 2젖산 $(2C_3H_6O_3)$ + 3ATP

(4) 유산소적 해당과정

운동의 강도가 무산소적 대사에 의존할 만큼 높지 않아 폭발적인 파워의 발현이 필요하지 않은 경우 인체는 유산소적 체계를 통한 에너지 공급을 시작하게 된다. 유산소적 체계를 통한 에너지의 공급은 크게 탄수화물의 유산소적 분해를 통하는 경우와 지방의 유산소적 분해를 통하는 경우를 나눌 수 있다. 탄수화물의 유산소적 분해과정을 유산소적 해당과정(aerobic glycolysis)이라 하며 무산소적 해당과정과는 달리 상당수의 ATP를 생성해낸다. 이렇게 유산소적 해당과정에 에너지 공급을 의존하게 되는 것은 운동 강도가 여전히 상당히 높은 경우로 최대산소섭취량의 75~90%에서의 운동이 된다. 이렇게 산소의 공급을 동반하면서 탄수화물의 분해를 일으키는 경우 생성되는 젖산은 축적되기보다는 수소이온(H^+)을 파이루빅산(pyruvic acid) 으로 보내줌으로써 acetyl CoA로 전환된 후 크렙스 사이클(The Krebs Cycle = Citric Acid Cycle = Tricarboxylic Acid [TCA] Cycle) 통해 상당수의 에너지를 생성하게 된다. 유산소적 해당과정을 통해 생성될 수 있는 총 ATP 수를 정리하면 다음과 같다.

표 5-2. 유산소적 해당과정을 통해 생성될 수 있는 총 ATP 수

	반응	순수 ATP 생성
기질의 인산화 반응 (substrate phosphorylation)	해당과정	3 혹은 2
수소이온의 전달	해당과정	6 혹은 4
수소이온의 전달	파이브빅 산 → Acetyl CoA	6
기질의 인산화 반응	크렙스 사이클	2
수소이온의 전달	크렙스 사이클	22
총		39~36

(5) 지방의 베타-산화

운동 강도가 낮아질수록 지방의 에너지 생성에의 관여도는 증가한다. 인체 내 지방의 저장량은 에너지의 생성이란 측면에서는 제한이 없다고 할 수 있을 것이다(약 10500g = 94500kcal). 인체 내 탄수화물의 저장량(약 500g = 2000kcal)이 제한되어 있는 것과는 대조적이라 하겠다. 운동의 강도가 최대산소섭취량의 50~65%를 나타낼 때 인체는 에너지의 생성을 위해 지방 대사에 가장 많이 의존하게 된다. 지방은 에너지의 생성이란 측면에서 매우 효율성이 높아 1분자의 중성지방이 유산소적 대사에 의해 완전하게 산화된다면 약 460개의 ATP를 생성해 내 글루코스 한 분자가 완전 산화 시 얻을 수 있는 에너지의 약 12배를 얻을 수 있게 된다.

한 분자의 중성 지방(triacylglycerol)은 3분자의 유리지방산(free fatty acid)과 1분자의 글리세롤(glycerol)의 결합으로 이루어져 있으며 운동을 통해 지방분해효소(lipase)의 활성이 증가하면 이러한 에스터(ester)결합은 약해져 유리 상태로 분해된다. 분해된 각각의 유리지방산들은 미토콘드리아에서 베타-산화과정을 거쳐 크렙스 사이클로 들어가게 되며 최종적으로 전달전달계의 과정을 거치며 매우 효율적으로 에너지를 생성하게 된다.

$$\text{Triacylglycerol} + 3H_2O \xrightarrow{\text{Lipase}} \text{Glycerol} + 3\ \text{fatty acids}$$

18개의 탄소를 지닌 지방산(oleic acid)을 기준으로 했을 때 지방 한 분자가 완전 산화 시 생성되는 ATP 수는 다음과 같다.

	반응	순수 ATP 획득
1 분자의 글리세롤	해당과정 + 크렙스 사이클	19
3 분자의 지방산	베타산화 + 크렙스 사이클	441
총		460

하지만, 이러한 지방이 계속적으로 대사 과정을 거치며 에너지를 생성해내기 위해서는 어느 정도의 탄수화물 분해가 함께 있어야만 하는데, 이 때문에 "지방은 탄수화물의 불꽃 안에서 탄다"라는 표현을 사용하기도 한다.

(6) 단백질 산화에 의한 에너지 공급

운동시 단백질로부터의 에너지 생성은 미미하다고 알려져 있긴 하지만 운동에 따른 탈아미노(deamination) 과정에서 분리된 아미노산(Amino acid)으로부터 질소가 제거된 후 나머지 탄소 골격들이 다양한 대사 과정을 통해 ATP를 생성하는 것은 잘 알려져 있다. 비록, 장시간의 힘든 운동 중(특히, 운동 후반부에서) 단백질의 산화에 의한 에너지의 공급율이 전체 에너지 공급율의 약 10~15%까지 이른다고 하지만 일반적으로 단백질의 에너지 역할에 대해서는 거의 무시되고 있다.

(7) ATP생성을 위한 3가지 에너지 시스템의 특성

표 5-3. 에너지 시스템의 세 가지 특성

시스템		화학적 연료	산소 사용 여부	반응 속도	상대적인 ATP의 생성량
무산소적 시스템	ATP-PC	인산-크레아틴	필요 없음	대단히 빠름	적고 제한됨
	젖산	글라이코진	필요 없음	빠름	적고 제한됨
유산소적 시스템	유산소	글라이코진 지방 단백질	필요함	느림	많고 제한 없음

(8) 운동 지속시간에 따른 최대운동시 에너지 공급의 유/무산소적 체계에 따른 공헌도

표 5-4. 운동 지속시간에 따른 최대운동시 에너지 공급의 유/무산소적 체계에 따른 공헌도

운동 지속시간	초			분					
	10	30	60	2	4	10	30	60	120
유산소적 공헌도(%)	10	20	30	40	65	85	95	98	99
무산소적 공헌도(%)	90	80	70	60	35	15	5	2	1

출처:Brooks & Fahey, 1984

3) 골격근의 구조와 기능

(1) 근육 일반론

근육(muscles)은 수축성이 강한 조직으로 체중의 약 40~50%를 차지한다. 근육은 크게 신경 작용의 지배를 받아 의지에 따른 움직임의 조절이 가능한 수의근(voluntary muscle)과 의지에 따라 통제될 수 없는 불수의근(involuntary muscle)으로 나뉘어진다. 일반적으로 수의근은 골격근(skeletal muscle) 등을 포함하며 불수의근은 평활근(smooth muscle = 내장근[visceral muscle])과 심장근(cardiac muscle)을 포함한다. 골격근은 뼈에 붙어 관절 운동에 관여하며, 표정 및 저작 등의 활동에 사용되며 평활근은 내장벽에 분포해 주로 소화 작용에 관여한다. 심장근은 심장에 국한되어 분포되어 있으며 심장의 벽과 격벽(septum)을 형성하는 매우 튼튼한 조직이다. 심장근의 주요 기능은 심장의 수축과 이완을 일으키게 하는 것으로 하루에 평균 10만회 이상의 수축/이완의 운동을 한다. 심장근은 불수의근으로 횡문(=가로무늬근)의 형태를 나타내고 있으며 신경계로부터 아무런 충동을 받지 않은 상태에서도 규칙적으로 수축을 일으킨다는 특징을 지닌다. 심장근은 혈액을 박출해 내기 위해 약 0.3초의 수축기를 갖게 된다.

평활근은 내장근이라고도 불리며 심장을 제외한 내장기관의 벽에 위치해 있으며 심장근과 같이 불수의근으로 세포의 길이가 매우 짧은 민무늬근이다. 골격근과 비교해 신장성이 매우 강하며 온도와 화학적 반응에 매우 민감하다.

평활근은 지속적인 수축이 가능하나 수축 동작은 매우 완만하다.

인간의 기계적인 움직임과 관련성이 가장 깊은 골격근은 골격계와 근육계 그리고 신경계 등의 매우 정교한 상호작용에 의해 동작을 만들어낸다. 골격근은 인체내 약 600여개가 있는 것으로 알려져 있으며 신체가 실제 동작시에는 약 75쌍의 근이 관여한다. 또한 골격근은 기시(origin)와 종지(insertion)가 있다. 이러한 골격근은 신경충동(nerve impulse)에 의해 자극받을 때만 정상적으로 수축을 일으키며 근 수축이 강할 경우 근에 붙어 있는 뼈들도 함께 움직인다.

근 조직은 다른 조직들과는 달리 몇 가지의 독특한 특성을 지닌다.

첫째, 흥분성(Excitability) : 중추신경으로 부터의 자극에 대한 반응으로 적당한 자극을 받으면 흥분한다.

둘째, 수축성(Contractability) : 근섬유는 자극에 흥분하면 수축 한다. 이러한 수축성의 성질은 근육활동의 생명이라 할 수 있다.

셋째, 신장성(Extensibility) : 근섬유가 자극에 의하여 수축한 다음 이완하여 원 상태로 돌아가려는 성질이 있다.

넷째, 신축성(Elasticity) : 근섬유는 신축성이 있어 늘어날 수 있다. 근세포는 가늘고 긴 모양을 하고 있어 근섬유(muscle fiber)라 한다.

골격근을 해부학적으로 살펴보면 근세포(muscle cells)와 원주상이며 길이 약 3cm, 두께 10-100 μm를 보이는 근섬유(muscle fibers)가 있다. 근막(fascia)은 근을 싸고 있는 섬유조직의 얇은 층이며, 근속(fascicle)은 근육의 작은 다발(=muscle bundle)이다. 또한 근세포를 싸고 있는 세포막을 근초(sarcolemma)라 하며 핵(nucleus)은 납작한 타원형의 모양으로 세포 바로 밑에 불규칙하게 배열되어 있다. 세포질이라 할 수 있는 근형질(sarcoplasm)은 그 안에 있는 근원섬유, 골지체, 미토콘드리아(사립체) 및 당원과립 등을 포함하고 있다.

근원섬유(myofibrils)는 골격근의 가로와 세로 무늬를 나타내게 하는 매우 가는(1-2 um) 섬유로 근형질을 거의 다 채우고 있으며 명대(light band; actin)와 암대(dark band; myosin)가 번갈아 배열되어 있다. 근원섬유는 전체적으로 횡문(cross striation)을 나타내 횡문근이라 할 수 있다.

근원섬유의 명대(light band)는 액틴 근사(actin myofilaments)로 단굴절성 물질(Isotropic substance)로 I 대(I band)라고 불린다. 근원섬유의 암대(dark band)는 마이오신 근사(myosin myofilaments)로 중굴절성 물질(anisotropic substance)로 알려져 있으며 A 대(A band)라고 불린다. Z 라인(Z line)은 명대 중간의 다소 어두운 부분을 가리킨다. 하나의 Z 라인으로부터 다음번의 Z 라인까지의 구역을 하나의 근절(sarcomeres)이라 한다. 근원섬유에서 myosin과 actin이 겹쳐져 있지 않은 부분(즉, 근절의 중앙부분)을 H 구역(H zone)이라 한다.

근수축과정을 조절하는데 대단히 중요한 역할을 수행하는 두 개의 단백질이 있는데, 그것을 트로포닌(troponin) 과 트로포마이오신(tropomyosin) 이라 부른다. 이 두 형태의 단백질은 근육내에서 매우 작은 부분을 점유하고 있긴 하지만 근수축을 위해서는 필수불가결한 것들이다.

근육의 세포질 내에는 근형질 세망(sarcoplasmic reticulum)이라 불리는 막상의(membranous) 통로들이 있는데 이들은 근원섬유 주위를 싸고 근원섬유와 평행하게 분포하고 있다. 근형질 세망은 근수축에 있어 필수적인 성분인 칼슘(calcium)을 저장하고 있다. 또한 근초로부터 안쪽으로 형성된 T-세관(transverse tubules)이라 불리는 또 다른 막상의 통로가 있으며 이는 종말조(Terminal cisterna) 사이를 지나며 근원섬유를 완전하게 통과하게 된다. 종말조는 골격근 섬유내에 규칙적인 간격으로 생기는 쌍으로 된 근소포체의 세관으로 그 중간의 T세관과 함께 삼중 구조를 이루고 있다.

근육과 신경의 종말부는 복잡한 구조로 연결되어 있다. 운동 신경의 종말(motor nerve ending)은 근섬유의 표면에 독특한 구조를 가진 운동종판(moter end plates)이라는 종말장치에서 만난다. 즉, 운동 신경 섬유가 근섬유에 도달하면 여러 갈래 가지로 근초 위로 이어지며 근형질(즉, 근형질세망) 이 많이 모인 섬유 표면에 이르게 된다. 신경 섬유의 끝과 근섬유의 경계부에는 작고 진한 핵 및 미토콘드리아(사립체) 가 많이 모여 있다. 이렇게, 신경 섬유의 끝부분과 근섬유의 근형질세망이 많이 모인 부분이 서로 만나는 부분을 운동 종판이다.

골격근 섬유의 수축은 운동 종판(motor end plate)에 운동 신경 섬유(motor neuron fiber)가 신경전달물질(즉, 아세틸콜린 acetylcholine) 을 방출해 자극을 일으킬 때 발생하는데 아세틸콜린은 운동 신경 세포 안에서 합성되며 연접 소포(synaptic vesicles)에 저장된다. 신경 충동이 신경 섬유의 끝에 전달될 때 많은 연접 소포들이 신경 섬유와 운동종판 사이로 아세틸콜린을 방출한다. 방출된 아세틸콜린은 신속히 확산을 일으켜 근섬유 막에 흥분을 야기하며 이러한 흥분이 근 섬유막에 골고루 퍼졌을 때 근형질세망으로부터 칼슘이온이 방출됨. 칼슘이온의 농도가 높아지면서 액틴과 마이오신의 crossbridge가 형성되어 결과적으로 근 수축을 일으키게 됨.

(2) 근 수축 기전

근육이 수축을 할 때 어떻게 근육의 길이가 짧아지는가를 1954년 Huxley와 Hanson이 발표한 슬라이딩 필라멘트 이론(근활주설, Sliding filament theory)으로 설명될 수 있다. 슬라이딩 필라멘트 이론이란 근섬유를 이루는 각각의 요소의 길이에 변화 없이 모든 섬유질이 짧아진다는 것으로 수축하는 근섬유들이 안쪽으로 포개짐으로써 근의 길이가 짧아지고 그것이 결국 수축현상을 일으키는 것이라고 설명하고 있다. 다른 표현으로 액틴과 마이오신의 실제적 길이의 변화 없이 Z 라인 사이의 거리가 짧아지는 것이 할 수 있다. 이렇듯, 슬라이딩 필라멘트 이론이란 근수축의 발생이 액틴과 마이오신 필라멘트들이 서로 미끄러져 들어가는 것이지, 각각의 필라멘트 길이 자체가 감소함으로써 일어나는 것은 아니다 라고 하는 것이다.

액틴 필라멘트는 이중의 서로 꼬여있는 형태의 하부구조를 갖고 있는데 근수축을 위해 반드시 필요한 트로포마이오신(tropomyosin)과 트로포닌(troponin)이란 단백질들이 이러한 액틴 필라멘트에 붙어있다. 트로포마이오신은 액틴의 이중열 홈 사이에 놓여져 있는 얇은 분자이며 이러한 트로포마이오신에 직접적으로 붙어 있는 또 다른 형태의 단백질을 트로포닌이라 한다. 트로포닌은 트로포마이오신과 공동으로 일을 수행해 액틴과 마이오신의 크로스-브리지(cross-bridge) 현상을 조절한다. 근육이 이완상태에 있을 때, 트로포마이오신은 액틴 분자 위의 수축을 일으키게 하는 활동 부위(active site; 수축 시 마이오신 크로스브리지와 결합하는 곳)를 차단하고 있다. 수축을 일으키기 위한 시발점

("trigger")은 저장된 칼슘이 근형질 세망으로부터 방출되는 것과 연관되어 있다. 하지만. 신경 충동(nerve impulse)이 근섬유 연접(neuromuscular junction)에 도달하면 자극은 T-세관으로부터 근형질 세망으로 전달되고 이것이 칼슘의 방출을 유도하게 된다. 이러한 칼슘은 트로포닌과 결합을 하며 이것은 트로포마이오신의 위치변화를 일으키게 해 활동 부위를 열어놓도록 한다. ATP의 분해를 통해 방출되는 에너지는 마이오신의 머리 부분이 크로스-브리지를 통해 액틴의 결합부위와 결합하게 한다. 새로운 ATP가 마이오신 크로스-브리지와 결합되는 것은 크로스-브리지가 액틴 분자 위의 또 다른 활성 부위와 결합을 할 수 있도록 한다. 이러한 근수축의 사이클은 트로포닌과 결합할 수 있는 유리칼슘이 존재하는 한 그리고 에너지의 공급을 위해 ATP가 존재하는 한 계속된다. 근 수축을 중단시키는 신호는 신경근 연접부에서 신경 충동이 더 이상 일어나지 않을 때 나타나며 이때, 칼슘은 근형질 세망으로 들어오게 된다.

이러한 근 수축과정을 요약하면 다음과 같다.

① 운동 신경 단위(motor neuron)의 끝에서 아세틸콜린이 방출되면서 자극이 발생

② 아세틸콜린이 신경근 접합(neuromuscular junction)부위로 확산

③ 근섬유막의 변화(즉, 흥분됨)

④ 근형질세망으로부터 근원섬유의 트로포닌으로 칼슘이온이 방출됨

⑤ 액틴과 마이오신 사이에 크로스브리지가 형성됨

⑥ 액틴 필라멘트가 마이오신을 따라 안으로 미끄러진다.

⑦ 근섬유가 짧아짐(즉, 수축이 일어남).

(3) 근 섬유의 형태적 분류 및 특징

근 섬유는 근섬유가 띄는 색에 따라 적근 섬유(red muscle fiber)와 백근 섬유(white muscle fiber)로 분류된다. 적근 섬유는 백근 섬유에 비해 단위 면적당 근 섬유내 마이오글로빈(myoglobin 일명 근헤모글로빈이라고도 불림), 과립상(granular material 즉, glycogen/근육내 중성지방 등을 포함), 근섬유 주위의 근형질 세망(sacrcoplasm reticulum) 및 미토콘드리아 등이 많이 포함되어 있음.

지근 섬유는 산화성(oxidative) 대사와 깊은 관련을 맺고 있다. 이와 다르게, 백근 섬유는 일반적으로 해당적(glycolytic) 대사에 많이 의존하며 근수축 활동시 쉽게 피로해지는 성질을 지니고 있으나 수축속도는 적근 섬유와 비교해 더 빠르다. 즉, 자극에 대해 반응하는 역치 수준이 낮음을 보임. 이와 같이 근 섬유를 근 수축의 속도에 따라 분류할 경우 지근 섬유(slow twitch fiber)와 속근 섬유(fast twitch fiber)로 나뉘어 진다. 근섬유의 분포 비율은 신체의 부위, 근육내 근섬유의 분포 위치, 개인의 훈련 상태 및 유전적인 영향 등에 의해 다르게 나타난다. 장거리 육상 선수는 일반적으로 적근이 많을수록 유리하다고 알려져 있으며 실제적으로 세계적 마라톤 선수들의 하지 근육에는 총 근 섬유의 75-90%가 적근으로 되어 있다고 한다. 지근의 경우 유산소성 역량이 탁월하므로 장기간의 운동시 원활한 에너지 공급을 위해 매우 중요한 역할을 담당한다. 이에 반해, 단거리 육상 종목 및 단시간 짧은 운동 중 폭발적인 에너지의 공급이 필요한 운동 종목의 경우는 속근이 많을수록 유리한 것으로 알려져 있다. 세계적 단거리 선수의 하지 근육에는 약 80-90%가 속근으로 되어 있다고 한다. 속근에는 적근에 비해 더 많은 근원섬유를 포함하고 있으며 칼슘의 방출 시간도 더 빠른 것으로 알려져 있다. 이러한 지근과 속근(혹은 적근과 백근) 사이의 근 섬유 비율은 근 수축 속도 및 피로도와 밀접한 관련을 맺고 있다.

이렇게 근섬유들을 성질 및 특성에 따라 분류해보면 다음과 같이 정리할 수 있을 것이다.

분류	색에 따라	적근 (red m.fiber) 백근 (white m.fiber)
	수축 속도에 따라	지근 (slow twitch fiber; ST) 산화적 속근섬유 (fast oxidative glycolytic fiber; FOG) 속근 섬유 (fast twitch fiber; FT)
	분류 형태에 따라	Typc I Type IIa Type IIb

특징	Type I	Type IIa	Type IIb
수축속도	느림	빠름	빠름
수축력	낮음	높음	높음
피로에의 저항	높음	낮음	매우 낮음
유산소적 역량	높음	중간	낮음
무산소적 역량	낮음	중간	높음
크기	작음	큼	큼
모세혈관 밀도	높음	중간	낮음
미토콘드리아	많음	중간	적음

(4) 근 수축 형태의 분류 및 특징

근 수축은 일반적으로 등척성 수축(isometric contraction), 등장성 수축(isotonic contraction) 및 등속성 수축(isokinetic contraction)으로 구분된다. 등척성 수축은 관절각 변화없이 근 수축을 일으키면서 힘을 생성해내는 내는 것으로 벽을 미는 경우와 같이 신체의 실제적인 움직임 없이도 근의 장력(tension)을 증가시킬 수 있는 수축의 형태를 의미함. 근 수축 중 관절각의 변화가 없다는 측면에서 이를 정적(static) 수축이라고도 함. 일반적으로, 등척성 수축은 서있거나 앉아 있을 때 자세 유지를 위해 필요한(혹은 사용되는) 근육 군에서 일어난다.

등장성 수축은 대부분의 운동시 혹은 스포츠 활동 시 일어나는 근 수축 형태로 근 수축 시 신체의 일부분이 움직임에 포함되어 있다. 근육내의 장력이 변화(증가 혹은 감소)하면서 신체부위의 움직임에 따라 관절각도가 변화하는 형태의 근 수축으로 아령을 사용해 상완 운동을 할 때 일어나는 이두박근 및 삼두박근의 변화로 설명되어질 수 있다. 즉, 등장성 수축은 구심성 수축(concentric contraction)과 원심성 수축(eccentric contraction)이 반복해 일어나는 수축 형태를 의미하는 것이며 수축의 전 구간을 통해 동일한 수축력이 작용하는 것은 아니다. 실제적으로 신체의 일부분이 수축이 움직인다는 측면에서 이를 동적 수축(dynamic contraction)이라고도 한다. 이에 반해, 등속성 수축이란 근육이 수축을 하는 전 과정을 통해 일정한 속도를 유지하는 형태로 원심성 및 구심성 수축의 장점만을 취해 부상의 방지 및 재활 운동에 탁월한 효과를 거두는 장점이 있으나 고가의 특수한 장비(예를 들면, cybex, MiniGym, Nautilus, Universal Gym, Paramount, Cam II, Hydra-Fitness 등)가 필요하다는 단점도 있다.

근 수축 시 근육 내에서는 특이한 수축 반응들이 일어난다. 연축(혹은 단수축; twitch)이라 불리는 수축 반응은 골격근의 단기간의 수축 반응으로 단발(simple)의 최대자극에 의해 일어난다. 연축의 진행은 세 국면으로 일어나는데 잠복기(latent period), 수축기(contraction period), 및 이완기(relaxation period)가 그것이다. 잠복기란 자극이 발생한 직 후부터 근 수축이 시작되기 전까지 짧은 시간(약 0.005초) 을 나타내는 것이며, 수축기(contraction period)란 잠복기를 지나 실제적으로 근수축이 일어나는 시기(약 0.04초간 지속)를 의미한다. 이러한 수축기가 지나면서 근육이 원래의 길이대로 복귀되는 시기가 오는데 이를 이완기라 하며 가장 오랜 시간이 걸린다(약 0.05초). 연축을 일으키는 이러한 세 국면은 근섬유의 형태에 따라 다양하게 변화된다. 대부분의 근 수축은 단순한 연축의 형태로 일어나는 것이 아니며 연축이란 단발성 자극이 지속적으로 계속됨에 의해 실제적인 근수축이 일어나게 됨. 실제적인 근수축시 연축에 의한 자극의 빈도가 증가함에 따라, 근육은 자극과 자극사이에 일어나는 이완기를 갖지 못하게 되며 이때 수축력은 실제적으로 가중된다. 이렇게 계속적인 연축의 반응이 더해지는 반응 현상을 가중(summation)이라 한다. 이렇게 가중 현상이 지속되는 즉, 자극의 빈도가 계속적으로 증가하면, 개개의 수축에 대한 반응이 무뎌져 하나의 이어지는 수축형태를 보이게 되는데 이를 강축(tetanus)이라 하며, 이러한 강축은 자극이 중단되거나 근 피로가 발생될 때까지 계속된다.

(5) 근 수축력(힘)의 조절

근 수축력의 조절은 크게 세 가지의 요인에 의해 좌우된다. 동원되는 운동단위(motor units) 의 수, 근육의 최초 길이(즉, 근 수축이 일어날 때의 근 길이), 그리고 운동 단위에 대한 신경 자극의 정도. 첫째, 근 수축에 동원되는 근섬유의 수(즉, 운동단위의 동원)가 적을수록 발휘되는 힘은 적고 운동 단위의 동원이 많을수록 발휘되는 힘은 많다. 근 수축의 자극이 증가될수록 추가적인 운동 단위가 동원될 것이므로 근 수축력은 증가할 것이며 근 수축의 자극이 약할수록 적은 수의운동 단위를 활성화시켜 적은 힘을 생성해 낼 것이다.

둘째, 수축을 일으킬 시점에서의 근육의 길이에 대해 최대의 수축력을 발휘하기 위한 근육의 "이상적인(ideal)" 길이가 존재한다. 즉, 안정 시 근섬유의 길이가 최적의 길이와 비교해 너무 길면, 액틴과 마이오신이 겹쳐지는데 제한이 오게 되어, 적은 수의 크로스브리지만이 붙을 수 있게 되므로 결과적으로 근 수축력이 약하게 될 것이며, 반대로, 만일 액틴과 마이오신의 중복(겹쳐짐)이 지나치게 많을 만큼 안정 시 근섬유의 길이가 짧아져 있다면 근수축시 필요한 수축력을 발휘하기 위한 크로스브리지의 활동에 저해를 받게 되어 제대로 힘을 생성해 낼 수 없게 될 것이다. 즉, 근육의 길이가 안정 시와 비교해 약 60% 짧아져 있다면 Z 선(Z line)이 마이오신과 너무 가깝게 있어 근 수축에 의해 짧아질 수 있는 역량에 제한이 오게 됨.

근육이 수축을 일으킬 때 근육 또는 신경 섬유질은 자극 역치(threshold; 즉 반응을 일으키는 최소 자극)를 넘는 정도의 자극을 받게 되면 최대로 반응한다는 법칙이 적용되는데 이를 실무율(all-or-none law)이라 한다. 즉, 수축을 일으키기 위해서는, 각각의 근섬유는 요구되는 수준의 적절한 양의 자극을 받아야 한다는 것. 이렇게 각각의 근섬유들이 실무율에 의해 수축을 일으킨다는 점에서 각각의 신경단위(neurons)와 같이 행동한다고 말할 수 있다.

근육이 수축과 이완을 일으킴에 따라 근육의 길이는 변한다. 이렇게 근육의 길이 변화에 대한 감지기 역할을 하는 것을 근방추라 한다. 즉, 근방추는 근섬유의 길이와 장력의 변화와 관련한 감각 정보를 제공한다. 근방추의 밀도는 신체의 부위에 따라 달라 손의 경우 밀도가 높아 매우 세심한 조절을 가능하게 한다. 따라서, 손을 이용해 정교한 작업등의 수행이 가능하게 되는 것이다. 이와는 다르게, 대퇴사두근과 같이 대 근육군을 사용해 큰 동작을 만들 때는 세밀하고 정교한 조절이 요구되지 않으므로 이러한 부위에서의 근 방추의 밀도는 상대적으로 낮게 나타난다. 근방추는 연접 조직 초(connective tissue sheath)에 의해 둘러싸인 몇 개의 얇은 근 세포들(intrafusal fibers; 근방추 내 섬유들)로 구성되어 있으며 정상적인 근 섬유(즉, 근 방추외 섬유들[extrafusal fibers]이라 불림)들과 같이, 근 방추는 근육의 각 끝이 건(tendon) 으로 들어가 있어 근섬유와 평행하게 있다. 근방추는 두 가지 형태의 감각 신경 종말(sensory nerve endings)을 포함한다. 근방추의 가운데 부분에는 primary annulospiral ending이 위치하는데 이것은 근 길이의 역동적인(dynamic) 변화에 반응한다. 이에 반해, 2차적인 형태를 보이는 감각 종말을 secondary 혹은 flower spray ending이라 하는데 이것은 방추의 끝부분에 위치해 있어 이러한 secondary ending은 근육 길이의 급격한 변화를 위해 반응하지 않지만 정적 근육 길이(static muscle length)의 조절과 관련되는 계속적인 정보를 중추 신경계에 공급해 준다.

근육 내 함유된 그램 당 근방추의 수는 근육 군에 따라 다르지만, 각각의 근방추 내에는 일반적으로 약 4~5개의 섬유가 존재해 근육의 신전 시 근방추의 신전이 함께 일어난다. 일반적으로, 움직임이 큰 동작이나 복잡한 움직임을 수행할 때 더 많은 근방추가 관여하게 된다. 골격근이 운동신경뉴런(motor-neuron)의 자극에 의해 짧아질 때, 근 방추는 골격근을 따라 수동적으로 짧아지는데, 만일 근방추 내 섬유들이 이와 같이 골격근의 수축시 함께 짧아지지 않는다면, 아마도 방추의 민감도를 떨어뜨려 반응을 느리게 만들 것이다.

또 다른 근육 내 감각 수용기로 골지 건 기관(Golgi tendon organ)이 있는데, 이것은 계속적으로 근 수축에 의해 생성되는 장력(tension)을 감독하는 역할을 수행한다. 골지 건 기관은 건 안에 위치해 있으므로 근방추 외 섬유들과 연결되어 있다. 이 기관은 근 수축 중 지나친 힘의 사용을 예방하는 "안전 장치"로서의 기능을 수행한다. 즉, 골지건 기관이 활성 상태가 되면, 골지 건 기관은 감각 뉴런들을 통해 척수에 정보를 보내어 흥분 억제 뉴런들을 활성화시켜 과도한 근 수축이 일어나는 것을 예방하고 더 정교한 골격근 움직임이 일어나도록 조절/통제 한다. 장시간의 근력의 사용을 요하는 활동 시 골지 건 기관이 중요한 역할을 수행하는 것으로 생각되며 신체적인 훈련은 골지 건 기관에 의한 흥분 억제 뉴런의 억제 활동을 점차적으로 줄여 주어 결국에는 수행력의 증가를 가져오는 것으로 알려져 있다.

4) 운동시 심혈관계의 반응

심혈관계의 기본적인 목적은 1. 산소를 조직에 전달하고 찌꺼기를 조직으로부터 제거하고, 2. 조직으로 영양소를 전달하며, 3. 체온을 조절하는데 있다.

(1) 심장

심장(the heart)은 혈액 흐름이 시작되는 기관으로 흉강(chest cavity)의 중간부분에 위치에 있으나 실제적으로 약 3분의 2정도가 중앙으로부터 왼쪽으로 치우쳐 있다. 심장은 특유의 심근으로 이루어져 있으며 약 450g(약 1 pound 내외)의 무게를 보인다. 심장근은 끊임없이 활동해 안정시를 기준으로 분당 약 5리터(하루 약 5300리터)의 혈액을 방출해 내며 이렇게 방출된 혈액은 순환을 통해 다시 심장에 도달하게 된다. 심장은 심실간 중격(interventricular septum)이라는 근육벽을 기준으로 왼쪽과 오른쪽으로 구분되어 각각 심방과 심실을 갖는 구조를 이룬다. 즉, 심장은 우심방(right atrium), 우심실(right ventricle), 좌심방(left atrium) 및 좌심실(left ventricle)의 총 4개의 방과 실을 지닌 구조를 갖는다. 이와 같이 2개의 펌프가 심장 안에서 작용하면서 심장의 오른쪽은 폐순환(pulmonary circulation 혹은 small circulation)을 거치도록 혈액을 펌프하고, 심장의 왼쪽은 체순환(systemic circulation 혹은 large circulation)을 할 수 있도록 혈액을 펌핑한다. 폐순환을 통한 혈류량과 체순환을 통한 혈류량의 비는 같아야 한다. 심장내 혈액의 흐름은 심방으로부터 심실로, 그리고 심실로부터 동맥으로 진행된다. 심장을 통해 보내지는 혈액은 각각의 방에 있는 고유한 판(valve)에 의해 역류되는 것을 방지하면서 한쪽 방향으로만 흐른다. 우심방과 우심실 사이에 있는 우방실판(right atrioventricular valves; 삼첨판이라고도 함), 좌심방과 좌심실 사이에 있는 좌방실판(mitral valve; 승모판이라고도 함), 우심실과 폐동맥 사이에 있는 폐동맥 반월판(pulmonary semilunar valve), 및 대동맥과 좌심실 사이에 있는 대동맥 반월판(aortic semilunar valve)이 그것이다. 만일 혈액의 역류현상이 일어난다면 정상적인 생명활동을 유지하는 것이 어려워질 것이다.

심근(myocardium)은 골격근과 유사한 횡문근(striated muscle)의 형태를 취하지만 근섬유 형태에 있어서는 골격근과 다르게 지근 섬유의 형태만을 취한다. 심장근의 벽은 심상막(epi-cardium), 심근층(myo-cardium), 및 심내막(endo-cardium)의 3개의 겹을 이루어 있는데 심상막은 얇고 투명한 막으로 심장의 바깥쪽 표면을 덮고 있으며, 심근층은 심장근(heart muscle)로 이루어진 두꺼운 층으로 가운데층을 형성한다. 심내막(endo-cardium)은 심장의 내면을 덮고 있는 얇은 막으로 안쪽층을 형성하고 있다. 심장은 수축기(systole stage)와 이완기(diastole stage)라는 순환주기(cardiac cycle)를 통해 그 활동을 유지하며 이러한 전기적 활동의 근원은 상대정맥 입구의 전방 심외막 밑에 위치한 동방결절이다. 동방결절(sinoatrial[SA] node)의 pacemaker에서 생긴 전기적인 활동을 우/좌심방 전체로 퍼지게 하면서 좌/우심방은 수축을 일으키며 우심방의 관상정맥동(coronary sinus)의 입구에 있는 방실결절(artrioventricular[AV] node)에 있는 방실속(A-V bundle)이 나와 심실간 중격 위쪽에서 시작되는 좌/우각으로 나뉘어져 심실로의 자극을 전달함. 이러한 전기적 활동을 심전도(electrocardiogram[ECG])라는 시스템을 이용해 기록하게 된다.

심박동의 조절은 수축기와 확장기 및 휴식기(resting stage)를 한주기로 이루어진다. 심방은 폐 및 체순환으로부터 되돌아온 혈액을 받아 심방수축에 의해 좌/우 방실구를 거쳐 확장된 심실로 내보낸다. 이 때 심방은 확장을 일으키게 되어 우심방에는 상/하대 정맥 및 관상정맥의 정맥혈이 유입되고 좌심방에는 폐정맥으로부터 폐에서 가스교환을 마치고 되돌아오는 동맥혈이 유입되며, 심실은 수축을 일으켜 우심실의 정맥혈은 폐동맥구를 통해 폐동맥으로 나가 폐순환으로, 좌심실의 동맥혈은 대동맥구를 거쳐 대동맥으로 유출되어 체순환으로 운반되어짐.

(2) 심박출량

한쪽의 심실(일반적으로 좌심실)로부터 1분 동안 펌핑되는 혈액의 양을 심박출량(cardiac output; CO)이라 한다. 또한 각각의 심실 수축(즉, 한번의 박동시)으로부터 박출되는 혈액의 양을 1회 박출량(stroke volume; SV)이라 한다. 실제적으로 1회 박출량의 계산은 좌심실에서 이완기가 끝나는(즉, 혈액이 최대로 채워진 시점) 시점에서와 수축기가 끝나는 시점(즉, 혈액이 최대로 분출된 시점) 사이에서의 혈액의 양 차이를 통해 해낼 수 있다. 이와 같이 1회 박출량을 알 수 있다면 여기에 1분 동안 심장이 실제적으로 박동을 하는 수를 알면 심박출량을 알아낼 수 있게 된다. 이를 정리하면 다음과 같다.

심박출량 (CO) = 심박수 (H.R.) × 1회 박출량 (SV)
(L/min) (beats/min) (L/beat)

예를 들어, 어떤 성인 남성의 안정시 심박수가 분당 70회이고, 1회 박출되는 혈액의 양이 75mL라 한다면 이 사람의 안정시 심박출량은 5.25L/min이 된다.

일반인 70 bpm × 75 ml/beat = 5.25 L/min

이와 같이, 심박출량은 심박수 혹은 1회 박출량에 의해, 혹은 심박수와 1회 박출량의 상호작용에 의해 조절될 수 있다. 비록 이러한 두 요인이 심박출량에 중요한 영향을 미치는 것은 사실이지만 심박수는 안정시와 비교해 최대 운동시 약 200회까지 증가하고(약 3배의 증가) 1회 박출량은 최대 운동시 안정시와 비교해 단지 1.5배의 증가를 보인다는 점에서 심박출량을 조절하는데 심박수가 더 중요한 요인이라고 인식된다.

심박수는 심혈관 중추에 의해 조절되는데 이러한 심혈관 중추는 다양한 수용기(대동맥국, 경동맥동 등)로부터 신호를 받아 이러한 신호를 심장으로 보내준다. 심박수의 증가는 교감 신경계(sympatheic nerve system)의 분비 증가에 의해 SA node에 자극을 증가시킴으로써 일어난다. 즉, 교감신경계에 의한 SA node와 심장내 심실의 accelerator nerves를 자극해 심박수를 증가시킨다 할 수 있다. 한편, 심박수의 감소는 심혈관계의 조절 중추에 있는 뉴런으로부터 신호를 받아 부교감신경계에 의해 SA node 및 AV node를 통제/조절함에 의해 일어난다. 1회 박출량의 조절은 기본적으로 3가지의 요인에 의해 이루어진다. 심장 확장기말 용적(end-diastolic volume; EDV), 동맥 혈관의 평균 압력(mean arterial blood pressure) 그리고 심실의 수축력(contractility of ventricle) 으로써 심장 확장기말 용적은 정맥으로 되돌아오는 혈액량에 영향을 받는다. 즉, 이완기시 심실에 더 많은 혈액이 채워질수록 더 많은 혈액이 수축시 박출된다는 The Frank-Starling의 법칙에 근거해 실제적인 심장근의 수축력은 심장근이 더 크게 신전되어 있을수록 강하게 발휘될 수 있다는 것이다. 따라서 1회 박출량은 확장기말 심장 용적에서 수축기말 심장 용적(end-systolic volume; ESV)을 뺀 값으로 계산되어질 수 있다.

1회 박출량 (SV) = 확장기말 심장 용적 (EDV) - 수축기말 심장 용적 (ESV)

좌심실로부터 박출되는 혈액은 폐에서의 산소 교환을 통해 많은 양의 산소를 함유해 순환을 통해 신체의 필요한 조직에 산소를 공급해 주고 대사를 통해 얻어진 이산화탄소를 심장 및 폐로 전달해 결국 체외로 배출하게 한다. 이러한 과정에서 혈액내 산소의 함량은 차이를 보이게 되는데 이를 동-정맥 산소차(arterio-venous oxygen difference[A-VO_2 Diff.])라 한다. 예를 들면, 심실로부터 박출된 혈액이 운반되는 동맥 혈액 내 산소의 함량이 100mL 당 20mL 였고 순환을 통해 심장으로 환류하는 정맥 혈액 내 산소의 함량이 100mL당 15mL 였다면 이 때 동-정맥 산소차는 5mL가 된다. 즉,

동맥혈 = 100 mL 혈액당 20mL의 산소
정맥혈 = 100 mL 혈액당 15mL의 산소
동-정맥 산소차 = (20-15) = 100 mL 혈액당 5mL 산소차

운동 중에는 근육의 산소 이용이 약 3배까지 늘어나므로 동-정맥간 산소차가는 더욱 증가하게 되며 훈련자의 경우 더 많은 동-정맥 산소차에 의해 필요한 산소를 조직에 공급할 수 있는 적응 현상을 보인다. 비록 운동시 상당량의 산소를 활동 조직에 공급하기 위해 동-정맥간 산소차가 커지지만 심장으로 환류 되는 혈액에는 언제나 어느 정도의 산소는 함유하고 있게 된다.

(3) 산소 섭취량과 최대 산소 섭취량

인체가 심장 박동을 유지하는 것은 결국 대기로부터 폐로 유입된 산소를 말초기관까지 보내 복잡한 대사과정을 통해 필요한 에너지를 생성하려는 활동이라 할 수 있다. 이렇게 인체가 마시는 산소를 양으로 측정해 나타낸 것을 산소섭취량(혹은 산소소비량)으로 나타낸다. 즉, 인체에 의해 섭취되는 산소의 양을 비율로 나타낸 것을 산소섭취량(oxygen uptake; VO_2)이라 한다. 산소섭취량은 심박출량과 동-정맥 산소차의 곱으로 얻어질 수 있어 다음과 같은 식으로 표현될 수 있다.

$$\text{산소섭취량}(VO_2) = \text{심박출량}(CO) \times \text{동-정맥 산소차}(A\text{-}VO_2\ Diff.)$$

산소섭취량은 일반적으로 절대적인 단위를 사용해 개인의 체중차를 고려함 없이 단순히 사용된 산소를 리터(liter) 단위로 사용해 표기하는 경우와 상대적으로 개인의 체중차를 고려해 체중당 이용된 산소의 양으로 표기하는 상대적 개념의 산소 섭취량으로 사용하는 경우가 있다. 일반적으로 절대적 산소섭취량을 표기하기위해 사용하는 단위는 L/min이며 상대적 산소섭취량을 표기하기 위해 사용하는 단위는 mL/kg/min이다. 일반적으로 안정시 성인의 경우 약 0.245 L/min(즉, 3.5mL/kg/min; 70kg의 성인 남성을 기준)의 산소섭취량을 보이나 운동의 시작과 증가함을 보여 결국 3~6L/min 정도의 산소섭취량을 보이게 된다. 이러한 산소섭취량의 증가는 심박출량과 동-정맥 산소차의 증가에 의한 것으로 운동 강도에 비례해 그 증가정도도 다르게 나타나게 된다. 이와 같이, 운동시 인체가 섭취할 수 있는 최대의 산소의 양을 단위시간당으로 나타낸 것을 최대산소섭취량이라 한다. 최대산소섭취량은 일반적으로 유산소적 운동 수행 능력을 평가하는 대표적인 지표로 사용되고 있다.

(4) 심혈관계와 혈압

혈액이 동맥혈관의 벽과 부딪히면서 압력이 생성되는데 이러한 압력은 혈관의 수축 정도에 따라 혹은 심장으로부터 박출되는 혈액의 양에 따라 달라진다. 일반적으로 이와같이 혈액이 동맥벽에 부딪혀 생성해내는 압력을 동맥혈압(arterial blood pressure)이라 한다. 혈압은 수축기 혈압과 이완기 혈압으로 나뉘어지는데 심장이 수축 시 동맥벽에 대항해 생성되는 압력을 수축기 혈압(systolic blood pressure; SBP), 이완 시 동맥벽에 대항해 생성되는 압력을 이완기 혈압(diastolic blood pressure; DBP)라고 한다. 이와 같은 혈압은 혈압계(sphygomanometer)를 이용해 측정이 가능하며 안정 시 정상 성인을 기준으로 수축기 혈압이 120 mmHg, 이완기 혈압이 80 mmHg 정도를 보이게 된다. 경우에 따라 평균 동맥압이란 용어를 사용하게 되는데 평균동맥압(mean arterial pressure; MAP)은 이완기 혈압에 수축기 혈압으로부터 이완기 혈압을 뺀 값의 3분의 1에 해당하는 수치를 더해줌으로써 구해진다.

평균 동맥압(mean arterial pressure; MAP)=이완기 혈압+ 1/3(수축기 혈압-이완기 혈압)

동맥 혈압에 영향을 미치는 요인들로는 혈류량(blood flow)과 혈관 저항력 등이 있는데 혈류량은 대동맥과 우심방 사이의 압력차에 비례하며 혈관의 저항에는 반비례한다. 이러한 혈류량은 운동 중 분배가 달라져 특히 활동근으로의 혈류량은 증가하고 내장(혹은 장기)으로의 혈류량은 감소한다.

5) 폐 기능과 운동

호흡의 기본적인 목적은 체내로 산소를 흡입하고 대사 물질인 이산화탄소를 체외로 배출하는 것이다. 이러한 호흡 운동은 호흡중추의 신경적 지배를 받는다. 호흡중추는 신체내 화학수용기(chemoreceptors)나 압수용기(baroreceptors)로부터 정보를 받아 움직이는데, 이러한 호흡중추는 뇌 안의 연수(medulla)와 교(pons)의 뒤쪽에 위치해 있으며 apneustic 중추, pneumotaxic 중추 등이 폐의 미주 신경(vagus nerve)과 연락을 취해 폐의 수축과 팽창을 일정한 리듬으로 조절하는 역할을 수행한다.

(1) 호흡계의 해부학적 구조

호흡계의 해부학적 구조를 살펴보면, 코(nose), 후두(larynx), 기관(trachea), 기관지(bronchus), 세기관지(bronchiole), 호흡세기관지(respiratory bronchiole), 폐포관(alveolar duct) 그리고 폐포(alveoli) 및 폐포낭(alveolar sac) 등으로 이루어져 있다. 코는 공기를 습하게 하며 따뜻하게 만들어주며 코털과 코에서 분비되는 점액에 의해 먼지입자가 인두(pharynx)로 침입하는 것을 여과시켜 준다. 정상적인 성인의 경우 코를 통해 20~30 L/min 정도의 공기를 들이마시며, 음식을 삼키는 중 기관과 후두로 음식물이 들어가지 못하도록 후두 덮개(epiglottis cover; 뚜껑 모양의 연골성 구조)를 닫아준다. 후두(voice box)는 공기가 성대(vocal cord)를 지나면서 후두를 진동시켜 소리를 내도록 해주는 기관이다. 폐(the lungs)는 공기로부터 산소를 정맥혈에 보내주고 이러한 혈액으로부터 이산화탄소를 폐포로 보내 결국 대기중으로 배출하게 하는 매우 중요한 기관이다. 폐는 평균 4~6리터의 공기를 함유(농구공안에 있는 공기와 비슷)하고 있으며 무게는 약 1kg에 불과하지만 수없이 많은 겹으로 이루어져 있어 전체 폐를 넓게 펼쳐놓으면 체표면적의 약 20~50배만큼의 넓이에 해당(테니스 코트의 반)된다.

폐는 300억개 이상의 폐포(the alveoli)를 함유하는데 폐포는 탄력성이 있고 얇은 직경이 약 0.3mm 정도의 주머니와 같은 막으로 싸여 있는 폐와 혈액 사이의 확산에 의한 최종 가스 교환장소이다. 원활한 가스 교환을 위해 수없이 많은 얇은 모세혈관들이 폐포에 붙어 있다.

(2) 흡기와 호기의 기전

대기 중의 공기는 코와 입을 통해 흡입되며 폐환기(pulmonary ventilation)라는 과정을 통해 폐로 유입된다. 공기는 인체로 유입된 후 공기의 전도구역(conducting zone; 해부학적 사강)을 거치며 공기의 온도가 체온에 가깝게 상승하고 불순물들이 여과되면서 많은 습도를 함유하게 된다. 이렇게 공기가 흡입된 이 후 인체의 조건에 맞게 변화되면서 하나의 기관(trachea)이 두개의 기관지(bronchi)로 나누어지는 지점까지 이르게 되는 것이다. 이러한 기관지들은 더 작은 단위의 세기관지(bronchioles)들로 나뉘어지는데 흡입된 공기는 결국 세기관지들을 통해 꾸불꾸불하고 좁게 형성된 통로를 통해 폐포들(alveoli)들을 완벽하게 싸고 있는 폐포관(alveolar ducts)에 있는 공기와 섞이게 된다. 이러한 의미에서 폐포들을 최종적인 호흡구역(respiratory zone)의 기관이라고 한다.

공기는 압력차에 의해 대기로부터 폐로 전달된다. 흡기 중 늑골은 위쪽으로 올라가고 횡격막(diaphragm)은 아래쪽으로 내려오면서 흉강(chest cavity)의 크기를 커지게 해 공기가 폐로 유입되게 한다. 이와는 반대로, 호기 중에는 늑골은 아래쪽으로 내려오고 횡격막은 다시 원위치로 올라가게 되며 이에 따라 흉강의 크기가 작아지면서 공기가 외부로 배출된다.

(3) 폐 환기량

폐 환기량(respiratory capacity)은 아래와 같이 다양한 개념으로 정의될 수 있으며 일반적으로 남성이 여성보다 약간 더 높은 수치를 보인다. 폐활량계를 이용해 간단하게 측정이 가능하며 그 개념들은 다음과 같이 정리할 수 있다.

	정의	평균치(mL)	
		남	여
1회 환기량 (TV)	호흡당 흡기와 호기의 양	600	500
예비 흡기량 (IRV)	1회 환기의 마지막 순간으로부터 흡입할 수 있는 최대량	3000	1900
예비 호기량 (ERV)	1회 환기의 마지막 순간으로부터 호기할 수 있는 최대량	1200	800
전 폐활량 (TLC)	최대 흡기후 폐내의 공기량	6000	4200
잔기량 (RLV)	최대 호기후 폐에 남아있는 양	1200	1000
폐활량 (FVC)	최대 흡기후 배출할 수 있는 최대의 양	4800	3200
흡기량 (IC)	1회 환기후 흡입할 수 있는 최대량	3600	2400
기능적 잔기량 (FRC)	1환기 호기후 폐에 남아있는 공기량	2400	1800

들이마시는 공기의 일부는 폐포에 까지 전달되지 못해 결국 혈액과의 가스

교환을 일으키지 못하는데, 이러한 공기는 코, 입, 기관 및 호흡구역에 있어 머물러 있어 확산을 일으킬 수 없게 된다. 이렇게 들이마신 공기 중 폐포에 까지 전달되지 못해 가스교환을 일으키지 못하는 공기의 양을 해부학적 사강(anatomic dead space)이라 한다. 해부학적 사강은 안정시 1회 환기량의 약 30% (150~300mL)에 해당한다. 이와는 다르게, 들이마신 공기가 폐포에 까지 전달되었으나 혈관의 출혈(hemorrhage) 등과 같이 부적절한 환기가 일어남으로써 가스교환을 일으키지 못하는 경우가 있는데 이것을 생리적 사강(physiologic dead space)이라 한다. 이러한 생리적 사강은 건강한 사람에게는 잘 일어나지 않아 무시할 정도이지만 환기 기능에 문제가 생긴 환자의 경우 1회 환기량의 약 50%에 이를 수도 있어 매우 심각한 상태로 빠질 수도 있다.

폐환기량은 일반적으로 단위 시간당으로 환산되는데 분당 호흡율(즉, 호흡수; respiratory rate)과 1회 환기량의 곱으로 분당 환기량을 구한다. 성인 남성을 기준으로 안정시 호흡수가 분당 약 12회이며 안정 시 1회 환기량이 약 0.5 리터이므로 분당 환기량은 6L/min임을 알 수 있다. 즉,

분당 환기량 (VE) = 분당 호흡율 × 1회 환기량

예. 분당 호흡율이 12회이고 1회 환기량이 0.5 L인 사람의 분당 환기량은 12회 × 0.5 L = 6 L/min이 된다.

분당 호흡수(respiratory rate)는 안정시 12회 정도를 보이지만 운동시 약 40~70 회까지 증가하며 1회 환기량 역시 운동시 증가해 최대 산소 섭취량의 70~85% 정도의 운동시 거의 최고치(약 2리터)에 도달한다. 하지만, 이 후 운동 강도가 더 높아지더라도 실제적인 1회 환기량의 증가는 일어나지 않는 것으로 알려져 있다. 운동시 총환기량의 증가는 최대 산소 섭취량의 50~70% 까지는 직선적인 형태의 증가 양상을 보이나 운동 강도가 더 높아지면 총 환기량의 증가는 지수적인(exponential) 형태를 취하며 증가한다.

(4) 가스 교환과 운동

대기로부터 인체로의 산소의 공급은 대기 중 포함된 공기 내 산소의 농도

(concentration)와 압력(pressure)에 의해 좌우된다. 일반적으로, 대기 중에 포함된 공기는 일정한 비율을 유지해 질소 79.03%, 산소 20.93%, 이산화탄소 0.03% 그리고 적은 양의 수분 포함을 포함하고 있다. 이러한 가스 분자들은 상당히 빠른 속도로 움직이며 그들이 접촉하는 어떠한 표면과도 압력을 나타낸다. 이러한 공기 분자의 압력은 해발(sea level) 에서 수은의 기둥(column)을 760 mm 혹은 29.9 inches 만큼 올릴 수 있는 압력을 가진다. 이러한 이유로 대기압(barometric pressure) 을 760 mmH로 나타내는 것이다. 이러한 대기압은 날씨 조건에 따라 변하며 고도가 높아질수록 조금씩 낮아진다. 이렇게 혼합된 가스들은 각각의 특수한 부분압을 가지는데 부분압을 구하는 공식은 다음과 같다.

부분압(partial pressure) = % 가스 농도압 × 총 혼합 가스의 압력

이러한 계산법을 적용해 대기 중 각각의 가스에 대한 부분압을 구하면 대기 중 산소 분압(PO_2)은 159mm Hg, 이산화탄소 분압(PCO_2)은 0.23mmHg 그리고 질소분압(PN_2)은 600mmHg가 된다. 이러한 공기가 인체로 들어와 기관에 도달하게 되면 공기가 수분과 포화되어 산소 분압이 약 149 mmHg를 보이게 되며 폐포에서는 산소 분압이 105 mmHg, 이산화탄소 분압이 40 mmHg를 보이게 된다. 폐와 혈액 사이의 가스교환은 수동적인 확산(passive diffusion)에 의해 일어나게 된다.

폐의 모세혈관에서의 적절한 가스 교환을 위해서 환기량(VE)과 환류량(Q)의 비율이 조화를 잘 이루어야 하며 이상적인 환기와 환류의 비율은 1이다. 즉, V/Q = 1. 혈액내의 산소는 혈액에 용해됨으로써 혹은 적혈구(red blood cell; RBC)내 헤모글로빈과 결합함에 의해 전달된다. 하지만, 혈액에 용해될 수 있는 산소의 양은 혈액 100mL 당 0.3mL의 산소가 용해되는 정도로 매우 제한되어 있으므로 필요한 대부분의 산소는 혈액내 적혈구에 있는 헤모글로빈(hemoglobin)과 결합되어 인체로 전달된다. 헤모글로빈은 철을 함유하는 붉은색의 구형 단백질로 각각의 헤모글로빈 분자는 4분자의 산소를 운반할 수 있는 역량이 있다.

$$Hb_4 + 4O_2 \rightarrow Hb_4O_8$$

정상 성인 남성의 경우 혈액 100mL 당 14.3g, 여성의 경우 약 13.9g의 헤모글로빈을 함유한다. 이러한 경우, 혈액 100mL당 약 20mL의 산소를 운반할 수 있게 된다. 헤모글로빈의 수치가 떨어지게 되어 산소의 운반 역량이 감소하면 빈혈(anaemia)을 일으키게 된다.

(5) 산소해리곡선

산소가 헤모글로빈과 결합되고 해리된 정도를 나타낸 것을 산소해리곡선(oxygen dissociation curve)이라 하며 이를 일반적으로 산화-헤모글로빈 해리(oxy-haemoglobin dissociation) 곡선이라 부른다. 즉, 폐순환을 통해 산소가 혈액 내 헤모글로빈과 결합하는 포화도가 높아지고 신체를 순환하면서 산소가 사용됨으로써 헤모글로빈과 결합된 산소의 포화도가 떨어지는 것을 그래프로 나타낸 것이라 하겠다. 실제적으로 산소가 헤모글로빈과 결합된 정도는 S-자형(sigmoid shape)의 해리 곡선으로 나타내어진다. 이러한 산소해리곡선은 혈액의 산소분압 정도와 헤모글로빈과 산소간의 친화도 혹은 결합력의 정도에 따라 오른쪽 혹은 왼쪽으로 이동하게 된다. 산소해리곡선은 또한 혈액 내 수소이온농도(pH)와 체온에 따라 영향을 받게 되는데, 수소이온농도가 낮아짐에 따라(즉, 산성화됨에 따라) 곡선은 오른쪽으로 이동하게 되고 높아짐에 따라(즉, 알칼리화됨에 따라) 곡선은 왼쪽으로 이동하게 된다. 이에 반해 체온이 정상보다 높아짐에 따라 곡선은 오른쪽으로 이동하게 되고 체온이 정상보다 낮게 떨어지게 되면 곡선의 이동은 왼쪽으로 일어나게 된다.

호흡을 통해 체내로 유입된 산소는 활동근에 도달한 후 마이오글로빈(myoglobin)에 의해 세포막으로부터 미토콘드리아(mitochondria)로 왕복 이동된다. 마이오글로빈은 헤모글로빈과 유사한 구조를 지니고 있으나 친화도에 약간 다르며 헤모글로빈과 비교해 훨씬 낮은 산소부분압에서 산소를 유출해 내는 능력을 지니고 있다.

대사를 통해 생성된 이산화탄소는 혈액을 통해 세 가지의 다른 방법에 의해 전달된다. 첫째로, 혈액에 용해됨으로써 총 이산화탄소의 약 10% 가량이 전달되며, 둘째, 헤모글로빈과 결합됨에 의해 약 20%가 전달되며, 셋째, 적혈구내 중탄산염(혹은 탄산수소염이라고도 함. bicarbonate; HCO_3^-)의 형태를 취하며 약 70%의 이산화탄소를 전달하게 된다.

2. 스포츠 영향학의 이해

1) 스포츠영양학 이란?

(1) 스포츠 영양학의 정의

인간은 다양한 음식의 섭취를 통해 생명활동을 수행한다. 어떠한 음식을 섭취하느냐는 바로 성장과 발달의 정도에 영향을 미치며 더 나아가 건강한 신체를 유지하는데 매우 중요한 역할을 담당한다. 이러한 측면에서 음식(food)이란 생명의 유지와 신체의 성장을 위해 섭취하는 물질들의 총칭으로 정의될 수 있을 것이다. 우리가 섭취하는 음식은 크게 6가지의 영양소들로 크게 나눌 수 있다. 탄수화물, 지방, 단백질, 무기질, 비타민과 물을 일컫는 것으로 이것을 6대 영양소라 한다. 이러한 영양소들은 체내에 적정량이 있을 때 최적의 개인 건강과 복지를 이룰 수 있게 하는 것으로 영양소의 과다 및 부족 모두는 인체에 좋지 않은 영향을 미칠 수 있다. 흔히, 영양(nutrients)이란 음식물이 체내에서 영양소로 섭취 및 전환되는 모든 과정을 의미한다. 영양소는 이러한 섭취와 전환의 과정을 통해 신체 기능을 유지할 수 있게 한다. 영양소들은 이러한 과정을 통해 에너지를 생성하기 위해(탄수화물, 지방, 단백질), 조직을 강화하고 수리하기 위해(단백질, 지방, minerals), 골격계의 성장과 유지를 위해(calcium, 인, 단백질), 그리고 체내 생리를 조절하기 위해(vitamin, minerals, 지방, 단백질, 물) 사용된다. 즉, 영양이란 음식으로부터 생성되는 것으로서 신체 내에서 에너지를 공급하거나 아니면 신체 구성물질로 사용되며 신체의 성장에 관여하고 신체 기능을 유지/조절하고 조직이 손상되었을 시 수리를 위해 사용되는 물질들을 총칭하는 것이다.

이러한 지식을 바탕으로, 영양학이란 음식내의 영양소를 연구하거나 신체가 그러한 영양소를 처리(즉, 섭취, 소화, 흡수, 대사, 저장 및 배설) 하는 일련의 과정을 연구하는 학문으로 정의되며 신체에 필요한 영양소를 적절하게 공급해 주어 건강의 유지-향상을 도모하며 긍정적인 성장의 효과를 얻고자 연구하는 과학이라 할 수 있다.

(2) 6대 영양소

앞서 언급한 바와 같이, 6대 영양소란 탄수화물, 지방, 단백질, 무기질, 비타민, 그리고 물을 지칭하는 것으로 이중 탄수화물, 지방, 단백질들은 각각의 영양소가 분해되면서 에너지를 생성한다는 측면에서 주요 영양소(marconutrients)라 하고 나머지 영양소들(즉, 무기질, 비타민, 물)은 직접적인 에너지 생성과는 무관하다는 측면에서 미세 영양소(micronutrients)라고 한다.

탄수화물 지방 단백질	무기질 비타민 물
주요 영양소 (Macronutrients)	*미세 영양소 (Micronutrients)*
↓	↓
산화시 에너지 생성	에너지 생성과 무관
1g CHO = 4 Kcal 1g Fat = 9 Kcal 1g Protein = 4 Kcal	

탄수화물은 인체 내 저장량이 매우 제한되어 있는 반면에 지방과 단백질은 체내 저장량이 많으며, 탄수화물과 단백질은 1그램이 산화 시 각각 4kcal의 열량을 생성하는 반면 지방은 1그램 산화 시 9kcal의 열량을 생성한다.

(3) 스포츠 현장에서의 스포츠 영양학

스포츠 현장에서 영양은 운동선수의 수행 능력을 최적화 시킬 수 있는 가장 중요한 요인 중의 하나로 스포츠의 과학화를 달성하기 위해 반드시 고려되어야 할 부분으로 그 중요성이 날로 더해가고 있다. 스포츠 영양학을 통해 다음과 같은 수행력과 관련된 긍정적인 효과를 얻을 수 있다. 첫째, 운동 현장에 있어 최적의 영양 상태는 피로를 줄여 더 장시간의 훈련을 가능하게 하며, 또한 운동/훈련 후 회복을 더 빠르게 함. 둘째, 적절한 영양은 운동/훈련에 의한 상해를 줄여줄 뿐 아니라, 상해로부터 회복 속도를 빠르게 해 훈련에 따른 최적의 신체 상태를 유지시킴. 셋째, 적절한 영양의 공급은 경기를 위한 최적의 에너지 저장 상태를 만들어 기록 단축에 효과를 발휘함. 넷째, 선수의 건강 상태를 양호하게 유지시켜 중요 질병의 발병을 낮추어 훈련 시간의 감소 심지어는 선수 생명이 단축되는 것을 예방시켜줌. 이러한 측면에서 스포츠 영양학의 정의는 운동선수의 수행력을 극대화시키기 위해 일반 식생활(식단) 에서의 균형적 영양 섭취와 시합 시즌 전/중/후의 체계적인 영양 공급에 초점을 맞춘 스포츠 과학의 한 분야라고 내릴 수 있을 것이다. 선수들에게 과학에 기반을 둔 식이섭취를 실시하고자 할 때 선수의 평소 영양 상태, 섭취해온 음식물의 내용, 경기수행 시간(즉, 경기 종목), 식단을 구성하는 식품의 종류, 조리방볍 및 맛 등이 반드시 고려되어져야 한다. 선수들의 식단을 작성한다 할지라도 과다한 열량의 섭취가 운동 수행 능력을 향상시킨다는 증거는 어디에서도 찾을 수 없으므로 지나치게 높은 열량의 섭취가 이루어지지 않도록 주의해야 하며, 또한 영양이란 측면이 선수의 유전적, 훈련 상태, 그리고 심리적 자심감 등의 다른 요인들과는 대체될 수 없다.

운동 선수들이 영양 및 음식 섭취 시 고려해야 할 사항으로는 다음과 같은 것들이 있다. 첫째, 신체 활동의 정도와 음식에 대한 에너지 섭취량을 계산하여 에너지의 섭취와 소모량의 균형을 이루도록 하며, 둘째, 다양한 음식을 섭취해 한 음식의 섭취로부터 만족시킬 수 없는 모든 영양소의 공급이 이루어지도록 한다. 셋째, 3가지의 주요 에너지원을 균형 있게 분배해 섭취한다. 즉, 단백질의 필요량을 먼저 충족시키며(총 에너지의 15~20%), 지방의 섭취는 총 열량의 30%이하로 하며 포화지방산의 섭취를 총 열량의 10%가 되도록 한다. 넷째, 복합 탄수화물의 섭취를 늘리고 정세된 탄수화물의 섭취를 줄인다. 정제된 당은 인슐린의 혈중 수치를 증가시켜 탄수화물의 저장이 충분한 상태에서 지방으로의 축적을 증가시킬 수 있기 때문임. 다섯째, 콜레스테롤의 섭취를 하루 300mg 이하가 되도록 한다. 이러한 심혈관계 질병의 위험 때문으로 동물성 식품이 단백질의 좋은 급원이긴 하지만, 콜레스테롤은 다량 함유하고 있다는 것을 염두해 단백질의 함량은 높지만 콜레스테롤의 함유량이 적은 음식을 택한다. 여섯째, 수분과 섬유소의 섭취가 충분한지를 검토한다. 식이 섬유의 섭취는 암, 심장 질환, 당뇨병, 치질 등의 발병을 감소시킨다. 일곱째, 비타민과 무기질 등이 일일 권장 소모량을 충족하는지 점검한다. 여덟째, 알코올의 섭취를 절제한다. 알코올은 글루코스가 에너지로 사용되는 것을 억제하며 지방산의 전구체로 사용되어 체중 증가의 원인으로 작용한다. 아홉째, 소금과 짠 음식의 섭취를 줄여 고혈압의 발병을 예방한다.

운동 선수들에게 있어서는 선수 혹은 종목의 특성에 따라 식이 섭취에 대한 일반적인 지침들을 변형해 적용할 필요가 있다. 즉, 일반인에게 적용하는 macronutrients에 대한 비율을 사용해 운동 선수의 식이 섭취량를 결정하는 것은 바람직하지 않다. 왜냐하면, 저지방(low-fat)과 고탄수화물(high-CHO) 식이가 운동 수행에 이점을 제공한다고 알려져 있기 때문이다. 예를 들어, 수영 선수(20세, 80 kg)가 하루 4·5 시간의 훈련을 통해 약 6000 Kcal를 소모한다고 할 때, 이중 50~55%(즉, 3000~3300kcal)는 탄수화물로부터, 30%(즉, 1800kcal)는 지방으로부터, 약 15~20%(900~1200kcal)는 단백질로부터 섭취하는 것이 바람직하다. 이러한 경우 단백질의 섭취량이 1kg 당 3.4 g 이 되어 일반사람과 비교해(0.7~0.9 g/kg) 일일 권장 섭취량(RDA; Recommended Daily Allowance)의 4 배가량이 되며 타 운동 선수들(약 1.6 g/kg)과 비교해서도 약 2배의 섭취량을 보인다. 된다. 또한 지방 섭취의 경우도 총 196 g의 지방을 섭취하는데 이중 포화지방산을 약 65 g 이하로 섭취하도록 권장하고 있다. 이것은, 같은 신체 크기와 성을 가진 일반인의 경우 총 78 gram의 지방과 이중 약 26 gram 정도의 포화지방산의 섭취를 권장하는 것과는 매우 다르다. 또한 일반인들에게 있어 장기간의 고지방 식이 섭취는 심혈관계 질병(cardiovascular disease)과 당뇨병의 원인이 되는 것으로 알려져 있다. 운동 선수의 경우는 섭취 지방이 많다하더라도 이러한 것을 운동시 에너지 생성을 위해 사용하는 것으로 알려져 있으며 이러한 측면에서 고지방 식이와 운동 수행력의 향상이란 주제로 다양한 연구가 진행되고 있다.

일반적으로 운동선수들은 시합 전 근육 및 간 내 glycogen의 저장량을 최대화하려는 노력을 하는데 이를 위해 시합 전 식사시 경기 중의 소화 작용을 최소화시킬 수 있는 음식을 섭취하지만 배고픔(혹은 공복감)을 느끼지 않을 수 있는 식사를 선택한다. 또한 운동 중 지속적으로 수분의 섭취를 시도하고 장의 불편함(gastric distress)을 없앨 수 있는 음식의 섭취를 시도한다. 하지만, 무엇보다도 중요한 것은 시합 전 가능하다면 정상적인 식이 섭취 형태를 유지해야 한다는 것이다. 탄수화물의 저장량을 극대화시키기 위해 시합 전 지나치게 많은 당의 섭취를 시도하는 경우 설사 등의 증상을 보일 수 있기 때문이다. 시합 직전에 식사를 하는 것은 가급적 피해 경기 시작 약 4시간 전에 식사를 하는 것이 바람직하며 이때는 저지방 식이의 섭취를 시도해 고지방 식이 섭취로 인한 소화 작용의 지연(약 8시간이 소요됨)을 막아주어야 한다. 소화에 특별한 문제를 일으키지 않는 중쇄지방산(medium chain triglyceride; MCT)의 섭취를 고려할 수 있을 것이다. 젊은 여성 선수들의 경우는 생리적, 생식적 및 심리적인 변화 등이 수행력에 중요한 영향을 미칠 수 있으므로 주의해야 하며, 특히 철 섭취의 부족에 따른 철 결핍성 빈혈(sports anemia) 현상과 칼슘 섭취의 부족에 의한 골다공증이 일어나지 않도록 주의해야 한다.

(4) 근육 활동과 에너지 동원

선수의 최적의 수행력의 발휘는 경기를 수행 중 지속적으로 파워를 생성할 수 있는 에너지의 생성 역량과 그러한 에너지가 기계적인 움직임을 이끌어내도록 전환되는 역량에 의존하게 된다. 훈련의 목표는 시합에서의 요구에 따라 에너지를 공급해 줄 수 있는 체계를 향상시키는데 두어야 한다. 근육 활동 시 에너지를 동원할 수 있는 연료란 반응을 통해 adenosine 5'-triphosphate(ATP)를 생성해 낼 수 있는 화합물을 의미하며 근육 활동 시 이용할 수 있는 연료의 형태는 근육에 저장되어 직접적으로 사용 가능한 ATP를 비롯해, 인산크레아틴(phosphocreatine; CP), glycogen, 혈중 글루코스(간 glycogen으로부터 공급됨), 근육내 중성지방(intramuscular triglyceride; IMTG), 혈중 중성지방 및 지방산, 그리고 일부의 아미노산들(분지 아미노산 등) 등 다양하다. 이러한 다양한 형태의 연료는 다음 4가지 요인들의 상호작용에 의해 결정된다: 연료의 체내 저

표 5-5. 근육내 저장 에너지원과 운동시 동원 가능 시간

연료	근육내 농도 (mmoles · g^{-1})	총량 gram	총량 tissue	ATP 최대생성율 (@37℃, μmoles.s-1.gw.w)	고갈에 소요되는 시간(분)
Phospho-Creatine	0.03	-	근육	4.0	0.125
Glycogen	0.1	350	근육	2.0(무산소적) 0.6(유산소적)	2.5 70.0
Triacylglycerol	-	9000	근육, 지방조직	0.3, 0.3	5000

인용한 수치들은 Hultman et al.(1991), Sahlin(1991), Gaitanos et al.(1993), 그리고 Greenhaff et al.(1993)의 논문으로부터 발췌한 것임. 위의 수치들은 특정 근섬유 형태로부터의 수치가 아니라 혼합된 근섬유로부터의 평균치이며 개인의 영양 상태에 따라 수치가 변할 수 있음.

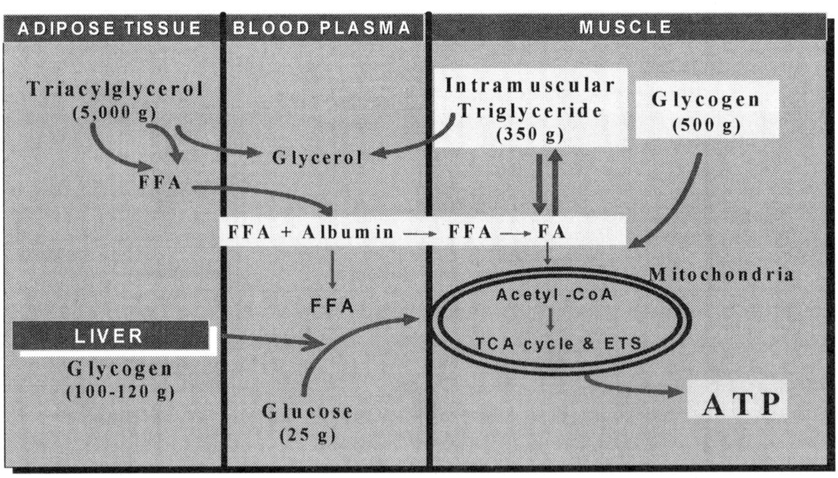

그림 5-1. 체내에너지 기질 사용에 따른 ATP의 생성

장량, 활동근으로 연료의 전달, 산소의 이용 가능량 및 수소 이온과 같은 부산물의 축적 정도. 첫째, 연료의 체내 저장은 근육이나 그외 조직(간, 지방세포)에서 일어나는데 연료의 저장 정도에 따라 운동을 지속할 수 있는 시간이 결정된다. 이러한 연료의 저장 정도는 개인의 영양 상태에 따라 변화하는데 이것을 정리하면 다음과 같다.

둘째, 활동근으로의 연료의 전달은 근에 저장된 glycogen이나 IMTG의 경우를 제외한 나머지 모든 연료(글루코스 및 여러 지방들[중성지방, 지방산 및 키톤체[ketone bodies]를 포함)은 혈액을 통해 근육으로 전달된다. 혈액을 통해 전달되는 연료의 비율은 혈류량과 혈액내 함유된 연료의 농도에 따라 달라진다. 장시간의 운동 중 근육으로의 혈류량은 현저하게 증가하지만 혈액 내 연료들의 농도는 놀랄 만큼 일정하게 유지된다.

표 5-6. 운동에 따른 혈중 기질의 사용과 생성

운동시작 (분)	동맥 내 농도(Arterial concentrations; mM)					
	Glucose	Lactate	Fatty acids	3-Hydroxybutyrate	Glycerol	VLDL-TG
안정시 (rest)	4.40	0.40	0.40	0.045	0.073	0.36
운동 시작후 10분 (post-10min.)	4.23	0.66	0.41	0.055	0.078	-
운동 시작 후 60분 (post-60min.)	4.18	0.49	0.63	0.094	0.118	0.39

위의 자료는 Kiens et al.(1993)으로 부터 발췌한 것이며 VO_2max의 65%에서 운동시임.

셋째, 산소의 이용 가능량의 이용가능량에 따라 생성할 수 있는 ATP의 양은 매우 달라진다. 산소의 공급 없이, 혹은 매우 낮은 산소 부분압의 상태에서 ATP를 생성해 낼 수 있는 에너지원은 고작 글루코스, glycogen 그리고 인산크레아틴이 고작이며 탄수화물의 경우 유산소적인 경로를 이용하는 경우가 무산소적인 경로를 이용하는 경우와 비교해 ATP 생성량에 있어 10배 이상을 보이게 되어 훨씬 더 생산적이고 효율적이다. 또한 장기간의 운동 중 대부분의 에너지를 유산소적 대사로부터 생성해 낸다고 하더라도 일부의 에너지는 무산소적 대사에 의해 생성하는데 이를 대변하는 것이 장기간의 지구성 운동 중 혈중 젖산 농도가 점차적으로 증가하며 이러한 현상은 운동의 강도가 높아질수록 젖산의 축적이 급격하게 일어난다.

표 5-7. 운동 종목별 유/무산소적 에너지 공급비율

종목(거리;m)	시간(hr:min:s)	무산소적(%)	유산소적(%)
100	9.79	90	10
400	43.18	70	30
800	1:41.11	40	60
1mile(1,609m)	3:44.39	20	80
5,000	12:39.36	5	95
10,000	26:22.75	3	97
Marathon	2:04:55	1	99

넷째, 젖산으로 대변되는 부산물의 축적으로 에너지 생성에 영향을 받게 된다. 실제적으로 근육 내 생성되는 젖산은 혈류량이 충분하다면 완충작용을 통해 상당량이 쉽게 제거된다. 이러한 상황에서는 부산물의 축적에 의한 영향은 적다고 할 수 있다. 하지만, 젖산의 생성량이 혈액을 통해 완충할 수 있는 역량이 이상이면 근육 내 수소이온 농도(pH)를 떨어뜨리게 되고 결국 근수축의 저해를 가져오게 된다.

표 5-8. 운동에 따른 근육 내 pH 및 근육대사물질의 변화

	운동 시간		근육 대사물질(mmol.kg^{-1} d.w.)				
	(분)	pH	ATP	ADP	PCr	lactate	Pi
안정시(Rest)	-	7.1	25	3.0	87	3	38
등척성 수축으로 인한 피로시	0.8	6.6	21	3.5	7	91	108
강하고 짧은 지속 시간의 사이클링시	6	6.6	20	3.8	17	113	88
장시간의 지구성 사이클링시	75	7.1	23	3.5	29	14	100

Sahlin et al. (1992) Med. Sport. Sci. 34, 54-68.

(5) 종목에 따른 에너지 공급

50m 혹은 100m 스프린트시에는 거의 전적으로 필요한 에너지의 공급이 산소의 도움 없이 이루어진다. 연구에 의하면 사이클 에르고미터에서 6초간의 최대 sprint를 수행 시 ATP의 이용율은 약 $4\mu mol.s^{-1}.g^{-1}$w.w.(Gaitanos et al., 1993)에 이른다고 보고하였다. 근육 내 무산소 대사와 밀접한 관련을 맺고 있고 있는 phosphorylase의 Vmax는 이러한 스프린트성 운동시 약 $40\mu mol.min^{-1}.\ g^{-1}$ 혹은 $0.66\mu mol.s^{-1}.g^{-1}$(Chasiotis et al., 1982)에 이르며 약 $2\mu mol.s^{-1}.g^{-1}$의 ATP를 생성한다. 참고로 phosphorylase의 Vmax는 일반적으로 $10\sim30\mu mol.min^{-1}.g^{-1}$를 보인다. 따라서, 해당과정(glycolysis)가 최대로 일어난다 할지라도 sprint 시 필요한 ATP의 절반 정도 밖에 공급하지 못한다. 나머지 ATP는 인산크레아틴의 분해에 의해 충족된다. 하지만 질주 거리가 200~400m로 늘어남에 따라 인산크레아틴으로부터 공급되는 에너지는 감소하고 유산소 대사로부터의 에너지 공급이 늘어나게 된다. 400 m 질주 시 필요한 ATP의 약 25%가 유산소 대사에 의해 공급되며 또한 필요한 산소 중 일부가 근육 내의 oxymyoglobin으로부터 공급되기도 한다.

중거리 질주시(약 800m)에는 이러한 현상이 더욱 두드러져 무산소 대사에 의한 에너지 공급은 더욱 감소하고 유산소 대사에 의한 에너지의 공급은 계속적으로 늘어난다. 이 때 인산크레아틴에 의한 에너지 공급은 출발과 동시에 최초의 몇 초와 마지막 finish를 위해 결승점을 향상 질주시 제한적으로 사용된다. 이와 같이, 질주의 거리가 늘어감에 따라 ATP의 공급을 충족시키기 위해 유산소 대사 과정을 증가시켜 특히, 당분해(glycogenolysis)율을 감소시키고, 지방분해(lipolysis)율을 증가시켜 에너지 생성의 효율성을 높인다.

유산소 대사가 에너지 생성에 얼마만큼의 영향을 미치는가는 혈액으로부터 근육으로 공급하는 산소의 양에 의존한다. 5km의 거리를 13분대에 주파하는 남성 앨리트 육상선수를 가정해 만일, 5km 질주 시 필요한 에너지의 약 10% 정도만을 무산소적 대사에 의해 공급받는다고 하더라도 체내 저장된 총 glycogen의 약 50%가 소모될 것이다. 이것은 이미 5km 달리기시 대부분의 필요한 에너지를 유산소적 대사에 의해 공급받는다는 것을 의미한다. 선수들은 일시적인 혈액 도핑(blood dopping)을 통해 총 적혈구의 수를 늘려 혈액 내 산소의 운반량을 증가시키려는 시도를 하는 이유가 여기에 있으며 만일 혈액내 산소 운반 역량이 증가한다면, 중-장거리 달리기 선수들과 사이클링 선수 그리고 크로스-컨트리 스키 선수들에게 매우 효과적일 것이다. 마라톤과 같이 장시간 레이스가 계속되는 운동 종목에서는 유산소 대사에 의한 에너지 공급이 절대적으로 중요하다. 마라톤을 완주하기 위해서는 약 700g의 탄수화물이 필요하다고 하며 근육내 정상적인 사람의 경우 약 400g 정도의 탄수화물이 있을 뿐이므로 많은 장시간 경기를 해야 하는 선수들의 경우 글라이코진 로딩(glycogen loading)을 시도해 경기 전 탄수화물의 저장량을 늘리려는 시도를 하게 된다. 이러한 경기 시 간과해서는 안 되는 또 한 가지는 간에 저장된 glycogen은 일부(약 10-15g; 즉, 시간당 약 5g이 필요)가 뇌의 정상적인 활동을 유지하기 위해 사용되어져야 한다는 것이다. 이렇게 장시간 계속되는 운동시 에너지의 부족을 해결하기 위해 지방산의 분해가 급격하게 증가하게 되고 이에 따라 지방산의 동원에 의한 에너지의 공급이 매우 중요한 역할을 하게 된다. 이러한 측면에서 장시간 시합을 지속해야 하는 선수들의 수행력 향상을 위한 한 방편으로 지방산 동원 능력을 증가시키려는 노력이 이루어지고 있는 것이다. 더욱이, 100km를 달려야 하는 초 장시간의 울트라 마라톤 경기에서는 지방산의 에너지원으로서의 역할을 대단히 중요하다고 하겠다.

대부분의 team 경기와 일부의 개인 스포츠 종목에서와 같이 경기 시 스프린트와 지구성 운동 형태가 섞여져 있는 운동 종목에서는 경기 시 휴식-낮은 강도의 활동-높은 강도의 활동 등이 산발적인 형태로 결합되어 있다. 이러한 종목에서 급작스럽게 폭발적인 파워를 요구하는 경우, 인산크레아틴과 glycogen이 주요한 에너지원으로 사용된다. 실제로, 축구 경기가 끝난 후 선수들의 다리 근육 내 glycogen 함량이 거의 고갈되었다는 연구 결과가 있기도 하다 (Reilly, 1987).

이러한 경우 '스프린트'의 수행과 '휴식' 사이의 시간 간격은 수행력과 밀접한 관련을 맺는데 하나의 예로, 400 watt의 파워로 cycling을 수행 시 3분 후 지쳐 더 이상 운동 수행을 할 수 없으나, 1분의 운동과 2분의 휴식을 취할 경우 약 24분의 순 운동 시간을 보였다는 것을 들 수 있겠다. 하지만, 이러한 두

운동에서 같은 3분의 운동 시간을 비교할 경우 소비되는 에너지는 동일하다. 이는 '휴식'동안에 체내 축적되는 젖산의 제거와 인산크레아틴의 재합성이 일어나며 oxymyoglobin의 저장이 보충되기 때문으로 이해가 된다.

2) 탄수화물과 운동 수행력

탄수화물(Carbohydrate)은 단백질, 지방과 함께 주요 에너지의 하나이다. 탄수화물은 탄소(carbon), 수소(hydrogen), 산소(oxygen)가 결합되어 있는 복합체 $(CH_2O)n$를 형성하고 있으며 1g 이 산화시 4 kcal의 열량을 생성해 낸다.

(1) 탄수화물의 분류

탄수화물은 크게 단순(simple) 탄수화물, 복합(complex) 탄수화물 및 식이 섬유(fiber)로 분류된다. 단순탄수화물은 단당류(monosaccharides)와 이당류(disaccharides)로 다시 나눌 수 있으며 단당류는 형태에 따라 글루코스(glucose), 과당(fructose), 그리고 갈락토스(galactose)로 분류된다. 이당류는 어떠한 단당류들이 결합되어 있느냐에 따라 맥아당(maltose), 유당(lactose), 및 자당(sucrose)으로 분류된다. 맥아당은 두 분자의 글루코스가 결합되어 있으며 유당은 한 분자의 글루코스와 한 분자의 갈락토스가, 자당은 한 분자의 글루코스와 한 분자의 과당이 결합되어 형성된다. 복합 탄수화물은 세 개 혹은 그 이상의 글루코스 분자가 결합되어 형성되는 것으로 일반적으로 탄수화물의 저장형태를 이룬다. 식물계의 대표적인 복합 탄수화물은 전분(녹말)이며 동물계 등에는 근육이나 간에 글라이코진의 형태로 존재한다. 또한 말코덱스트린이란 복합 탄수화물은 스포츠 음료 등에 당의 첨가를 위해 주로 사용된다. 식이섬유로는 고무질(gums), 펙틴(pectin), 셀룰로스(cellulose) 등이 있으나 에너지의 생성과는 무관하다.

(2) 식이 섭취와 탄수화물

탄수화물의 주요 공급원은 전분, 과일 및 채소류이며 육류, 유제품, 콩류 등에 함유되어 있다. 탄수화물의 일일 섭취 권장량(recommended daily allowance)은 특별히 정해져 있지 않으나 일반적으로 총 열량 섭취의 55~60% 정도를 탄수화물로부터 취하도록 되어 있다. 특히, 총 열량 섭취의 약 45~50%는 복합 형태의 탄수화물로부터 섭취하고 단순 형태의 탄수화물 섭취는 총 열량 섭취의 10% 이내로 제한하도록 권장하고 있다. 즉, 2,000kcal의 일일 섭취 식단에서 탄수화물의 일일 섭취 기준치는 약 300g(약 60%에 해당)이 된다. 또한 단백질과 지방의 섭취에 의해서도 인체 내에서 탄수화물의 합성된다는 점도 별도로 섭취 권장량이 정해져 있지 않은 이유이기도 하다. 식이 섬유의 섭취량은 하루 2,000 칼로리를 섭취하는 기준으로 약 25 g을 섭취하도록 권장하고 있다.

대부분의 운동 선수들에게 있어서도 총 열량 섭취량 중 탄수화물로부터의 에너지 섭취 비율은 일반인과 유사하지만, 선수들의 경우 총 에너지 섭취량이 일반인보다 높음을 유의해야 한다. 즉, 하루 3,000칼로리를 섭취하는 운동선수를 기준으로 할 때 총 열량 섭취량 중 55~60%를 탄수화물로 섭취하는 경우 약 400~450g(1,650~1,800칼로리)의 탄수화물 섭취가 요구된다. 지구성 운동 종목을 수행하는 선수의 경우는 체내 저장되는 탄수화물의 양이 수행력과 직접적으로 결부되므로 총 열량 섭취량 중 탄수화물이 차지하는 비율을 높여주어야 할 필요가 있다. 이러한 경우 총 열량 섭취의 약 65~70%를 탄수화물로부터 취하는 것을 고려해야 할 것이다.

(3) 탄수화물의 신체내 대사

탄수화물은 다당류(전분), 이당류(자당, 유당), 혹은 단당류(글루코스, 과당)의 형태로 섭취된다. 이렇게 섭취된 탄수화물은 소화와 흡수의 과정을 통해 신진대사를 위해 세포로 옮겨진다. 소화라는 과정은 소화계에서 음식을 기계적, 화학적으로 분해 시켜 흡수할 수 있는 형태로 변화시키며 특정의 효소에 의해 다당류와 이당류를 단당류로 분해 시켜 소장에서 흡수되도록 한다.

이처럼 소장에서의 흡수 정도를 살펴 수치화한 것을 혈당 지수(Glycemic Index; GI)로 표현한다. 이와 같이, 혈당지수란 식후 혈중 글루코스의 농도를 관찰하면서 이미 알려져 있는(일반적으로 글루코스를 100으로 지정함) 값과 비교해 식후 실제의 혈당치의 반응을 관찰해 서열을 매긴 값으로 정의한다. 혈당지수는 탄수화물이 풍부하게 함유된 음식물의 소화와 흡수에 대한 비율을 반영하는 것으로 영양 교육(특히 당뇨와 같은 대사적으로 이상을 보이는 사람들)을 위해 유용한 도구로 사용될 수 있다. 예를 들자면, 당뇨를 가진 사람에게 낮게 설정된 혈당 지수의 음식물을 섭취시켜 고지혈증과 식후의 혈당 상승을 조절하는 데 효과를 발휘하므로 고혈당 지수의 음식물의 섭취를 삼가하고 저혈당 지수를 보이는 음식물의 섭취를 늘려 주는 것이 좋다. 고혈당 지수의 음식물을 섭취 시 췌장으로부터의 인슐린 분비를 증가시켜 결국 저혈당증 (hypoglycemia; <40~50mg/dl 혹은 <2.5mmol)을 일으키는 원인으로 작용할 수도 있음. 또한 운동 수행과 관련해 운동 전, 운동 중, 혹은 운동 후에 실질적으로 응용해 사용이 가능한데 운동의 형태에 따라, 혹은 운동 지속 시간에 따라 혈당 지수가 다른 음식의 섭취를 고려해야 한다. 혈당 지수의 측정은 약 8~12 시간(밤새) 금식 후 이루어지며, 50 g의 탄수화물을 섭취해 혈중 당수치의 변화를 관찰하고 이 값을 비교하고자 하는 또 다른 탄수화물을 똑같은 양(50 g) 섭취 후 관찰된 값과 비교해 값을 얻는다.

(4) 혈중 글루코스

혈중 글루코스는 대사 과정을 통해 에너지를 생성해 내는데, 특히 뇌와 신경계 등의 중요한 기관에 에너지를 공급한다. 장시간의 운동시 당의 사용이 보충보다 지속적으로 많으므로 결국 일시적인 저혈당증을 보이기도 한다. 혈중 글루코스는 간 및 근에서 글라이코진으로 저장되어 간내에 저장된 글라이코진은 필요시 다시 글루코스로 분해 되어 혈액으로 전달되고, 근에 저장된 글라이코진은 필요시 곧바로 사용되어진다. 만일 혈중의 글루코스가 인체가 요구하는 에너지를 초과하거나 간과 근육에서 글라이코진으로 저장되는 능력을 초과한다면 지방으로 전환되어 지방조직에 저장된다. 단당류의 소화는 신속하게 일어나므로 과다한 양이 섭취될 경우 일부가 소변으로 배출될 수도 있다. 정성적인 성인을 기준으로 혈중 글루코스의 양은 약 5g 정도이다.

혈중 글루코스 농도에 영향을 미치는 주요 호르몬과 그들의 작용을 정리하면 다음과 같다.

호르몬	분비선	자극원	작용
Insulin	췌장	혈당치↑	세포로의 글루코스 운반증가 → 혈당 감소
Glucagon	췌장	혈당치↓	글루코스 생성을 증가 (간) → 혈당 증가
Epinephrine	부신	운동에 의한 혈당치↓	글라이코진의 분해 및 방출 (간) → 혈당 증가
Cortisol	부신	운동에 의한 혈당치↓	단백질 분해와 글루코스 신생 → 혈당 증가

(5) 신체내 탄수화물의 저장량

인체 내 탄수화물의 저장량은 식이섭취와 운동 수행 및 훈련된 정도에 따라 달라진다. 근육의 글라이코진의 저장량은 이러한 요인들로부터 매우 밀접한 영향을 받게된다. 좌업 생활을 하는 정상적인 성인의 체내 탄수화물 저장량을 나타내면 다음과 같다.

신체내 탄수화물의 저장량

근원	그램 (g)	칼로리 (kcal)
혈중 글루코스	5	20
간 글라이코진	75~100	300~400
근육 글라이코진	300~400	1,200~1,600

훈련이 잘된 선수들의 경우 혹은 고탄수화물 식이요법을 실시하는 경우, 근육내의 글라이코진의 함량이 늘어나 700g 이상의 저장량을 보일수도 있다.

❍ 탄수화물 로딩이란?

체내의 탄수화물 저장량은 장시간의 힘든 운동 중 경기력에 지대한 영향을 미치지만 저장량이 매우 제한되어 있으므로 탄수화물의 저장량을 늘리는 것은 많은 운동선수들로부터 많은 관심을 받고 있다. 글라이코진 로딩(glycogen loading)이란 운동시 피로의 지연을 위해 간 및 근육의 글라이코진 함량을 증가시키기 위해 취하는 계획된 훈련 및 식이방법이라 할 수 있다. 전통적으로 운동 전 약 7일간의 식이요법을 기간을 거쳐 탄수화물의 저장량을 늘린다. 탄수화물 로딩 후 근내 글라이코진의 함량은 로딩 전과 비교해 약 2~3배(간은 약 2배) 가량 증가하는 것으로 알려져 있다. 이러한 탄수화물의 로딩은 장시간 동안 에너지 소모가 많은 종목(장거리, 수영, 사이클, 철인 3종 경기, 크로스 컨트리 스키 등)과 장시간 동안 운동과 휴식을 반복하는 종목(축구, 테니스, 핸드볼, 럭비, 등) 등 보통 90분 이상 지속되는 운동시 큰 효과를 볼 수 있다. 하지만, 부가적 체중의 증가(체내 수분 함량의 증가)라는 부정적인 측면도 있으므로(1g 탄수화물은 3g의 물과 함께 저장됨) 체중 조절이 필요한 종목에서는 탄수화물 로딩을 사용하고자 할 때 주의가 필요하다. 이러한 탄수화물의 로딩을 통해 긍정적인 수행력의 향상이 일어난다는 연구들이 많이 발표되었으나 최근의 연구들에서 이러한 탄수화물의 로딩에 의한 수행력의 향상은 단순한 위약 효과(placebo effect)에 불과하다는 발표가 이루어지고 있기도 하다.

(6) 인체 내 탄수화물의 기능

인체내 탄수화물은 다양한 기능을 수행하지만, 가장 중요한 기능이라고 한다면 중요기관(특히, 뇌 속의 신경세포, 망막, 적혈구 등)에 에너지를 공급해준다는 것이다. 이러한 기관들은 에너지원을 글루코스에 의존하게 되므로 혈중 글루코스의 부족은 심각한 기능상의 문제를 일으키게 되므로 주의해야 한다. 탄수화물은 글루코스 한 분자당 무산소성 해당과정을 통할 경우 2~3 ATP(혈중 글루코스로부터 혹은 글라이코진으로부터 인가에 따라)를 생성해내며 유산소성 해당과정을 이용하는 경우 36~39 ATP를 생성해낸다. 탄수화물은 또한 세포막을 이루는 구성성분인 당단백질(glycoprotein)을 형성해 세포의 정상적인 기능의 유지에 중요한 역할을 담당하며 라이보스(ribose; 5탄당)는 세포내 리보핵산(RNA; ribonucleic acid)을 이루는 구성성분으로 사용되어 유전적인 정보의 전달에도 관여를 하게 된다.

(7) 운동시 탄수화물의 에너지 동원

운동시 탄수화물의 에너지 동원정도는 수행하는 운동의 강도와 훈련된 정도에 따라 매우 밀접한 영향을 맺고 있다. 특히, 탄수화물은 1분 이상 지속되는 고강도의 운동으로부터 1~2시간 지속되는 힘든 유산소적 운동시 중요한 에너지원으로 사용된다. 탄수화물은 안정시에도 총 에너지 생성의 약 40%를 공급하고 있으며 운동의 시작과 함께 탄수화물로부터의 에너지 공급비율은 증가하게 된다. 최대 산소 섭취량의 50~60%에 해당하는 저-중강도의 운동시 탄수화물은 총 에너지 필요량의 50% 이상을 공급해주며 최대 산소 섭취량의 70~80%에 해당하는 운동시 총 에너지 필요량의 70% 이상을 공급해준다. 최대 산소 섭취량의 95% 이상에 해당하는 최대 운동시에는 거의 모든 에너지의 생성을 탄수화물에 의존하게 된다.

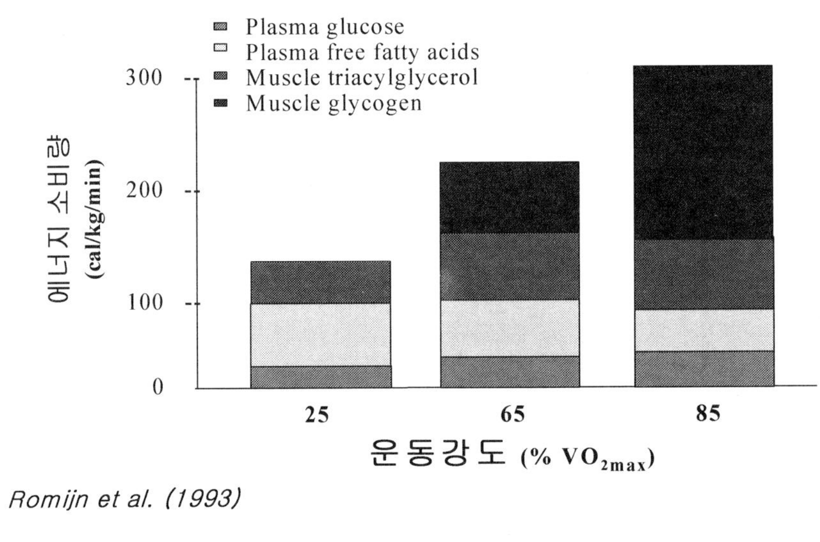

그림 5-2. 운동강도에 따른 에너지 기질 동원의 변화(Am. J. Physiol.)

운동 중 이러한 탄수화물의 사용은 훈련된 상태에 따라 변화를 보이게 된다. 장기간의 훈련을 통해 심혈관계와 근조직의 산소체계에 변화를 일으켜 최대 산소 섭취량의 증가를 일으키고 이러한 변화가 결국 산소 전달체계에 변화를 일으켜 더 많은 산소의 운반 및 전달이 일어나게 해 더 많은 유산소적 대사 체계를 이용해 에너지 생성에 있어 더욱 경제적인 운용이 되도록 한다.

에너지의 운용이란 측면에서 훈련을 통해 나타나는 또 하나의 중요한 변화는 더 높은 최대 산소 섭취량의 비율에서 운동을 지속할 수 있는 능력이 생긴다는 것이다. 즉, 상대적인 운동 강도가 같을 때는 지방으로부터의 에너지 동원율을 증가시켜 탄수화물로부터의 에너지 동원을 감소시키게 된다. 실제로 세계수준의 마라톤 선수들은 최대산소 섭취량의 80% 이상 되는 강도에서 전체의 레이스 펼친다. 뿐만 아니라 훈련을 통해 근육 내 글라이코진과 중성지방의 저장량을 증가시켜 에너지의 이용이 필요한 경우 에너지의 공급을 원활하게 한다. 이외에도, 근육 세포내 미토콘드리아(mitochondria) 수의 증가가 동반되며 마이오글로빈(myoglobin)의 함량 증가, 산화성 효소 활성도의 증가, 지근 섬유(slow twitch; Type I) 수의 증가 등 에너지 생성을 위한 산소 이용의 능력을 향상시킨다.

(8) 근육내 글라이코진의 함량과 피로와의 관계

근육내(혹은 간에서의) 글라이코진의 감소는 장시간 고강도의 유산소 운동(최대 산소 섭취량의 60~90%) 중 피로와 매우 밀접한 관련을 갖는다. 근육의 글라이코진의 함량이 수행력에 지대한 영향을 미치는 운동종목으로는 축구, 아이스하키, 필드 하키, 농구, 마라톤 및 크로스컨트리 스키 등을 들 수 있다. 이렇게 장시간동안 운동이 지속되는 운동의 경우 운동의 후반부 근과 간내 글라이코진 함량이 낮아지는데 이러한 시점에서는 소량이긴 하지만, 단백질의 분해에 의한 에너지 공급이 이루어지기도 한다.

하지만 단시간의 고강도(최대산소섭취량의 85~95%) 혹은 최대 강도의 운동시(60 초 이내에 끝나는 운동)의 운동 중 근육내 글라이코진 함량과 피로와의 관련성은 많지 않은 것으로 보인다. 왜냐하면, 이렇게 고강도의 운동시 더 이상 지속하지 못하는 순간에 근육 및 간에 여전히 상당한 양의 글라이코진이 남아 있기 때문이다.

(9) 탄수화물의 섭취와 경기력과의 관계

탄수화물의 섭취와 경기력과의 관계는 다음과 같은 조건들에 의해 다양한 결과를 낳을 수 있음.

탄수화물의 섭취는 탄수화물의 양과 유형에 따라, 액체를 섭취하느냐 아니면 고체형의 음식물을 섭취하느냐, 구강 섭취를 통하느냐 아니면 정맥을 통해 주입을 하느냐, 섭취 시기가 운동 전인가 아니면 운동 중 혹은 운동 후 인가에 따라 달라지게 된다. 또한 수행하는 운동의 유형이 무엇인가에 따라(달리기, 수영, 사이클링 등), 수행자의 체력 수준에 따라, 환경 온도나 그 외 조건들에 따라, 운동 강도와 지속시간에 따라(<30분 이하의 고강도 운동, 30-90분의 고강도 운동, 60-90분의 간헐적 고강도, >90분 이상의 고강도 혹은 중간 강도) 그 효과를 달리한다.

탄수화물의 섭취 시기에 따라 수행력 향상과 관련해 살펴보면, 운동 약 1~4시간 전에 탄수화물의 섭취는 상당히 긍정적인 효과를 발휘하는 것으로 증명되었다. 특히 1~4시간 정도 운동이 지속되는 운동시 그 효과를 분명해 진다. 운동 전 15분~1시간 전에 탄수화물의 섭취는 자칫 저혈당증을 일으킬 위험이 있고 특히 이 시기에 고혈당지수의 음식을 섭취하는 것은 피해야 한다. 운동 직전 즉, 운동 시작 5~15분전에 탄수화물의 섭취는 최대산소섭취량의 60~75%에 해당하는 지구성 운동시 운동 능력을 향상시킬 수 있다고 한다. 또한 많은 연구들에서 운동 중 탄수화물의 섭취는 혈중 글루코스의 농도를 유지해주어 피로한 느낌을 감소시켜 줌으로써 피로발생을 지연시킬 수 있다고 보고한 바 있다. 운동 중 탄수화물의 보충은 글루코스와 혈청 인슐린의 농도를 증가시켜 근육의 혈중 글루코스 이용을 증가시키고 이에 따라 근육내 저장된 글라이코진의 사용은 감소시켜 결국 운동시 근 및 간의 글라이코진 농도 감소를 지연시키게 되어 수행력의 향상을 가져 올 수 있게 된다. 이렇게 운동 탄수화물의 섭취에 의해 근육에 저장된 탄수화물의 소모율을 감소시키는 것을 글라이코진 비축 효과(Glycogen sparing effect)라 한다.

그렇다면, 탄수화물 섭취로 수행력의 향상을 이끌기 위해서 얼마만큼의 탄수화물을 섭취해야 하는가? 일반적으로 경기 4시간 전에는 1kg 당 탄수화물

약 4~5g(60kg 기준 약 240-300g)을 섭취하도록 되어 있다. 최고의 기량을 보이는 선수들의 경우 약 7~8g 정도의 섭취도 좋은 것이다. 경기 1시간 전에는 1kg당 1~2 g(60kg 기준 약 60-120g)의 탄수화물 섭취가 권장되며 경기 10분 전 상황에서는 40~50% 함량의 글루코스 중합체 용액의 섭취를 통해 50~60g의 탄수화물을 섭취하는 것이 좋다. 운동 중에는 매 15~20분마다 약 15~20g의 탄수화물이 함유된 5~10% 용액의 섭취가 좋다. 일반적으로 잘 알려진 게토레이(Gatorade) 240mL에는 약 14~18 g의 탄수화물이 함유되어 있다. 탄수화물의 보충을 위해 사용할 수 있는 것으로는 게토레이나 파워에이드(powerade)와 같은 스포츠 음료(14~18g; 6-8%), 스포츠젤리(jelly; 20~30g), 스포츠 바(bar; 19~50g) 등이 있다.

❍ 과당의 섭취가 글루코스를 섭취하는 것보다 수행력의 향상을 위해 더 효과적인가?

과당은 혈당 지수가 글루코스보다 낮아 장으로부터의 흡수가 천천히 일어나며 인슐린의 반응을 줄여주어 잠재적으로 저혈당증 유발의 위험을 줄여준다. 또한 섭취한 대부분의 과당은 간에서 글루코스로 전환되기 때문에 운동시 에너지 원으로 사용하는데 효과적일 수 있다. 연구자들은 이러한 배경을 두고 글루코스의 섭취와 비교했는데 결과적으로는 수행력의 향상에 있어 더 나은 효과를 발휘하지 않는 것으로 결론짓고 있다. 뿐만 아니라, 과당의 섭취시 장에서의 현저한 삼투압 현상으로 인해 소화기관의 거부감이나 설사를 일으키는 부작용을 보이기도 해 경기력에 오히려 부정적인 요인으로 작용할 수 있음을 지적하고 있다. 수행력의 향상을 위해 과당을 이용하고자 할 때는 묽게 해서 사용(6% 이하)하라고 권유하고 있음.

(10) 탄수화물의 섭취 시 고려해야 할 사항

탄수화물의 보충을 운동 현장에서 사용하고자 할 때는 몇 가지 고려해야 할 사항들이 있다. 첫째로, 자신이 수행하는 운동의 강도 및 시간을 파악해 탄수화물의 보충을 고려해야 한다. 장시간동안 힘든 운동을 수행해야 하는 경우에 탄수화물의 보충을 생각하는 것이 바람직하다. 둘째, 시합 상황에 적용하기 전에 개인에게 맞는 탄수화물의 유형을 파악해 사용한다. 셋째, 운동전 사용하고자 하는 탄수화물 용액의 농도가 본인에게 적절한지를 판단해본다. 지나치게 고농도의 탄수화물 용액을 섭취하는 경우 장내 삼투압에 영향을 미쳐 위나 장에 거부감을 유발해 경기력의 저하를 경험할 수 도 있기 때문이다. 마지막으로, 가장 중요한 요인이라 간주되는 것으로 경험을 통해 자신에게 최적의 탄수화물 보충 방법을 알고 있다면 그대로 적용해보라는 것이다.

(11) 장시간 운동 후 탄수화물의 재보충

직업적인 운동 선수들의 경우 하루에 2~3차례의 계획된 훈련을 수행하며 일반적으로 훈련과 훈련 사이에는 약 1~4시간의 휴식을 취한다. 이렇게 고강도의 힘든 훈련을 할 때 훈련과 훈련사이에 체력의 회복은 훈련의 효과를 높일 수 있는 방법일 뿐 아니라 훈련 중 체력의 저하에서 오는 부상을 예방하는데도 매우 중요하다. 이렇게 훈련과 훈련 사이에 적당한 탄수화물의 보충은 혈당의 유지 및 회복에 도움을 주고 근육내 글라이코진의 재합성에도 효과를 보이게 된다. 일반적으로, 감자, 빵, 글루코스 및 글루코스 중합체와 같은 고혈당지수의 식품을 섭취하는 것이 저혈당 지수 식품을 섭취하는 것보다 근육내 글라이코진의 회복 속도를 높인다고 한다. 4시간의 중간 휴식을 취하는 경우 운동 직후와 다음 훈련을 시작하기 2시간 전에 체중 1kg 당 1g의 탄수화물을 섭취하는 것이 좋다. 이렇게 훈련과 훈련 사이 및 매일매일의 적절한 트레이닝의 수행을 위해 충분한 탄수화물의 섭취가 이루어져야 함을 경기력의 향상을 위해 매우 중요한 것이라 할 수 있다. 일반적으로, 운동 후 근육내 글라이코진의 회복율은 시간당 5~7% 정도로 알려져 있다.

3) 지방 섭취와 운동 수행력

(1) 인체 내에서 지방의 역할

인체에서 지방이 하는 중요한 역할은 첫째, 신체내에서 잠재적으로 가장 많은 에너지를 공급원이다. 성인 남성의 경우, 지방으로부터 생성해 낼 수 있는 총 에너지는 약 94,500kcal(10,500g × 9.0kcal)로 이 정도의 에너지는 마라톤 경주를 할 때 약 120시간을 달려낼 수 있는 정도이다. 이는 약 90분 정도 달릴 수 있는 에너지(약 2,000kcal)의 생성이 고작인 탄수화물과 비교해 보면 그 양이 얼마나 많은 것인지 쉽게 알 수 있을 것이다. 지방은 또한 내부 장기들을 포함하는 인체의 중요한 기관들(심장, 간, 신장, 비장, 뇌, 척수 등)을 보호하는 쿠션(cushion)의 역할을 수행한다. 이러한 쿠션의 효과로 외부의 충격을 완화시켜 부상을 예방하는데 도움을 준다.

셋째, 추운 환경에 노출시 절연(insulation) 기능을 발휘한다. 북극에 사는 북극곰, 펭귄 및 바다사자 등은 추운 지방에서 견뎌내기 위해 체내 지방 축적량은 많게 하는 것을 보면 쉽게 이해를 할 수 있을 것이다. 지방을 통해 외부의 찬 공기로부터 체온을 유지시키는 기능을 발휘한다. 사람의 경우도 지방량이 많은 사람이 야윈 사람과 비교해보면 겨울철 추위에 견뎌내는 능력이 우수한 것으로 나타난다. 넷째, 지용성 비타민(비타민 A, D, E, K)의 운반체 역할을 수행한다. 이러한 이유로 만일 섭취지방이 전혀 없다면 이러한 지용성 비타민들의 부족증에 시달리게 될 것이다. 이러한 지용성 비타민의 운반을 위해 필요한 최소 지방량은 약 20g 정도로 알려져 있다.

(2) 지방의 분류

지방은 크게 단순지방(simple lipids), 파생지방(derived lipids), 및 복합지방(compound lipids)으로 분류된다. 단순지방은 일반적으로 지방이라 하는 것이며 중성지질이라고도 부른다. 인간이 섭취하여 인체에 저장되는 가장 일반적인 형태이다. 중성지질은 두 합성체가 결합된 형태로 즉, 3분자의 지방산(fatty acid)과 1분자의 글리세롤이 결합되어 존재한다. 이렇게 지방산과 글리세롤과 같이 알코올이 결합해 이루어지는 반응을 에스터(esterification)라 한다. 파생지방은 단순지방과 복합지방으로부터 파생된 것으로 이중 대표적인 것으로 콜레스테롤(cholesterol)을 들 수 있으며 스테롤은 동물의 조직에서만 발견될 수 있다. 콜레스테롤은 지방산을 함유하고 있지 않지만 물리적, 화학적인 특징들이

지방과 유사해 식이 섭취의 측면에서 지질로 분류하고 있다. 복합지방은 중성지방과 다른 화학물질이 잘 조합되어 이루고 있으며 인지질(phospholipid)이 복합지방을 대표한다고 하겠다. 인지질은 한분자의 글리세롤과 두 분자의 지방산 그리고 인산염을 포함하는 한 분자의 물질을 포함하는 지질의 한 형태이다.

지방산은 탄소, 산소, 수소원자의 결합체로 탄소가 결합되어 있는 길이에 따라 단쇄 지방산(short-chain fatty acid), 중쇄 지방산(medium-chain fatty acid), 그리고 장쇄 지방산(long-chain fatty acid) 등으로 구별한다. 단쇄지방산은 6개 미만의 탄소를 함유한 지방산을 나타내며, 중쇄지방산은 6~12개의 탄소가 결합되어 있는 지방산들을 말하며, 장쇄지방산은 탄소가 14개 이상 포함된 지방산을 말한다. 또한 지방은 포화도에 따라 포화지방산(saturated fatty acid)과 불포화지방산(unsaturated fatty acid)으로 구분된다. 포화지방산은 탄소 원자들 사이에 이중 결합을 포함하고 있지 않은 즉, 결합 가능한 수소이온 모두를 함유해 모든 화학적 결합이 꽉 차 있는 지방산을 의미한다. 이에 반해, 불포화지방산은 탄소 원자들 사이에 하나 혹은 그 이상의 이중 결합을 포함하고 있는 즉, 결합되지 않은 고리 혹은 이중결합의 여지가 있어 추가적인 수소이온을 흡수 가능한 지방산을 의미한다. 이러한 불포화지방산은 다시 하나의 이중결합을 포함하고 있어 두개의 수소이온과 결합이 가능한 단일 불포화(mono-unsaturated) 지방산과 두개 이상의 이중결합을 가지고 있어 4개 이상의 수소 이온과 결합이 가능한 다가 불포화(poly-unsaturated) 지방산으로 세분화된다. 상온에서 포화지방산은 고체의 형태를 띠고 있으나 불포화지방산은 액체의 형태를 유지한다.

글리세롤은 알코올이며 무색의 맑고 끈끈한 액체이다. 탄수화물의 대사 과정에서 부산물로 생성되기도 하며 간에서 당신생 과정을 통해 다시 탄수화물로 전환되기도 한다.

(3) 음식내 지방의 함유

일반적으로 육류와 우유를 포함하는 동물성 음식들은 지방을 많이 함유한 대표적인 지방 급원이다. 또한 이러한 육류로부터 섭취되는 지방에는 포화지방산의 함유량이 높다. 우유 한 컵에는 약 8 g(저지방 우유에는 약 0.5~1 g)의 지방이 함유되어 있으며 특히 건강에 좋은 않은 영향을 미치는 트란스(trans-) 지방의 경우 쇠고기, 버터, 우유에는 적은 양이 포함되어 있으나 튀긴 음식이나 완제품 음식들(마가린, 칩, 케잌, 쿠키)에는 상당히 많은 양이 포함되어 있다. 너트, 씨, 열매(올리브 등) 혹은 아보카도와 같은 대부분의 식물류에는 불포화지방산이 많이 함유되어 있으나 코코넛과 팜커넬과 같은 식물류에는 포화지방산의 함유량이 높다. 생선들 중 지방의 함유량이 많은 생선들은 불포화지방산의 좋은 급원으로 특히 연어와 고등어 등은 오메가-3 지방산을 함유에 건강에 매우 이로운 것으로 알려져 있다. 이에 반해, 저지방 음식들로는 광어와 참치를 포함하는 대부분의 생선류와 채소, 과일, 콩류 및 자연산 곡물류 등과 같은 식물류의 음식 등을 들 수 있다.

(4) 콜레스테롤 및 인지질

앞서 언급한 바와 같이, 콜레스테롤은 파생지방의 대표적인 형태이다. 스테롤이란 것은 동물성에서만 찾을 수 있다. 따라서 콜레스테롤은 동물성 급원으로부터만 섭취가 가능하다고 볼 수 있다. 드물게 빵이나 시리얼 류에도 소량 함유되기도 하는데 그것은 빵과 시리얼의 제조 과정에서 콜레스테롤을 함유한 동물성(주로 계란) 재료를 사용한 것에 기인한다. 콜레스테롤은 실제적으로 지방산을 함유하지는 않지만 많은 부분의 물리적/ 화학적 특성들이 지질과 유사해 지질로 간주된다. 콜레스테롤은 인체를 구성하는 모든 세포의 혈장막(plasma membrane) 에 분포되어 있으며 식사를 통해(exogenous cholesterol) 혹은 세포 내에서(endogenous cholesterol) 자체적으로 합성되기도 한다. 식사 시 섭취를 통하지 않더라도, 세포 내에서 자체적으로 합성되는 양이 하루에 약 0.5-2.0 g 정도이므로, 유아기를 제외한다면 외부로부터의 섭취 없이도 최소의 콜레스테롤 필요량은 충족된다고 할 수 있다. 또한 포화지방산의 섭취가 많을 경우 체내에서 합성되는 콜레스테롤의 양은 더 늘어나게 된다. 총 콜레스테롤의 70%는 간에서 합성되나, 동맥 혈관벽과 장에서도 합성된다.

인체에서의 콜레스테롤 축적은 밀도(density)차에 의해 카일로마이크론(chylomicron), 초저밀도 지단백질(very low density lipoprotein; VLDL), 저밀도 지단백질(low density lipoprotein; LDL), 및 고밀도 지단백질(high density lipoprotein; HDL)로 등으로 다르게 일어난다. 카일로마이크론은 중성지방 86%, 콜레스테롤 3%, 인지질 9%, 단백질 2%로 구성된 작은 방울의 형태를 지닌 안정된 분자이다. 식사중이나 식후에 소장림프관과 혈액에서 볼 수 있으며 흡수된 장쇄(long-chain)의 지방산과 콜레스테롤이 장으로부터 이동될 때 보여지는 형태이다. 이 후 간에서 대사화되어 사용되거나 혹은 지방조직으로 운반되어 저장되기도 하며 지용성 비타민(A, D, E, 그리고 K)등의 전달자 역할을 하기도 함. 초저밀도 지단백질은 많은 양의 중성지방(60%), 중등도 농도의 인지질 및 콜레스테롤, 그리고 소량의 단백질을 함유한다. 지방, 탄수화물, 알코올과 콜레스테롤로부터 생성된 중성지방을 간으로부터 근육과 지방조직으로 전달해 준다. 저밀도 지단백질은 흔히 나쁜 콜레스테롤("Bad" Cholesterol)로 알려진 것으로 콜레스테롤의 함량이 많고 인지질 및 단백질의 함량은 중등도이며, 중성지방의 함량이 적은 특징을 갖는다. 일반적으로 관상동맥질환의 주된 발병 요인으로 간주된다. 저밀도 지단백질과는 다르게 고밀도 지단백질은 흔히 좋은 콜레스테롤("Good" Cholesterol)로 간주된다. 중성 지방 및 콜레스테롤의 함량이 적고, 인지질의 함량은 중등도이며 단백질의 함량이 많아(45-50%) 밀도가 가장 높게 나타나는 특징을 보인다.

콜레스테롤은 인체에서 특유의 중요한 기능들을 수행한다. 콜레스테롤은 혈장막(plasma membranes) 을 이루는 주요 성분이며, 비타민 D 합성을 위한 전구체로 작용한다. 또한 부신(adrenal gland) 과 에스트로겐(estrogen), 안드로겐(androgen), 및 프로제스테론(progesterone) 등 다양한 호르몬의 전구체 역할을 수행하며 소화 중 지방의 합성에 관여하는 담즙(bile)을 형성하기도 한다. 콜레스테롤의 주요 공급원으로는 계란 노른자, 육류(red meats), 간, 신장, 뇌와 같은 기관, 조개류(shell fish) 특히 새우, 아이스크림, 크림 치즈, 버터, 전지 우유 등을 들 수 있으며 식물류의 음식에는 함유되어 있지 않다.

인지질은 중성지방에 있는 세 개의 지방산 중의 하나가 인산염으로 대체된 것으로 그러한 인산염은 phosphatidylcholine(choline+phospate), phosphatidylethanolamine

(ethanolamine+phosphate), phosphatidylserine(serine+phosphate), phosphatidylinositol (inositol+phosphate) 등이 될 수 있다. 일반적으로 중성지방의 경우 하나 이상의 이중결합을 가지고 있는 경우가 드물지만, 인지질들은 4개 정도의 이중결합은 가지고 있다. 더 많은 수의 2중 결합을 가질수록 지방산은 액체적 특성을 보인다. 인지질은 주로 세포막을 이루고 있어, 혈장막(plasma membrane), 미토콘드리아막(mitochondria), 핵막(nucleus), 라이소솜(lysosomes) 및 근형질세망(endoplasmic reticulum) 등의 막을 이루는 기본 성분이다. 일반적인 식이 섭취 시 섭취 지방의 약 95% 는 중성지방이며 나머지 5% 정도가 스테롤과 인지질의 형태를 보인다.

(5) 지질의 소화 및 흡수

지질의 소화 및 흡수 과정은 탄수화물과 비교해 복잡하고 장시간 소요된다. 고지방 식이를 하였다면 소화와 흡수를 위해 수 시간이 걸릴 수 있다. 섭취한 지질이 소화를 통해 소장에 이르게 되면 장으로부터의 호르몬 분비를 자극한다. 이 때 담낭에서는 담즙을 분비하며 이렇게 분비된 담즙염은 유탁제 역할을 하여 지질덩어리를 작은 덩어리로 깬다. 췌장(이자)에서는 지방 분해 효소인 라이페이즈를 분비하고 담즙염에 의해 형성된 작은 덩어리들을 가수분해를 통해 유리지방산, 글리세롤, 콜레스테롤, 및 인지질로 분해한다. 이렇게 분해된 지방 분자들은 장의 점막 세포로 흡수되어 카일로마이크론이란 지방 덩어리로 조합되어 장의 세포로 부터 이동하여 융모에서 유즙관을 통해 흡수된다. 또한 과다한 단백질과 탄수화물의 섭취는 결국 체내에서 지방으로 합성된다는 것을 기억해야 한다. 단백질의 아미노산은 acetyl-CoA로 전환 후 지방으로 합성될 수 있으며 탄수화물 역시 acetyl-CoA로 전환 후 지방으로 합성될 수 있다.

(6) 운동시 에너지원으로서의 지방

운동시 에너지의 생성을 위한 에너지원으로 지방은 매우 중요하다. 특히, 탄수화물과의 상호작용에 의해 복합적으로 사용되는데 운동의 강도와 시간, 식이 섭취 상태 및 개인의 훈련 상태 등에 따라 어떤 한 요인이 더 중요시되기도 덜 중요시되기도 한다. 운동 중 지방산은 다양한 원천으로부터 공급되는데, 카일로마이크론 내의 중성지질과 초저밀도 지단백에 의해 소량 공급되고, 혈장 유리지방산에 의해 다량 공급되며, 근육내 저장된 중성지질에 의해서도 일부가 공급되는 것으로 알려져 있다. 특히, 혈장의 유리지방산은 매우 적은 양으므로 호르몬 민감성 지방분해효소에 의해 지방조직의 지방을 분해 시켜 계속적으로 재 보충 된다. 이러한 유리지방산은 안정시 약 70%가 재 에스터화되어 중성지방을 형성하지만 운동 중에는 약 25% 만이 재 에스터화 되어 많은 지방이 에너지원으로 사용된다는 것을 암시하고 있다.

(7) 훈련이 운동 중 지방 산화에 미치는 영향

장기간의 유산소성 훈련은 신체내 지방 산화 능력을 향상시켜 훈련 전과 비교해 같은 운동 강도에서 지방으로부터 오는 에너지원이 늘어난다. 이러한 효과는 결국 근육과 간내에 저장량이 제한되어 있는 글라이코진의 소모를 줄여 수행력의 향상을 이끌 수 있게 된다. 마라톤과 같은 장시간의 운동 중 지방 사용량의 증가는 곧바로 수행력의 향상과 직결되는 것이라 할 수 있다. 장기간의 훈련으로 운동시 지방 사용량의 증가 원인은 지방세포의 에피네프린에 대한 민감도가 높아져 지방 분해가 쉽다는 것과 근육내 중성지방의 함량이 증가된 것, 운동시 케톤(ketone)을 효율적으로 에너지원으로 사용할 수 있는 역량의 보유 및 유산소적 산화과정에 관여하는 효소 의 활성도 증가 및 지방 분해를 촉진하는 카니틴의 기능 향상 등이 서로 맞물리기 때문이라 할 수 있다.

(8) 운동시 지방산 동원을 향상시키기 위한 방안들

운동시 지방산 이용의 증가가 장시간 지속되는 운동 중 수행력의 향상과 밀접한 관계를 보임에 따라 운동시 지방산 이용의 증가를 이끌어낼 수 있는 다양한 방법들이 시도 및 개발되고 있다. 식이요법 및 섭취보충제의 복용, 심지어 약학적인 방법을 이용한 지방산 분해 및 섭취 촉진제의 사용 등은 이들의 예이다. 식이요법의 사용은 근내 지방 함량과 혈청 유리지방산의 수치를 높이기 위해 고지방 식사, 단식, 혹은 혈관으로의 지질 투여 방법 등이 사용되고 있으며 섭취 (음식) 보충제 및 약물의 사용은 중쇄지방산 및 글리세롤, 혹은 카니틴(carnitine)의 복용 등의 방법을 이용해 체내에서 산화될 수 있는 지방의 공급을 통해 지방 대사율을 높이고자 하는 목적을 가지고 사용되고 있다. 약물 사용의 대표적인 예로 카페인을 들 수 있을 것이다.

① 고지방 식이요법

고지방 식이를 통해 체내 지방 이용률을 높이고자 하는 시도로 다양한 연구모델이 시도되어져 왔다. 지방의 섭취 시 소화와 흡수를 위해 상당 시간이 필요하므로 이렇게 긴 시간의 소모를 피하기 위해 지방 유액을 주사로 투입하는 방법을 사용하였다. 이것을 Intralipid Infusion이라 한다. 이와 같이 intralipid infusion을 운동 수시간전부터 시도한 경우 키톤 사용의 증가 및 글루코스 사용의 감소를 보이는 데는 성공하였으나 유리지방산의 사용 증가와 근글라이코진의 사용량 감소 등의 효과는 거두지 못했으며, 실제적인 수행력의 향상도 관찰하지 못했다. 운동 1~2일 전부터 고지방 식이 섭취를 시도한 경우 역시 지질 대사의 향상은 보였으나 수행력의 향상을 관찰하는 데는 역시 실패하였다. 지방 식이를 장기간 함으로써 신체가 적응할 수 있는 시간을 충분하게 제공하는 경우에서는 연구의 결과가 인간을 대상으로 한 경우와 실험용 동물을 사용한 경우가 다르게 나타났다. 인간에게 있어서는 최대 10여일 간의 고지방 식이로 인한 수행력의 향상은 관찰하지 못하였다. 실험의 결과들이 제시하는 것은 지방 산화의 향상은 뚜렷하게 나타났으나 탄수화물의 저장량 감소로 인해 실제적으로 수행력을 연장시키는 데는 실패한 것으로 결론내리고 있다. 하지만, 동물을 모델로 한 많은 실험 결과들은 장기간(4~12주)의 고지방 식이 섭취가 분명한 수행력의 향상을 이끄는 것으로 제시하고 있다. 최대산소섭취량의 증가를 비롯한 유산소 대사에 관여하는 효소 활성도의 향상, 심지어 지방 산화에 관련된 많은 유전자들의 발현 증가 등 주목할 만한 많은 결과가 함께 제시되고 있다. 인간은 대상으로 하는 연구와 동물을 대상으로 하는 연구의 결과가 다른 이유에 대해 좀 더 많은 연구들을 통해 밝혀져야 할 것이다.

② 단식 요법과 지방 산화 능력의 변화

단식을 통해 지방 산화를 증가를 유도한 후 중강도의 운동 수행을 관찰한 결과 수행력의 향상을 자져오지 않는 것으로 결론을 내리고 있다. 24시간의 단식으로 혈장 유리지방산 농도는 증가하지만 근의 글라이코진 저장량은 감소해 결국 운동 중 저혈당증의 발생을 유발하였다. 이로 인해 수행력의 향상보다는 종종 수행력의 감소 현상을 보이기도 한다.

③ 중쇄 지방산의 섭취와 운동 수행력의 변화

중쇄 지방산은 장쇄 지방산과는 다르게 수용성의 성질을 나타내며 소장에서의 흡수가 빠르게 일어난다. 또한 운반이 카일로마이크론에 의해서 일어나는 것이 아니고 간에 의해 직접적으로 일어나므로 글루코스를 섭취한 후 실질적으로 에너지를 생성하는 시간과 유사하게 산화(섭취 후 약 30분)를 한다. 1990년대 중반 이 후 몇몇의 연구들에서 섭취량을 다양하게 변화시키며 수행력의 향상을 관찰하였다. 대부분의 연구들에서 운동 1~4시간 전에 25~86g의 중쇄 지방산을 섭취시켰을 때 지방 산화의 증가는 관찰하였으나 수행력의 변화까지는 관찰하지 못했다. 하지만 일부의 연구에서는 수행력의 향상을 보고한 바 있어 여전히 섭취량의 차이에 따라 혹은 탄수화물과 혼합 섭취했을 때의 변화 등에 대해 체계적인 연구가 요구된다 하겠다.

④ 글리세롤의 섭취와 운동 수행력

글리세롤이 간에서 글루코스로 전환된다는 점을 이용해 글리세롤의 추가 섭취에 의해 운동 중 에너지원의 공급을 원활하게 하고자 해 사용되기도 하며 혹은 글리세롤을 통해 신체 내 과수화(hyperhydration) 상태를 유지하고 할 목적으로 사용하기도 한다. 이제껏 나타난 결과들은 글리세롤의 섭취가 지구력 운동 수행 중 저혈당증이나 근 글라이코진의 고갈을 막지 못하는 것으로 나타났으나 운동 전 혈장을 포함한 인체의 수분을 증가시켜 심혈관 기능을 향상시키고 체온의 유지에 효과를 발휘하는 것으로 보고하고 있다.

⑤ 카니틴의 복용과 운동 수행력

카니틴은 지방산이 미토콘드리아로 운반되는 것을 도와 지방 산화율을 높여주는 것으로 알려져 있다. 또한 미토콘드리아내 산화 효소의 증가를 나타내고 pyruvate의 산화를 촉진시켜 글루코스의 사용이 증가하고 운동 중 젖산의 생성을 줄여준다. 이와 같이 긍정적인 효과를 발휘할 수 있는 이론적 근거는 충분하지만 실제 연구결과에서는 효과에 대해 검증되지 못하고 있다. 카니틴의 추가 섭취 (하루 2g씩 복용)가 훈련 중 생기는 카니틴의 유실을 보충해 주고 혈장 카니틴의 수치를 높이는 것은 확인됐으나 운동 2시간 전에 복용하는 경우와 일주일 동안 하루에 6g식을 복용하는 경우 그리고 만성적인 복용에 의한 유산소적 능력의 향상의 효과를 보고한 연구는 거의 없다. 좀 더 많은 연구를 통해 그 효과가 검증되어야 할 것으로 보인다.

⑥ 카페인 섭취와 운동 수행력

카페인은 중추신경 자극제로 많이 사용되고 있으며 심장기능, 혈액순환, 부신관에서의 에피네프린의 분비를 자극시킨다. 에피네프린은 근육수축에 효력을 더하고(칼슘의 분비), 근육과 간의 글라이코진 분해율을 증가시키며, 근내 중성 지질의 사용을 증가시킴과 함께 안정 시 혈액내의 유리지방산의 농도를 증가시키는 것으로 알려져 있다. 이러한 생리적 효과가 운동수행력에 영향을 미칠 수 있다고 해 1972년 올림픽 조직 위원회(International Olympic Committee; IOC)에서는 운동 선수가 카페인을 사용하는 것을 금지시켰다. 그러나, 카페인이 매우 대중성을 갖고 있어 커피를 비롯한 일상적으로 소비하는 음료 등에도 카페인이 함유되어 있어 규제에 대한 타당성에 논란이 있은 후 1972~1982년 기간 동안에 일시적으로 이러한 금지규정을 해제했으나 수행력에 미치는 효과가 분명해 지면서 1984년 L.A. 올림픽 때부터 다시 카페인의 사용을 규제하게 되었다. 약 800mg의 카페인을 2~3시간 내에 섭취하면 규제의 한계를 넘게 된다. 규정 한계는 뇨 중 12ug/mL 이상으로 되어 있다. 70kg의 성인 남성을 기준으로 카페인 100mg을 섭취 시 약 1.5ug/mL의 카페인을 뇨로 배출한다. 배출은 체중에 따라 달라진다.

일상적으로 많이 접하게 되는 음료 내에 함유되어 있는 카페인의 양은 커피

한잔에 100-150mg, 차 한잔에 20~50mg, 콜라 한잔 35~55mg, 고농도의 청량음료에 55~110mg정도이다. 일반적으로 커피를 연속해서 5~6잔 마시게 되면 부적격 선수를 판정을 받을 수 있다. 병원에서는 환자의 치료의 목적으로 100~300mg의 카페인을 사용하기도 한다.

카페인에 대한 연구는 1970년대 후반, 미국의 David Costill의 실험실에서 이루어져 카페인이 지구력을 향상시킨다는 보고를 하였다. 이 후 카페인의 근글라이코진 보존에 미치는 긍정적인 효과 등이 부각되어 많은 후속적인 연구가 이루어졌다. 최근에는 강한 강도의 운동과 짧은 시간의 운동시에도 카페인이 에르고제닉 효과를 발휘할 수 있다는 가능성이 제시되기도 했다. 카페인이 수행력에 미치는 영향을 연구하기 위해 투여량을 달리하면서(3~15mg), 운동 유형에 따라(파워, 근력, 반응시간, 짧은 지구력, 장기 지구력 등), 운동 강도에 따라(최대하 운동, 최대 운동), 훈련된 정도에 따라(훈련 군과 비훈련 군), 운동 전 식사를 했는가에 따라(고탄수화물, 혼합), 피험자의 카페인 사용 여부에 따라(사용자, 비사용자), 개인의 카페인에 대한 민감성 차이에 따라(민감자, 비민감자) 등 다양한 모델을 적용해 왔다. 이러한 연구들을 통해 나온 총설은 다음과 같이 요약될 수 있다.

총설 ①. 200~400mg의 카페인 섭취는 긴장감을 높여 단순 반응시간을 향상시킬 수 있으나 400mg 이상 섭취 시 불안과 신경과민을 부를 수 있다.

총설 ②. 30분 이하의 고강도 운동시 운동 능력의 향상과는 무관하다. 최근에 상반된 보고들이 나오고 있어 논란의 여지가 있음.

총설 ③. 안정 시 카페인이 혈청 유리지방산의 수치를 높인다. 하지만 운동 중 카페인 섭취에 의한 유리지방산의 상승에 대해서는 여전히 통합된 결론이 내려지고 있지 않다.

총설 ④. 만일 운동 중에 카페인이 유리지방산의 수치를 높인다 하더라도 이러한 유리지방산이 운동 중에 실제적인 에너지원으로 사용된다는 점은 여전히 정확히 알려지지 않고 있다.

총설 ⑤. 운동 전 카페인의 섭취는 근글라이코진의 보존효과를 낸다.

총설 ⑥. 1시간 이상의 지구력 운동시 일반적으로 경기력 향상에 도움을 준다고 한다. 이러한 효과는 심리적 각성(긴장 및 무드와 같은 심리적 과정을 자극)에 의해 에피네프린의 농도 증가에 의한 것으로 보여진다.

총설 ⑦. 고탄수화물의 식사 내지는 시합 전 탄수화물의 보충은 인슐린 분비를 자극시켜 카페인의 대사적 효과를 무효화시킨다.

총설 ⑧. 카페인은 이뇨제이며 대사를 촉진시킨다. 시합 전 수분 손실의 증가와 대사량 증가는 따뜻하고 습도가 높은 환경에서 운동 능력을 저하시킬 수 있다.

총설 ⑨. IOC 규정을 초과하지 않는 한도 내 권장량은 약 8~10mg/kg 정도이다.

총설 ⑩. 개인에 따른 약물의 반응이 다를 수 있으므로 주의를 요한다. 부작용이 있는지 확인하고 부작용이 있으면 사용을 금한다.

총설 ⑪. 시합에서 곧바로 사용하기 보다는 훈련과정에서 실험해 본 후 사용 1~2 잔의 커피를 마셔보고 훈련을 실시. 혹은 카페인이 정상적으로 함유된 커피를 마시거나 혹은 카페인을 제거한 커피를 마셔보아 그 차이를 느껴본다.

4) 단백질과 운동 수행력의 변화

단백질은 인체에 필요한 필수 영양소 중의 하나로 탄소(carbon), 수소(hydrogen), 산소(oxygen) 및 질소(nitrogen)가 결합되어 있는 복합체이다. 이러한 네 원소들이 어떻게 결합되어 있느냐에 따라 서로 다른 20종의 아미노산(amino acid) 으로 나뉘어 진다. 20종의 아미노산들은 1806년 asparagine 처음으로 발견된 이 후 1938년 Threonine이 발견될 때까지 긴 세월을 통해 확인되었다. 각각의 아미노산은 아미노기(NH_2)와 산기(카복실기 COOH)를 가진다.

인간은 정상적인 성장과 발달 및 건강의 유지 증진을 위해 반드시 필요한 영양소를 필수 영양소라 하며 이러한 필수 영양소는 8가지로 구성되어 protein, thiamin, riboflavin, niacin, vitamin A & C, iron, calcium 등을 포함한다. 이와 같이 단백질은 인체에 반드시 필요한 필수영양소 중에서도 으뜸이라 할 수 있다.

(1) 단백질의 형성

단백질이 합성되기 위해서는 수천 개의 아미노산들이 결합되어야 하는데, 두개의 아미노산 분자가 펩타이드 결합(peptide bond)을 이루고 있는 것을 이중 펩타이드(di-peptide)라 하고, 세 개의 아미노산들이 두개의 펩타이드 결합을 하고 있는 것을 삼중 펩타이드(tri-peptide)라 한다. 이러한 방식으로 사중 펩타이드(tetra-peptides), 오중 펩타이드(penta-peptides)를 만들어낸다. 이렇게 몇 개의 아미노산들이 구조적으로 결합되어 있을 때 이를 올리고펩타이드 (oligo-peptide)라 부르며, 여러 개의 아미노산들이 펩타이드 결합을 하고 있을 때 이것을 폴리펩타이드(poly-peptide)라고 한다. 이와 같이 수천 개의 아미노산들이 펩타이드 결합에 의해 커다란 분자를 이루게 되는데 이를 단백질(protein)이라 한다. 흔히 단백질과 폴리펩타이드란 용어를 혼용해 쓰는데, 폴리펩타이드는 분자량이 10,000이하를 보일 때 사용하는 용어이다.

(2) 필수 아미노산과 불필수 아미노산

인간은 동물과 식물 모두로부터 단백질을 공급 받는다. 인간에게 필요한 20가지의 아미노산 중 11종은 인체 내에서 자체 합성이 가능해 불필수 아미노산이라 하며 나머지 9종은 인체 내에서 자체 합성이 불가능해 반드시 외부로부터 섭취를 통해 공급될 수 있다는 점에서 필수 아미노산이라 한다. 기억해야 할 것은 필수 아미노산이든 불필수 아미노산이든 인간의 성장과 신체 기능의 적절한 유지를 위해서는 모든 아미노산이 동시에 필요하다는 것이다. 자연으로부터 섭취하는 동물과 식물에는 이러한 20종의 아미노산이 모두 포함되어 있으나 특정 아미노산의 함유량은 모두 다르므로 되도록 음식 섭취를 골고루 해야 아미노산의 부족에 의해 일어나는 문제가 없게 될 것이다.

식사시 단백질 공급을 고려할 때는 필수 아미노산들이 충분히 함유되어 있는지를 점검해야 한다. 일반적으로, 총 단백질 섭취 중 약 1/3을 동물성 급원으로부터 하라고 권장한다. 왜냐하면 동물성 식품에는 이러한 필수 아미노산들이 골고루 함유되어 있기 때문이다. 성장기의 아이들이나 임산부, 수유부 및 회복기 환자들에게는 일반 권장량보다 많은 양이 공급될 수 있도록 주의를 기울여야 한다. 섭취된 단백질은 체내 소화과정을 거쳐 아미노산으로 분해되며 이러한 개개의 아미노산들은 소장에서 흡수된 후 새로운 조직을 만드는데 사용되어 신체조직을 형성하거나, 호르몬 및 다양한 효소의 합성 혹은 점액물질을 만드는데 사용된다.

표 5-9. 단백질을 구성하는 아미노산

필수 아미노산	불필수 아미노산
Histidine	Alanine
Isoleucine	Arginine
Leucine	Asparagine
Lysine	Aspartic Acid
Methionine	Cysteine
Phenylalanine	Glutamic acid
Threonine	Glutamine
Tryptophan	Glycine
Valine	Proline
	Serine
	Tyrosine

(3) 완전 단백질과 불완전 단백질

단백질을 분류할 때 고영양가(high nutritive value food; 혹은 양질의) 및 저영양가(less nutritive value food; 저질의) 단백질로 나누는 경우가 있다. 고영양가 단백질이란 필수 아미노산이 골고루 함유된 양질의 단백질을 의미하며 육어류, 우유, 달걀 등 동물성 식품 급원으로부터 얻을 수 있다, 이에 반해 저영양가 단백질이란 필수 아미노산 중의 일부의 함유량이 없거나 부족한 경우의 저질의 단백질을 의미한다. 예를 들면, 곡류는 lysine이란 필수아미노산이 부족하고 두류는 methionine이란 필수아미노산이 부족함. 따라서, 저영양가 단백질을 섭취하는 경우 음식을 골고루 섭취해 상호보완적인 효과를 얻는 것이 중요하다.

이와 비슷하게 단백질 급원을 분류할 때 완전 단백질 혹은 불완전 단백질로 나누기도 한다. 완전 단백질을 고영양가 단백질과 흡사한 개념으로 9가지 필수 아미노산을 모두 적정하게 포함한 음식을 일컬으며 이와 반대적인 개념에서 불완전 단백질은 저영양가 단백질과 같은 개념으로 사용한다. 일반적으로 동물성 식품이 식물성 식품보다 양질의 단백질 공급원으로 알려져 있다. 식물성 단백질이 비록 동물성 단백질과 비교해 질적으로 떨어지고 단백질의 총 함유량도 적긴 하지만 식물성 음식들을 적정한 비율로 섭취한다면, 균형 있는 아미노산의 섭취를 취할 수 있다. 일반적으로, 식품 내 단백질 함유량은 육류, 치즈, 두류, 땅콩 등의 경우 총 중량의 약 25%, 곡류의 경우 약 8~12%, 과일과 채소의 경우 1~4%를 보인다.

(4) 단백질의 섭취 권장량

단백질의 섭취 권장량은 연령에 따라 달라져 1kg 당 건강한 성인의 경우 0.8~1.2g, 유아의 경우 2~3g, 청소년의 경우 1.2~1.7g 이다. 성장기의 어린이들은 조직의 형성을 위해 많은 양의 단백질 섭취가 필요한 것이며 성장이 끝난 젊은 성인의 경우는 단백질의 필요량이 안정되고 노년기로 갈수록 단백질의 필요량은 감소한다. 하루 총 열량 섭취에서 단백질로부터 약 12~15%를 취하는 것이 좋다. 일반적으로 단백질 필요량은 다음과 같이 쉽게 구할 수 있다.

연령대에 맞는 kg 당 단백질 필요량 × 체중 (kg) = 일일 섭취가 필요한 단백질의 양

표 5-10. 연령대별 단백질 섭취 요구량

연령 (년)	g/kg 체중
0.0-0.5	2.2
0.5-1.0	1.6
1.0-3.9	1.2
4.0-6.9	1.2
7.0-14	1.0
15-18	0.9
>19	0.8

이렇게 섭취하는 총 단백질 중 약 10~15%는 필수 아미노산으로 구성되어야 하며 정상 성인의 경우 약 6~7g에 해당된다. 평균 남성에게 있어 하루 약 56 그램의 단백질 섭취가 필요한데 이를 양질의 동물성 급원에서 얻는다면 약 45 그램의 섭취로 충분할 것이지만 필수 아미노산이 충분하지 않은 식물성 급원으로부터 충족시키고자 한다면 약 65그램의 단백질을 섭취해야 한다. 이러한 이유에서 단백질의 섭취 시 동물성 급원과 식물성 급원의 비율이 70:30 정도가 되도록 권장하고 있다. 일반적으로, 우유 한 컵에는 하루 권장 섭취량의 20%(약 8g)에 해당하는 단백질이 함유되어 있다고 하며 하루에 우유 두 잔과 계란 한 개 그리고 85그램의 육류와 생성 및 가금류를 섭취하면 하루 권장 섭취량을 충족시키게 된다.

표 5-11. 필수 아미노산 일일 섭취 권장량

	RDA (mg/kg)	총량 (mg)
Histidine	8~12	560~840
Isoleucine	10	800
Leucine	17	980
Lysine	12	840
Methionine + Cysteine	13	910
Phenylalanine + Tyrosine	14	980
Threonine	7	490
Tryptophan	3.5	245
Valine	10	700

(70kg의 성인을 기준으로 한 것임)

(5) 단백질의 분해와 합성

단백질은 소화 중 위와 소장에서 분비되는 프로테아제(protease)에 의해 폴리펩타이드로 분해되고 다시 각각의 아미노산으로 분해된다. 이렇게 분해된 각각의 아미노산은 소장의 내벽으로 흡수되어 혈관을 통해 문맥정맥(portal vein)을 통해 간으로 들어간다. 간은 인체에 필요한 다양한 단백질의 합성을 위해 아미노산의 균형적인 흡수를 일으킨다는 점에서 아미노산 대사에 매우 중요한 역할을 한다고 볼 수 있다. 이와 같이, 흡수된 아미노산은 혈액으로 분비되어, 자유롭게 혹은 알부민(albumin)과 같은 혈장 단백질과 결합해 이동 목표조직으로 옮겨지게 된다. 인체에서 아미노산이 수행하는 가장 중요한 대사적 역할은 근육 조직과 같은 구조적인 단백질 혹은 효소와 같은 기능적인 단백질을 합성해 내는 것이며 또한 세포에 필요한 단백질을 합성하는 것이다. 인체 내의 세포는 아미노산의 질소를 이용하여 크레아틴과 같은 비단백질소 복합물을 만들기도 하며 근세포는 액틴과 마이오신과 같은 수축성 단백질 및 효소의 합성을 이루어낸다. 또한 에너지 생산을 위한 인산-크레아틴을 생성하기도 하며 당신생(gluconeogenesis)이라는 과정을 거치며 당(즉, 글루코스)을 생성하기도 한다.

(6) 인체 내 단백질과 아미노산의 주요 기능

인체내 단백질은 인체의 거의 모든 기능에 참여한다. 첫째, 단백질은 모든 체 조직의 형성에 사용되는 주영양소로 소년기와 청소년기 때와 같이 성장이 급격하게 이루어지는 시기에 특히 중요하다. 둘째, 단백질은 대사를 조절하는데 필수적인 영양소로 거의 모든 효소(특히 미토콘드리아 내의 산화관련 효소들) 및 대부분의 호르몬을 이루는 구성 성분이다. 또한 헤모글로빈과 마이오글로빈 등의 단백질을 구성해 운동 중 대사조절에 있어 필수적인 역할을 담당하게 된다.

셋째, 단백질은 또한 체수분 균형의 유지, 산-염기 균형, 혈액 응고 과정의 조절, 감염의 방지 및 병에 대한 면역계의 발달 등에 관여한다. 넷째, 장시간의 운동시 에너지원으로 사용될 수 있으므로 근조직의 증가를 꾀하는 선수들에게 충분한 양의 단백질을 공급해 주어야 한다. 다섯째, 혈액에서 유리지방산, 지단백질과 같은 영양소의 운반체 역할을 한다.

(7) 운동 중 단백질로부터의 에너지 공급

운동 중 단백질의 에너지원으로서의 기능은 미미한 것으로 간주된다. 대부분의 운동 상황에서 총 에너지 공급의 5% 미만을 보인다고 한다. 하지만, 지구력 운동의 후반부에서는 저장된 탄수화물이 감소하면서, 단백질이 에너지원으로 사용되어 단백질로부터의 에너지 생성이 총에너지 사용의 15%에 이른다는 보고도 있다. 단백질 분해의 증가는 근 글라이코진의 함량이 약 33~35% 가량 고갈되는 시점부터 시작된다고 한다. 그러나 현재까지도 개개의 특정 아미노산으로부터 생성되는 에너지에 대한 공헌도를 살핀 연구들은 부족한 상태이다.

장시간의 운동시 일어나는 단백질의 분해는 단백 분해 효소의 활성에 의해 일어나는데 이러한 단백 분해 효소의 활성 증가가 근원섬유내 단백질의 분해를 일으켜 여러 아미노산의 분비를 일으키고 이러한 아미노산들이 다양한 대사과정을 통해 에너지를 생성해 내는 과정을 밟게 된다. 분지 아미노산의 하나인 루이신(leucine)의 예를 들어보면, 운동시 루이신(leucine)의 산화가 증가하는 것은 루이신이 분해된 후 근세포의 초성포도산염(파이루빅 산)과 결합하여 알라닌과 알파-케토산으로 전환되어 이 후 알파-케토산이 크렙스 사이클로 들어가 에너지를 생산하게 된다. 생성된 알라닌은 혈관으로 배출되어 간으로 이동한 후 글루코스-알라닌 사이클을 통해 글루코스로 전환된다.

(8) 단백질 대사에 미치는 훈련의 효과

지구력 훈련 후에 근육에서의 루이신과 다른 분지아미노산의 산화가 증가하는데 훈련을 통해 이러한 아미노산의 산화의 증가를 설명하는 정확한 기전은 아직 밝혀지지 않고 있다. 훈련 전후를 비교하여 중강도의 운동시, 단백질 분해로 인한 질소 부산물인 암모니아의 생성과 축적을 감소시키기도 한다. 체내 암모니아 농도의 증가는 젖산의 증가와 같이 피로의 유발과 깊은 관련을 맺는 것으로 알려져 있으므로 훈련을 통해 운동시 암모니아의 생성 혹은 축적량을 줄인다는 것은 피로 발생의 시점을 늦추는 효과를 발휘한다고 할 수 있을 것이다. 이렇게 암모니아의 생성이 감소하는 것은 아마도 아미노산이 분해 후 아미노기가 암모니아를 형성하는 대신 질소가 알라닌과 같은 다른 아미노산들과 작용하여 근육에서 간으로 이동하기 때문으로 이해된다. 운동시 단백질의 분해가 발생하더라도 훈련 후 회복기에 단백질의 합성이 훈련전과 비교해 증가하는 현상을 보이는데 이는 운동이 유전정보를 자극해 단백질 합성을 촉진하도록 하기 때문으로 보인다. 이러한 측면에서 규칙적인 유산소 운동이 미토콘드리아 내의 산화과정에 참여하는 효소의 합성을 촉진해 에너지 생성을 증대시킨다는 것과 또한 부하 운동을 통해 수축성 근단백질의 합성이 촉진된다는 것이 이해될 수 있을 것이다.

(9) 분지아미노산의 섭취와 운동 수행력

분지아미노산은 필수 아미노산 중 leucine, valine, 그리고 isoleucine을 지칭하는 것으로, 영국의 Eric Newsholme이 중앙 피로 가설을 주창하며 피로 발생과 연관성이 있다는 연구 논문의 발표 이 후 많은 사람들이 시도해왔음. 중앙 피로 가설에서 혈청 유리-트립토판(free-tryptophan fTRP)과 저농도의 BCAA(혹은 높은 fTRP:BCAA 비율)가 장시간의 지구력 운동시 피로를 유발하게 한다고 하였다. 이와 더불어, 혈청 BCAA를 에너지 대사와 관련지어 BCAA가 에너지를 생성하는데 사용되므로 BCAA 수치의 감소는 궁극적으로 마라톤과 같은 지구력 운동을 감소시킨다는 연구도 있어 왔다. 이러한 가설들은 다수의 연구들로부터 지지를 받아 그렇다면 지속적인 운동시 혈청 BCAA 농도가 떨어지는 것을 방지해 줄 수 있다면 혹은 BCAA 투여 혹은 섭취를 통해 혈중 BCAA 농도를 정상 이상으로 높일 수 있어 에너지 생성을 위해 사용할 수 있다면 운동수행력의 향상을 기대할 수 있을 것이라 하여 많은 후속 연구가 이루어지고 있는 상태이다. 특히, 최근에는 탄수화물 용액과 BCAA 보조제의 사용을 병행했을 때 탄수화물만을 섭취한 그룹과는 차이가 없었으나 위약을 사용한 그룹과 비교해 지구성 능력의 향상을 가져왔다고 해 후속 연구 결과들의 발표가 기대되고 있음.

5) 비타민과 운동

비타민은 인체에서 필요한 유기 화합물(organic compounds) 그룹으로 6대 영양소 중에 그 저장량이 가장 적은 영양소이다. 비록 필요량은 소량이지만 조직 내 세포의 정상적인 대사작용 및 성장, 유지를 위해 반드시 필요한 것이 비타민으로. 현재 총 13가지의 비타민이 발견되었다.

(1) 비타민의 기능

인체에서 비타민이 수행하는 역할을 다양하다. 첫째, 조효소(coenzymes or cofactors) 기능을 담당한다. 이러한 조효소의 기능은 수용성 비타민이 주로 수행하는 기능으로 효소와 조효소가 결합해 활성화된 복합체를 형성한다. 활성화된 효소는 기질과 결합을 해 기질을 필요한 곳에 사용케 하면서 다시 효소와 조효소로 분리시킨다. 둘째, 인체를 유리기로부터 보호해 주는 항산화제(antioxidant)의 기능을 수행한다. 이러한 항산화제의 기능을 수행하는 것은 비타민 A의 전구체인 베타-캐로틴(β-carotene)과 비타민 C, 그리고 비타민 E 등이다. 항산화 효소를 일반적으로 유리기 제거 효소(free radical scavenger)이라고 하며 세포 조직의 손상을 예방하는데 효과적으로 작용한다. 항산화 효소로서의 기능을 발휘하기 위해서는 반드시 구리(Copper), 아연(Zinc), 셀레니움(selenium)과 같은 특정 영양소를 함께 포함하고 있어야 한다. 인체는 자체적으로 항산화 효소인 superoxide dismutase, glutathione peroxidase, 그리고 catalase 등을 생성해 내며 이렇게 비타민으로부터 획득하는 항산화제는 외부로부터 오는 것이라 볼 수 있다. 셋째, 호르몬의 기능을 수행하는데 이러한 기능은 주로 지용성 비타민에 의해 수행이 된다. 비타민 D(calciferol) 는 인체에서 스테로이드성 호르몬으로 작용해 햇빛(자외선 ultraviolet radiation)을 받으면 스테롤 계통의 화합물인 7-dehydrocholesterol이 cholecalciferol로 전환되어 인체에서 사용될 수 있게 된다. 즉 신장에서 비타민 D가 생성된 후 다른 호르몬과 마찬가지로 혈액을 순환하고 인체 대사의 촉진을 위해 여러 조직에서 기능을 발휘함. 비타민 C의 경우 에피네프린(epinephrine)의 형성에 중요한 역할을 하지만 호르몬으로는 분류되지 않는다. 넷째, 에너지의 대사 반응에 참여하는 기능을 지닌다. 비타민은 실제적으로 에너지를 공급하지는 않지만(즉 아무런 열량의 공급도 하지 않음) 인체 내의 많은 반응을 조절하며 최적의 건강 상태를 유지하기 위해 필수 불가결한 영양소이다. 비타민은 하지만 단백질이나 무기질(mineral)과 다르게 인체 기관의 구성에는 크게 공헌하는 바가 없다.

표 5-12. 대사 반응에 참여하는 비타민

대사적/생리적 체계	필요한 비타민
Glycolysis (해당과정)	Niacin
Gluconeogenesis (당신생과정 젖산, 알라닌, 글리세롤을 글루코스로 전환)	Niacin
글라이코진 분해 및 합성	Pyridoxine
지방산의 산화	Niacin, riboflavin, pantothenic acid
Krebs (TCA) Cycle	Thiamin, riboflavin, niacin, pantothenic acid
Electron transport chain	Riboflavin, niacin
아미노산 분해/합성	Pyridoxine
DNA/RAN 합성 및 세포 분열 (적혈구 합성)	Folic acid, cobalamin
신경계 조절의 기능	Thiamin, pyridoxine, cobalamin, ascorbic acid
항산화 기능 (유해 산소로부터 세포를 보호)	Ascorbic acid, Vitamin E

(2) 비타민 부족증

인체내에서 비타민의 결핍정도는 4단계로 구분(Hornig에 의해)되어 나타난다. 초기 단계에서는 비타민의 섭취량 내지는 생리적인 유용성의 부족을 보이는 단계이나 인지하는 것이 매우 어렵다. 두 번째는 생화학적 결핍단계로 비타민의 체내 저장량이 감소해 혈액 혹은 조직의 생화학적 테스트에 의해서는 발견될 수 있으나 스스로가 인지하기에는 힘든 단계이다. 세 번째는 생리적 결핍단계로써 식욕의 감퇴와 신체 피로 등의 증상을 경험하게 된다. 이러한 단계에서는 잠재적 비타민 결핍증 혹은 비임상적 영양 불량증으로 볼 수 있다. 이러한 단계를 지나게 되면 임상징후로 나타나는 비타민 결핍 단계로 악화되는데 이러한 단계에서는 빈혈(엽산과 비타민 B_6의 결핍에 의해) 증상을 흔히 보이게 된다.

❍ 비타민 부족과 운동 수행기능

	비타민 부족증상
Thiamin	근 무력증, 피로, 심장기능 이상, 기분 침체
Cobalamin	빈혈, 무력증, 피로, 체중 ↓, 신경 장애
Riboflavin	빈혈, 손/발의 말초신경 장애
Ascorbic acid	근 무력증, 지방산 사용 ↓, 빈혈, 상처 회복의 둔화
Niacin	체중 ↓, 근력 ↓, 정신적 혼란, 집중력 ↓
Vitamin A	시력 저하, 무월경, 감염의 증가, 성장 저하
Pantothenic acid	기분 침체, 피로, 근 무력증
Vitamin D	뼈의 약화, 골절 증가, 성장 저해
Biotin	근육 통증, 빈혈
Vitamin E	적혈구의 용혈 증가, 크레아틴 뇨증, 신경기능 이상, 근 손상
Pyridoxine	기분 침체, 빈혈, 말초 신경 장애
Vitamin K	혈액 응고 시간의 연장
Folic acid	빈혈

(3) 비타민의 분류

비타민은 크게 수용성과 지용성으로 분류된다. 총 13가지의 비타민 중 4개의 지용성 비타민(비타민 A, D, E, K)과 9개의 수용성 비타민(비타민 C [혹은 ascorbic acid] 와 8개의 비타민 B 복합체[Thiamin [B_1], riboflavin [B_2], niacin, pyridoxine [B_6], cobalamin [B_{12}], folic acid, biotin, panthothenic acid])으로 나뉘어 진다.

① 지용성 비타민

지용성 비타민은 지방에 용해되는 성질을 갖고 있으며 비타민 A, D, E, K 등이 이에 속한다. 지용성 비타민은 인체에서 호르몬으로서의 기능을 주로 수행하며 수용성 비타민이 하는 조효소의 기능은 없다. 지용성 비타민은 지질을 함유하는 식품과 함께 섭취되어 상당량이 인체에 저장될 수 있으므로 매일 혹은 정기적인 공급이 꼭 필요한 것은 아니다. 선진국의 경우에는 결핍 증상이

거의 보고되지 않고 있다. 일반적으로 비타민 E를 제외하면 지용성 비타민과 운동수행력과의 특별한 관계는 없는 것으로 보여진다. 신체에 저상되어 있으므로 부족증의 발생 우려가 적기 때문으로 보임. 비타민 A의 생리적 활성형태는 Retinol이다. 주로 β-carotene(pro-vitamin)으로 알려진 carotinoid로부터 retinol의 형성이 일어난다. Retinol은 주로 동물성 식품에 다량 함유(간, 버터, 치즈, 난황, 대구 간유와 강화우유[fortified milk])되어 있으며 β-carotene은 오렌지, 고구마, 시금치, 라임, 파인애플, 자두, 당근 등에 많다. 비타민 A의 주요기능은 상피조직을 유지시키고, 시력의 유지 및 골격의 성장을 위해 중요하며 β-carotene은 항상화제로서의 기능도 수행한다.

비타민 D의 활성 형태는 호르몬인 calcitriol이다. 비타민 D는 태양의 자외선을 통해 피부에서 합성되며 혈액으로 유출되어 cholecalciferol(비타민 D3)-prohormone으로 전환된 뒤 간과 신장에서 활성 호르몬인 calcitriol로 전환된다. 비타민 D의 일일 섭취 권장량은 뼈가 성장하는 25세 까지는 높게 요구되지만(25세 까지는 10ug [혹은 400IU]) 성인의 경우에는 권장량이 감소한다(성인 5ug [혹은 200IU]). 주요 급원은 어간유(fish liver)가 최고이며, 계란, 참치, 연어 등에서도 소량 발견된다. 또한 하루 10~20분 정도씩 2~3회 정도 햇빛에 피부를 노출시키면 필요한 비타민 D의 합성이 일어난다. 비타민 D의 주요 기능은 골격대사에 중추적인 역할을 수행해 정상적인 혈청 칼슘 수준과 적절한 골격 대사를 정상으로 유지시키는데 도움을 주며 장과 신장에서의 칼슘의 흡수를 도와준다. 또한 골격대사에 필수적인 인(무기질) 대사를 조절하기도 하며 피부 형성 및 발달에도 관여(피부 질환인 건선[psoriasis]의 치료에도 사용)하는 것으로 알려져 있다.

비타민 E의 생리적 활성형은 여러가지 tocopherol과 tocotrienol로부터 유도되며, 이 중 α-tocopherol 이 가장 활성이 높은 형태이다. 비타민 E는 유리기(free radical)를 제거해주는 항산화제로서의 역할을 수행해 세포막을 보호하고 인지질의 산화를 방지해준다. 비타민 E의 섭취 권장량은 성인 남성의 경우 10mg(혹은 15IU)이며, 성인 여성은 8mg(혹은 12IU). 그리고 어린이는 이 보다 약간 적어 하루에 6mg 정도로 설정되어 있다. 비타민 E는 채소류에 존재하는 지질에서 소량 발견되며 식품급원으로는 옥수수유, 대두유 등 대부분 채소류에 존재하는 불포화 지방산들이다. 전곡류와 계란 등도 좋은 급원으로 알려져 있다.

비타민 K는 quinone으로 알려져 있으며 혈액 응고에 관여한다고 해 항출혈 비타민이라고도 한다. 간에서 비타민 K는 glutamic acid를 α-carboxyglutamic acid(다양한 혈액 응고 단백질의 구조를 이루는 중요한 아미노산임)로의 전환을 위한 cofactor 로서 필수적인 역할을 수행한다. 일일 섭취 권장량은 남자는 80ug, 여자는 65ug 정도이며 동식물성 식품에 다양하게 존재하며 인간의 내장기관(gastrointestinal tract)의 microflora에 의해 자체 생성되기도 한다.

Phylloquinone은 동물성 형태를 menoquinone은 식물성 형태의 비타민 K로 알려져 있다. 식물성 급원으로는 콩, 브로콜리, 시금치, 양배추, 당근 등의 녹황색 채소를 들 수 있으며 동물성 급원으로는 육류, 치즈, 계란 노른자, 우유, 간 등을 들 수 있다. Menoquinone의 경우 장내에 존재하는 박테리아에 의해 형성되어 결핍 상태는 거의 발생하지 않는다. 비타민 K의 주요 기능으로는 혈액 응고 과정에 관여한다는 것과 골격의 강도를 형성하는데 중요한 역할을 하는 osteocalcin이란 단백질의 기능을 향상시키는 역할 등을 들 수 있다.

❍ 비타민 E의 보충과 운동 수행력

비타민 E가 세포막을 이루는 인지질의 산화를 방지한다는 측면에서 장기간의 힘든 훈련으로 근세포조직의 손상을 일으킬 수 있는 선수들에게 보충 섭취를 권장한다. 비타민 E의 추가 섭취 후 높은 고도에서의 운동시 수행력에 긍정적 효과가 발휘됨이 보고 된 바 있으며, 1,200IU의 비타민 E를 6주간 복용 후 VO_2max가 향상되고 혈중 젖산 농도가 감소되었으며 고도에서(5,000feet와 15,000 feet) 유산소성 지구력에 향상을 가져왔다는 보고도 있다. 또한 고도에서의 운동시 발생하는 적혈구막 산화 방지의 효과도 보고되었다. 또 다른 연구에서 400mg의 비타민 E를 10주간 복용 후 고도를 등반하는 선수들에게 있어 무산소성 역치(즉, 젖산 역치)가 개선되는 효과를 낳았다는 보고도 있다. 비타민 E 섭취에 의한 긍정적인 효과에 대해 Lawrence et al.(1975), Talbot & Jamieson(1977), Brunnell et al.(1975), Sharman et al.(1971, 1976), Shephard et al.(1974), Watt et al.(1974) 등의 연구자들이 보고한 바 있다. 이러한 긍정적인 효과들이 보고된 것과는 다르게 또 다른 많은 연구들에서는 비타민 E의 섭취에 의한 수행력을 포함한 긍정적인 효과를 관찰하는데 실패했다. 400-1,200 IU의 비타민 E를 훈련 중인 선수들에게 섭취 시켰을 때 VO_2max 혹은 유산소성 지구력과 같은 생리적 기능에 아무런 유의한 효과를 발휘하지 못했다는 보고가 있으며, 5달 동안의 비타민 E 복용 후 국가 대표급 사이클 선수들에게 있어 혈청 비타민 E의 수준은 유의적으로 증가하였으나 VO_2max에는 변화가 없었다는 보고도 있었다. 이러한 연구 결과는 Liang et al.(1983), Simon-Schnass와 Korniszewski(1990) 등의 연구자들에 의해 발표된 바 있다. 이러한 연구 결과들을 토대로 비타민 E 추가 섭취에 따른 운동 수행력의 향상 여부에 대한 부분은 여전히 연구를 통해 밝혀져야 할 것이지만 유리기에 의해 발생할 수 있는 여러 종류의 만성 질환을 예방하기 위해서 부가적인 비타민 E를 사용하는 것이 권장되고 있다.

② 수용성 비타민

수용성 비타민의 기능은 대부분 대사 반응에 관여하는 조효소(coenzymes) 로서의 기능과 관련을 맺고 있다. 에너지 생성을 조절하고, 아미노산 대사에 관여하며, 세포의 분열에도 참여한다. 수용성 비타민은 체내에 저장되지 못하므로 정기적으로 섭취를 통해서만 체내 요구량을 만족시킬 수 있으며 과잉 섭취시 일반적으로 소변으로 배출된다. 결핍증상은 2~4주 사이에 발현되며 일반적으로 신체 활동 능력의 감소를 동반한다.

비타민 B_1(thiamin)은 항신경인자 혹은 항지각인자로 알려져 있는 것으로 포도당 대사에 중추적 기능을 수행한다. 또한 Krebs 회로에 들어가기 위해 pyruvate를 acetyl CoA로 전환하는데 필요한 thiamin pyrophosphate로 알려진 조효소의 일부분을 형성한다. 따라서 thiamin은 신경계의 정상 유지와 근육의 glycogen을 통한 에너지 유도 과정에서 필수적인 역할을 수행한다고 할 수 있다. Thiamin의 섭취 권장량은 대략 1000kcal 당 0.5mg으로 성인 남성의 경우 일일 1.5mg, 여성의 경우 일일 약 1.1mg 이 권장되고 있다. 동식물성 식품에 다양하게 존재해 있으며 전곡류, 콩류, 종자류, 견과류, 돼지고기, 과일 및 채소 등에 함유되어 있다. 미량이지만 장내의 박테리아에 의해서도 합성되는 것으로 알려져 있다. 일부의 연구들에서 100mg의 thiamin을 3일간 섭취 후 높은 강도의 운동시 피로도가 감소되었다고 하였으며(Sukuki & Itokawa), 조준 사격에 있어 신경계 기능을 향상시키는 효과를 발휘한다고 한 연구도 보고된 바 있다.

비타민 B_2(Riboflavin)은 체세포에서 당질과 지질의 에너지 대사에 관계하는 flavoprotein으로 알려진 산화 효소들의 형성에 중요한 역할을 하며 단백질 대사와 건강한 피부 조직의 유지에 관여한다. 섭취 권장량은 1000kcal의 섭취 당 0.6mg이 설정되어 있으며 성인 남성에 있어 1.7mg, 성인 여성에 있어 1.3mg으로 설정되어 있다. 다양한 식품에 널리 분포되어 있으며 특히 우유와 그 밖의 유제품들에 다량 함유되어 있다.

Niacin은 Nicotinic acid 혹은 nicotinamide로 알려져 있기도 하며 간혹 비타민 B_3로 잘못 인용되기도 한다. 세포 내에서 에너지 대사 과정에 관여하는 두 조효소(하나는 해당과정에서, 다른 한 가지는 지방 합성을 촉진하는 지방 대사 과정에 관련됨)의 구성 성분으로 사용됨. 식품에서 발견되지도 하지만 필수 아미노산의 하나인 tryptophan이 다량 존재시 체내에서 형성되기도 한다. 일반적으로 60mg의 tryptophan은 1mg의 niacin을 생성하는 것으로 알려져 있다. 섭취 열량의 1000kcal당 약 6.6mg의 niacin 섭취가 권장되며 남성의 경우 하루 19mg, 여성의 경우 15mg의 섭취가 필요하다. 급원으로는 단백질 함량이 높은 식품에 주로 분포해 육류, 어류, 가금류, 전곡류 및 콩과류 등에 많이 함유되어 있다.

비타민 B_6(pyridoxine)은 pyridoxine, pyridoxal 그리고 pyridoxamine 의 복합적 개념으로 사용되고 있다. pyridoxine은 조효소 형태(pyridoxal phosphate)로서 단백질 대사에 관여해 비필수 아미노산을 합성해내며, 또한 tryptophan을 niacin으로의 전환하게 하며 신경계에서 신경전달물질의 합성에 중요한 역할을 한다. 이 밖에 혈색소 및 근육 색소 그리고 산화효소와 같은 아미노산의 합성 등에도 관여를 한다. pyridoxine은 60여개의 효소들과 함께 기능을 수행하며 간에서의 당신생 뿐만 아니라 근육 내 glycogen의 분해에도 관여한다. Pyridoxine의 섭취 권장량은 하루 2mg으로 설정되어 있으며 육류, 가금류, 어류, 배아, 전곡류, 현미와 계란 등의 단백질 식품 등이 우수한 급원으로 알려져 있다.

비타민 B_{12}(cyanocobalamin)는 모든 체세포에 존재하는 조효소의 구성 성분이며 DNA의 합성에 필수적인 물질이다. 또한 folic acid와 함께 작용하며 적혈구의 발달에 중요한 역할을 한다. 신경 섬유를 보호하는 수초(myelin sheath) 의 형성에도 중추적인 역할을 한다고 알려져 있다. 섭취권장량은 하루 2ug정도이다. 우수한 식품 급원으로는 육류, 어류, 가금류, 치즈, 계란 및 우유 등의 동물성 식품 등이라 하겠다.

엽산(folic acid; folate)은 시금치와 같은 엽록색 채소에 많이 함유되어 있으며 간과 신장과 같은 육류의 내장, 콩류, 전곡류, 오렌지, 바나나 등의 과일류에도 다량 함유되어 있다. 엽산이 인체 내에서 수행하는 기능은 세포 분열을 조절하는 DNA를 형성하고 적혈구의 정상적인 형성에 필수적인 물질이기도 하며 임신 초기에 태아의 세포 분열이 매우 빠르게 진행되는 시기에도 매우 중요한 역할을 한다. 섭취 권장량은 성인 남성의 경우 하루 0.2mg, 여성의 경우 0.18mg으로 설정되어 있으며 임신부의 경우는 0.4mg, 수유 초기에는 0.28mg 등으로 섭취 권장량을 높게 설정되어 있다.

Pantothenic acid(pantothenate)는 모든 동식물성 식품에 널리 분포되어 있다. 특히 내장기관, 계란, 콩류 및 효모 등에 다량 함유되어 있다. 정제가 많이 된 가공식품은 가공과정 중 대부분의 pantothetic acid를 잃는다. Pantothenic acid의 주요 기능으로는 에너지 대사의 중추적인 역할을 하는 조효소 A(CoA)의 필수 구성성분으로 대표적인 예로 acetyl CoA를 들 수 있다. Acetyl CoA는 당질. 지질, 단백질 대사로부터 생성되어 krebs cycle에 있어 주된 기질로 사용된다. Pantothenic acid 또한 당신생합성, 지방산의 합성과 분해 과정에 관여하며 근육 수축을 자극하기 위한 운동 신경 전달 물질인 acetylcholine을 합성하기도 한다. Pantothenic acid의 체내 섭취권장량은 대략 4~7mg 정도이다.

Biotin은 체내 단백질 대사에 관여하고 당질 및 지질의 합성에 관여하는 다양한 효소들에 대한 조효소로서의 기능을 수행한다. 또한 당신생 합성에 중요한 조효소로서의 역할도 수행한다. Biotin에 대한 섭취 권장량은 제대로 설정되어 있지 않지만 하루 30~100ug의 섭취를 권장한다. 간 등의 내장기관 및 난황, 완두와 같은 콩류와 진녹색 채소 등에 다량 함유되어 있다.

비타민 C(ascorbic acid)는 체내 연골, 건, 골격과 같은 결합조직의 형성과 유지에 필요한 collagen의 합성에 중요한 역할을 수행한다. 운동과 같은 stress가 집중되는 상황에서 분비되는 adrenaline과 같은 호르몬과 신경전달물질의 형성에도 관여하며 적혈구의 합성에도 관여한다. 또한 단백질의 대사를 조절하며 상처 난 조직의 회복에도 도움을 주며 항산화제로서의 역할도 수행한다. 비타민 C의 섭취 권장량은 하루 60mg 정도이며 신과일이나 녹색 채소의 잎을 포함하는 과일 및 채소류에 다량 함유되어 있다. 오렌지, 자몽, 브로콜리 및 샐러드용 채소 등과 피망, 감자, 딸기, 토마토 등도 비타민 C의 좋은 급원이다.

(4) 비타민의 보충과 운동 수행력의 변화

초기의 연구들에서 비타민의 추가 섭취가 수행력과 관련해 긍정적인 효과를 발휘한다고 하였다. 8주 동안 비타민 B_1, B_2, B_6, C 등을 부족하게 섭취 후 유산소 파워 능력(VO_2max ↓ 9.8%) 및 젖산 축적의 시점이 더 빨라졌다고 하여 비타민의 부족이 수행력의 감소를 초래함을 시사하였고(Archdeacon & Murlin, 1944; Van der Beer et al., 1988), 약 75%의 운동 선수가 비타민의 보충이 필요하다고 답변하였으며(Grandjean et al., 1981) 또한 대부분의 코치들도 선수들에게 비타민의 추가 섭취를 권장(Bentivegna, 1979)한다고 나타났다. 실제로 대부분의 운동 선수들이 비타민의 추가 섭취가 수행력의 향상을 위해 필요하다고 생각(Percy, 1978)하는 것으로 나타나기도 했으며 댄서의 약 60% 이상이 정기적으로 비타민과 미네럴을 섭취(Stensland & Sobal, 1992)하는 것으로 나타났다. 또한 많은 운동선수들(특히, 체조선수, 댄서, 레슬러 및 bodybuilders 등)에게서 비타민 B_6의 부족증이 나타나며, 비타민 A, C, B_{12}의 부족도 자주 관찰되는 것으로 보인다. 하지만, 비타민의 추가 섭취가 운동 수행력에 미치는 영향을 살핀 최근의 연구들은 비타빈의 추가 섭취가 더 이상의 수행력 향상에 도움을 주지 못한다고 결론내리고 있다. 과거의 연구들에서는 신체 내 비타민의 함량이 적어 수행력에 부정적인 영향을 미친 것으로 나타났으나 잘 설계된 실험들을 통해 확인되고 있는 것은 체내 필요한 양 이상의 비타민을 보유할 시 수행력의 추가적인 향상은 나타나지 않는 것으로 나타나고 있다.

(5) 미네럴과 운동

미네럴이란 자연에 존재하는 무기원소 물질들로 정의내릴 수 있으며 영양학에서의 미네럴은 생명과정에서 필수적으로 필요한 식이원소로서 다루어진다. 미네럴은 고체의 형태로 토양에 존재하며, 사라는 식물에 의해 흡수된다. 동물은 섭취하는 식물을 통해, 인간은 섭취하는 동·식물들을 통해 인체에 필요한 미네럴을 공급받게 된다. 마시는 물에도 일부의 미네럴이 함유되어 있으며 땀, 소변, 대변을 통해 신체로부터 배출이 일어나므로 배출되는 만큼 반드시 보충되어야만 한다. 인체 내 미네럴이 부족하면 빈혈, 고혈압, 당뇨, 암, 충치와 골다공증 등의 발병 원인이 된다.

① 미네럴의 기능

인체 내 미네럴은 골격, 치아, 근육과 다른 기관 구조를 포함하여 신체 조직을 구성하며, 대사 조절에 관여하는 금속 효소(metalloenzyme)로 알려진 효소들의 구성 성분이기도 하다. 또한 생리적 기능의 조절을 위해 근육 수축, 산소운반, 신경자극전도, 혈액의 산·염기 평형, 신체수분 평형, 혈액 응고와 정상적인 심폐기능 유지 등에도 중요한 역할을 담당한다. 하지만, 미네럴이 직접적으로 에너지를 공급하는 기능은 없다.

② 미네럴의 분류

미네럴은 체내에 비교적 다량 존재하는 다량 미네랄(다량 원소 macrominerals)과 미량만이 체내에 존재하는 미량미네럴(미량 원소 microminerals)로 구분된다. 다량 미네럴은 하루 100mg 이상의 섭취가 요구되거나 혹은 체내에 5g 이상 존재하는 무기질을 의미하는 것으로 인체에는 칼슘(calcium), 인(phosphorus), 마그네슘(magnesium), 칼륨(potassium), 황(sulfur), 나트륨(sodium), 염소(chloride) 등의 7종이 있다. 이에 반해 미량미네럴은 하루 100mg 이하의 섭취량이 요구되거나 총 체중의 0.005% 이하의 무게만큼 체내에 존재하는 무기질을 의미한다. 미량미네럴은 철(iron), 요오드(iodine), 구리(copper), 코발트(cobalt), 망간(manganese), 셀레늄(selenium), 아연(zinc), 몰리브덴(molybdenum), 불소(fluoride), 크롬(chromium) 등을 포함한다.

표 5-13. 인체 (성인기준)내 무기질의 함유량 및 섭취 권장량

무기질	표시	RDA 혹은 ESADDI (mg)		체내함유량 (g)
		남	여	
Calcium	Ca	800 (RAD)	800 (RDA)	1,500
Phosphorus	P	800 (RDA)	800 (RDA)	850
Potassium	K	2,000 (EMR)	2,000 (EMR)	180
Chloride	Cl	750 (EMR)	750 (EMR)	75
Sodium	Na	500 (EMR)	500(EMR)	65
Magnesium	Mg	350 (RDA)	280 (RDA)	25
Iron	Fe	10 (RDA)	10 (RDA)	5
Fluoride	F	1.5~4.0 (RDA)	1.5~4.0 (RDA)	2.5
Zinc	Zn	15 (RDA)	12 (RDA)	2
Copper	Cu	1.5~3.0 (RDA)	1.5~3.0 (RDA)	0.1
Selenium	Se	0.070 (RDA)	0.055 (RDA)	0.013
Manganese	Mn	2.0~5.0 (RDA)	2.0~5.0 (RDA)	0.012
Iodine	I	0.15 (RDA)	0.15 (RDA)	0.011
Molybdenum	Mo	0.075~0.25 (RDA)	0.075~0.25 (RDA)	0.0009
Chromium	Cr	0.05~0.2 (RDA)	0.05~0.2 (RDA)	0.006

RDA, recommended daily allowance; EMR, estimated minimal requirement;
ESADDI, estimated safe and adequate daily dietary intake

a. 다량 미네럴

❍ 칼슘(Ca)

인체 내 다량 미네럴 중 가장 많은 양이 존재한다. 일반적으로 성인 체중의 약 1.5~2.0%(1,050~1,540g)를 차지한다. 칼슘은 인과 함께 골격과 치아 형성의 주요 성분으로 작용한다. 체내 저장된 칼슘의 약 99%는 경조직을 이루어 골격과 치아를 구성하며, 나머지 칼슘의 일부(약 10g)는 단백질과 결합하여 체액과 함께 존재한다. 이렇게 단백질과 결합해 체액과 함께 존재하는 칼슘은 세포내의 연조직(soft tissue)에 존재하여 세포의 생명 기능에 관여를 한다. 이러한 연조직의 칼슘 대부분은 근육 내에 함유되어 있어 근 수축에 필수적인 요소로 작용한다. 또 나머지 소량의 칼슘(약 5g)은 이온 상태로 세포막과 세포질에 분포한다.

신경자극 전달과 같은 칼슘의 생리적 기능은 골격조직을 형성하는 기능보다 우선해 이루어진다. 단기간동안 칼슘 섭취가 부족하게 되면 신체는 parathormone과 호르몬 형태의 비타민 D의 상호작용으로 골격으로부터 칼슘을 동원해 이온 형태의 적절한 칼슘 수준을 유지시켜 생리적 기능을 유지하도록 한다. 칼슘의 기능을 정리하면 다음과 같다. 첫째, 골격과 치아 조직(경조직 hard tissue)을 형성 한다. 둘째, 다른 무기질(특히, 인)과 함께 조직의 영구적인 강직성을 이룬다. 즉, 적절한 칼슘 및 인이 함유되어 있어야 경도(硬度)를 유지하여 체중을 지탱할 수 있게 된다. 셋째, 중요한 내장 기관(즉, 심장, 폐, 신장 및 간 등) 을 보호한다. 넷째, 신체기능의 조절작용을 한다. 즉, 다른 이온들과 함께 근육(특히 심장근)의 수축 및 이완 작용을 조절하며(나트륨, 마그네슘, 칼륨 이온은 심장근을 이완시킴), 신경의 자극 전달을 유지시킨다. 또한 여러 생리작용에 대해 촉매 역할을 수행하며 세포막의 투과성을 조절하기도 한다. 이외에도 지방과 유사한 성분인 lecithin과 결합해 각종 영양소가 세포막을 통과하는 것을 조절하기도 하며 혈액의 응고 작용에 관여하기도 한다.

정상적인 혈액 내 칼슘의 농도는 혈액 100mL 당 9~11mg이며 골격 칼슘의 1/3정도는 혈액 칼슘의 정상치 유지를 위해 사용된다. 혈액 칼슘의 농도가 정상치 이하(7mg/100mL)로 저하되면 부갑상선(parathyroid hormone)에서 parathormone이란 호르몬을 분비해 골격조직에서 칼슘을 공급하도록 자극한다. 이는 혈액과 체액의 칼슘량을 증가시켜 칼슘의 생리적 조절, 즉 혈액 응고, 신경의 자극 전달 그리고 근육의 수축 및 이완 등의 기능을 적절히 조절 유지하도록 한다. 부갑상선 호르몬이 저장 칼슘의 방출을 자극해 신장을 통해 배출되는 칼슘을 재흡수하도록 하며, 이는 소화 기관에서 칼슘을 최대한으로 흡수하도록 자극한다. 신체는 자율적으로 혈중 칼슘농도를 일정하게 유지할 수 있게 된다. 이러한 방식으로 정상적 수치에 도달하면 부갑상선 호르몬의 분비가 중단되도록 calcitonin이 작용을 하게 되며 이로 인해 골격으로부터 방출되는 칼슘의 유출을 막게 된다.

혈액의 응고과정을 살펴보면, 세포의 손상으로 출혈이 일어나면 혈액 칼슘의 약 반 정도가 이온화되어, 혈소판에서 혈전형성 촉진제인 thromboplastin을 방출한다.

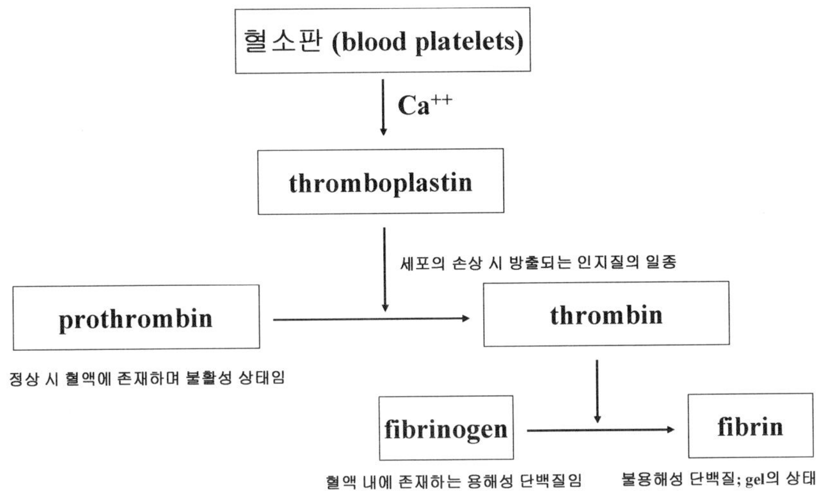

그림 5-3. 혈액의 응고 과정

이렇게 방출된 Thromboplastin은 혈액 내에 존재하는 혈액 응고 효소의 전구체인 prothrombin을 thrombin으로 활성화시킨다. 활성화된 thrombin은 정상적인 혈액에 존재하는 용해성 단백질인 fibrinogen에 작용하여 불용해성 단백질인 fibrin으로 전환시켜 혈액의 응고가 일어나게 되는 것이다.

인체 내에서 칼슘의 흡수는 상당히 비효율적으로 일어난다. 쥐의 경우는 칼슘을 100% 흡수하지만, 인간은 섭취 칼슘의 약 10% 정도밖에는 흡수하지 못한다. 이러한 체내 흡수율은 신체의 요구 정도에 비례해 변하는데 40~60% 까지 흡수율이 증가될 수도 있다고 한다. 흡수되지 않은 칼슘은 대변(약 130 mg) 혹은 뇨(약 100~175 mg)를 통해 체외로 방출된다. 칼슘의 흡수를 증진시키는 것은 비타민 D다. 비타민 D는 소장벽의 점막세포(mucosal cells) 내에서 단백질 운반자의 합성에 촉매로 작용해 칼슘과 결합해 소장벽을 통과하도록 해, 혈액으로의 흡수를 돕는다. 소화기관의 산성도 또한 칼슘의 흡수도에 영향을 미친다. 칼슘은 알칼리 용액에서보다 산성 용액에서 효과적으로 용해되어 흡수가 쉽게 된다. 노인의 경우 위산 분비가 저하되어 칼슘의 흡수에 지장을 초래하기도 한다. 고단백질 식사는 칼슘의 흡수를 증진시킨다. Lysine 의 섭취가시 칼슘의 흡수율이 50% 가량 증진되었다는 보고는 하나의 예이다. 비타민 C의 추가 섭취는 노년기에 위산의 부족으로 칼슘의 흡수가 저하될 때 흡수를 증가시켜 준다. 유당(lactose)의 섭취로 칼슘의 흡수가 15~50%까지 증가되는데 이는 소장 내에서 당과 칼슘 복합체가 형성되어 소장벽을 보다 효과적으로 통과하게 되기 때문이다. 당과 칼슘의 복합체는 소장의 산도가 장의 하부로 내려감에 따라 산성에서 알칼리성으로 변할 때, 칼슘이 불용해성 물체로 변화하는 것을 방지해 준다. 칼슘의 인체 필요량이 증가하는 시기인 임신기, 수유기, 사춘기 등에 흡수율이 증가한다. 또한 식사시 칼슘과 인의 섭취 비율이 1:1일 때 칼슘의 흡수율이 최고에 이른다고 한다.

표 5-14. 칼슘 권장 섭취량

연 령	권 장 량(mg)
1-6 세	400
7-9 세	700
10-12 세	800
13-15 세	800
16-19 세	남 800, 여 700
20-64세	600
65세 이상	600
임 신 부	+400
수 유 부	+500

칼슘 섭취의 주요 급원은 우유 및 유제품, 녹색 채소류 등이지만 녹색 채소류의 칼슘은 인체에서 흡수율이 떨어진다. 육류 및 곡류는 칼슘의 함량이 낮은 것으로 나타난다.

❍ 인(P)

인은 총 체중의 약 1%를 차지하고 있으며 신체를 구성하고 있는 전 무기질의 약 1/4을 차지한다. 체내에 존재하는 인의 약 85%는 칼슘과 결합하여 골격과 치아 조직을 형성한다. 골격내 칼슘과 인의 비율은 약 2:1을 보인다. 나머지의 인은 연조직(soft tissue)과 액체 조직에 분포되어 있으면서 다른 유기 물질들과 결합되어 있다. 체내에서 인의 기능은 유전자를 조절하는 물질인 DNA

와 RNA의 구조를 형성하기 위한 당과 인의 복합체를 형성하며, 인지질을 형성하여 세포막의 구성 요소로서의 기능을 수행한다. 또한 영양소의 세포 내외로의 운반을 조절하며 대사 과정에서 가장 중요한 반응인 인산화반응(phosphorylation)에 관여해 고에너지 인산결합(high energy phosphate bond)을 조절한다. 또한 산화-환원 반응에 관여하는 niacin의 보조 효소(coenzyme)인 NADP-NADPH와 decarboxylation 반응에 관여하는 thiamin의 보조 효소인 thiamin pyrophosphate(TPP)의 구성 요소이기도 하다. 체액에 전해질 상태로 존재하는 인은 체내 산-알칼리도 조절에 중요한 역할을 한다.

인의 흡수량은 기타 무기질(즉, 칼슘, 철)등의 흡수량에 반비례한다고 알려져 있으며 섭취된 인의 약 70%가 흡수된다. 따라서 체내 인의 양 조절은 흡수율보다는 신장을 통해 배설되는 양을 조절함으로써 이루어진다 할 것이다. 혈청내에 함유되어 있는 인은 신장의 튜블(tubule)을 통과하면서 재흡수되며 비타민 D는 이러한 인의 재 흡수율을 높여주는 반면, parathormone은 재흡수율을 억제한다.

인의 공급을 위한 급원은 자연계에 널리 분포되어 있으나 특히 유즙 및 유제품, 육류 등은 인의 좋은 급원으로 알려져 있다. 인은 또한 칼슘과 단백질이 풍부한 식품에 많이 함유되어 있다.

❍ 마그네슘(Mg)

마그네슘은 성인의 신체 내 약 20~35g 가량 있으며, 이중 70%가 phosphate 또는 carbonate 로서 골격의 표면을 구성하고 있으며, 골격의 강직성 유지를 위해 필요하다. 나머지의 마그네슘은 거의 모든 세포에 존재한다. 인체는 마그네슘과 칼슘의 비율을 약 3:1로 유지한다. 신체 내 마그네슘의 약 2%는 세포외액에 존재해 있다. 혈액 100mL 당 약 1.7~3mg이 있으며, 이중 약 80%는 전해질 형태로, 나머지 20%는 단백질과 결합된 상태로 있다. 마그네슘은 모든 세포의 생명 현상을 유지하는데 필수적인 물질로 세포 내 특히 미토콘드리아에서 일어나는 수많은 반응을 촉매한다. 산화적 인산화 반응(oxidative phosphorylation)에서 ADP가 ATP를 형성하는데 필요한 효소의 촉매로도 사용된다. 마그네슘은 또한 신경의 자극 전달(즉, 신경을 안정시킴)과 근육의 긴장 및 이완 작용을 조절하는데 칼슘과는 반대의 역할을 담당한다. 마취제와 항경련제의 재료로도 사용된다.

체내 섭취 권장량은 성인의 경우 하루 약 200~300mg 이며 임신, 수유부의 경우는 약 50%의 추가 섭취가 필요하다. 마그네슘의 섭취 급원으로는 코코아, 견과류, 대두, 전곡 등과 조개, 옥수수 가루, 녹황색 채소 등이 좋다.

❍ 칼륨(K)

칼륨은 체내에 약 250g 이 존재하는데 대부분이 세포 내액에 존재한다. 세포 내 나트륨과 칼륨의 비율은 1:10 정도를 보이며 세포 외액에서는 28:1 정도를 보인다. 인체내 체 조직의 파괴(이화작용)가 있을 때 혈청 칼륨 농도는 상승되며 장기간의 운동으로 피로한 경우 역시 혈중 칼륨의 농도가 높아진다. 카륨의 기본적인 기능은 나트륨과 염소와 같이 삼투압을 조절하는 것이며 산-알칼리의 평형(acid-base balance)을 유지하는 것이다. 또한 근육의 수축과 이완작용에 관여하며 신경의 자극 전달과 췌장에서 인슐린을 공급하는데도 중요한 역할을 수행한다. 세포 내의 칼륨은 열량의 방출, glycogen의 합성 그리고 단백질의 합성 등과 같은 중요한 반응에 촉매제 역할을 한다.

칼륨은 소장벽을 통해 쉽게 체내에 흡수된다. 단백질 합성이나 glycogen의 형성 그리고 세포의 수화작용(hydration)이 있을 때 혈류에서 급속도로 이전되며, sodium pump에 의해 세포내액으로부터 세포외액으로 나트륨이 이동되면 칼륨 이온은 세포외액으로부터 세포내액으로 이동해 세포외액과 세포내액 간의 양이온의 평형을 유지한다. 체내 칼륨량이 상승되면 aldosterone의 분비가 증가되어 칼륨을 신장을 통해 체외로 방출시킨다. 칼륨의 체내 공급은 정상적인 식이를 하는 경우 충분하게 공급될 만큼 많은 식품에 함유되어 있다. 특히, 효모, 코코아, 커피, 말린 콩, 감자, 당밀, 홍차 등은 좋은 급원으로 알려져 있다.

❍ 황(S)

황은 체중의 약 0.25%를 차지하며 신체의 모든 세포에서 발견된다. 상당량의 황은 황을 함유하고 있는 아미노산(즉, methionine, cysteine, cystine)에 존재해 있으며 피부, 손톱, 모발 등에도 풍부하게 존재한다. 보조 효소로 활동하는

thiamin, biotin, lipoic acid, coenzyme A 의 구성 요소이기도 하다. 황은 소장벽을 통해 흡수되며 연골, 건(tendon), 골격, 피부 그리고 심장의 판막에서 발견되는 chondroitin sulfate와 같은 mucopolysaccharides의 구성 요소이기도 하다. 황은 또한 인슐린, 헤파린 등에도 함유되어 있다. 황을 함유하는 조효소(coenzyme) 등은 체내에 산화-환원 반응에 필수적인 역할을 수행한다. 주요 급원으로는 육류, 우유, 달걀, 두류 등이다.

❍ 나트륨(Na) 과 염소(Cl)

체내 나트륨의 약 50%는 세포 외액에 존재하며, 40%는 고형물로서 골격 또는 치아 속에 그리고 나머지 10% 가량은 세포외액에 함유되어 있다. 혈장내의 나트륨은 세포내액과 비교해 14배나 더 많다. 체내 염소의 양은 체중의 약 0.15%에 해당하며 대부분 세포 외액에 존재하지만 일부는 적혈구에서도 발견된다. 나트륨은 세포외액 중의 대표적인 양이온 물질로 삼투압과 수분 조절을 하는 주요 전해질이며 소장액의 알칼리성을 유지하는 데에도 공헌을 한다. 염소 역시 세포외액에 존재하는 대표적인 음이온 물질이다. 염소는 수소와 결합해 염산을 형성하는 위액의 주요 성분으로 삼투압을 조절한다. 섭취한 95%의 나트륨은 염소와 함께 흡수된다. 배설은 주로 신장을 통해서 이루어지나, 운동시 혹은 기온이 높아 땀을 많이 흘릴 때는 동시에 체내의 나트륨도 손실이 일어난다. 땀 1L에는 0.5~3.0g(22~130 mEq)의 나트륨이 함유되어 있다. 나트륨의 대사는 주로 부신(adrenal gland) 에서 분비되는 aldosterone에 의해 신장에서 이루어진다. 즉, 필요시 aldosterone이 분비되어 소장에서의 나트륨의 흡수와 신장에서의 재흡수기능을 자극하여 체내 흡수 상태를 높여줌. 일반적으로 뇨 중 나트륨의 양은 식사 중의 나트륨의 양과 정비례한다.

b. 미량 미네럴

❍ 철(Fe)

철은 체 조직의 구성 성분이며, 혈액의 주요 구성 성분이기도 하다. 체중의 약 0.004%를 차지하고 연령, 성별, 영양 및 건강 상태, 신체의 철분 저장 상태에 따라 성인 체내에 약 3~5g이 함유되어 있다. 대부분의 철은 적혈구의 적색

단백질의 필수 구성 요소로 존재하며 체 조직 내에 광범위하게 분포되어 있다. 특히 혈액 내에 많이 함유되어 있는데, 혈액 내 철분의 함량은 혈액 100mL 당 남자는 50~180ug, 여자는 40~135ug이다. 체중을 기준으로 성인 남자의 경우 체중 1kg 당 50mg, 여자의 경우 약 35mg이 저장되어 있다. 70~80%의 철은 체내에서 기능을 발휘하며 활동하고 있으며, 나머지의 철은 ferritin이나 hemosiderin과 같은 저장형으로 간, 비장, 골수 등의 조직에 저장되어 있다. 체내에서 활동 중인 철의 약 75%는 hemoglobin의 구성 요소이며, 그 외는 myoglobin 및 철을 함유하는 효소(cytochrome oxidase, catalase 등)로서 각기 그 기능을 발휘한다. 적혈구 내에는 철을 함유하는 heme이란 색소와 단백질 globin으로 구성되어 있는 hemoglobin이 있으며 적혈구의 생성은 신장에서 형성되는 erythropoietin이란 호르몬의 존재 하에 골수에서 일어난다. 적혈구의 수가 감소됨에 따라 적혈구의 산소 운반 능력이 저하되며, 이에 따라 erythropoietin의 양은 증가하게 된다. 일반적으로 적혈구의 수명은 약 120일 정도이며 기능이 소멸된 적혈구는 파괴되어 철분은 간과 비장에 hemosiderin 혹은 ferritin의 상태로 저장되거나 아니면 골수에 들어가 새로운 hemoglobin을 형성한다. 반면에 hemoglobin의 아미노산 부분은 혈액내의 아미노산 pool에 집결되어 단백질 합성에 사용되거나 deamination의 과정을 밟아 열량소로서 사용된다. 이 외의 적혈구의 기타 부분은 담낭을 통해 흡수되거나 배설된다. 적혈구가 파괴되는 비율은 비타민 C, 비타민 E, 비타민 B_{12}의 영양상태에 따라 많은 영향을 받게 된다. 일반적으로 성인 남자는 혈액 100mL 당 15g, 여자는 13.5g의 hemoglobin을 보유하고 있다.

인체에 필요한 철은 3가지의 급원에 의해 공급 받게 되는데, 첫째로 hemoglobin의 파괴로 인해 유리된 철, 둘째, 신체 내에 저장되어 있던 철, 셋째, 소장을 통해 흡수된 철 등이다. 일반적으로 hemoglobin의 양이 정상치인 경우 섭취하는 철의 2~10%가 흡수되며 hemoglobin의 양이 극히 저하되었을 때는 철의 흡수율이 증가되어 섭취량의 60%까지 흡수된다. 그러므로 성장기의 어린이, 월경기의 부녀, 임신기 그리고 철 결핍성 빈혈에 처해 있는 경우 정상적인 경우와 비교해 철의 흡수율이 훨씬 높다. 철의 흡수는 대부분 소장의 상부, 즉 십이지장에서 이루어진다. 인체에는 두 가지 철의 형태 (즉, 제 1 철

[ferrous, Fe^{++}] 혹은 제 2 철[ferric, Fe^{+++}])이 모두가 흡수되긴 하지만 제 2 철의 형태에서 제 1 철의 형태로 환원되었을 때에 철은 소장에서 최대한 흡수된다. 산성 용액은 제 1 철을 용해시켜 흡수를 돕는 작용을 하며 노인들과 악성 빈혈 환자의 무산증 증세에서 철 흡수의 저하를 관찰해 볼 수 있음. 비타민 C도 제 1 철로 환원되는 것을 도와 철 흡수를 촉진시킨다. 이러한 측면에서 빈혈의 치료를 위해 철분 투여와 함께 비타민 C를 같이 섭취하는 것이 좋다.

인체 내 섭취하는 철의 흡수율은 큰 차이를 보인다. 건강한 성인의 경우 보통 2~10%의 흡수율을 보인다. 동물성 식품에 함유되어 있는 철은 10~30%까지의 흡수율을 보이지만 식물성 식품에 함유되어 있는 철은 2~10%의 흡수율을 보일 뿐이다. 또한 동/식물성 식품을 함께 섭취하면 식물성 식품중의 철의 흡수가 향상된다고 한다. 단백질에서 분해된 아미노산, 특히 cysteine은 철을 효과적으로 용해하여 흡수를 촉진시킨다고 알려져 있다. 하지만, 식사시 섬유소가 많은 음식의 섭취는 철의 흡수율을 저하시킨다. 일반적으로 건강한 성인 남자와 폐경기의 여자가 하루에 배설하는 철분의 양은 1.0mg 이라고 하며 월경으로 인해 손실되는 철분은 하루에 평균 0.5mg 정도이므로 가임연령의 여성은 남성이나 폐경기의 여성보다 많은 양의 철분 섭취가 필요하다. 식사 중 철분의 약 10%가 체내에 흡수되므로 성인 남자와 폐경기의 여자는 하루에 약 10mg의 철분을 섭취하도록 권장하며 가임 여성과 임신, 수유부의 여성은 30~60mg의 철을 섭취하는 것이 좋다. 이러한 양 모두를 음식으로 섭취하기는 어려우므로 철분영양제로 보충하는 방법도 고려해보아야 한다. 간은 철분의 우수한 급원이며, 육류, 난황, 두류, 녹색 채소, 건포도, 말린 자두와 살구 등도 좋은 급원이다.

※ 철 결핍성 빈혈(iron deficiency anemia 혹은 nutritional anemia)

Hemoglobin의 수치가 남자의 경우 혈액 100mL 당 13g 이하, 임신하지 않은 여자의 경우 혈액 100mL 당 12g 이하 일 경우를 말하며 혈액 세포층의 호흡에 필요한 산소의 공급을 불충분하게 하므로 창백한 피부, 기력 감퇴, 빈번한 호흡, 식욕 부진, 의욕 상실증 등을 수반한다. 빈혈증상이 극심해지면 죽음에 이를 수도 있다. 철 부족의 식사나 다량의 출혈(월경 혹은 상해에 의해), 기생

충에 의한 것 그리고 철 흡수에 지장이 있는 질환이 있을 때 주로 발생한다. 또한 장시간 지속되는 운동 종목의 선수(마라토너) 나 체중 조절을 해야 하는 스포츠종목의 선수들(무용수, 발레리나, 체조 선수 등).

○ 요오드(I)

체내에 있는 요오드의 약 2/3(약 15~20mg)는 경동맥하부에 위치하는 갑상선(thyroid gland)에 위치한다. 혈류에서 요오드를 흡수하고 저장하여 thyroxine 이라는 요오드를 함유한 호르몬을 합성하는 기능을 수행한다. Thyroxine은 요오드와 아미노산인 tyrosine이 갑상선 조직 내에서 결합되어 형성되며, thyroxine 분자 내에 있는 네 개의 요오드 원소는 복합 단백질인 thyroglobulin과 결합되어 있다. Thyroxine는 세포내에서 일어나는 열량 대사를 조절하는 기능을 수행한다. 정상적인 thyroxine의 공급은 신체와 지능 발달을 순조롭게 하며 신경과 근육 조직, 순환기관 그리고 모든 영양소의 대사 기능을 원활하게 조절한다. 섭취된 대부분의 요오드는 소장벽을 통해 흡수되지만 일부는 직접 혈류로 흡수되기도 한다. 요오드의 흡수 속도는 매우 빨라 섭취 후 3~6분이면 흡수가 되며 이렇게 흡수된 요오드는 대부분 갑상선 조직으로 전달된다. 갑상선 조직 내의 요오드는 혈액 내 요오드와 비교해 약 25배나 더 농축되어 있다고 한다. 요오드의 흡수율은 갑상선 호르몬의 양에 직접적으로 영향을 받게 된다. 요오드의 섭취권장량은 성인을 기준으로 하루에 약 150ug이며, 임신 및 수유부는 각각 25ug과 50ug 정도씩을 증가시켜야 한다. 요오드의 급원으로는 해조류가 좋으며 채소류와 육류, 알류, 유제품 등도 좋은 급원이다.

○ 구리(Cu)

구리는 간, 신장, 모발 및 뇌 등의 조직에 특히 많이 함유되어 있다. 구리는 여러 가지 호흡계 효소 즉, tyrosinase와 cytochrome oxidase의 작용에 관여한다. Tyrosinase는 tyrosine이 산화되어 melanin 색소를 형성하는 일련의 화학반응에서 촉매작용을 하는 효소이며, cytochrome oxidase는 heme group과 구리 원소를 함유한 복합체로 산소를 환원시키는 역할을 수행한다. Ascorbic acid oxidase는 구리를 함유한 단백질로 ascorbic acid를 dehydro ascorbic acid 로 전환시키는 유기 촉매제이다. 구리는 적혈구의 성숙에 필요하므로 구리가 부족 시 적혈구

수의 감소를 초래한다. 구리는 위와 소장의 상부에서 대부분 흡수되어 혈류로 이동되며 혈액 내 구리의 95%는 단백질 복합체인 ceruloplasmin과 결합되어 있으며, 나머지 5%는 albumin과 느슨하게 결합되어 있다. 구리와 결합된 단백질 복합체는 철의 조혈기능에 관여하며, 구리는 담즙과 같이 대변으로 배설된다. 성인을 기준으로 체내에 약 100~150mg이 있으며 섭취 권장량은 성인 기준 1일 2mg, 어린이는 1일 체중 1kg 당 0.08mg 이면 충분하다. 정상인의 식사로부터 1일 2~5mg의 구리를 충분히 공급받는데, 동물의 내장, 어패류, 전곡, 두류 등은 좋은 급원이다.

❍ 불소(F)

체내 골격과 치아 조직에 칼슘염의 형태로 극히 미량이 함유되어 있다. 치아의 enamel 층을 견고히 조성하며 구강 내 박테리아가 생성한 산에 의해 부식되는 현상을 방지한다. 따라서 불소가 결여되면 충치도 많이 생기게 된다. 불소 첨가 음료수를 영아기 때부터 마시는 것이 충치 예방에 효과적이며 골다공증(osteoporosis)의 발병율도 감소시킨다. 불소는 해산물에 많이 함유되어 있다.

❍ 망간(Mn)

성인을 기준으로 체내 약 10mg이 함유되어 있는데, 특히 간, 신장과 같은 내장 조직에 많다. 좋은 급원으로는 두류 및 곡류이며 육류에는 많지 않다. 1일 식사로부터 약 6~8mg을 섭취할 수 있다. 망간은 체내에서 정상적인 골격 성장 및 형성에 관여하며, 지질 대사 및 생식 기능 그리고 신경의 자극 감수성 등을 정상적으로 조절 유지시키는데 중요한 역할을 한다. 망간은 또한 요소(urea) 형성에 필요한 arginase, 소장 내에서의 단백질 분해에 관여하는 peptidase 등의 여러 효소를 활성화시키기도 한다. 망간의 기능으로는 암모니아의 축적으로 일어나는 해를 막기 위해 뇨의 형성 과정에 관여한다는 것과 peptidase를 활성화하여 단백질을 분해시키며, leucine과 같은 아미노산을 분리시킨다. 또한 당질 대사에 관여해 glucose의 해당작용 및 Kreb's cycle에도 관여하며 지질 대사의 lipoprotein lipase를 활성화하여 혈청 지방의 대사를 신속하게 일으킨다.

❍ 아연(Zn)

아연은 성인 체내에 약 2g이 있으며 주로 모발, 골격, 안구, 내장기관 및 남성의 성선에 존재한다. Metalloenzyme의 구성 성분으로의 역할을 수행한다. 탄산가스의 운반에 관여하는 carbonic anhydrase, 소장내에서 carboxyl 기를 분해하게 하는 단백질 분해 효소인carboxypeptidase 그리고 포도당의 해당작용에서 pyruvic acid가 lactic acid로 전환하는데 동원되는 lactic dehydrogenase 등의 기능이 원활히 발휘될 수 있도록 돕는다. 아연의 기능을 살펴보면, cofactor로 효소작용에 관여하며, 인슐린과 결합한다. 아연의 결핍현상은 매우 드물며 부족시 성장 부족, 생식 기관의 미발달, 간과 비장이 비대해지며(hepatosplenomegaly) 철분 결핍성 빈혈을 초래하기도 한다.

❍ 몰리브덴(Mo)

조직 내 xanthine oxidase의 구성 요소이다. 두류, 전곡, 및 내장 고기에 많이 함유되어 있다. 체내에서 구리와 대치되어 구리의 대사 과정과 같은 과정을 밟게 된다.

❍ 셀레늄(Se)

셀레늄은 황과 유사한 화학 원소이다. 일일 섭취 권장량은 성인 기준으로 남성 70g, 여성 55g 이다. 우수한 식품 급원으로는 해산물과 간, 신장과 같은 육류의 내장기관 등이다. 인체에서 셀레늄이 하는 기능은 첫째, 항산화제로서의 기능을 하며 둘째, 동물 체내에서 일어나는 효소 반응에 촉매로서 관여하며 셋째, 적혈구 막과 같은 세포 구조의 손상을 예방하고 넷째, glutathione peroxidase(자유기를 분해하는 효소임) 등을 포함한 여러 효소의 구성 성분이기도 한다. 셀레늄은 동물이나 새에게 있어 비타민 E 보다 500배, L-cystine 보다 250,000 배나 강력하게 간경사(necrosis)를 방지하는 기능을 한다. 선진국에서는 셀레늄의 결핍증이 매우 드물게 발생한다. 셀레늄의 함량이 낮은 토양을 가진 지역에서는 종종 셀레늄의 부족증이 보고되고 있으며 중국의 일부지역에서 보이는 Keshan 질병(cardiomyopathy)은 좋은 예라 하겠다.

운동 선수들에 있어 셀레늄의 결핍은 강도 높은 운동 중 항산화 기능을 손상시킬 수 있으며 근육조직이나 미토콘드리아의 손상을 초래해 운동수행력을 악화시킬 수 있다. 하지만, 운동 선수에 있어 부족증은 거의 관찰되지 않는다. 또한, 셀레늄이 독성을 띄므로 일반적으로 추가 보충은 권장되지 않는다. 부족증에 있는 사람들에게 셀레늄의 보충은 이론상으로 과산화로부터의 세포막을 보호할 수 있으며 LDL 산화를 방지해 심혈관질환을 예방할 수 있다. 셀레늄의 보충이 장시간의 유산소성 운동 중 glutathione peroxidase의 상태를 향상시키고 지질의 과산화를 감소시켰으나 VO_2max를 포함한 유/무산소성 경주 능력의 향상은 일으키지 못했다는 보고가 있다(Tessler et al., 1995). Glutathione peroxidase는 항산화 효소중의 하나로 hydrogen peroxide 혹은 다른 organic hydroperoxides를 glutathione과 결합시켜 산화형태의 glutathione을 형성하게 해 결국 hydrogen peroxide와 다른 organic hydroperoxides의 제거를 돕는 역할을 수행한다. 이렇게 산화형태의 glutathione이 형성되면 glutathione reductase에 의해 환원될 수 있다.

❍ 크롬(Cr)

크롬은 인체 내에서 정상적인 혈당량을 유지시키는 기능이 있다. 정상인의 경우 하루에 약 80~100 ug의 크롬이 식사를 통해 섭취되고, 이 중 약 2~5 ug 정도가 체내에 흡수된다. 흡수된 크롬은 곧 혈류를 통해 조직에 저장된다. 연령의 증가에 따라 체내 저장량이 감소하는 것으로 알려져 있다.

❍ 코발트(Co)

코발트는 비타민 B_{12}의 구성 요소로 식물은 흙으로부터 흡수하지만, 소, 양, 염소 등의 반추동물들의 경우는 소화기에서 서식하는 미생물들이 코발트를 이용해 비타민 B_{12}를 합성한다. 사람을 포함한 기타 동물들은 소나 양의 육류나 유즙의 섭취를 통해 비타민 B_{12}를 공급 받는다. 코발트의 결핍 현상은 잘 나타나지 않는다.

(6) 수분의 보충에 따른 수행력의 변화

인체 내에서 운동시 유지되는 체 수분의 균형은 체액의 배출과 수분의 섭취가 일치할 때 일어난다. 성인 남성의 경우 총 체중의 약 65~69%, 여성의 경우 약 50% 가량이 수분으로 되어 있으며 비만인의 경우 비율이 떨어져 약 40% 정도를 보일 수도 있는 반면 근육질의 사람의 경우 체내 수분 함량 비율이 70% 이상을 보일 수도 있다. 이러한 이유는 지방 조직에는 수분의 함량이 낮고 근육 조직에는 수분의 함량이 높기 때문이다. 일반적으로 환경 온도와 활동량을 기준으로 평균 성인의 경우 1kcal의 에너지 섭취 당 약 1mL의 수분의 섭취가 필요하다고 한다. 즉, 성인 남녀에 있어 일일 약 2,800mL와 2,000mL의 수분 섭취가 필요하다고 하겠다.

수분의 손실은 소변, 대변, 호흡, 피부 발한(insensible perspiration)에 의해 일어난다. 소변 배출은 주된 수분 손실의 원인이 되며 이뇨제의 사용, 알코올 및 카페인의 섭취, 혹은 고단백 식사 시 신장을 통해 배출되어야 하는 요소(urea) 생성 등이 소변량을 증가시키게 된다. 발한에 의한 수분의 손실은 운동 중 혹은 고온 환경에서 증가한다. 이에 반해, 인체 내 수분의 공급은 첫째, 음료(물, 우유, 청량음료, 차 등)와 다양한 음식(야채, 과일 및 기타 음식물)의 섭취에 의해서 이루어진다. 둘째, 에너지 생성을 위한 식품의 대사(탄수화물, 지방 등) 시 수분이 생성된다.

$$C_6H_{12}O_6 + 6O_2 \rightarrow Energy + 6CO_2 + 6H2O \ (R = 6CO_2/6O_2 = 1.0)$$

$$C_{16}H_{32}O_2 + 23O_2 \ Energy + 16CO_2 + 16H_2O \ (R = 16CO_2/23O_2 = 0.7)$$

① 신체내 수분의 기능

인체에서 수분이 하는 기능은 첫째, 모든 생명체의 기본적인 구성요소로 세포 원형질의 필수적인 구조 물질이다. 둘째, 수분은 압축될 수 없다는 특성을 통해 척수 및 뇌와 같은 중요 신체기관과 조직을 보호한다. 수분과 전해질의 적절한 균형을 유지하는데 필수적이다(즉 체내 삼투압의 조절). 셋째, 체내 산소, 영양소, 호르몬 및 그 외 복합 물질들을 세포로 옮겨주는 주요 운반 경로이며 노폐물의 배출을 위해 세포로부터 폐나 신장과 같은 다른 기관으로 대사산물을 이동시켜주는 혈액의 주요 성분이다. 넷째, 감각 기능을 적절히 유지시키는데 필수적이다. 예를 들어, 듣기 파장(hearing waves)은 귀 내부의 용액에 의해 전달되며, 안구액은 적당한 시력을 유지하기 위해 명암 반응에 관여한다. 다섯째, 운동시 체온 조절 역할한다. 즉, 피부 표면으로부터 증발(evaporation)을 통해 체열을 유지시킨다.

표 5-15. 수분의 평형수분 손실

수분 손실		수분 섭취	
소변 배출	1,100 mL	음료	1,000 mL
대변 내 수분 함유량	100 mL	음식중의 수분 함유량	700 mL
호흡 시 발산 공기 (폐)	200 mL	대사성 수분	300 mL
피부 발한 (발산)	600 mL		
Total	2,000 mL		2,000 mL

(좌업생활을 하는 성인 여성 [60kg]을 기준으로 한 것임)

② 신체내 수분의 저장

수분은 신체의 여러 부분에 저장된다. 신체내 저장된 수분의 약 65%는 세포의 세포내액(intracellular fluid)으로, 약 35%는 세포 바깥의 세포외액(extracelluar fluid)으로 저장된다.

세포외액은 세포간액(세포들 사이 및 주위), 혈관내액(혈관내에 있음), 기타 수분 조직(뇌척수액 등)에 있다. 체내에 적정한 수분의 상태를 유지하는 것을 적정 수분 상태(eurohydration 혹은 normohydration)라 하며 체수분의 손실로 수분이 부족한 상태를 수분 부족 상태(hypohydration)라 한다. 수분 과다 상태(hyperhydration)는 체내에 수분의 양이 과다한 경우에 발생하는 상태이다. 신장은 수분 과다 상태에서는 과다한 수분을 제거시키고 수분 부족 상태에서는 좀 더 많은 수분을 보유할 수 있도록 해 적정 수분 상태를 유지시킨다.

❍ 항상성(homeostasis)의 유지란?

체내 정상적인 환경을 유지하기 위해 효율적으로 수분, 전해질, 호르몬 및 기타 다른 물질들의 사용과 분포를 조절하려는 활동으로 일련의 feedback system에 의해 조절/통제된다. 체내 수분의 조절을 위해 다양한 체액의 삼투압 농도를 조절하는 feedback system 이 작용한다. 삼투압 농도란 용액에 용해된 물질(즉, 용질)의 농도 혹은 양을 말하며 인체에는 당질, 단백질 및 다양한 전해질 물질들이 삼투압 농도에 영향을 미친다. 두 용액이 같은 삼투압 농도를 갖는다면 이를 등삼투(isosmotic) 혹은 등장성(isotonic) 이라 하고 두 용액이 다른 용질의 농도를 가졌을 때 높은 삼투압 농도를 가진 용액을 고장성(hypertonic) 상태의 용액이라 한다. 이에 반해, 낮은 삼투압 농도를 가진 용액을 저장성(hypotonic) 상태의 용액이라 함. 삼투압 농도가 다른 두 용액이 투과막에 의해 분리되면(인체 내 세포내액과 세포외액과 같이) 용액 간 압력 차이가 발생해 수분의 이동이 일어나게 되는데 이러한 압력을 삼투압력(osmotic pressure)이라 한다. 수분의 이동은 수분의 함량이 많고 저장성인 용액으로부터 수분의 함량이 적고 고장성인 용액으로 일어난다.

탈수가 되는 상황에서는 정상적인 혈액량을 유지하기 위해 체세포로부터 수분을 끌어온다. 시상하부(hypothalamus)내 오스모반응기(osmoreceptor)라 불리는 특정 세포들은 삼투압의 변화에 매우 민감해, 뇌하수체에서 항이뇨 호르몬(ADH, antidiuretic hormone)을 분비해 더 높아지는 체액의 요구에 반응하게 된다. ADH가 혈액에서 신장으로 이동하면서 더 많은 수분을 재흡수하도록 해 소변을 통한 수분의 배출을 감소시키며 체액의 저장성 상태를 유발시키는 수분 과다 상태(hyperhydration)에서는 수분의 배출을 증가시킨다.

③ 전해질이란?

전해질이란 용액 내에서 전류를 전도하는 물질로 정의할 수 있다. 일반적으로 용액이라 할 때는 전해질 용액을 의미한다. 산, 염기 혹은 염 등은 일반적인 전해질이고 이들이 이온들로 해리되어 보통 양이온(cation)이나 음이온(anion)의 전류를 갖게 된다. 체액의 주요 전해질로는 Na, K, Cl, bicarbonate (HCO_3^-), sulfate, Mg 및 Ca 등이 있으며 세포막에서 활약해 신경 자극(nerve impulse)과 같은 전류를 생성한다. 전해질은 또한 세포의 다양한 대사 과정을 조절하는 효소를 활성화시키기 한다.

표 5-16. 세포 내/외액의 구성요인

	Extracellular Fluid	Intracellular Fluid
Na^{+}	142 mEq/L	10 mEq/L
K^{+}	4 mEq/L	140 mEq/L
Ca^{2+}	2.4 mEq/L	0.0001 mEq/L
Mg^{2+}	1.2 mEq/L	58 mEq/L
Cl^{-}	103 mEq/L	4 mEq/L
HCO^{3-}	28 mEq/L	10 mEq/L
Phosphates	4 mEq/L	75 mEq/L
SO_4^{2-}	1 mEq/L	2 mEq/L
Glucose	90 mg/dL	0~20 mg/dL
Amino acids	30 mg/dL	200 mg/dL
Cholesterol Phospholipids Neutral fat	0.5 g/dL	2~95 g/dL
PO_2	35 mmHg	20 mmHg
PCO_2	46 mmHg	50 mmHg
pH	7.4	7.0
Proteins	2 g/dL (5 mEq/L)	16 g/dL (40 mEq/L)

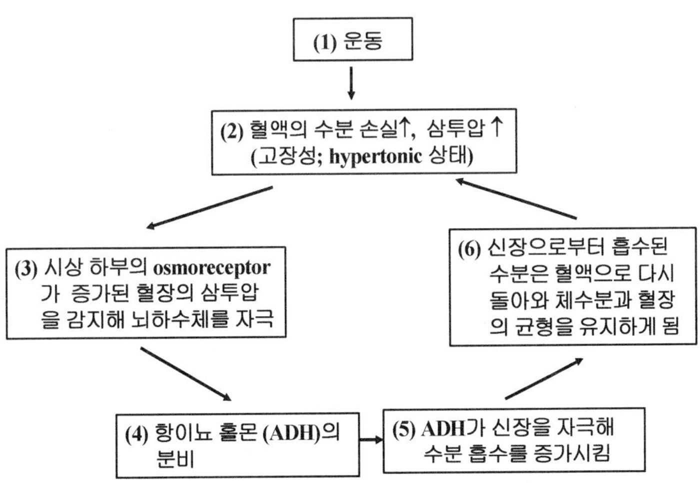

그림 5-4. 수분 조절을 위한 피드백 체계

④ 체온 조절

인체내 정상 체온(내부온도 core temperature를 기준 함)은 36.5~37℃이다. 체온의 측정을 위해 사용하는 가장 일반적인 방법은 구강 온도의 측정과 직장 온도의 측정이다. 일반적으로 안정시 직장 온도는 구강온도보다 약 0.5~1°F 높게 나타난다. 도로 사이클 경주(road race) 후 직장 온도가 구강온도와 비교해 5.5°F 높은 것으로 나타난다. 이러한 측면에서 구강 온도의 측정으로 열 상해를 판정하는 것은 정확하지 못하다고 할 수 있다.

인간은 다양한 환경조건 하에서 체온을 일정하게 유지시키는 능력이 있는데 체온의 변화에 영향을 미치는 요인들로는 첫째, 체온의 유지를 위한 열 생성은 영양소(당질, 지질, 단백질) 의 정상적 산화과정에서 일어나는 기초대사열에 의해 주로 일어나며, 감염질환, 떨림(shivering), 운동 등도 열을 생성하는 요인으로 작용한다. 둘째, 인체에서는 네 가지의 열 손실 방법을 통해 체온의 변화를 최소화하려고 한다: 대류(convection), 전도(conduction), 방사(radiation), 증발(evaporation).

❍ 대류

열을 함유한 물체가 하나의 장소로부터 다른 장소로 이동됨에 따라 일어나는 열의 전이 현상을 말하며 대류는 두 지점(혹은 부분) 사이의 온도 차이와 직접적인 관련을 맺는다.

예를 들면, 선풍기 바람이 피부의 표면으로부터 따뜻한 공기를 제거하고 시원한 공기와 바꾸어 준다든지 달리는 자동차의 창문 밖으로 팔을 내놓고 있으면 시원해진다든지 하는 현상들을 말함. 내부(심부/근육) 온도와 피부 온도의 차이에 의한 온도 조절 현상도 대류 현상으로 설명될 수 있다. 신체의 표면으로 시원한 공기가 불어오는 한, 열은 계속적으로 손실되며 달리는 사람의 경우 서있는데 바람이 불어와 열을 손실하는 것과 같은 효과에 의해 열을 잃게 된다. 대류에 의해 열이 손실되는 양은 신체 표면으로의 공기 흐름의 속도와 온도에 좌우된다. 대류는 근육으로부터 신체 내부와 피부로 혈액이 열을 운반할 때도 일어난다.

❍ 전도

온도가 다른 두 물체 사이에 서로간의 직접적인 접촉에 의해 전이되는 열을 의미한다. 열은 온도가 더 높은 물체에서 온도가 더 낮은 물체로 이동한다. 전도는 서로 접촉하고 있는 두 표면사이의 온도의 차이에 직접적인 관련을 맺는데 예를 들면, 얼음의 표면에 손을 댄다면, 열은 손의 표면으로부터 얼음으로 전이되지만 반면에 뜨거운 스토브에 손을 대면 열은 스토브로부터 손으로 전이된다.

❍ 방사

신체 내 분자들은 일정하게 진동을 하는데, 그 결과 계속적으로 전자기파(electromagnetic wave) 형태로 열을 방출해 낸다. 방사는 이러한 전자기파 활동을 통해 물체들 사이에 일어나는 열의 전이라 할 수 있다. 실내 온도가 21℃(70°F)인 방에 옷을 벗고 있는 사람이 있다면 열손실의 약 60%가 방사에 의해 일어난다. 예를 들어, 학생들이 강의실에 앉아있을 때, 학생들의 신체로부터 강의실 벽으로 열을 방사해 내는 동시에 벽은 학생들에게 또한 열을 방사해낸다. 이러한 상황에서, 신체의 온도가 주위의 벽 온도보다 낮으면 주위의 벽으로부터 열을 얻고, 신체의 온도가 주위의 온도보다 높으면 주위의 벽으로 온도를 방출하게 된다. 49℃(120°F)인 sweat box에 사람이 앉아 있다면 그 사람은 방사를 통해 잃는 열보다 방사되는 light bulbs로부터 얻는 열이 많을 것이다. 육상 track이나 field에 있는 선수의 경우 상당량의 열을 태양으로부터의 방사에 의해 얻게 되는데 특히, 구름이 없을 때(오후 12:00~16:00 사이; 태양으로부터의 방사의 초점이 더 강하게 맞추어짐) 이런 현상은 더 심하다.

참고. 0℃ = 32F = 273K, 100℃ = 212F
℃ = 5/9 (F-32)
F = (9/5 ℃) + 32

❍ 증발

증발이란 액체가 기포(vapor; 기체)로 변화되는 현상을 말하는 것으로 증발을 일으키기 위해서는 에너지가 필요하며, 에너지는 주위로부터 오게 된다. 이러한 에너지의 사용이 온도를 낮추어주게 된다. 즉, 열이 땀을 증기로 전환하기 위해 사용될 때, 폐는 증발을 통해 수분을 외부로 내보낸다. 운동 중 체온 증가를 방지하기 위해 일어나는 주요한 기전은 피부의 표면으로부터 일어나는 땀의 증발 현상이다. 심지어는 휴식 시에도 과도한 체온의 증가를 방지하기 위해 증발이 일어나기도 한다(이것을 무의식적 피부 발한[insensible perspiration]이라 함). 적은 양의 세포외액은 계속적으로 피부를 통해 확산을 일으켜 증발을 일으키는데 이러한 증발은 매우 빠르게 일어나므로 그것을 수분이라 느끼지 못하는 것이다. 인간이 힘든 운동을 할 때 많은 양의 땀을 흘리게 되는데 인간은 피부의 표면으로부터 땀을 증발시킴에 의해서만 체온을 낮출 수 있을 것이다. 즉, 피부의 표면에서 액체로부터 기체로 변화해야만 체온을 낮추는 효과를 발휘한다는 것이다. 만일, 땀이 증발하지 못하고 신체로부터 흘러내리는 상황이라면 체온을 낮추는 효과는 기대하기 어려울 것이다. 땀 1g이 증발한다면, 신체는 약 0.58 kcal의 열을 손실하며 1kg(혹은 0.454lb)의 땀이 증발하면 약 580kcal의 열이 방출된다.

✤ 참고

---

1) 자외선 (Ultra-violet [UV] radiation)
 - 200~280 nm: UV-C (짧은 UV)
 - 280~320 nm: UV-B (중간 UV)
   태양광선에 의한 화상
 - 320~400 nm: UV-A (긴 UV)
 - <200 nm 의 UV는 대지에 의해 상당히 강하게 흡수됨.

2) 가시광선 (Visible light)
 - 400~700 nm

3) 적외선 (Infra red [IR] radiation)
 - 700~1400 nm
 - 1400nm~1mm

정상적인 환경 온도에서 체열은 대류와 전도에 의해 신체 중심으로부터 표면으로 이동하는데, 이때 혈액이 열의 주요 운반체 역할을 한다. 가장 많은 양의 열은 방사와 대류에 의해 신체로부터 제거되며 감지되지 않는 적은 양의 열은 호흡에 의해 체외로 운반된다. 추운 환경에서는 차가운 바람과 같은 공기 이동이 증가하고 피부로 순환되는 혈액이 증가하거나 표면의 방사가 증가하여 열 손실을 촉진한다. 더운 날 태양아래서 운동하는 경우와 같이 특정 조건하에서는 신체로부터 열을 잃기 보다는 신체가 열을 외부로부터 얻는 것으로 역진행되므로 위험할 수 있다. 이러한 경우, 태양의 방사에너지가 신체에 열을 가해주게 된다.

<열- 평형 공식> (heat-balance equation)

$$H = M \pm W \pm C \pm R - E$$

(H; 열 평형, M; 안정시 대사율, W; 운동량, C; 전도, R; 방사, E; 증발)
전도 (C), 방사 (R), 증발 (E) 을 적절히 조절하는 것이 중요

---

a. 체온 조절의 기전

시상하부가 인체의 체온 조절 역할을 수행한다. 온도 변화가 있는 경우 피부는 수용기를 통해 온도 변화를 감지해 자극을 시상하부로 전달해주고 혈액에 온도 변화가 있는 경우에는 시상하부에 직접적으로 자극을 전달해준다. 피부수용기가 온도의 상승을 감지하거나 혈액온도의 증가 시 인체는 열의 손실을 위해 혈액이 피부와 근접해 흐르게 되며 이러한 것이 열을 외부로 쉽게 방출되도록 한다. 이와 함께, 발한을 일으키게 되며 땀의 배출을 통해 증발을 증가시킨다.

피부 수용기가 차갑다는 것을 감지해 혹은 혈액 온도가 저하된다는 신호를 시상하부가 받게 되면 혈액의 흐름이 피부 표면의 가까운 쪽으로부터 신체중심으로 옮겨지게 하며 방사에 의한 열손실을 줄이고 생명 유지를 위해 필수기관들의 온도를 적절하게 유지시키기 위한 작용을 한다. 이런 경우 떨림

(shivering)을 통해 근수축을 일으켜 대사율의 증가를 통해 열 생성을 증가시킨다. 이러한 이유로 시상하부를 인체의 온도계라 부른다.

저체온증(hypothermia)은 체온이 정상 수준 이하로 떨어지는 경우를 말하며 체온이 32도 이하로 떨어지는 경우 사망에 이른다고 한다. 겨울철 물에 빠진 경우, 온도조절 기능이 급격히 감소하게 된다. 물은 열에 대해 전도성이 매우 우수하므로 인체로부터 열의 손실을 대단히 빠르게 한다. 춥고 습하며 바람이 부는 환경에서 운동을 하는 경우 열의 생성보다 열의 손실이 훨씬 크므로 저체온증이 발생하지 않도록 조심해야 한다. 도로 사이클링 경주 후반부에 저체온증 현상을 보이기 쉽다고 한다. 저체온증의 증상으로는 근육활동의 부조화(muscular incoordination)와 정신혼란(mental defusion) 등을 들 수 있겠다.

고체온증(hyperthermia)은 운동 수행력을 제한하는 주된 요인으로 위험하므로 주의해야 한다. 운동 선수들에게 heat stress가 가해지는 환경적 요인으로는 기온(air temperature), 상대습도(relative humidity), 공기이동(air movement) 및 방사(radiation) 등이 있다.

❍ 기온

기온이 27℃ 이상에서 운동을 할 때는 항상 주의해야 한다. 기온이 낮으나 상대습도나 태양 방사(복사)열이 높을 때는 열스트레스의 위험이 여전히 높다.

❍ 상대습도

공기중의 수분함량을 의미한다. 습도가 높으면 땀을 통한 증발 능력을 감소시켜 운동 중 신체의 체온 조절 능력을 감소시킨다. 상대습도가 90~100%에 이르면 증발을 통한 열 손실이 0에 가까우며. 상대습도가 50~60% 이상이면 운동시 주의를 요하고 특히 온도가 높은 상황에서는 더 많은 주의가 요구된다.

❍ 공기이동

기류가 거의 없는 경우 대류에 의한 열의 운반이 제한된다. 산들 바람 정도도 체온의 유지에 대단히 좋다.

❍ 방사
태양으로부터의 방사(복사)열이 강하면 부수적인 열 부하를 받게 됨.

춥거나 시원한 환경에서 운동을 할 경우, 체열의 손실은 주로 방사와 신체 전반으로의 공기의 이동에 의한 대류에 의해 일어나며, 땀 중 피부를 통해 증발되거나 일부는 폐로부터 호흡을 통해 증발되는 현상을 보이기도 한다. 환경 온도가 상승되면 땀을 통한 증발이 인체 내부 온도의 지나친 상승을 조절하는 주요한 기전으로 작용함. 증발은 대기 온도가 10℃에서 운동시 총 열 손실의 약 20%를 차지하며 20℃에서 약 45%, 30℃에서 약 70%를 차지한다. 최대 증발율은 대략 땀 30mL/min(=1.8L/hr)으로 알려져 있다.

발한율(sweat rate) 은 개인간 차이가 많은 것으로 알려져 있다. 예를 들면, 마라톤 경주자 두 명을 대상으로 같은 시간 달리고 같은 양의 음료를 섭취했을 때 한 사람은 단지 1%의 체중을 손실한 반면, 다른 한 사람은 체중의 6%를 손실했다는 연구 결과가 발표되었다(Maughan 등). 인체는 고유의 증발체계와 경고 사인을 이용해 내부(혹은 중심) 온도가 40.5℃이상 되는 것을 예방함으로써 열 상해를 예방하지만, 이러한 조절 체계가 무너지면 과량의 수분과 전해질이 손실되어 운동 수행 능력이 감소하고 열 상해를 받을 수 있게 되므로 주의를 요한다.

3. 운동역학의 이해

1) 바이오메카닉스의 성립

(1) 바이오메카닉스의 정의와 영역

① 일반 바이오메카닉스
일반 바이오메카닉스라는 것에는 운동관계하는 생체계의 구조나 기능을 역학 법칙에 비추어 연구하는 하나의 응용학이라고 말할 수 있다.

다음과 같은 영역이 바이오메카닉스 하에 존재하며 활발한 학제적 종합적 연구 활동을 전개하고 있다.

❍ 생체의 조직구조에 관한 바이오메카닉스
❍ 동물운동에 관한 바이오메카닉스
❍ 인간의 운동에 관한 바이오메카닉스

② 스포츠 바이오메카닉스

체육·스포츠 분야가 깊게 관여하고 있는 것은 주로 위의 세 번째 영역인 건장한 사람이나 장애인의 일상생활이나 스포츠에 있어 여러 가지 운동을 다루고, 장해의 원인이나 뛰어난 운동 등의 메커니즘을 밝히며, 인간의 운동에 대해서는 이해를 깊게 하여 그 개선에 유익하게 하는 영역이다.

③ 바이오메카닉스의 종합 시스템

객관적인 데이터에 근거하여 법칙성을 발견한다든지 인간관계에 의해서 스포츠 기술이나 운동효과의 원인을 규명한다. 그리고 그 결과를 피험자에게 피드백 할 뿐만 아니라 보고서나 논문으로 널리 공표한다. 이 단계에 이르러 비로소 스포츠 과학이 성립발전하게 된다.

2) 바이오메카닉스의 역사

① 바이오메타닉스의 주요 연구 수단인 근전도학, 동작학, 운동역학의 역사에 깊게 관계있는 것에 중점을 두고 그 방법론부터 바이오메카닉스의 원류를 더듬어 보고 싶다.

a. 근의 역학과 근전도

근 활동의 상황을 전기적으로 외부로부터 알 수 있는 근전도는 근운동의 요인 분석에 빠뜨릴 수 없는 연구 수단이다. 근수축의 원인이 전기이며 통상은 그 전기가 생체조직으로부터 발생해서 근수축을 일으킨다고 결론 내렸다.

b. 운동역학의 성립

지금 우리들의 연구에 이용하고 있는 둔동역학은 모두 관성계를 정지계로 간주하고 있는 뉴턴의 법칙이며, 그러한 의미에서 뉴턴은 오늘날의 바이오메카닉스의 초석을 쌓은 사람이라고 말할 수 있을 것이다.

c. 동작학과 운동역학

마레에 대해서 특별해야하는 것은 그가 공기압을 이용해서 오늘날의 역량계에 해당하는 공기압을 이용한 턴불 형식의 역량계를 개발 하고 그것을 이용 신바닥에 삽입하여 족압을 기록한 것이 운동학과 운동역학을 결합한 바이오메카닉스 연구의 원류이다.

d. 해부·생리·역학의 총합화

힐은 근의 열역학적인 연구로 노벨상을 수상한 다음 단거리달리기에 고나한 역학적·생리학적 연구를 하였다. 주로를 따라 코일이 장치된 기둥을 여러 개 세우고 달리는 사람이 전자석을 가슴에 붙인 코일의 앞을 통과하면 전류가 흐른다. 이 시그널로부터 질주속도를 산출하고 운동방정식을 근거로 역학적 파워를 산출했다.

② 국제적으로 본 바이오메카닉스 연구의 동향

a. 연구회 분과회로부터 학회로

연구 대상인 스포츠 종목은 육상경기의 달리기·뜀뛰기·던지기가 대부분이며 수영, 스키, 스케이트가 그 뒤를 잇고 있다. 신체구조와 기능에서는 인체의 구조를 대상으로 한 연구가 가장 많고, 이어서 정적 동작, 관절운동의 순이다. 시점별 논문 분류는 동작분석 신경지배, 역학적 특성, 이 많은 속에서 특히 역학적 특성 연구의 급격한 증가가 눈에 띈다.

b. 연구 내용의 동향

동작학적인 키네메틱스로 분류되지만 근전도학적 분석, 시뮬레이션, 생리·해부학적 분석을 첨가하여 나타내었다.

c. 일본에 있어 바이오메카닉스 연구의 동향

일본의 키네시얼러지 연구는 기능해부학적인 색채가 짙은 미국의 키네시얼러지와 공학을 주최로 한 유럽의 바이오메카닉스의 양자를 포함하면서 역학·생리학·해부학 등의 여러 가지 측면을 포함하는 넓은 영역의 응용학으로서 독자적인 걸음을 시작했다.

3) 신체운동의 역학적 기초

(1) 운동

운동을 역학적으로 고찰하고자 하는 경우 고찰의 대상이 되는 것을 물체라고 부른다. 인간의 신체나 그 일부, 공이나 배트 등 운동에 관계되는 고찰의 모든 대상물을 총칭하여 물체라고 부르기로 한다.

① 운동

물체가 운동 중에서 물체의 방향에는 주목하지 않고 물체의 위치 변화에만 주목할 때 물체는 시간과 함께 그 위치를 변화시키는 운동을 병진 운동이라고 부른다.

② 병진운동

물체의 운동 중에서 물체의 방향에는 주목하지 않고 물체의 위치 변화 만에 주목할 때 물체는 시간과 함께 그 위치를 변화시키는 운동을 병진 운동이라 부른다.

③ 회전운동

물체가 그 위치를 바꾸는 것이 아니라 방향만을 바꾸는 운동을 회전운동이라 부른다.

일반적인 물체의 운동은 물체의 병진운동과 회전운동이 일어난 것이 된다.

(2) 힘과 운동

① 물체의 운동을 변화시키는 작용을 힘이라고 부른다. 예를 들면 멈춰서 있는 자동차를 이동시키기 위해서는 힘을 가할 필요가 있고 움직이는 자동차를 가속시키기든지 감속시키기 위해서도 힘을 가할 필요가 있다.

② 힘의 합성과 분해

물체에 복수의 힘이 작용하는 경우는 이들 힘을 합성하여 그 결과인 하나의 힘이 작용하는 것으로 ks주할 수 있다. 이것을 합성이라고 부른다. 반대로, 하나의 힘을 복수의 힘으로 분해할 수도 있다.

③ 벡터의 표시

벡터는 크기와 방향을 가진 양이다. 따라서 벡터는 그 크기와 방향을 표시하는 각도를 조합함으로써 나타낼 수 있다.

④ 운동량

속도와 물체의 중량을 곱한 양인 운동량의 변화를 운동변화의 지표로 한다. 운동량을 사용하면 동일한 속도로 부딪히더라도 무게에 따라 위력이 다름을 표시할 수 있다. 운동량은 정확하게는 물체의 질량과 속도의 곱이지만, 질량이 동일한 물체는 반드시 동일한 중량이 되기 때문에 여기서 혼란의 염려가 있는 경우는 제외하고는 질량과 중량을 구별하지 않기로 한다.

⑤ 역적

힘이 운동에 주는 영향은 단지 힘의 크기뿐만 아니라 힘이 작용하는 시간에도 의존한다는 것을 알 수 있다. 그래서 힘과 힘이 작용한 시간을 서로 곱한 양인 역적을 생각한다.

⑥ 힘과 운동의 관계

힘에 작용에 의한 속도의 변화는 ①힘이 클수록, ②힘이 작용한 시간이 길수록, ③ 물체가 가벼울수록 크다는 것을 알 수 있다. 중요한 것은 큰 속도의 변화를 얻기 위해서는 반드시 큰 힘이 필요하다는 것이 아니라 작용시간이 길어도 역적이 증대하며 속도의 변화가 크게 된다.

⑦ 역학계

복수의 물체의 집합을 역학적 고찰의 대상으로 하는 경우 물체의 집합을 역학계라고 한다. 역학계는 임의로 설정 할 수 있다. 신체 전체를 하나의 역하계로 생각 할 수도 있으며 신체에 도구를 부과하여 하나의 역학계로 생각할 수도 있다.

⑧ 내력과 외력

하나의 역학계 안에서 복수의 물체가 상호간에 힘을 미치고 있는 경우 이들 힘을 내력이라고 부른다. 한편 신체에 가해지는 중력은 외력이다.

⑨ 신체가 갖는 운동량

신체 전체를 하나의 역학계로 생각한 경우 신체가 갖는 운동량은 각 세그먼트가 갖는 운동량의 합이 된다. 역학계의 운동량 변화는 외력에 의한 역적의 총합과 동일한 것으로 나타낼 수 있다.

(3) 운동 중에 작용하는 힘

① 중력

지구상의 모든 물체는 연직하방으로의 중력을 받는다. 중력의 크기는 물체의 질량에 비례하기 때문에 물체에 가해지는 중력의 크기로 물체의 질량을 표시할 수도 있다.

② 중심

③ 신체중심

④ 중심운동

중심운동의 병진운동은 중심에 물체의 모든 중량이 집중했다고 생각한 경우(중심을 그 물체와 동일한 중량의 질점으로 간주한 경우)와 동일한 운동을 한다. 더욱이 신체의 합성 중심에 대해서도 동일한 것이 성립한다.

⑤ 포물운동

공중에 방출된 물체나 신체에는 중력 이외의 힘이 작용하지 않기 때문에 중심은 특별한 운동을 한다. 중력만이 작용하는 운동을 포물 운동이라 한다.

⑥ 오늘날 육상경기장의 트랙이나 체육관에 지면반력계를 설치해서 운동 중의 지면반력을 측정할 수 있도록 되어 있다.

⑦ 마찰저항

평면과 물체가 접촉하는 면에 물체의 이동을 방해하는 힘이 발생한다. 이 힘이 발생하는 경우를 마찰이 있다고 말하며, 운동을 방해하는 힘을 마찰저항이라고 부른다.

⑧ 공기 물의 저항

공기나 물속에서 운동하는 물체에는 그 이동을 방해하는 방향으로 힘이 작용하며 이들 힘을 공기저항, 물의 저항 등으로 부른다.

⑨ 양력

이동 방향에 수직인 성분은 물체를 들어 올리는 작용을 하기 때문에 양력이라고 부른다.

(4) 회전운동

① 회전운동과 토크

힘의 크기, 힘의 방향, 작용점 3가지를 힘의 효과는 힘의 크기, 힘의 방향, 회전축으로부터 힘의 작용선까지의 거리에 의존한다.

② 관성능률

동일한 토크가 작용해도 물체에 따라서 각속도의 변화는 동일하지 않다. 병진운동에서는 중량이 크면 동일한 면적에 대해서 속도의 변화가 적어진다. 따라서 질량은 운동의 변화에 대해서 저항하는 성질을 가지고 있는데 이것을 관성저항이라고 한다.

③ 각운동량

회전운동에서는 각속도에 회전축둘레의 관성능률을 곱한 각동운량이라고 부른다.

④ 토크와 회전운동의 관계

큰 각속도의 변화를 얻기 위해서는 반드시 큰 토크가 필요하다는 것이 아니며 작용시간을 길게 함으로써도 각 역적이 증대하며, 각속도의 변화가 크게 된다.

⑤ 병진운동과 회전운동의 대칭성

운동량과 각운동량이나 병진운동의 운동에너지와 회전운동의 운동에너지 간에도 대칭성이 있다.

⑥ 신체가 갖는 각운동량

(5) 일과 에너지

① 일량

무거운 것을 높은 장소로 옮기는 것은 힘든 일이며, 일량이라고 부른 것은 자연스러운 것이다.

② 벡터의 일량

역학적 일량은 가해진 힘과 이동 방향이 동일하다면 단순히 양자에 곱으로 표시된다. 그러나 힘의 방향과 이동방향은 반드시 일치하지 않는다. 그 경우의 힘을 이동방향과 평행한 성분과 수직인 성분으로 나누어 평행한 성분과 이동거리의 곱을 일량이라고 한다.

③ 회전운동에 있어서 역학적 일량

④ 에너지

에너지란 역학적 일을 할 수 있는 잠재적 능력이다.

⑤ 운동에너지

운동하는 물체가 가지고 있는 에너지를 운동에너지라고 한다.

⑥ 위치에너지

위치에너지는 높이의 기준을 결정하지 않으면 측정할 수 없다.

⑦ 역학적 에너지

물체가 갖는 운동에너지와 위치에너지의 합을 역학적 에너지라고 부른다.

⑧ 운동 중 신체가 갖는 역학적 에너지

신체를 한 개의 역학계로 가정하면 신체가 갖는 역학적 에너지는 각 세그먼트의 운동에너지와 위치에너지의 총 합이 된다.

⑨ 역학적 에너지의 보존

중력만이 작용하는 경우 운동에너지와 위치에너지의 합은 변화하지 않는다. 이것을 역학적 에너지 보존의 법칙이라고 부른다.

⑩ 일률(파워)

역학에서는 일량을 일에 필요한 시간으로 나눈 값, 즉 단위시간 당의 일량을 일률이라고 부른다.

⑪ 근수축의 일량과 파워

(6) 링크세그먼트 모델

① 세그먼트에 작용되는 힘과 토크

② 링크세그먼트 모델의 운동 방정식

각 세그먼트의 운동은 세그먼트 중심의 병진운동과 세그먼트의 중심둘레의 회전운동으로 이루어지며 각각에 대해서 운동 방정식이 성립한다.

4) 응용편

(1) 걷기 운동

① 보행의 메커니즘 - 근 활동으로부터 본 보행 변화

인간의 보행 동작은 일생에 걸쳐 변화 해 간다. 직립이족보행의 기원이라고 생각되는 신생아의 원시보행, 생후 1~2개월경의 원시보행, 생후 6~12개월경의 영아 수의지지보행으로 발달, 그 후 영아는 1세경에 독립보행을 습득하며, 3세경에 보다 성숙한 보행 패턴을 습득한다.

❍ 보행의 기원 - 0세아의 지지보행

㉠ 신생아 원시보행

신생아원시보행기(생후4주경까지) : 신생아는 양 겨드랑이 밑을 지지해 주고 테이블 위에 발바닥을 붙여 주면 보행 모양의 동작, 즉 원시보행을 실시한다.

㉡ 영아 원시보행

영아 원시보행 개시기(생후 1~2개월) 이 시기의 스텝은 신생아기와 비교해서 보다 리드미컬하다. 각 신전의 적극적으로 이루어지며 발끝 착지가 많아지는 것이다.

㉢ 영아수의 지지보행

영아 지지보행기(생후 6~12개월) : 6개월 이후 두 팔다리로 기기 시작하여 상체직립으로 지지되면 비교적 확실하게 걷는다.

② 보행 발달 - 1~3세아의 독립보행

❍ 영아형 보행 패턴

영아 독립보행 개시기 : 이 시기는 한 다리 입위가 순간 밖에 할 수 없는 대단히 불안정한 시기이다. 걷기 시작하는 영아보행은 성숙한 보행과 공통된 많은 협응 요소를 가지지만 중대한 차이도 존재한다.

❍ 성인형 보행 패턴

성인형 보행기(보행 습득 2년 이후) : 3세경부터 발 앞꿈치를 지면보다 높게 들어 발뒤꿈치 착지 후에 발바닥의 롤링 동작으로부터 뒤꿈치의 강한 밀어내기를 하며, 발끝으로 의지하는 성숙된 보행 패턴으로 변화한다.

③ 보행의 퇴행

❍ 영아·유아형 보행 패턴으로 퇴행

근력, 밸런스가 쇠퇴한 고령자 보행은 유아보행으로 되돌아간다. 고령자의 보행(보행 속도가 느려진다. 잔걸음으로 걷기, 보폭을 넓게 걷기, 팔 흔들기가 줄어듦, 신체전경자세가 주춤한 전경자세가 됨.)

❍ 보행 퇴행의 징후와 그 예방

보행 노화의 징후가 성인의 일상보행에 보이기 시작한다면 근력, 밸런스 기능 등이 저하하며, 보행이 영아·유아형 보행 패턴으로 퇴행해 왔다고 생각하여 노인형 보행 패턴으로의 이행을 막을 필요가 있다.

(2) 보행운동의 일과 효율

보행운동에서 근이 수행하는 기계적 일을 계산하는 방법에는 ①외부에서 대해서 실시한 일과 신체중심을 축으로 팔다리를 이동하기 위해서 실시한 일로 나누어 계산하는 방법, ② 관절마다 실시한 일을 계산하는 방법, ③ 신체 부분의 에너지 변화로부터 계산하는 방법 등이 있다.

① 중심의 운동에서 본 에너지 변화

기분 좋은 속도로 걸을 때, 중심의 상하이동은 양 다리 지지기의 중간에서 가장 낮고, 한 다리 지지기에 중간에서 가장 높게 된다.

② 보행의 외적 일량

중심 에너지는 보행주기에 맞추어서 증감을 반복하지만 그 증가량은 중심에 대해서 실시된 일량을 나타내고 있다.

③ 보행의 내적 일

신체중심의 이동에 관계없이 신체중심 둘레에서 실시되는 일을 내적 일 이라 부른다. 이 내적 일은 신체중심에 대한 사지의 상대적인 운동 증가분으로 산출된다.

④ 보행의 효율

근의 기계적 효율은 근이 수행한 일량을 소비한 에너지량으로 나누어 산출한다.

(3) 경보

① 룰에 의한 경보의 정의

일본육상경기연맹 경기규칙에서 경보의 저의에 대해서 어느 쪽의 한발이든 항상 지면에서 떨어지지 않도록 해서 걷는 것을 말한다. 앞다리는 접지 순간에서부터 수직위치가 될 때까지 똑바로 펴 있어야만 한다. 라고 기술하고 있다.

② 경보의 바이오메케닉스

❍ 보행속도, 스트라이드, 피치

경보의 스트라이드는 달리기의 약60%, 피치는 약120%이며, 경보와 달리기의 속도차는 스트라이드의 차에 의한 부분이 크다.

❍ 경보의 키네메틱스

일상적인 보행에 비해 팔꿈치관절을 굴곡해서 팔을 전후로 크게 흔들고 있음을 알 수 있다. 또 하지에 대해서는 고관절을 크게 굴곡하여 회복 각을 전방으로 스윙하여 고관절과 무릎관절을 신전하면서 접지하며, 지지기 전반부 국면에서 고관절과 무릎관절을 신전하고 있다.

❍ 경보의 키네틱스

발 관절 토크는 회복기에 대단히 적지만 지지기 후반부터 저굴 토크가 증가하여 지지기 후반에 피크를 보이고 있다. 발 관절 각속도는 지지기 중반에 배굴, 후반에 저굴이기 때문에 저굴을 실행하기 위해서 발휘되고 있는 것이라고 생각된다.

❍ 경보에서의 역학적 에너지 전이

관절 토크에 의해서 발휘되니 파워는 신체 각 부의 역학적 에너지 변화를 일어나게 하지만, 신체 전체로의 영향을 검토하는 데는 신체 각 부분 간의 역학적 에너지 전이를 조사하는 것이 유효하다고 생각된다.

❍ 근전도학적 연구

운동 중 근의 활동전이를 기록함으로써 그 근의 활동 시기, 활동 강도를 알 수 있다. 그 때문에 경보 중의 표면 근전도를 계측하여 경보와 일상보행과의 비교를 수행한 연구를 찾아볼 수 있다.

(4) 장애자의 보행 - 척수 손상자의 보행

① 여러 가지 이상보행

❍ 뼈, 관절장해에 의한 이상보행, 신경근 질환에 의한 이상보행 등 크게 두 종류로 정리하고 있다.

② 척수 손상자의 보행

외상 등에 의해 척수 손상하면 뇌로부터 말초 및 말초로부터 뇌로의 신경경로가 차단되기 때문에 운동 혹은 감각기능이 마비를 초래한다.

❍ 척수 패턴 발생기와 그 가역성

척수보다 상위의 중추신경 혹은 말초감각기로부터 주기적인 신호의 입력 없이 굴근 및 신근의 주기적 방전을 발생하는 신경기구를 척수중추 패턴 발생기라고 부른다.

❍ 척수손상 높이와 보행 모양 근 활동 발생 능력

총괄적으로 손상 부위가 높은 부상자 쪽이 근방전량이 큰 경향이지만 가자미근 에서는 지지국면, 전경골근에서는 스윙 국면에서 각각 관찰 되었다.

❍ 척수신경회로의 가역성

요즘 동물이나 척수손상자의 보행 회복 능력에 관한 연구로부터 척수에는 지금까지 생각해 온 이상의 유연성이 있고 어느 정도의 학습 혹은 적응 능력이 있다는 것을 알 수 있다.

❍ 장구보행

보행 장구를 이용함으로써 설사 완전마비였더라도 일정 조건을 만족하면 자력으로 직립 자세 보행이 가능하게 된다.

❍ 장구보행의 바이오메카닉스

보행용 장구를 이용한 대마비자의 보행과 건강한 일반인의 보행에서 운동학적 변량과 지면반력의 시간 경과에 따른 변화를 나타냈다. 보행용 장구를 이용한 보행 스틱과 발에 의한 3점, 혹은 4점지지 보행이다.

4) 달리기 동작

(1) 달리기 동작의 메커니즘

달리기의 목적은 목적지에 가능한 단시간에 이동하는 것이며, 달리기 거리가 짧을 때는 단거리 달리기 거리가 멀 때는 장거리달리기라 부른다.

① 질주속도= 피치 × 스트라이드

질주속도는 피치와 스트라이드의 곱으로 결정된다. 피치란 1초간의 보수를 말하며, 스텝 빈도 혹은 스트라이드 빈도 등으로도 불린다.

② 질주속도와 폼의 변화

❍ 정속질주 동작

대퇴돌기에 대한 발끝의 변위, 속도, 가속도와 질주속도와의 상관관계를 1주기의 8시점에 대해서 나타낸 것이다. 발끝의 변위는 어느 시점에 있어서나 질주속도와 유의한 상관을 나타내고 있다.

❍ 100m 달리기에서의 질주 동작

대퇴각을 보면 스타트부터 20m까지는 급격히 증가하며 그 후 유지되는 경향이 있지만 80m부터 감소하고 있고, 대퇴가 올라가지 않고 있음을 알 수 있다.

③ 달리기 운동의 지면반력

5명의 남자 단거리 선수의 평균치를 나타낸 것으로 수평전후 방향에서 마이너스의 지면반력은 브레이크를, 플러스는 가속을 나타내며, 연직 방향에서는 발이 받는 상 방향의 지면반력을 나타내고 있다.

④ 질주에 있어 신체 각 부의 공헌도

❍ 질주속도와 신체 각 부의 역적

역적은 지지기에 있어 종합적인 결과를 나타내는 것에 지나지 않기 때문에 마이너스 역적을 나타낸 오른팔이나, 회복다리가 지지기에 있어 어떠한 역할을 담당하고 있는가를 검토하기 에는 충분하지 않다.

❍ 신체 각 부의 상대운동량의 변화

몸통은 오른팔, 회복다리, 지지다리와는 다른 변화를 나타내고 있다. 지지기 전반에는 조금 증가하며, 후반에는 70~80% 부근에서 피크를 나타내어 마이너스의 상대운동량을 형성하고 있다.

❍ 지지다리 각부의 상대 가속력 변화 패턴

지지다리는 질주속도에 최대로 공헌을 한다. 회복다리는 전체적으로 마이너스 공헌을 하지만 지지기 전반에 있어 수평운동량의 감소를 작게 하는 데 유익하다.

❍ 상반신의 공헌도

왼팔의 수평방향의 상대운동량은 왼발 접지 시부터 이지 후까지는 전방으로 흔들기 때문에 플러스이며, 그 후 마이너스가 된다. 한편, 오른팔은 거의 이것과 반대의 위상이 되고 있다.

(2) 달리기 능력의 발육발달

① 달리기 운동의 출현

최초의 달리기 운동에서는 지지시간은 보행시보다 단축되어 약간의 비지지 시간이 출현했다.

② 질주 능력의 횡단적 발달

형태적인 발달, 기능적인 발달 이라는 두 가지 점을 들어서 질주 능력의 발달을 특징짓고 있다.

③ 달리기 동작의 발달

스트라이드가 증가한다. 신체의 상하이동의 상대량이 감소한다. 이 지시의 하지관절 신전이 증대한다. 비지지 시간이 증대한다. 회복기에 있어 발뒤꿈치의 둔부로의 끌어당김이 현저해진다. 대퇴의 끌어올림이 증대한다.

④ 질주 능력 및 질주 동작의 종단적 발달

이것은 달리기 동작이 연령 증가와 함께 개선되는 것이 아니라 지도를 통해서 습득하지 않으면 동작이 개선되지 않는다는 것을 시사하고 있다고 생각된다.

⑤ 질주 능력이 뛰어난 어린아이의 발달적 특징

질주 능력은 대부분의 스포츠 퍼포먼스에 관계하는 기초적인 운동능력의 하나로 생각되며, 그 우열은 저연령 단계에서 이미 흥미 관심의 표적이 되고 있다.

(3) 달리기 동작에 있어 하지관절 토크와 토크파워

① 관절 토크 및 관절 토크 파워의 의의

우리들이 달릴 때에는 근은 어떠한 활동을 하고 있는가? 질주시 근의 작용을 알 수 있다면 기술뿐만 아니라 트레이닝법에 대해서 여러 가지 시사를 얻을 수 있다.

② 단거리 질주에 있어 하지 관절 토크

전속질주에 있어 오른다리의 하지관절 각속도 및 관절 토크를 5명의 남자 단거리 선수의 평균 및 표준편차로 나타낸 것이다.

③ 가속 및 감속 국면에 있어 하지관절 토크

100m 달리기의 질주속도는 스타트 후부터 급격히 증가한 후 50~60m 부근에서 최고에 달하며 골까지 서서히 저하한다.

④ 속도가 서로 다른 달리기 관절 토크 및 관절 토크 파워

❍ 지지기

지지기의 관절 토크와 파워를 보면 발관절에서는 어느 스피드에서나 발저굴곡토크가 우위이고 저속에서는 중저속이 되면 최대 토크는 크게 되지만, 가속질주의 경우와는 다르다.

❍ 회복기

회복기에 있어 관절 토크와 파워의 변화 패턴에는 질주속도가 다르더라도 본질적인 차이는 없었다. 이와 같이 보면 질주속도가 다르면 하지관절 토크와 파워의 크기에는 상당한 차이가 있지만 변화패턴에는 속도의 차이만큼 차가 없다는 것을 알 수 있다. 질주에서 발관절은 지지기에 발저굴곡 토크가 플러스, 마이너스의 파워를 그리고 고관절은 회복기 전반에 있어 굴곡토크가, 후반에는 신전 토크가 플러스 파워를 발위하고 있다고 말 할 수 있다.

❍ 일류 스프린터의 하지관절 토크

모리스 그린 선수의 레이스 중 회복다리의 관절 토크이지만 이 경기대회에서는 강한 맞바람의 영향으로 질주속도가 11.1m/s 로 적었다. 관절 토크 변화 패턴은 지금까지 나타낸 것과 비슷하였지만 이지 후 고관절 토크가 크며 그것에 비해서 무릎관절 신전 토크가 적다는 특징을 볼 수 있다.

(4) 관성 모멘트로 본 달리기

① 관성 모멘트와 달리기 운동

달리기 운동 학습에 있어 선수에게 발을 엉덩이 부분으로 높게 끌어당기는 동작, 즉 발뒤꿈치를 높게 차올리기와 무릎을 높게 올리는 동작이 권장되고 있다.

② 관성 모멘트의 조정

달리기 중에 있어 하퇴와 발 부분의 관성 모멘트에 대해서는 각 부위의 중심둘레의 부분은 일정하지만 고관절둘레의 부분은 각 부분으로부터 고관절까지의 거리에 따라서 변화한다.

③ 달리기 중에 있어 관성 모멘트의 산출

하퇴와 발의 회전반경은 거의 동일한 타이밍으로 발의 이지에서 감소를 시작해서 발뒤꿈치가 엉덩이 부분에 가장 근접했을 시점에 최소치가 되었다.

④ 관성모멘트, 파워 및 에너지

관절 모멘트 파워 및 에너지 등의 산출에는 하지의 질량이나 관성 모멘트라는 신체 부분계수가 적용되고 있다.

(5) 스프린터의 달리기 동작과 근 활동

① 스프린트의 달리기 동작

❍ 스윙동작

스윙 동작에 관해서는 특수한 경우 이외에는 지도할 필요가 없고 자연스러운 허벅지 올리기 동작을 하는 것이 중요하다는 것을 나타내고 있다.

❍ 킥 동작

지금까지 코칭 현장에서는 킥다리는 뒤로 똑바르게 신전하라고 지도하는 일이 많았지만, 그 와 같은 동작으로 진행하기 힘든 동작이며 상하이동을 증가하게 하는 동작이 된다.

② 스프린터의 근 활동

❍ 스윙동작

스윙 동작에 관해서는 특수한 경우 이외에는 지도할 필요가 없고 자연스러운 허벅지 올리기 동작을 하는 것이 중요하다는 것을 나타내고 있다.

❍ 킥 동작

지금까지 코칭 현장에서는 킥다리는 뒤로 똑바르게 신전하라고 지도하는 일이 많았지만, 그와 같은 동작으로 진행하기 힘든 동작이며 상하이동을 증가하게 하는 동작이 된다.

③ 스프린터의 근 활동

❍ 중간질주에 있어 근 활동의 양식과 동작에 미치는 작용

- 고관절 : 고관절을 신전하는 직접적인 원동력 이다.
- 무릎관절 : 무릎관절의 굴곡 토크는 부차적으로 발휘된 것이라고 생각하는 편이 좋다.
- 발관절 : 접지는 비복근과 가자미근이 공동적으로 신전 토크를 발휘한다.

❍ 스타트 대시의 근 활동 양식과 수축 속도

전완 속도가 높을수록 효과적으로 작용하며 단축 시에 큰 파워가 발휘되고 있다고 생각된다.

• SSC의 근 활동 : 비복근과 가자미근은 접지기에 SSC의 근 활동에 따른 발저굴 근력을 발휘했다.

• SSC가 아닌 근 활동 : 외측광근은 접지기 전반에 신장성 근 수축에 의해서 무릎관절 신전근력을 발휘하며 접지에 따른 충격력이나 체중을 지지하기 위해서 작용하고 있다.

(6) 달리기 운동의 역학적 에너지

① 역학적 에너지의 변화

역학적 에너지의 관점에서 보면 달리기 동작이란 몸통의 큰 역학적 에너지를 사지의 역학적 에너지의 증감에 의해서 유지하고 있는 운동이라고 할 수 있다.

② 역학적 에너지에서 본 달리기 동작의 평가

달리기 동작에 있어 역학적 에너지나 역학적 일은 달리기 기술을 평가하기 위한 지표가 된다고 할 것 이다.

③ 질주 중의 다리에 있어 역학적 에너지의 전이

❍ 다리의 역학적 에너지

다리의 역학적 에너지는 지지기에서는 거의 제로이며, 이지 후 증대하여 반대발 이지시점부근에서 최대를 나타낸다.

❍ 회복각에 있어 역학적 에너지의 전이

회복기 후반에서는 관절을 매개로 한 몸통으로의 역학적 에너지 전이가 크지만 고관절 신전 및 무릎관절 굴곡 토크도 중요한 역할을 담당하고 있다.

❍ 지지다리에 있어 역학적 에너지의 전이

지지다리에 있어 역학적 에너지 전이는 발관절 토크가 중요한 역할을 담당하고 있다.

(7) 달리기 운동의 효율

① 신체운동에 있어 에너지 변화

② 효율의 정의
기계적 효율은 일에 사용된 에너지 소비량을 실시된 일을 나눈 것이다.

③ 달리기 운동 학습의 실제
달리기 운동의 학습은 초기에 무의식적으로 진행하고 있는 일이 많지만, 습속에 이르렀다고 생각되는 연령층에도 달리기 운동 학습의 효과는 보여 진다.

4. 스포츠사회학의 이해

1) 스포츠 사회학의 이해

사회학이란 일상생활의 이해와 인간행동에 미치는 주위환경 및 인간행동에 의한 주위환경의 변화에 대한 연구와 관련된 학문으로 사회현상을 사회구조와 사회과정의 개념으로 연구하는 학문이고, 스포츠사회학은 스포츠와 사회화의 관계에 대한 연구로서 스포츠 장면에서 일어나는 행동유형과 사회과정은 스포츠의 구조와 활동이 존재하는 일반사회구조의 측면에서 스포츠란 현상을 사회학적 지식은 적용하여 설명하려는 학문이라 할 수 있다.

사회화란 생물학적인 유기체에 지나지 않는 인간이 소수 집단에 적응하기 위해 사회제도, 규범, 지식 등을 타인과 상호작용을 통하여 취득하는 과정으로서 인간이 성숙해가면서 그 시대의 사회에서 기대하는 여러 가지 행동을 배워나가는 과정을 의미하는 것으로 사회에서 통용되고 있는 문화에 동조하는 과정이라는 뜻을 포함하고 있다. 사회화를 사회학적 관점에서 보면 집단규범을 내재화하는 것이며 심리학적 입장에서는 자아를 형성시켜 나아가면서 인간의 기본적인 욕구를 길들이는 과정이라고 할 수 있다.

사회화에 대한 Sage(1974)는 사회화란 개인이 속해 있는 집단의 문화적 태도, 가치, 역할 등을 학습함으로써 독자적인 인성을 형성하며 사회의 한 구성원으로 되어가는 과정으로 보았고, Brim(1986)은 사회화란 개인이 집단이나 사회에 보다 능률적인 구성원으로 참여하기 위해 지식, 기능, 성격 등을 습득하는 과정이라 하였다.

김채윤 외(1993)는 사회화란 사람이 태어나면서부터 그 사회의 문화를 배우고, 그 사회의 가치를 내면화시키는 과정이라고 하였다. 사회화란 개인이 사회생활을 통해 학습하는 내용, 개인과 사회의 상호관계, 개인이 사회적 특성을 습득해 나가는 관점에서 설명할 수 있으며, 사회화는 정체성의 습득, 사회적 지위와 역할, 규범적 태도와 가치, 문화적 전승 등의 내용이 포함되며, 문화전달 측면과 성격형성의 두 가지 의미를 지니고 사회와 개인이 상호작용하는 과정이다.

따라서 사회화는 가치, 태도, 규범의 측면과 인생발달 측면의 두 관점에서 이해되며 이는 일생을 통한 전 과정에 걸쳐서 일어난다. 또한 생물학적인 유기체에 지나지 않는 인간이 소속 집단에 적응하기 위해 사회제도, 지식, 규범 등을 타인과의 상호작용을 통하여 취득하는 과정이라고 정의할 수 있다.

2) 스포츠 사회화

스포츠는 사회 구성원 모두가 균등하게 경험하는 것이 아니므로 일차적인 스포츠에의 참여가 전제되어야 한다.

Kenyon과 McPherson(1973)은 스포츠 사회화를 스포츠라는 소사회에서 개인이 스포츠를 통하여 집단성원이 공통으로 지니고 있는 가치관, 신념 태도 등을 집단 내의 다른 성원과의 상호작용을 통하여 자신의 지위에 상응하도록 습득하는 과정이라 정의하고 있으며, Leonard(1975)는 개인이 스포츠 활동에 참여함으로써 사회집단의 구성원이 되며 특정 사회가 지니는 문화를 체득하고 자신의 특성을 발휘하는 과정이라 하였다.

스포츠가 행해지는 모임을 작은 사회라고 볼 때 스포츠사회화도 일반적인 사회화의 개념과 맥락을 같이 한다고 본다. 즉, 사회화를 사회집단의 사회제도, 지식, 규범, 태도 등을 취득하는 과정이라면, 스포츠사회화란 개인이 스포츠 문화권의 가치체계 등을 내면화하여 그 스포츠 집단 내의 한 구성원이 되어가는 과정이라고 할 수 있다.

스포츠를 통한 사회화란 각 개인은 하나의 사회체계인 스포츠 참가를 통하여 스포츠가 내포하고 있는 특정 가치, 태도, 규범, 행동을 학습하게 됨으로써 그 결과 개인의 인성과 태도 및 가치관에 변화를 일으키게 된다. 스포츠에 참가함으로 페어플레이, 스포츠맨십, 용기, 성취성, 공정성, 바람직한 시민의식 등과 같은 인성특성 또는 도덕적 성향이 함양된다는 것이 전통적이고 일반적인 관념이었다. 그러나 최근의 경향은 스포츠 사회화에 관한 많은 연구는 이에 대한 반증의 결과도 함께 제시하고 있다.

스포츠 사회화의 개념은 크게 스포츠로의 사회화와 스포츠를 통한 사회화 및 스포츠로부터 탈사회화로 구분할 수 있다. 스포츠로의 사회화란 스포츠에 참가하는 그 자체를 말하는 것으로서 특정 개인이 수많은 자극 가운데 자신에게 가장 큰 영향력을 행사하는 중요타자나 준거집단이 사회화 주관자의 영향을 수용하여 스포츠에 참가하게 되는 과정이다.

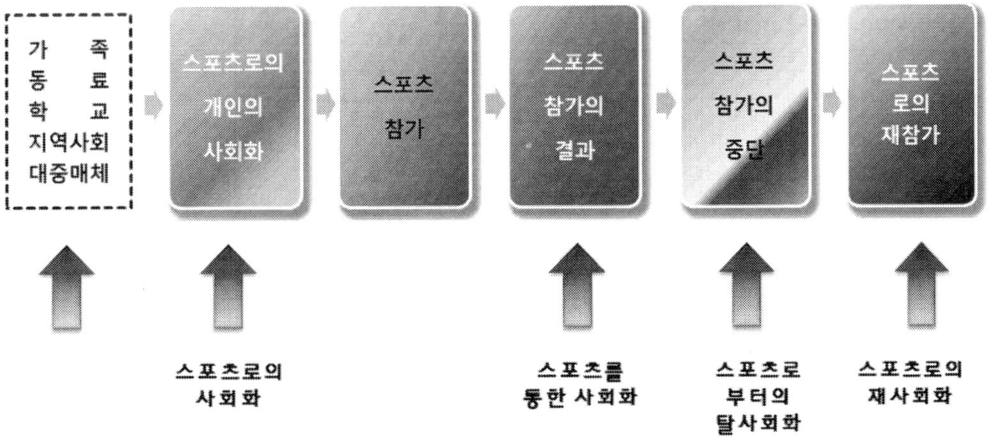

그림 5-5. 스포츠 사회화의 모형

스포츠로의 사회화(socialization into sport)는 스포츠에 참가하는 그 자체로서 중요 타자나 준거집단의 영향을 받으며, 스포츠를 통한 사회화(socialization via sport)는 스포츠로의 사회화를 전제로 하여 이루어지며 스포츠에 참가함으로써 태도, 규범, 행동 등 변화하는 과정이며, 스포츠로 부터의 탈사회화(desocialization from sport)는 스포츠를 참가하여 활동을 지속하던 개인이 여러 요인에 의하여 스포츠를 중단하거나 탈락 및 은퇴하게 되는 경우를 말한다.

스포츠사회학은 스포츠 현상을 하나의 사회적 현상과 사실의 관점에서 분석하여 이해함으로써 개인 집단의 상호관계에서 인간의 바람직한 행동, 태도, 방법 등 습득함으로서 인간의 행동, 규칙, 협력, 공정, 매너, 습관, 태도 등 사회성 함양으로 노력여하에 따라서는 국가와 사회 발전에 크게 기여할 수 있는 학문으로 이 시대가 요구하는 학문이라고 할 수 있다. 또한 스포츠가 직면하고 있는 여러 가지 사회문제에 대해 적극적인 비판과 대안제시가 필요하다.

따라서 스포츠사회학은 스포츠와 사회의 관계에 대한 연구로서 스포츠 장면에서 일어나는 행동 유형과 사회과정을 스포츠의 구조와 스포츠 활동이 존재하는 일반 사회구조의 측면에서 설명하려는 학문이다.

3) 스포츠 사회화의 이론

이론의 역할은 현상을 설명하고 예측하기 위하여 변인 간의 관계를 구체화함으로써 현상에 대한 체계적 견해를 나타내는 일련의 상호 관련된 구성 개념, 정의 및 명제로서 스포츠 사회학 연구에 있어서 이론의 역할은 첫째로 사용되어야 할 자료의 유형 및 특성과 관련된 연구지향을 규정함으로써 연구의 방향을 설정하여 주며 체계적인 이론에 의하여 연구하여야 할 사실의 범위를 한정하며, 둘째로 개념규정이나 분류와 같은 개념적 틀을 제공함으로서 개념 간에 상호 관련성을 구축하게 한다. 어느 분야의 이론이든지 그 내용은 개념적인 틀로 구성하고, 셋째로 연구주제에 관하여 현재까지 알려진 지식을 종합하는 역할을 하며, 넷째로 미래에 발생 가능한 현상을 예측하고 마지막으로 기존 지식의 간격을 메워주는 역할을 하며 다른 경험적 연구를 수행하지 않고도 새로운 이론을 도출 한다.

이론의 의의는 첫째로 스포츠의 사회학적 이론은 스포츠-사회관계의 다양한 현상에 대하여 체계적으로 통일된 설명을 제공하고, 둘째로 스포츠의 사회학적 이론은 스포츠-사회관계와 관련하여 설명하고자 하는 정형화된 경험적 법칙을 엄밀하고 예외 없이 성립시키는 것이 아니라 제한된 적용 범위 안에서 근사치의 형태로 성립한다는 것을 밝힘으로써 사회적 현상으로서의 스포츠에 대한 이해를 심화시키고, 셋째로 스포츠의 사회학적 이론은 특정 이론이 정립될 때 알려지지 않았던 현상들을 예언하고 증명함으로써 스포츠와 사회의 관계에 대한 지식과 이해를 확장시키는 역할을 한다.

(1) 사회학습이론

개인이 어떻게 사회적 행동을 습득하고 수행하는가를 밝히려는 이론이다.

① 스포츠 역할의 학습을 이해하는 데 적용되는 세 가지 접근방법

❍ 강화는 사회적 역할의 습득과 수행에 있어서 상과 벌의 역할을 강조한다. 즉, 직접 적인 상과 벌은 행동의 학습과 수행에 영향을 미치게 된다는 관점이다.

행동이 벌에 의해 부정적인 강화는 행동을 억제하게 되고, 행동이 상에 의하여 긍정적인 강화는 행동이 지속적으로 유발하게 된다.

❍ 코칭은 피사회화자(socializee)가 사회화 주관자(socializer)에 노출되거나 가르침을 받는 것을 말한다.

❍ 관찰학습은 개인이 과제를 학습하고 수행하는 행위는 다른 사람의 행동을 관찰한 결과와 유사하게 행동한다는 견해이다.

② 사회학습 접근 방법의 변인

❍ 개인적 특성(personal attributes)은 성별, 연령, 출생서열, 사회경제적 지위 등과 같은 특성으로서 스포츠 참여나 역할학습에 영향을 미친다.

❍ 중요타자(significant others)는 중요타자 혹은 준거집단은 가족, 동료, 코치, 교사 등으로 이들의 태도, 가치관, 행동이 개인의 태도, 가치관 그리고 행동을

형성하는 데 결 정적인 역할을 담당하게 된다.

❍ 사회화 상황(socialization situations)은 스포츠 집단의 구조, 개인의 지위, 참여의 자발성, 사회화 관계의 본질성 등으로서 스포츠 역할학습에 의미 있는 변인으로 작용한다.

(2) 역할이론

사회를 하나의 무대로 보고 개인을 무대 속의 배우로 비유하여 사회 속에서 각 개인은 자기자신이 처해 있는 정확한 상황을 스스로 배우게 되며 상호작용을 통하여 자신의 연기를 완전하게 수행하려고 시도함으로써 사회화 과정이 진행된다. 즉, 한 개인이 일정 사회구조 속에서 사회적 지위를 위한 역할기대 또는 행동양식을 획득하는 과정을 설명하려는 이론.

(3) 준거집단이론

인간은 스스로 어떤 집단이나 타인에게 적응하고 이들의 행동, 태도, 감정 등을 자신의 행동이나 태도, 감정의 형성을 위한 중요한 판단 기준이 되는 준거의 척도로 삼는다는 것이다.

❍ 규범집단은 가족과 같이 규범을 설정하고 가치관을 형성시킴으로써 개인에게 행동의 지침을 제공한다.

❍ 비교집단은 특정 역할 수행의 기술적 의미를 제시하여 주는 역할 모형을 의미한다.

❍ 청중집단는 특정 개인의 특별한 주목은 받지 않으나 그들의 가치와 태도에 부합되게 행동하려는 집단으로서 친구가 이에 속한다.

4) 스포츠로의 사회화 : 스포츠에의 참여이다.

스포츠로의 사회화는 특정 개인이 수많은 자극 가운데 자신에게 가장 큰 영향력을 행사 하는 중요타자나 준거집단의 영향을 수용하여 스포츠에 참가하게 되는 과정이다.

(1) 스포츠 개입

스포츠로의 사회화 과정은 스포츠 참여의 경험에 의하여 긍정적 혹은 부정적 영향을 받아 스포츠에 대한 개입수준을 증가시키거나 감소시키게 되며, 스포츠 활동에 대한 개입을 유지하고 증진시키는 요소는 다음과 같다.

① 스포츠 활동을 통하여 얻을 수 있는 본질적인 즐거움이다.

② 승리, 금전, 건강 등과 같은 외적 보상에 대한 기대이다.

③ 중요타자에게 인정을 받음으로써 획득하는 만족감이다.

④ 개인의 정체감을 위협하는 지위의 상실, 불명예, 당혹감 등과 같은 부정적 제재로 부터의 회피이다.

⑤ 스포츠계에 의존하고 있는 개인의 정체의식이다.

스포츠로의 사회화는 스포츠에 대한 개입이 진전함에 따라 일어나게 되는데 이와 같은 개입 요소에 의하여 스포츠에 대한 참여 형태, 참여 수준, 경기성향, 등이 결정된다고 볼 수 있으며, 스포츠에 대한 개입의 수준은 개인이 스포츠에 투자하는 시간과 돈, 그리고 에너지의 양을 결정하게 된다.

(2) 스포츠 사회화에 기여하는 요인

① 스포츠 참가의 요인(Kenyon과 Grogg, 1970)

부모, 형제, 자매, 친척, 이성 친구, 학교코치 등과 같은 주관자의 영향이 컸으며 이들 중 가장 중요한 사회화의 주관자는 부모였다. 특히 부모의 영향은 고등학교나 대학시기에 더욱 크게 작용하고, 고등학교 이전 시기에는 참가한 운동종목에 따라 주관자의 영향이 다르게 나타난다.

② 스포츠로의 사회화 과정에서 부모의 영향이 매우 큰데 스포츠에 관심 있는 부모는 그 들의 자녀에게 스포츠 참가를 장려하는 경향이 있으며, 이러한 관심 및 장려는 청소년기 를 거쳐 성인기까지의 스포츠 참가 가능성을 현저하

게 증가시켜 준다. 이에 더하여 배우 자의 스포츠 참가나 관람 역시 스포츠 참가에 기여하는 중요한 사회화 요인이다.

(3) 스포츠 사회화의 주관자

개인의 사회적 행동에 중요한 영향을 미치는 객체이다.

① 가족은 원초적인 사회화와 더불어 일생을 통해 가장 중요한 영향력을 담당하는 주관 자이다. 부모는 스포츠 참가에 대한 부모의 영향력은 부모가 역할모형으로서 직접 스포츠에 참가하거나 관심과 격려를 수반할 때 발생한다. 스포츠에 대한 최초의 관심은 가족에 의해서이며 그 중 부모의 격려가 가장 큰 영향을 미치며 스포츠에 대한 부모의 긍정적인 평가가 자녀의 스포츠에 대한 관심을 유발하고, 형제자매는 관계가 스포츠 사회화에 영향을 주는 주된 원인은 그들의 근접한 연령차 때문이다. 즉, 이들은 유년기의 놀이 상대로서 상호 밀접하게 작용하고 관계를 맺음으로써 부모와는 별개의 영향력으로 작용한다.

② 동료집단은 같은 관심을 지니는 동년배의 집단을 의미한다. 이는 주로 사회적 상호작용을 위해 존재하며 행동과 관용, 분담과 참여 등의 특성이 중요해지고 우정과 성실한 성격형성의 발달 기회를 자연발생적으로 제공해 준다.

③ 학교는 가족이나 동료집단과 함께 영향력 있는 스포츠 사회화의 주관자이다. 학교 체육은 지식과 기능, 도덕적 규범이나 가치체계를 함양시킬 뿐만 아니라, 정규체육으로 교과체육과 교내·외의 경기 프로그램을 통해 많은 청소년들에게 스포츠 사회화의 경험을 제공해 주고 있다.

④ 지역사회는 자생단체에의 참여도는 사회계층, 개인적 특성 등과 같은 측면에서 그 원인을 살펴볼 수 있으며 자생단체를 통한 참가자의 일반적 특성은 사회·경제적 지위가 높을수록, 연령이 증가할수록, 남자보다는 여자, 백인보다는 흑인, 부모나 친구가 참가하는 경우 참가율이 높아진다. 또한 자생단체는

아동에게 있어서 스포츠 역할을 학습할 수 있는 기회를 제공하는 등의 이유로 중요한 스포츠의 사회제도이다.

⑤ 대중매체는 매체를 접하는 아동, 청소년은 물론이거니와 나아가서 성인에 이르기까지 스포츠와 친숙해질 수 있는 기회를 제공하며 행동적 경쟁에 대한 역할 모형으로서 스포츠 역할을 창출한다.

(4) 운동선수의 사회화

중요타자로부터 받은 사회적 지지의 양과 스포츠 역할에 참가한 정도 사이에는 긍정적인 관계가 있으며 학교나 자생 스포츠 조직을 통하여 개인 스포츠에 흥미와 참가가 일어난다. 많은 엘리트 선수는 어느 한 종목을 전문으로 택하기 이전에 이미 여러 종목에 참가하며 흔히 이러한 조기 경험은 상당한 수준의 성공을 가져오기도 한다. 또한 비록 일반적인 스포츠 역할 사회화 과정이 여러 공통적 요소를 지니고 있다 하여도 다양한 종목, 사회계층, 성, 생의 주기 단계에 따른 과정에는 독특한 차이점이 있다.

5) 스포츠를 통한 사회화

스포츠 참가를 통하여 스포츠가 내포하고 있는 기능, 특성, 가치, 태도, 규범 등을 학습함으로써 개인의 태도나 가치관에 영향을 미치게 된 과정으로 하나의 사회 체계의 스포츠 장면에서 학습된 기능, 특성, 가치, 태도, 지식, 성향 등이 다른 사회 현상으로 전이 또는 일반화되는 과정으로 스포츠에 참여함으로써 페어플레이, 스포츠맨십, 용기, 성취성, 공정성, 바람직한 시민 의식등과 같은 인성, 특성, 도덕적 성향이 함양된다는 것이 전통적이고 일반적인 관념이다.

스포츠를 통한 사회화는 기본적으로 스포츠 활동 참가에 의한 결과나 성과로서 활동의 경험을 통하여 특정 사회에서의 생존과 성공에 필요한 자질을 습득하는 과정에서 형성되는 가치나 태도 및 행동의 학습에 관한 문제로 스포츠를 통해 학습된 요인들이 다른 사회현상으로 전이되는 과정으로 스포츠역할의 경험, 사회성의 습득, 스포츠 인성을 함양하게 된다.

(1) 스포츠와 태도형성

① 스포츠 역할의 경험

❍ 스포츠에서의 역할

• 참가의 형태는 스포츠 참가의 형태를 인간의 외면적, 내면적 행동 차원과 관련이 있다고 주장하여 세분화 하였다(Kenyon, 1969).

a. 행동적 참가는 스포츠가 실제로 행하여지고 영위되어지는 스포츠 역할에 의해서 일차적인 참가와 이차적인 참가로 나눌 수 있다. 일차적 참가는 게임이나 스포츠에 신체활동을 수단으로 하여 참가하는 경기자 자신에 의한 활동이고, 이차적 참가는 선수로서의 참가가 아닌 그 이외에 스포츠 생산과 소비과정에 포함되는 참가 형태이다.

b. 인지적 참가는 학교, 사회기관, 매스컴, 대화 등을 통하여 스포츠에 관한 일정 정보를 수용함으로써 이루어지는 참가이다.

c. 정의적 참가는 실체 스포츠 상황에 참가하지는 않지만 간접적이나마 어떤 특정 선수나 팀 또는 경기상황에 대하여 감정적 태도성향을 표출하는 참가라 할 수 있다.

• 참가의 정도와 유형

a. 참가의 정도는 참가의 빈도, 기간, 강도를 의미하며 각 요인에 따라 참가 정도가 다르게 나타나고, 참가 빈도는 스포츠 활동에 직접 참가하고 있는 횟수를 말하고, 참가 기간은 스포츠 활동에 참가한 시기의 경과 정도를 말하며, 참가 강도는 특정 개인이 스포츠에 직접참가, 개입 또는 몰입하는 정도를 의미한다.

b. 참가 유형은 일상적 참가는 스포츠 활동에 정규적으로 참가하고 활동이 개인의 생활과 잘 조화를 이루고 있는 상태이고, 주기적 참가는 일정 간격을 유지하면서 지속적으로 참가하는 상태를 말하며, 일탈적 참가는 자신의 직업을 등한시하거나 포기하고 스포츠 활동 참가에 모든 시간을 소비하는 상태(일차적 일탈 참가)와 단순히 기분전환을 위한 스포츠 관람의 차원을 넘어 거

액의 내기를 걸고 스포츠 관람을 탐닉하는 상태(이차적 일탈 참가)가 있다.

- 참가의 수준

a. 조직적 스포츠 참가는 구조적 조직체와 관료적 제도 하에서 선수, 지도자, 시설, 재정 등을 충분히 확보하고 각 구성원의 역할분화를 강조하면서 개인간의 상호작용을 상대적 하위개념으로 설정하여 비교적 지속적이며 안정된 체제를 구축한다.

b. 비조직적 스포츠 참가는 조직적 스포츠에 반해 비조직적 스포츠는 활동 자체에 만족을 얻기 위한 자율적인 활동으로서 무엇보다도 구성원의 상호작용을 강조한다.

스포츠 역할의 사회화는 역할 점유자가 특정 역할로 사회화되기 위해서는 4단계로 첫 번째 예상 단계로 역할에 대한 열망 속에서 아직도 확실한 지위나 역할은 부여되어 있지 않으나 고정된 기대를 갖는 단계, 두 번째 공식적 단계로 개인이 사회적 지위를 담당하게 되고 자신의 능력과 행동에 관련되는 공식적이고 형식적인 기대를 경험하는 단계, 세 번째 비공식적 또는 비형식적 기대가 존재하는 단계로 각 개인 간의 상호작용을 통해 전이되는 역할의 태도적, 인지적 특성이 포함되는 단계, 네 번째 개인적 단계로 자기 나름대로 역할에 관한 경험이나 자신의 역할에 대한 기대를 스스로 부가하는 단계이다.

② 스포츠와 가치

❍ 가치의 반영 및 전달체계로서의 스포츠

스포츠는 모든 사람에게 사회가 어떤 것이라는 존재의의를 용이하게 이해할 수 있도록 사회를 조명해 줄 뿐만 아니라, 각 개인에게 역할 및 과업을 요구하고 또한 허용된 제도적 한계 내에서 목표를 향한 노력이 가능하다는 점에서 전체 사회의 지배적 가치를 반영하고 전달해 주는 축소판이라고 할 수 있다.

사회적 상황, 신념, 규범, 가치, 태도, 심미감, 인지적 경험 등을 내면화시킴으로써 전체 사회의 지배적 가치를 전달하는 사회제도 사회체계로서의 스포츠는 스포츠 활동 그 자체뿐만 아니라, 사회의 제반 영역에 걸쳐 상호작용하는 전달체계로서 기능을 한다.

❍ 스포츠 가치의 사회화

현대사회에 있어서 스포츠는 특정 사회 내의 확신적 가치를 그대로 표현하는 수단을 제공해 줌으로써 사회구성원으로 하여금 일반 사회제도의 복잡하고도 역동적인 기능을 용이하게 이해할 수 있도록 도움을 주며 더 나아가 현대사회의 급속한 사회변동에 능동적으로 대처할 수 있는 사회적 경험과 훈련의 기회를 제공해 주고 있다. 특정 사회 내의 확신적 가치를 그대로 표현하는 수단을 제공하고, 일반 사회제도의 복잡하고 역동적인 기능을 용이하게 이해할 수 있도록 도움을 주고 급속한 사회변동에 능동적으로 대처할 수 있는 사회적 경험과 훈련의 기회를 제공한다.

③ 스포츠 태도와 역할

❍ 태도의 개념은 경험을 통해서 형성되는 대상에 대한 마음가짐이며 개인의 사고와 행 동을 결정하는 경향성으로 자세 혹은 몸가짐을 의미한다. 태도의 4가지 기능은 환경에 순응하고 생활변화에 적응하는 기능, 특정한 태도를 갖고 자신이나 사회 현실을 바라볼 때 느끼게 되는 심리적인 고통으로부터 자신을 방어하는 자기방어 기능, 내면화된 가치나 이상적 자아를 적극적으로 표출하려는 가치표현 기능, 지식이나 사물을 평가하는 탐구 기능이다. 스포츠 역할의 사회화 4단계는 예상 단계는 역할에 대한 열망 속에서 아직도 확실한 지위나 역할은 부여되어 있지 않으나 고정된 기대를 갖는 단계이고, 공식적 단계는 개인이 사회적 지위를 담당하게 되고 자신의 능력과 행동에 관련되는 공식적이고 형식적인 기대를 경험하는 단계이며, 비공식적 또는 비형식적 기대가 존재하는 단계는 각 개인 간의 상호작용을 통해 전이되는 역할의 태도적, 인지적 특성이 포함되는 단계이고, 개인적 단계는 자기 나름대로 역할에 관한 경험이나 자신의 역할에 대한 기대를 스스로 부가하는 단계이다.

❍ 스포츠를 통한 태도형성의 기제는 스포츠를 통한 태도형성의 메카니즘은 매우 복잡한 것으로서 심리학적 측면 및 기타 여러 측면에서 설명될 수 있으나 松田이 주장한 바와 같이 6가지 요인으로 나누어 고찰될 수 있다.

a. 방어기제의 약화에 의하여 태도가 변화 될 수 있다.

b. 모방에 의하여 태도가 변화될 수 있다.

c. 자신에게 주어진 입장이 변하게 되어 태도가 형성되고 변화될 수 있다.
d. 조건에의 부합에 의하여 태도가 변화될 수 있다.
e. 태도는 동조행동에 의하여 변화될 수 있다.
f. 태도는 역할행동을 통하여 형성된다.

(2) 스포츠 사회화와 경기성향

① 공정(fairness), 기능(skill) 및 승리(victory)

❍ 공정은 경쟁적 활동으로서의 스포츠가 성립되기 위한 기본적 조건이며 스포츠맨쉽과 공평을 최고의 가치로 수용하는 참가자의 태도를 말한다.

❍ 기능은 스포츠 참가의 목적 그 자체뿐만 아니라, 목적에 대한 수단으로도 여겨지는 이중적 특성이 있다. 공정성 측면에서 기능의 발휘는 목적 그 자체가 되며 이는 경쟁에 있어 수단이 되는 과정을 결과나 성과보다도 더욱 중요시하는 입장이다.

❍ 승리는 현실적으로 경쟁의 산물인 승리 또는 성공의 획득이 한층 더 중요시 될 수 있으며 이 경우 숙련된 개인의 능력이나 자질은 성공을 위한 필수요소가 되며 이는 경쟁적 산물의 일부로서 목적을 위한 수단이 된다.

② 참가지향과 업적지향

❍ 참가지향은 스포츠가 지니고 있는 본래의 가치를 추구하고 공명정대하게 경기하는 참가자의 태도를 의미한다. 스포츠 자체를 즐기고 최선을 다하여 공정하게 경기하는 경쟁과정을 통하여 스포츠 참가자 자신은 자기실현과 자기만족을 추구한다.

❍ 업적지향은 스포츠 참가에 있어서 자신의 탁월성과 기량을 최고로 발휘하여 승리를 쟁취하려는 성취성향을 의미한다.

③ 아마추어리즘과 프로페셔널리즘

❍ 아마추어리즘은 경기자체에서 파생되는 즐거움과 자극을 수용하면서 경기에 참가하는 스포츠를 말한다.

❍ 프로페셔널리즘은 경기에 참가함으로써 대중의 관심을 유도 하거나 또 다른 이익을 추구하는 스포츠를 말한다.

(3) 스포츠를 통한 사회화에 있어서 전이의 일반적 특성

사회화 경험에 작용하는 다섯 가지 변인은 다음과 같다.

① 참여의 정도 즉, 빈도, 강도, 지속성 등이 결정적이다.

② 중요한 요인은 참가가 자발적이냐 비자발적이냐이다.

③ 요인은 사회화 관계의 본질성이다.

④ 요인은 사회화의 위신과 위력이다.

⑤ 영향은 참가의 개인적 또는 사회적 특성이다.

6) 스포츠에서의 탈사회화

스포츠에 참가하여 활동을 지속하던 개인이 연령, 부상, 불화, 팀 해체 등으로 인해 참여를 중단하거나 탈락, 은퇴하는 경우로 개인적, 사회적 문화적 요인, 삶의 과정의 변화, 전 연령층에서 발생, 예기치 않게 발생하게 된다. 스포츠에 참가하던 개인은 필연적으로 경쟁적 운동경기에서 중도탈락, 탈퇴 및 선수생활을 끝내고 은퇴함으로써 스포츠 활동으로부터 이탈하게 된다. 이에 작용하는 요인에는 환경변인, 위협변인, 정서변인, 역할사회화 변인, 인간관계 변인 등이 작용하고 있다.

스포츠에 참가하여 활동을 지속하던 개인은 일정 연령의 단계에 이르게 되면 필연적으로 스포츠 참가를 중단하고 스포츠로부터 이탈하게 된다.

스포츠장에서 이루어지는 모든 행동유형들이 전체 사회에서 바람직하다고 승인되는 가치, 규범, 법률 뿐 만 아니라 스포츠 자체의 규범적 체계의 기준에 준하여 수행되어야하며 그러한 기준에서 벗어나는 행동을 일탈이라 규정한다.

(1) 운동선수의 탈사회화

대부분의 운동선수에 있어 스포츠로부터의 탈락은 예기치 않게 갑자기 그리고 본의 아니게 일어난다. 여러 상황 하에서 스포츠 활동으로부터 이탈하여 타 분야 활동으로 적응하려면 다음과 같은 사회 인구학적 요인의 영향을 받아 이루어진다.

① 환경변인은 성, 연령, 계층 및 교육정도이다.

② 취업변인은 채용 가능한 잠재적 노동력 소유 여부에 의한 스포츠 이외의 취업기회이다.

③ 정서변인은 스포츠가 개인의 자아정체 중심부에서 차지한 정도이다.

④ 역할 사회화 변인은 스포츠 이외의 선택 가능한 타 역할에 대한 사전계획이나 사회화의 정도이다.

⑤ 인간관계 변인은 스포츠로부터 탈 사회화하는 데 대한 가족이나 친우로부터의 지원체계이다.

(2) 프로 선수의 은퇴

운동선수들의 은퇴 후 사회 적응 과정에서 발생 하는 문제로는 첫째 교육의 부재로 운동 중심의 학교생활로 은퇴 후 사회적, 직업적 부적응한 상태이고, 둘째 직업적응 프로그램의 부재로 구단 측의 직업전환을 위한 교육 프로그램 직업알선 프로그램 전무하며, 셋째 퇴직금 부재로 은퇴 후 마음 놓고 생활 할 수 있는 연금 제도가 전무한 실정이다.

강제은퇴의 부담을 안고 있는 프로선수는 통상 새로운 생활양식, 첫 이미지나 정체의식, 사회적 정체감 및 경제적 지위의 상실 가능성 등과 같은 신변문제를 극복할 수 있는 일반 사회로의 복귀를 위한 적응 기간을 필요로 한다.

7) 스포츠 사회학의 연구

스포츠 사회학 연구의 연구는 사회학적 관점에서 스포츠와 관련된 사회현상을 설명하고 예견하고, 사회적 역기능을 감소해나가고 스포츠경험의 이익을 극대화하는 것이며, 인간의 사회환경을 구성하는 요소 중의 하나인 스포츠 현상을 잘 이해하며 인간의 삶을 윤택하게 가꾸는 데 있다.

(1) 스포츠 사회학의 주요 연구과제

① 스포츠와 가족, 교육, 정치, 경제, 종교와 같은 타 사회생활 영역과의 연계성을 규명 한다.

② 다양한 형태의 스포츠 장면에서 나타나는 사회조직, 집단행동 및 사회적 상호작용의 유형을 규명한다.

③ 스포츠와 스포츠 경험에 영향을 미치는 문화적, 구조적, 상황적 요인을 규명 한다.

④ 스포츠와 관련하여 발생하는 사회화, 경쟁, 갈등, 사회계층, 사회변동과 같은 사회과정을 규명 한다.

(2) 연구내용 및 과제에 의한 영역

① 사회적 행위 : 퍼스낼리티, 사회적 행동, 사회적 사실 연구

② 집단 : 학교 운동부, 체육학습 집단, 학교 스포츠 집단, 직장 및 사회 스포츠 조직 연구(유형에 의한 특성, 기능, 구조에 관한 연구)

③ 문화나 제도 : 정신체계(비물질 문화)에 속하는 행동문화(외면적 문화)로서의 제도, 규범, 습관, 규칙 연구, 정신문화(내면적 문화)로서의 신념,이데올로기,스포츠맨쉽,아마추어리즘

④ 사회변동 : 사회변화에 따라 일어나는 스포츠 집단이나 스포츠 문화에 대한 영향 또는 변용과정 연구

(3) 연구범위 및 접근방법에 의한 영역

현대 사회에서 경제적으로 풍요해지고 인식의 변화로 여가 시간을 가지게

된 사람들은 상대적으로 가중되는 스트레스를 해소시키면서 건강하고 즐거운 생활을 유지하기 위하여 각종 스포츠 활동에 활발하게 참가하게 되었다.

스포츠가 현대인들에게 생활의 중요한 일부분이 될수록 스포츠의 사회적 현상은 더욱 중요한 연구대상이 되었다.

거시적 영역은 대규모 사회체계를 이루고 있는 사회제도의 관계 연구와 스포츠와 정치, 종교, 교육, 성과의 관계 연구이고, 시적 영역은 스포츠 현상에서 나타나는 사회관계와 소규모 사회체계의 연구, 소집단, 지도자, 사회화, 사기, 공격성, 비행 등 연구이이며, 전문적 영역은 스포츠 사회학의 학문적 연구에 연관된 과제와 방법 학문적 적법성, 스포츠의 본질적 정체성 등 연구이다.

스포츠 사회학은 스포츠 심리학과는 달리 스포츠 내에서의 동기유발, 지각, 인지, 성격 및 개인의 운동수행에 관한 문제 등에 직접적인 관심을 갖는 것이 아니라. 스포츠에서의 개인 또는 집단행동에 영향을 미치는 사회관계, 과거의 사회경험 및 스포츠 활동이 일어나게 되는 사회적 환경에 관심을 갖는다. 쉽게 말해서 스포츠 사회학은 스포츠 조직 그 자체와 그 조직이 상이한 이해관계, 기회 및 수단을 소유한 다양한 사람들에 의하여 여가의 창출(생성), 유지, 그리고 변화되는가에 관심을 갖는다는 것이다(Coakley, 1986).

스포츠 사회학의 연구는 스포츠를 즐기는 현대 사회인들에게 부과되는 스포츠의 순기능과 역기능을 사회학적 이론을 바탕으로 비판하고 결론지으면서 보다 나은 스포츠의 발전 방향을 제시하여야 한다.

따라서, 미래의 스포츠도 빠르게 변화하는 현대사회에서 다양한 형태로 우리에게 다가올 것을 대비하여 스포츠 사회학은 변화하는 스포츠에 대한 날카로운 해석과 비판으로 스포츠의 바람직한 방향의 패러다임으로 만들어 나아가야 할 것이다.

5. 심리학적 이해

인간의 움직임은 바로 “의식”으로부터 비롯된다고 할 수 있다. 일찍이 다양한 학문적 분야의 학자들은 의식과 움직임간의 관계에 대한 궁금증을 해결하기 위해 많은 노력을 해 왔으며, 또 앞으로도 지속적으로 연구가 이루어 질 것이다.

체육심리학이나 스포츠심리학 또한 그러한 맥락에서 비롯되어졌으며, 단지 "체육" 또는 "스포츠"라는 특정 영역에서 일어나는 현상 또는 변화되어지는 과정을 심리학적 접근을 통해 해결하고자 한다는 점에서 달리하고 있을 뿐이다.

앞서 체육심리학과 스포츠심리학을 언급하였으나, 여기에서는 이를 구분하여 기술하지 않기로 한다.

1) 체육심리학과 스포츠심리학

먼저 체육심리학과 스포츠심리학에 대한 개념을 명확히 해 보면, 체육을 교육의 한 영역으로서 볼 때, 체육심리학은 계획된 신체활동에 의해 변화되어지는 현상을 심리학적 제이론을 통해 규명하거나 예측하는 학문을 의미하며, 이에 반해 스포츠심리학은 제도화된 규칙에 의하여 지배되는 경쟁적 신체활동을 분석 및 이해하고, 예언하며, 통제하는 것을 다루는 학문이라고 할 수 있다. 어떻게 보면, 체육심리학은 교육심리학을, 스포츠심리학은 일반심리학의 제이론을 적용시켜 규명하는 것이 타당할 것이다.

2) 스포츠심리학의 영역

스포츠심리학은 크게 두 가지 즉, 좁은 의미의 스포츠심리학과 넓은 의미의 스포츠심리학으로 대별하고 있다. 좁은 의미의 스포츠심리학이란 주로 운동수행과 관련된 동기, 불안, 사회적 촉진 등의 내용을 다루고 있으며, 넓은 의미의 스포츠 심리학이란 운동발달, 운동제어, 운동학습, 운동건강심리학의 영역을 포함하고 있다.

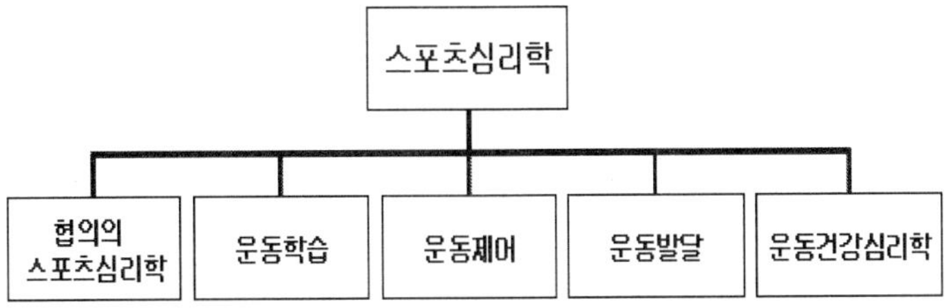

그림 5-6. 스포츠심리학의 하위영역

스포츠심리학의 영역에 대한 많은 학자들이 제안하고 있지만, 여기에선 북미스포츠심리학회(North American Society for the Psychology of Sport and Physical Activity)에서 제시한 내용을 기술한다. 북미스포츠심리학회에서는 스포츠심리학의 하위영역으로 <그림 5-6>과 같이 5가지를 제시하고 있다. 첫째는 스포츠심리학(sport psychology) 둘째, 운동학습(motor learning) 셋째, 운동제어(motor control) 넷째, 운동발달(motor development) 다섯째, 운동건강심리학(exercise psychology)이다. 5가지 하위영역 중에서 스포츠심리학은 좁은 의미의 스포츠심리학을 의미한다. 좀 더 하위영역에 대해 살펴보자.

스포츠심리학 영역은 스포츠를 수행하거나 연습할 때 선수의 성격, 동기, 불안, 사회적 촉진, 지도력 등의 요소들이 운동수행에 어떠한 작용을 하는가를 분석하여 최상의 운동수행능력을 발휘할 수 있는 최적의 심리상태를 모색하고 이를 유지하는 방법을 연구하는 영역이다.

운동제어 영역은 인간이 운동을 생성하고 조절할 때에 사용되어지는 메커니즘을 밝히고 이때에 적용되는 원리를 규명하는 영역이다.

운동학습 영역은 운동기능의 습득에 관한 원리를 연구하는 영역이다. 즉, 운동기능을 이루는 변인을 분석하여 가상적인 운동행동 모형을 구성하여 운동행동과정을 이해하고 나아가 효율적인 기능 습득의 방법을 고안하는데 관심을 둔다.

운동발달 영역은 인간의 성숙과 더불어 운동기능의 발달과 분화과정 및 통합화하여 발달되어지는 변화의 과정을 분석함으로서 다른 특징을 갖고 있는 운동기능의 최적 학습기, 최적 수행기 등을 결정하는 자료를 제공하며 기능의 발달에 대한 유전의 영향과 학습의 효과를 분석하는 데에 관심을 두는 연구분야이다.

마지막으로 건강운동심리학 영역은 스포츠심리학의 변인들이 선수가 아닌 일반인에게 적용될 수 있는 일반적인 연구방법을 포함하고 있으며, 특히 일반인의 생활체육참여 인구가 증가함에 따라 일반인들의 운동참여로 인한 심리적으로 획득되어지는 긍정적 또는 부정적 효과에 관한 연구를 주로 다루고 있다.

여기에서 스포츠심리학의 하위영역별로 일부의 내용을 다루어 보기로 한다.

3) 협의의 스포츠심리학

(1) 운동수행과 경쟁불안

불안(anxiety)이란 자신을 둘러싼 환경적 요인에 의해서 억압된 내적욕구가 의식의 세계로 표출되어지는 반응을 의미하며, 그 환경적 요인이라 함은 외부으로부터 위협을 받고 있거나, 존재는 하지 않지만 공포감을 유발할 때 등의 말하면 이때 느끼는 초조, 걱정, 우려, 긴장 등을 우리는 일반적으로 불안이라 한다.

이러한 불안은 개인의 주관적인 경험에 따라 달라지는 데, Spielberger(1996)는 불안을 크게 두 가지로 구분하여 제시하고 있다. 즉, 상태불안(state anxiety)와 특성불안(trait anxiety)이다. 특성불안이란 개인이 처한 특정한 상황을 위협적인 것이라고 지각함으로써 느끼는 불안을 의미하며, 이는 선천적인 요인과 관련이 있다고 볼 때, 개인의 성격과 밀접한 관계가 있을 것이다. 상태불안은 어떤 상황에 대해 긴장과 우려에 의해 발생하는 직접적인 정서 상태를 말하며, 자율신경계의 활성화 혹은 각성과 관련되어 나타나는 긴장과 우려 등을 의식적으로 지각하는 것이다.

특성불안수준이 낮은 선수보다 높은 선수가 더 많은 상황을 위협적인 것으로 지각하거나 위협적인 상황에서 더 높은 수준의 상태불안을 보이게 된다.

불안과 운동수행간의 관계에 대한 연구는 많이 이루어져 여러 이론들이 있다. 그 중에서도 적정수준이론과 운동수행과의 관계에 대해서만 다루기로 한다.

적정수준이론(optimal level theory)은 역 U이론(inverted-U theory)이라고 하는데 아래의 <그림5-7>과 같이 불안이 증가할수록 운동수행은 증진되며 적정수준의 각성상태에서 운동수행이 극대화되다가 각성수준이 더욱 증가하여 과각성(overarousal) 상태가 되면 운동수행은 저하된다고 하는 이론이다. 각성이란 중추신경계의 활성화 정도를 의미하며, 깊은 수면의 낮은 각성수준상태에서 흥분의 높은 각성수준상태까지 연속성체로 이루어져 있다. 이러한 각성수준은 개인이 가지고 있는 특성불안과 과제의 난이도(어려운 과제와 쉬운 과제) 그리고 수행자의 주어진 과제에 대한 학습단계(초보자와 숙련자)에 따라 좌우되어진다.

개인이 가지고 있는 특성불안수준은 위협적인 상황에 매우 민감함으로써 특성불안이 선천적으로 너무 높거나 낮은 선수는 경쟁 스포츠상황에서 부적절한 각성수준으로 인해 운동수행의 어려움을 경험하게 될 것이다.

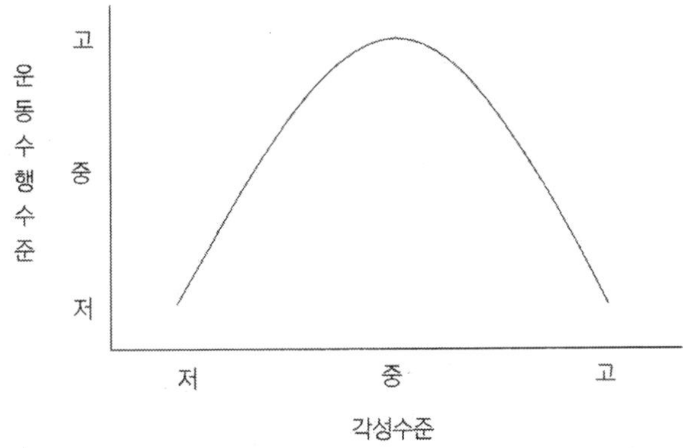

그림 5-7. 적정수준이론

수행자에게 주어진 과제의 난이도 역시 단순하고 쉬운 과제는 어느 정도 높은 수준의 각성상태가 운동수행에 유리하지만, 복잡한 과제 또는 어려운 과제는 낮은 수준의 각성상태가 수행에 효율적이다. 예를들면, 역도나 유도, 투포환 등과 같은 대근운동의 경우 보다 높은 수준의 각성상태를 유지할 때 유리한 반면, 양궁, 사격과 같은 소근 운동의 경우에는 보다 낮은 수준의 각성상태를 유지하는 것이 운동수행에 유리할 것이다.

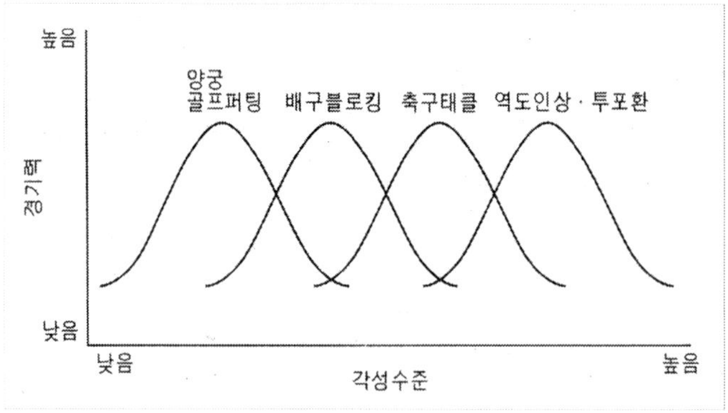

그림 5-8. 경기종목과 각성수준의 관계

수행자의 주어진 과제에 대한 학습단계에서 초보자는 숙련자에 비해 각성수준상태가 낮아야 운동수행에 효과적일 것이다.

이처럼 수행과 각성이나 불안의 관계를 고려할 때 성공적인 운동수행에 중요한 요인 중 하나는 각성과 불안수준을 조절할 수 있는 능력이라고 할 수 있다. 그리고 이러한 불안조절능력은 선수들의 운동수준이나 경험에 따라 차이가 있다.

그러므로 선수들의 불안조절능력을 향상시키기 위하여 많은 정신훈련이 개발되어지고 있으며, 지도자들은 선수들에게 신체적 트레이닝뿐만 아니라 정신훈련의 중요성을 주지시키고 있다.

(2) 운동수행과 내적동기

운동수행에서 동기는 매우 중요한 요소 중에 하나라고 할 수 있다. 동기는 선수의 어떤 행동을 일으키게 하는 원인을 의미하므로, 지도자는 선수들의 동기를 효과적으로 유발케 하기 위해 다양한 지도방법들을 강구해야 한다. 동기에는 무동기와 내적동기 그리고 외적동기를 구분할 수 있다. 내적동기는 스포츠의 결과나 외적보상에 결정되어지지 않고 자신의 내부로부터 생성되는 동기를 의미한다. 이러한 내적동기로 나타나는 행동은 흥미, 노력, 지각된 유능성 등이 있다. 외적동기는 스포츠의 결과나 외적 보상에 의해 동기가 유발되어지는 것을 의미하기도 한다. 무동기는 자신의 행동결과에 아무런 영향을 미치지 못하는 동기상실을 의미한다.

최근엔 스포츠심리학 분야에서 스포츠 동기를 내적동기, 외적동기, 무동기의 측면 모두를 통합적으로 이해하려는 연구가 진행되어지고 있다. 하지만 내적동기는 인간의 행동유발과의 밀접한 관련이 있으므로 여기에선 운동수행과 내적동기에 대해서 다루고자 한다.

내적동기이론에서 가장 대표적인 것은 Deci(1975)의 인지적 평가이론이다. 이 이론은 내적동기와 외적 보상 사이의 관계를 가장 잘 설명해주고 있다. Deci의 인지적 평가이론에서 인간의 기본욕구를 자결성(self-determination)과 유능성(competence)의 욕구라고 전제하고, 내적으로 동기화된 행동이란 자결성과 유능성의 욕구에 의해서 동기화된 것이라고 하였다.

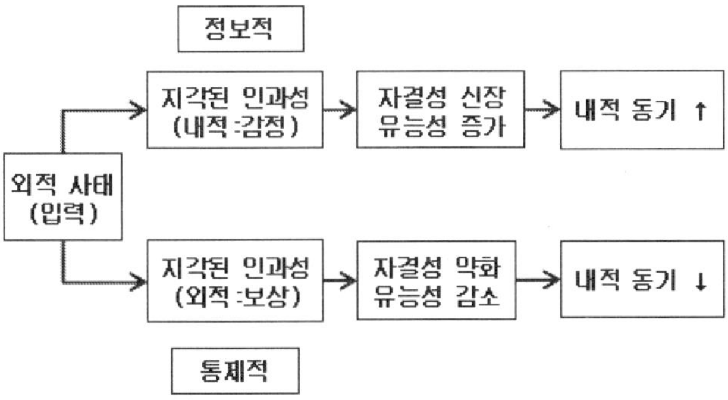

그림 5-9. 인과적 평가이론 모형

Deci는 내적동기에 영향을 미치는 과정을 두 가지 과정으로 설명하고 있는데, 하나는 자결성의 감정 변화로 어떤 활동을 자신의 선택에 의해 이루어졌다는 느낌이나 자각이 없으면 선수의 내적동기는 부정적으로 작용하여 감소하게 되며, 이와는 반대의 경우에는 내적동기 증가하게 된다. 또 하나는 유능성에 관련되어 있는 것으로 어떤 활동을 통하여 자신이 유능하다고 지각하지 못하게 되면 그 활동에 대한 내적동기는 감소하게 되며, 반대의 경우에는 내적동기는 증가하게 된다.

한편 Deci는 내적으로 동기화된 행동은 보상이든 의사소통이든간에 일련의 모든 사건들은 두 가지의 기능적 측면인 통제적 측면과 정보적 측면을 가진다고 전제하고 있다.

통제적 측면에서 살펴보면, 이는 개인의 자결성과 관련되는 것으로서 감독이나 코치에 의해 자신의 행동이나 연습량 그리고 목표 등이 주어진다면 선수 개인의 자결성 정도가 낮다고 스스로 느끼며, 그 인과성 소재를 외적으로 지각하고 결과적으로 내적동기 감소하게 된다. 하지만 선수 개인 스스로가 자신의 행동이나 연습량 등을 설정한다면 선수의 자결성 정도가 높다고 느끼며, 그 인과성 소재를 내적으로 지각하고 결과적으로 내적동기는 증가하게 된다.

정보적 측면에서 살펴보면, 선수 개인에게 효과적이고 긍정적인 정보를 제공할 때 유능성이 높아져 내적동기가 증가하는 반면에, 부정적 정보를 제공할 때는 무능함을 지각하므로 내적동기는 저하하게 된다.

하지만 위의 내용처럼 반드시 그러한 결과를 가져오는 것은 아니다. 주어지는 상황에 대한 단서를 선수 개인이 어떻게 지각하고 해석하느냐에 따라 상이한 결과(내적동기가 증가하든지 또는 감소하든지)를 가져 올 수 있다. 그리고 스포츠 시합과 같은 경쟁과 내적동기의 관계에서, 시합의 승리에만 집착하게 되면 통제적 측면이 강하고, 결과에 관계없이 시합의 과정을 중요시하면 정보적 측면이 강하다고 할 수 있는데 특히 남녀의 성에 따라 차이가 있다.

(3) 자아효능감과 운동수행

자아효능감은 자신감과 혼용하여 사용되어지고 있는데 이는 명확히 구분해보면, 자신감은 스포츠에서 성공할 수 있는 능력에 대하여 개인이 가지는 확실성의 정도나 믿음이라고 할 수 있으며, 자아효능감은 경쟁상황에서 주어진 과제를 성공적으로 수행할 수 있는 것에 대한 개인의 믿음이라고 할 수 있다. 아직 명확히 이해가 안 될 것이다.

자신감은 폭 넓은 개념이고 자아효능감은 좁은 개념이다. 그러므로 자아효능감보다 자신감의 개념이 더 크다라고 할 수 있다. 농구를 예를 들어 보면, 자신감의 표현은 '나는 농구는 자신 있다'이고 자아효능감의 표현은 '나는 농구 중에서도 레이업슛은 자신이 있다'이다.

이렇게 볼 때, 자신감보다는 자아효능감이 좀 더 구체적이고 세부적으로 주어진 과제에 대한 자신의 믿음을 나타낸다.

자아효능감이론의 대표적인 학자는 Bandura이다. 자아효능감이 강한 사람은 성취를 위해 적극적이어서 어려운 과제를 도전으로 생각하고 활동자체에 관심과 흥미를 가져 스스로 목표를 세워 달성하려고 노력하지만, 자아효능감이 낮은 사람은 성취활동에 소극적이고 부정적이어서 과제를 회피하려는 경향이 있다.

Bandura는 자아효능감에 영향을 주는 정보원 4가지를 들고 있다. 즉, 성취경험, 대리적 경험, 언어적 설득, 정서적 각성이다. 성취경험은 과거에 주어진 과제를 성공한 경험을 의미하며, 성취경험은 네 가지 주요 효능감 정보원 중에서 가장 영향력 있는 중요한 원이다. 대리적 경험은 다른 사람의 수행으로부터 얻은 정보를 의미하며, 관찰자(자신)의 감정이 부분적으로 자아효능감에 영향을 주게 된다. 이는 실제로 성취경험을 하는 것보다는 작지만, 선정한 모델(관찰대상)이 자신의 현재 여건과 유사성이 높으면 높을수록 자아효능감에 영향을 크게 미치게 된다. 언어적 설득은 선수에게 주어진 과제를 성취할 수 있는 능력이 있다는 믿음을 주는 방법을 의미하며, 여기에는 코치나 감독의 격려, 칭찬, 자신의 혼잣말 등의 방법이 있으며, 선수가 포기하려 할 때 언어적 설득을 통해서 계속 시도할 수 있도록 하는 설득의 효과가 있다.

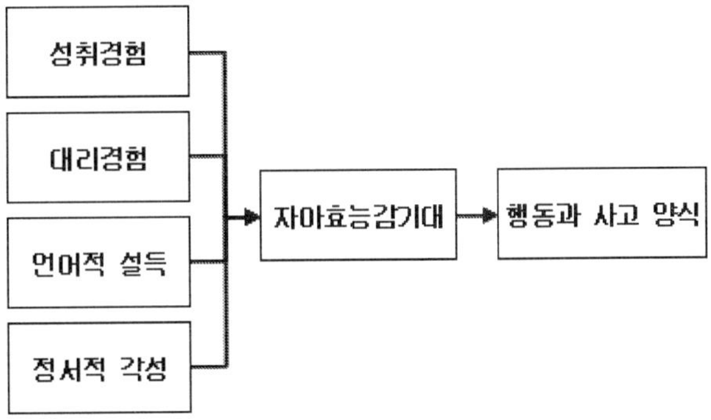

그림 5-10. 자아효능감 모형

정서적 각성은 주어진 과제를 수행할 때 정서적 감정에 의해서 변화된 자아효능감에 따라 행동하게 되며, 이는 자신의 능력에 대해 의심하거나 과제 수행자체에 대한 불안 반응을 보일 때에는 과제 자체를 포기 또는 회피하게 된다.

이와 같이 네 가지 정보원에 영향을 받은 자아효능감은 선수에게 주어진 활동 노력이나 인내, 동기 등을 결정하는데 또 다시 영향을 주게 된다. 결과적으로 선수의 행동이나 사고의 방식에도 변화가 생기게 된다.

4) 운동학습

(1) 운동학습과 운동수행

대개 운동학습과 운동수행에 대한 개념을 혼동하는 경우가 많다. 이는 완전히 별개의 의미를 가진 개념이므로 절대로 두 개념을 동일한 것으로 간주하면 안된다. 모든 운동기술의 동작은 특정한 목적을 가지고 있으며, 스포츠 종목에 따라 그 목적은 다양하게 나타난다. 예를들어 멀리뛰기나 세단뛰기의 목적은 목표 거리를 늘리는 것이며, 육상의 달리기는 일정한 거리를 두고 수행의 시간을 단축시키는 것이 목적이 될 것이다. 이와 같이 어떤 특정한 목적을 가지고 수의적으로 생성되는 운동 동작을 운동수행이라고 한다. 이는 피로, 각성 또는 동기 등과 같은 신체적 또는 심리적 요인에 의해 많은 영향을 받는다. 또한 운동수행은 외적으로 표현되는 것이어서 우리가 쉽게 직접관찰이 가능하다.

이와 같이 운동수행에 대한 개념을 규정해 볼 때, 수행하고 있는 주어진 운동과제에 대하여 얼마나 학습되었는가는 수행자의 운동수행을 반복적으로 관찰하여 평가하게 된다. 따라서 운동학습이란 연습을 통해서 이루어지는 운동수행이 다양한 환경조건 아래에서도 비교적 안정적으로 나타나는 것을 의미하며, 이를 학습이 이루어졌다고 할 수 있다. 수행자의 운동학습이 이루어졌는지에 대해서는 운동수행의 변화양상을 봄으로써 알 수 있다. 운동학습의 여부는 전이검사와 파지검사를 통해서 판단하는 것이 일반적이다.

(2) 피드백

운동학습에서 피드백(feedback)은 지도자가 목표상태와 수행간의 차이에 대한 정보를 수행자에게 되돌려서 수행자에게 동작 그 자체 또는 운동수행의 결과나 평가에 대한 정보를 제공하는 것을 말한다. 즉, 피드백은 운동기술을 수행하는 과정에서 나타나는 동작의 오류를 탐지하고 수행하고자 하는 운동행동 체계를 형성하는 데 필요한 정보를 제공할 뿐만 아니라 운동 동작이 끝난 후에 동작의 정확성 여부를 판단하기 위한 정보를 제공하는데 그 일차적인 목적이 있다.

피드백은 크게 외재적 피드백과 내재적 피드백으로 구분할 수 있다. 외재적 피드백은 보강적 피드백이라고 하며, 지도자 또는 동료선수들에 의해 제공되거나 영상매체를 통해 외부로부터 제공되는 정보를 의미한다. 이러한 외재적 피드백은 세 가지의 특징을 가지고 있다. 첫째, 언어·비언어적인 형태로 제공된다. 둘째, 동작이 수행되고 있는 동안이나 완료 후에 제공된다. 셋째, 동작의 결과나 동작 유형 자체에 대한 정보를 제공한다. 이러한 피드백은 수행자들에게 다양한 형태로 제공될 수 있으며, 수행자 스스로 직접 피드백 정보를 얻을 수도 있으며, 지도자나 코치에 의해 피드백 정보를 제공될 수 있다.

내재적 피드백은 감각 피드백이라고 하며, 관절, 건, 근육 등에 위치한 관절 수용기나 촉각과 통각과 같은 피부수용기, 시각에 의한 정보 등과 같이 신체의 내부로부터 피드백 정보를 제공받는 것을 말한다.

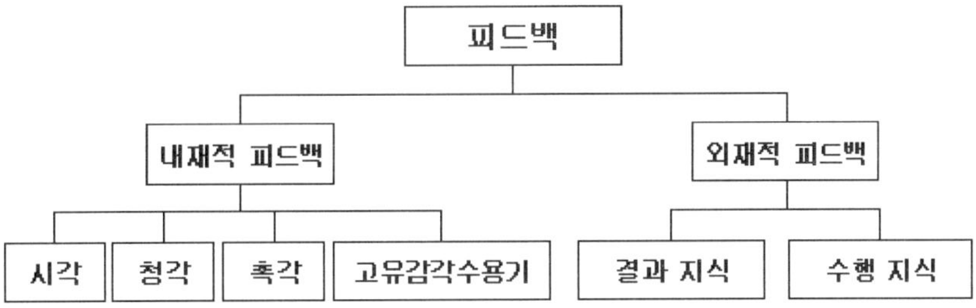

그림 5-11. 피드백의 분류

그러나 운동학습의 최상의 효과를 거두기 위해서는 수행자 스스로가 정보를 획득하여 운동수행에 활용하는 것이다. 또한 운동학습 단계별로 살펴보면, 초기단계에서는 외부로부터 받는 피드백정보가 운동기술 학습에 매우 효과적이라고 할 수 있다.

① 피드백의 유형

보강 피드백은 일반적으로 동작의 유형이나 동작의 결과에 따라 크게 두 가지로 구분하고 있다. 즉, 결과의 지식(knowledge of result; KR)과 수행의 지식(knowledge of performance; KP)이다.

결과의 지식은 수행자의 운동행동 결과에 대한 정보를 제공하는 것을 의미한다. 수행자는 운동기술을 학습하기 위해서는 자신의 운동행동에 대한 결과를 정확히 알아야 하며, 특히 실제 운동수행의 결과와 목표와의 차이를 아는 것이 매우 중요하다. 이처럼 수행자는 실제 수행의 결과와 목표와의 차이에 대한 정보를 제공받음으로써 운동기술의 수행과 학습에 도움을 줄 수 있다. 이러한 결과지식은 주로 동작의 속도나 시간과 같은 특정한 목표 수행에 대한 결과를 분석하는 방법으로 연구가 주로 이루어졌다.

수행의 지식은 결과의 지식과는 달리 수행동작의 유형에 대한 정보를 수행자에게 제공하는 것으로 운동학적 피드백이라고도 한다. 이러한 피드백은 수행자에게 운동동작의 폼에 대한 질적 정보를 제공함으로써 수행자로 하여금 정확한 폼을 형성 또는 유지할 수 있도록 도와준다. 수행의 지식을 제공하는 방법으로는 언어적 설명, 비디오, 사진 등의 매체나 바이오피드백 등과 같은 다양한 형태로 정보를 제공할 수 있다.

② 피드백의 기능

피드백은 운동학습에 있어서 매우 중요한 역할을 하고 있다. 피드백의 주요 기능은 크게 정보기능, 강화기능, 동기유발기능으로 구분할 수 있다.

첫째, 정보기능은 코치나 지도자가 수행자에게 선택한 운동계획이 목표달성에 가장 효과적인 것으로 판단할 수 있는 정보를 제공하거나 실행한 동작이 운동계획이나 원하는 동작과 얼마나 일치하는 지를 파악할 수 있는 정보를 제공하여 운동수행의 오류를 수정하게 함으로써 운동기능의 향상에 긍정적인 변화를 유도하게 된다. 이러한 것은 수행자들에게 운동수행에 대한 긍정적 정보로서의 가치를 가지게 된다. 하지만 수행자에게 부정적인 정보로서의 가치를 제공하게 되면 수행자의 의욕을 상실케 하여 운동학습에 역효과를 유발할 수 있다.

둘째, 강화기능은 수행자가 운동수행을 한 것이 목표와 일치했을 경우와 일치하지 못했을 경우로 생각해 볼 수 있는데, 전자는 정적강화기능을 의미하는 것으로 지도자가 칭찬이나 보상을 제공함으로써 현재의 운동수행을 지속적으로 유지할 수 있도록 하는 것을 말한다. 후자는 부적강화기능을 의미하는 것으로 수행자가 바람직하지 못한 수행을 했을 때 그것을 반복하지 않도록 수정하여 다음에 성공적인 수행을 하도록 하는 것을 말한다. 그러므로 부적강화는 운동수행 중 바람직하지 않은 수행자의 기술 수행을 교정하는데 초점을 두고 있다.

셋째, 동기유발기능은 수행자가 동작을 수행한 후 동작수행이 원하는 데로 결과를 이루어졌을 때 수행자의 성취욕구와 학습의욕은 향상된다. 이처럼 지도자나 코치들이 수행에 관심을 갖고 수행자의 학습동기 상태를 파악하여 지속적으로 운동기술의 목표를 성취할 수 있도록 유도하는 교수전략을 구성해야 한다는 측면에서 매우 중요하다.

(3) 전이

테니스를 배우고 난 뒤에 배드민턴을 배울 때 쉽게 배울 수 있다는 느낌을 지각한 경험이 있을 것이다. 이처럼 이전의 운동 경험에 의해 새로운 운동기술을 배우게 될 때 운동기술의 학습이나 수행을 촉진시킬 수도 있고 오히려 방해를 하거나 전혀 영향을 미치지 않는 경우가 있다. 이러한 현상을 전이라고 할 수 있다. 구체적으로 전이(transfer)란 어떤 운동기술을 학습한 결과로 인해 새로운 운동기술을 익힐 때 직접 또는 간접적으로 영향을 미치는 것을 의미한다.

전이는 크게 정적 전이와 부적 전이로 구분할 수 있다. 정적 전이는 이전에 연습한 과제가 다른 과제의 수행에 도움을 주는 경우를 의미한다. 이러한 정적 전이의 효과를 획득하기 위해서는 대체적으로 두 가지 조건이 필요하다.

첫째, 운동기술 요소의 유사성이 높아야 한다. 즉, 이전과 현재 배우려는 운동기술의 요소나 수행 상황이 유사할수록 학습의 전이가 정적을 발생된다. 예를들면, 테니스의 서브와 배구의 서브 동작은 두 운동기술간의 유사성이 높기 때문에 전이가 정적으로 일어난다. 이는 수많은 대뇌활동 중에서 운동기술간의 요소가 유사할 경우 동일한 활동영역이 관여하기 때문이다.

둘째, 처리과정의 유사상이 높아야 한다. 이는 연습 조건에서 나타나는 운동학습이나 운동수행 과정의 처리 활동이 전이 조건과 유사할수록 전이가 정적을 나타난다는 것이다. 이를 가장 효율적으로 설명이 가능한 것은 맥락간섭효과이다. 맥락간섭이 높은 연습조건일 수록 파지검사에서 나타난 수행력이 높게 나타나는 것처럼 연습조건에서 맥락간섭을 많이 받은 집단의 전이량이 높은 것을 나타난다. 이와같이 운동기술의 학습이나 수행 과정에서 과제를 해결하려는 노력이 유사한 형태일 경우 처리과정의 유사성으로 인해 정적 전이 효과가 나타난다는 것을 의미한다.

부적전이는 이전의 운동 경험이 새로운 운동기술을 학습할 때 방해하는 결과를 초래하게 되는 것을 의미한다. 이러한 부적전이는 주로 두 운동기술 과제에 주어진 운동수행 상황에서 획득하는 지각정보의 특성이 유사하지만 움직임의 특성이 다른 경우에 발생하게 된다. 예를들면, 컴퓨터 키보드에 있는 자판의 경우 평소에 사용해 왔던 키보드의 키 위치를 갑자기 바꾸어 놓는다면, 수행자는 바뀐 키보드를 이용한 문서작업을 능숙하게 하지 못할 것이다. 즉, 여기엔 수행자의 많은 주의력이 요구될 뿐만 아니라 정확한 동작을 수행하기 위해 시간과 노력이 필요로 할 것이다. 이러한 발생의 원인은 이전의 키보드 위치에 대한 기억이 새로운 공간적 위치의 변화로 인해 부적 전이가 발생하였기 때문이다.

5) 운동제어

스포츠심리학의 세부 영역 중 하나인 운동제어(motor control)는 인간의 수많은 운동행동 동작의 생성과 습득, 제어 및 조절 기제를 밝히고 변화해가는 과정과 원리를 연구하여 운동수행의 성과를 향상시키기 위한 행동 및 과정이다. 좀 더 포괄적인 의미에서의 운동제어는 인간의 움직임을 규명하기 위하여 단지 움직임 그 자체만을 다루는 것이 아니라 인간행동에 절대적인 영향을 미치는 환경으로부터의 수많은 정보에 관한 연구를 병행하여 인간이 어떻게 환경으로부터 수많은 정보를 받아들이고 그것을 어떻게 처리하는지를 밝히는 과정이라고 할 수 있다.

운동제어연구의 흐름은 1970년대에 인지심리학에 기초한 연구가 증대되면서 운동을 생성시키거나 정신과 신경에 초점을 맞추는 과정지향적 연구가 활성화됐으며, 더불어 폐쇄회로이론(Adams, 1971)과 개방회로 이론, 도식이론(Schmidt, 1975) 등이 대두되었다. 또한 인지적 정보처리 접근에 대한 많은 문제점이 제기되면서 Bernstein(1967)의 신경생리학과 생체역학적인 측면을 토대로 한 다이내믹적 접근과 Gibson(1950)의 시지각 연구에 기반을 둔 생태학적 접근 패러다임이 현재 활발하게 연구가 진행되고 있다.

(1) 운동행동과 정보처리적 관점

정보처리적 관점은 운동행동을 설명하기 위해 폐쇄회로이론과 개방회로이론, 도식이론을 들고 있다.

앞에서 기술하였듯이 인간의 행동을 조절하는데에 있어서 피드백 정보의 역할은 매우 중요하다. 이처럼 인간의 운동행동이 운동수행에서 받게 되는 피드백 정보에 의해 제어되고 운동조절을 이루는 정확성 참조준거와 비교함으로써 동작의 오류를 탐지하고 그 오류를 계속적으로 수정하면서 동작의 조절을 이루게 된다고 보는 이론이 폐쇄회로이론의 입장이다. 여기에서 정확성 참조준거란 성취되어야 할 움직임 즉, 운동수행의 최종 목표를 말한다. 이 이론에 대한 예를들면, 냉장고의 자동온도조절기를 들 수 있는데, 냉장고의 온도를 25℃로 설정해 놓으면 실제 냉장고의 실내 온도가 25℃가 될 때까지 지속적으로 냉장고는 작동하게 되며, 설정온도와 실제 실내온도가 일치할 때 냉장고는 작동을 멈추게 된다. 여기에서 설정온도는 정확성 참조준거라 할 수 있으며, 실제 실내온도는 수행자의 운동수행의 결과라 할 수 있다. 즉, 정확성 참조준거와 수행자의 운동수행의 결과와의 차이에 대한 정보를 피드백 정보라 할 수 있으며, 이 피드백 정보에 의해서 운동수행의 오류를 수정하게 될 것이다. 그리고 여기에서 피드백은 감각 피드백과 보강 피드백이 동시에 이용되어진다. 폐쇄회로이론은 200msec 내에 이루어지는 운동을 설명할 수 없다는 문제점을 갖고 있다.

개방회로이론은 운동의 생성 및 조절을 중추신경계의 구조화된 운동계획에 의해서 이루어진다고 보는 이론이다. 이 이론은 운동계획(motor program)에서 내려진 명령을 운동수행중에 오류가 발생하여 수정되지 않고 명령대로 운동수행을 완료하게 된다. 하지만 동작의 하나하나에 대한 운동명령만을 강조하고 인간의 오류 수정 능력에 대한 고려가 없으며, 운동명령 프로그램의 저장성 문제와 새로운 운동기술에 대한 생소성의 문제를 가지고 있다.

도식이론은 폐쇄회로이론과 개방회로이론을 통합한 이론이다. 즉, 운동프로그램과 피드백 정보를 동시에 적용시켜 운동의 생성과 변화현상을 설명하고자 한 이론이다. 도식이란 체계적인 관념으로 구성된 인지적인 체계로 운동에 필요한 정보에 대한 일련의 규칙을 의미한다.

(2) 운동행동과 다이내믹적 관점

Bernstein은 정보처리적 관점에서 운동행동을 설명하는데 몇 가지 문제점이 있음을 제기하고 새로운 관점을 제시하였다. 그 문제점으로 앞서 기술한 생소성의 문제와 저장성의 문제이다. Bernstein은 새로운 개념으로 협응적 구조(coordinative structure)를 제시하고 있다. 협응적 구조란 하나의 기능적 단위로 작용하는 여러 관절에 걸쳐 있는 근육의 집합체라 할 수 있다. 예를들면, 사격에서 목표지점을 조준하고 있을 때, 어깨가 한 방향으로 움직이게 되면 손목은 목표지점을 지속적으로 정확하게 조준하기 위하여 반대방향으로 움직이게 된다. 이처럼 어깨와 손목은 목표지점으로 정확하게 조준하기 위하여 공동적으로 움직이게 되며 이를 협응 구조라고 한다.

Newell은 인간의 동작수행에 있어서 세 가지 제한요소에 의한 상호작용에 의해서 협응을 이루게 되고 훌륭한 동작을 수행하게 된다고 하였다. 그 세 가지의 제한요소는 유기체(사람), 과제, 환경이다. 예를들면, 유기체인 사람의 체중이 무거운 사람과 가벼운 사람사이에 7단의 뜀틀위에서 체육관 나무 바닥으로 뛰어내리기를 수행하였다면, 아마 나무 바닥에 착지하였을 때 충격력을 완화하기 위해서 체중이 무거운 사람과 가벼운 사람간에는 발목관절과 무릎관절 그리고 고관절의 굴곡의 정도에 차이가 있을 것이다. 이처럼 세 가지 제한요소 중 유기체 하나만을 서로 달리했을 때 착지동작이 서로 다르게 나타난다. 이는 충격력을 완화하기 위해 유기체 각각의 협응을 이루려고 노력한 결과일 것이다.

(3) 운동행동과 생태학적 관점

생태학적 관점은 이전의 관점과는 달리 시지각의 중요성을 들고 있다. 인간은 환경의 모든 정보를 시지각을 통해서 얻게 되는 데, 환경정보에 의해서 동작형성이 서로 다르게 나타난다고 보는 관점이 생태학적 관점이다.

환경정보를 처리하는 유형에서 정보처리적 관점과 생태학적 관점은 매우 다르다. 정보처리적 관점은 인간의 운동이 지각과 동작으로 서로 분리되어 위계적으로 조직되는 제어체계에 의해 이루어지는 반면에 생태학적 관점은 지각과 동작이 상호 순환적이며 상호보완적인 관계로 이루어진다. 예를들면, 시골의 시냇가에 불규칙하게 놓여져 있는 돌징검다리를 정확하게 밟으면서 빠른 속도로 뛰어 건너간 경험을 생각해보자. 아마 더 구체적으로 살펴보면, 징검다리의 돌 크기 또한 크고 작고 불규칙하며, 돌 표면의 모양 또한 모두 다르다. 이러한 조건에서도 누구나 빠른 속도로 정확하게 밟으면서 시냇가를 건널 수 있는 것은 시각과 동작이 인과적 관계에 있기 때문에 가능한 것이다.

6) 운동발달

인간은 누구나 나이가 들면서 신체적, 정신적으로 성장하게 된다. 이와 더불어 운동기능 또한 발달하게 된다. 이를 토대로 볼 때 운동발달은 연령에 따라서 계열적, 연속적으로 변화해 가는 과정이며, 기능적 분화와 복잡화, 통합화를 이루어 환경에 보다 잘 적응하는 과정으로 볼 수 있다.

운동발달에는 일반적으로 공통된 특성을 가지고 있다(이강헌, 2005). 첫째 발달은 연령과 관계가 있다. 연령이 증가하면 신체의 기능들이 변화하는데 그 시기에 따라 급속하게 이루어지기도 하고 매우 미약하게 변화하기도 한다. 여기에서는 개인차가 존재한다. 둘째, 발달은 기능이 연속적으로 변화한다는 것이다. 즉, 수정에서부터 죽음에 이르기까지 인간의 모든 기능은 계속적으로 변화해 나간다는 것을 의미하며, 여기에는 연령의 증가에 따라 기능이 향상되기도 하고 감소되어지기고 한다. 셋째, 발달은 계열적으로 변화한다. 초보적인 운동형태에서 능숙한 운동형태를 보이게 된다. 넷째, 발달에는 방향성이 있다. 즉, 머리에서 발쪽의 순서로, 중심에서 말초로 이루어지는 방향성을 가지고 있다. 다섯째, 발달은 분화와 통합의 과정이다. 이는 발달과정에 의한 분열이 아니라 미분화된 전신운동으로부터 차츰 세분화된 특수한 운동으로 변화되어 가는 것을 의미한다. 또한 특수화된 운동은 다시 통합되어 복잡한 형태를 이루게 된다. 여섯째, 발달은 신체와 지적발달 또는 성격발달과도 서로 밀접한 관계에 있다는 것이다. 마지막으로 발달은 유전과 환경효과의 어느 한 가지의 영향만이 아닌 서로 상호작용할 때 비로서 의미있는 변화를 기대할 수 있다고 한다.

6. 코칭학적 이해

1) 코칭의 철학

코치는 선수들에게 코칭을 어떻게 해야 하는가를 결정하고자 할 때, 먼저 팀의 승리에 우선을 둘 것인지 또는 팀의 선수들에게 우선을 둘 것인지를 결정해야 한다. 대부분의 코치들은 가장 중요한 것이 팀의 승리가 아니라고 말을 하지만 실제로 코칭을 수행할 때는 그렇지 못한 경우가 많다. 예를 들어, 만약 코치가 부상 중이지만 기능이 우수한 선수들에게만 경기를 하게 한다거나 실수를 범한 선수에게 비난하듯 소리 지르는 경우가 많다면, 코치는 선수보다는 승리에 더 우선시 한다고 할 수 있을 것이다. 이러한 경우는 코치로서 한번쯤 생각해보아야 할 것이다.

코치로서의 철학을 수립하는데 초석으로 사용될 수 있는 기본적 목표는 선수가 우선이고 승리는 차선이라는 것이다. 즉, 코치의 모든 결정과 행동에 있어서 우선시 하는 것은 선수들에게 최선이 될 수 있는 것이어야 하며, 그 다음 차선으로 선수 혹은 팀의 승리 기회를 향상시킬 수 있는 것이 되어야만 한다.

대부분의 코치는 "선수가 우선이고 승리는 차선"이라고 말하기엔 매우 쉬운 목표일지 모르지만 이를 실천으로 옮기기엔 쉬운 일이 아니다. 현대의 많은 스포츠 조직들은 코치에게 이러한 코칭의 기본적 목표에 역행하도록 요구하는 행정가들에 의해 운영되고 있다. 즉 조직의 행정가들은 개인적인 목표이든 아니면 타인들에 의해 압력을 받아서이든지 간에 승리가 첫째이고, 선수는 둘째라고 생각한다. 젊은 선수들을 기술적으로 잘 돕는 코치들은 좀 더 훌륭한 사람으로 인정을 받게 되지만, 승리하지 못하면 패배자로 생각되어져 빈번히 해고되는 것이 사회의 현실이다. 하지만 코치들은 선수가 우선이고 승리는 차선이라는 것을 행정가들에게 설득할 수 있어야 할 것이다.

한편, 시합에서 누구나 승리에 대한 열망을 갖는 것은 매우 중요하다. 시합에서 이기겠다는 열망은 그 시합에서 중요한 목표이지만 스포츠 참여에 있어 가장 중요한 목표는 아니다. 코치는 선수들을 체력적, 심리적 그리고 사회적으로 발달시킨다는 장기간의 목표들을 소홀히 하고 승리로 얻게 되는 즉흥적이면서도 즉각적인 보상 차원에서 승리라는 단기간의 목표를 획득하는 것에 치중하는 경향을 보이는 경우가 많다. 하지만 승리하는 것이나 승리하고자 하는 열망이 선수의 복지보다 더 우선시 할 정도로 중요한 것은 될 수 없다. 연습기간을 포함해 혹은 시합이 치열하게 진행되고 있을 때, 이기고 있을 때, 혹은 지고 있을 때, 우리 팀의 행정적인 지원이 있을 때, 행정가가 승리를 해야 한다고 스트레스를 주는 상황에서 그와 같은 장기간의 중요한 목표들을 지켜나갈 수 있도록 항상 스스로를 점검해 보아야 한다.

그러므로 코칭의 철학에 대한 올바른 관점을 유지하면서 승리를 할 때, 적절한 리더십을 갖추어 선수들이 자신의 역할에 대한 책임감을 가질 수 있게 하며, 선수들 또는 코치들을 인정하고 받아들일 수 있게 한다.

2) 효과적인 의사소통

코치와 선수들이 서로 경청하고 의사소통 기술을 발전시키는 것은 팀과제의 달성을 위해 매우 중요한 요소 중 하나이다. 의사소통은 라틴어의 communis(공유) 혹은 communicare(협의한다, 공동체 또는 공통성을 이루다, 나누어 갖다)에서 유래되었다. 의사소통의 개념은 하나 또는 하나 이상의 유기체가 다른 유기체와의 지식, 정보, 의견, 신념, 감정 등을 공유 또는 공통화하는 행동을 의미한다. 즉, 유기체들이 기호를 통해 상호간의 정보나 생각·메시지 등을 교환하고, 의미를 창조·공유하는 과정이라고 할 수 있다. 의사소통의 모든 행동은 상호간의 메시지를 전달하는 의사소통으로 간주하며, 모든 의사소통은 두 가지 기능을 가지고 있는데 하나는 내용측면으로서 정보, 의견, 감정을 전달하는 것이고, 다른 하나는 관계측면으로서 어떻게 정보를 수집하는가에 관심을 두는 것으로 관계의 성격을 다루는 것이다.

의시소통 현상은 매우 복잡하고 다양한 특징을 가지고 있으며, 특히 사람들 사이에서 감정, 생각, 사실, 느낌들을 전달하며 서로의 행동에 영향을 미치는 과정 및 행동으로 인간사회에 필수적이라는 것에 공통적인 견해를 가지고 있다.

코치와 선수들 간에 의사소통의 목적은 경기 전의 설득, 운동선수의 수행을 측정하기 위한 평가, 가르치고자 하는 새로운 기술에 대한 정보, 동기부여, 팀의 갈등처리와 같은 문제해결에 있다. 대부분의 의사소통에서 표현하고자 하는 정보는 개념, 정서, 감정의 형태로 시작되어 사고의 형태로 전환한다. 이러한 사고의 형태는 언어적, 비언어적 통로를 통하여 전달될 수있다. 선수는 발신자가 보낸 메시지 유형에 따라 그 메시지를 받아들이고 해석하게 된다. 또한 메시지는 메시지 내용을 이해하는 수신자의 능력에 따라 이전부터 가져왔던 의사소통 체계 내에서 해석된다.

효과적인 의사소통을 위해 선수와 코치들은 서로의 반응을 읽는 것을 배울 필요가 있다. 왜냐하면, 선수와 코치들간에 의사소통되어지는 수많은 자극들이 전달되는 경우 모든 신호들이 다 처리될 수 없기 때문이다. 즉, 선수와 코치 모두가 어떤 것을 듣고 볼 수 있으나, 그것을 적절히 처리하지 못할 수 있다. 그러므로 의사소통은 발신자와 수신자 간에 공통적인 이해에 근거를 두어야 한다. 그렇지 않을 경우 전달자는 그 메시지에 대해 수신자 역시 동일한 해석을 하고 있다고 믿게 되므로 의사소통에 문제가 유발될 수 있다. 그 예로서 선수는 자신이 매우 잘 수행했다고 믿고 있는데, 코치는 선수들의 수행을 평균이하의 수행으로 여길 때 이러한 형태의 오해가 일어나게 된다.

의사소통에서 경청은 가장 일반적인 의사소통 활동이고 매우 중요한 요소이다. 그러므로 효과적인 경청을 위한 훈련을 평상시 해야 할 것이다. 즉, 청취기술을 향상을 위한 방안으로는 첫째, 감정이입을 하며 들어라. 말하는 사람이 무엇 때문에 이야기하는지를 이해하려고 노력해라. 둘째, 수용적으로 들어라. 누가 말하는 동안 그것을 평가하거나 판단하려고 하면 메시지를 들을 수 없다. 셋째, 정신적으로 들을 준비를 하라. 특히, 듣는 기술이 요구되는 중요한 대화에서는 정신이 맑아질 때까지 연기하거나 어떤 유형의 듣기에는 주제나 말하는 사람에 대해 더 많이 알기 위해 준비를 해야 할 필요가 있다. 넷째, 주의집중을 향상시키도록 하라. 다섯째, 이해도를 높이기 위해 어휘를 늘리고 어려운 설명문을 들어라. 여섯째, 좋은 청취기술을 위해 결심과 꾸준한 연습이 필요하다 등이 있다. 이와 같은 방안을 염두해 두고 코치나 선수 상호간에 청취력을 향상시키기 위해 끊임없는 노력을 해야 할 것이다.

그리고 코치와 선수간의 의사소통 붕괴로 인해 많은 선수들이 신뢰와 존경이 결여된다면, 코치에게 접근할 마음이 생기지 않는다. 또한 코치들은 선수들이 자유롭게 의사소통을 시작할 수 있는 환경을 조성해야 한다. 선수들은 의사소통 통로가 진실되게 개방되고 어떤 것에 두려움이나 보복없이 말할 수 있다고 느껴야 한다.

3) 효과적인 리더십

스포츠에서 팀 지도자의 리더십은 매우 중요하다. 리더십은 집단의 목표를 효과적으로 달성하기 위하여 집단 구성원으로 하여금 목표 수행에 자발적으로 공헌할 수 있도록 영향력을 행사하는 지도과정 또는 행동이라고 할 수 있다.

스포츠집단에서의 리더십은 지도자의 성격특성, 지도자의 행동유형 그리고 지도자의 상황적·행동적 특성과 같은 지도자의 특성에 따라 다르게 나타난다. 대개 리더쉽은 특성이론, 상황이론, 행동이론을 크게 구분되고 있다. 스포츠팀은 일반적인 리더십 이론을 응용할 수 없는 어떤 스포츠 고유의 특성을 가지고 있다고 할 수 있다. 그러므로 여기에선 Chelladurai(1978)의 다차원적 모델

(Multidimensional Model)를 기술하고자 한다. Chelladurai는 코치의 행동이 선수의 만족과 성취도에 이떠한 영향력을 미치느냐에 대해 스포츠상황에 적합한 다차원 리더십 모형을 개발하였다. 이 모형이 다차원적으로 불려지는 이유는 선수의 성취도와 만족도의 결과가 지도자의 행동과 많은 선행조건들과 서로 상호작용함에 의해 설명되어지기 때문이다. 이 이론의 기본 가정은 선수들의 성취도와 만족도의 결과는 세 가지 유형의 지도자 행동이 일치할 때 긍정적인 관련성을 가지고 있다고 본다. 이 모델의 세 가지 유형으로는 첫 번째, 지도자 행동의 상태, 두 번째, 이러한 행동 상태의 선행조건들 세 번째, 이러한 행동 상태의 결과로 분류되어진다. 그리고 선수의 수행과 만족은 세 가지 유형의 지도자 행동, 즉 규정된 지도자 행동, 선수나 팀이 선호하는 지도자 행동, 실제 지도자 행동에 의하여 결정된다. 또한 이러한 세 가지 행동은 선행조건에 의해 즉, 상황적 특성(예, 조직의 규모, 구조, 예산 등), 지도자 특성(능력, 성격특성 등), 구성원 특성(능력, 성격특성 등)에 의해 결정되어 진다고 보고 있다.

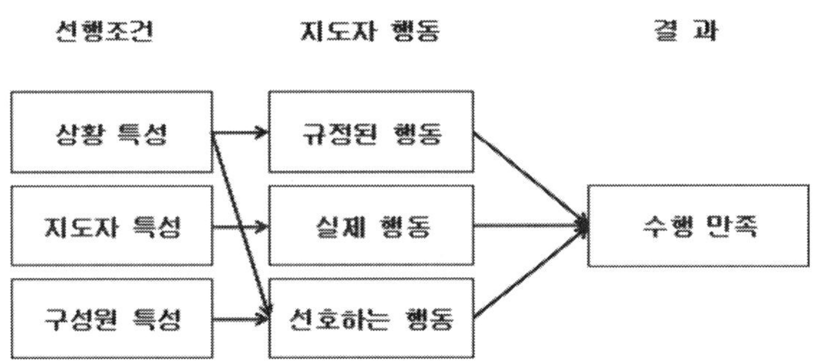

그림 5-12. 리더십의 다차원 모델(Chelladurai, 1978)

그리고 Chelladurai와 Saleh(1980)은 코칭 행동을 다섯 가지로 분류하고 있다. 첫째, 훈련과 지도행동이다. 이는 운동선수의 운동수행 수준을 향상시키려는 목적으로 훈련하고 지도하는 행동을 의미한다. 둘째, 민주적 행동이다. 이는 코치가 게임의 전술과 전략, 연습방법, 집단목표의 의사결정시에 운동선수에게 많은 참여를 허용하는 행동을 의미한다. 셋째, 권위적 행동이다. 이는 운동선수에게 항상 일정한 거리를 두고 행동하며, 코치의 권위를 강조하며 코치자신이 모든 의사를 결정하는 행동을 의미한다. 넷째, 사회적 지지이다. 코치가 팀의 긍정적인 분위기를 조성하는 행동, 선수들의 개인적 요구를 해결해 주기 위한 행동을 의미한다. 다섯째, 보상행동이다. 이는 코치가 선수들의 동기를 부여시키는 방법으로 선수들의 훌륭한 운동수행과 기여에 대해 칭찬하는 행동을 의미한다.

7. 체육측정평가의 이해

1) 체육 측정 및 평가의 개념 및 기능

일반적으로 측정이란 일정한 규칙에 따라 관찰 혹은 계획된 것을 수량화하는 작업이라 할 수 있으며 평가란 특정한 대상에 대해 직접 그 정도를 판정하는 것이다. 즉 체육 학습 지도 및 체육과 관련된 분야의 가치를 체육의 목적에 맞게 계측하고 그 결과를 정해진 준거에 의해 평가하는 것임. 이런 측면에서 체육의 측정과 평가는 서로 뗄 수 없는 불가분의 관계를 지니고 있다. 체육평가는 체육의 학습활동 수행 후 목적의 달성도를 알아봄으로써 체육교습 및 학습에 사용된 방법에 대한 문제점을 파악하는 활동이다. 체육평가에는 학습 활동에 대한 평가뿐 아니라 지도계획, 지도력, 시설용구, 예산편성 및 기타의 다양한 학교 행사 계획 및 수행결과의 정리도 함께 포함되며 궁극적으로 학교체육 활동 및 환경의 개선에 이바지하는데 그 목적이 있다.

체육 측정 및 평가는 체육의 전 과정에 걸쳐 이루어지는 것으로 그 기능을 살펴보면 다음과 같다. 첫째, 체육의 목적과 목표의 검토와 개선에 필요한 자료를 제공해준다. 둘째, 학생의 필요, 개인차, 어떤 특성에 대한 경향 등을 이해하는 수단이 된다. 셋째, 학습 활동의 촉진 역할을 한다. 넷째, 평가가 교정학습의 기초 자료를 제공해 준다. 다섯째, 학습의 효과적인 관리를 가능케 한다. 여섯째, 교사 스스로의 교수법에 대한 반성과 연구의 자료를 제공한다.

2) 체육 평가의 종류

(1) 진단평가

학생이 학습을 시작하기 전에 어떠한 시발(始發)단계에 놓여 있는가를 결정하려는 평가로 학생이 계획된 학습 단위의 목표를 성취하는데 선행조건이 되는 시발 행동 및 기능을 갖고 있는지, 학생들이 주어진 학습 단위 및 과정의 목표를 달성했는지, 그리고 학생이 나타내는 특성(흥미, 성격, 직업, 적성, 기능, 선행학습경험 등)에 맞추어 교수 전략이나 방법의 대안을 적절하게 제공하려는 목적으로 시행되는 평가이다.

(2) 형성평가

수업과정에 대한 일종의 질적 관리를 목적으로 시행되는 평가로, 학습지도 과정이나 수업 방법에 대한 평가를 실시하는 것이다. 이와 같은 평가 시 아래의 사항들을 염두에 둘 필요가 있다. 첫째, 한 학생의 지도과정의 얼마나 효과적이었는가를 밝히기보다는 이 과정을 학습하는 학생들에게 실제로 어떤 학습의 효과가 일어났는가를 밝히는데 관심을 두어야 한다. 둘째, 학습지도 과정에서 개선이 필요한 부분을 발견하는데 중점을 두어야 한다. 셋째, 학생들의 성적을 내는 것보다는 학습 과정 혹은 수업 개선에 그 목적을 두어야 한다.

(3) 종합(혹은 총괄) 평가

주어진 일정 기간 동안 수업 목적의 달성도를 개인별 혹은 집단별로 평가해 학생들의 성적을 보고하고 기록하기 위한 평가로 학기말 고사나 중간시험 등이 그 예라 할 수 있다. 즉, 전체의 단원이나 중요시 되어야 하는 교과부분에 대한 성과가 어느 정도 달성됐는가의 정도를 전체적으로 평가하고 그에 의한 성적을 산출해 그 결과를 행정적 자료에 반영시키려는 목적을 두고 실시하는 평가이다.

3) 체육 평가의 절차와 기준

(1) 평가의 절차

평가의 절차는 먼저 목표를 수립하고 분석을 한 후, 자료를 수집하며, 수집된 자료에 대한 적절한 해석을 통해, 얻어진 결과에 대한 이용과 개선방법 등의 작업순으로 이루어진다.

① 목표 분석

목표가 설정되면 그 목표를 달성하기 위한 내용과 방법을 계획하고 실시하는 것이므로 평가를 하는 경우도 평정의 척도가 제시될 수 있도록 해야 한다. 평가는 표를 몇 개의 항목으로 나누어 구체적으로 실시할 필요가 있다.

② 자료 수집

학생들의 성적 평가를 실시할 경우 학생들의 실태와 교육 환경의 제요소에 관한 자료를 수집하며 관찰에 의한 평가가 이루어지는 경우 그에 따른 적절한 자료를 수집해야만 한다. 이러한 자료에 나타나는 실태는 반드시 환경적 요인과 조건에 영향을 받게 되므로 환경적 요인과 조건에 따르는 자료도 제시되어야 할 것이다.

③ 자료 해석

수집된 자료를 이용해 목표에 맞게 해석하고 그에 따른 평점을 정해야만 한다. 예를 들어 턱걸이를 10회 반복한 경우 10이라는 숫자 자체만으로는 어떠한 의미를 나타내지 못하게 되므로 그 숫자를 연령이나 기타 환경적 요소에 비교해 고려해 그 의미를 찾을 수 있어야 한다는 것이다. 이러한 요인들이 고려되었을 때 각 연령대에서 이와 같은 기록이 좋은 것인지 아니면 나쁜 것인지를 실제적으로 평가할 수 있게 된다.

④ 결과의 이용과 적용

평가의 결과는 개인별 혹은 학급별로 해석해 계획된 대로 적용하고 활용할 수 있게 된다. 또한 평가를 한 후 모든 결과처리가 종료되면 그에 따른 성적을 기록하는 것으로 모든 것이 끝나는 것은 아니다. 평가는 교육 활동의 효율화를 위해 실시되는 것이며 기록은 앞으로의 이용을 위해 필요한 것이므로 앞으로의 학습 목적 선정과 학습 경험의 선정 및 조직, 지도 계획의 수립 등에 활용되어야만 한다. 따라서 이러한 활용을 전제로 평가가 계획되고 수행되어야만 하며 평가를 통해 도출된 결과는 알맞게 잘 정리되고 기록되어야만 한다.

(2) 평가 도구의 기준

무엇보다는 평가 도구는 평가하려는 목적에 부합되어야만 한다. 목적에 부합된다는 것은 대략 아래와 같은 기준을 따라 판정되어야만 한다는 것이다.

① 타당도

평가 도구가 "측정하려는 바를 실제로 얼마나 측정하고 있는가"라는 정도를 가리키는 것이다. 측정하려는 대상 이외의 요소가 끼어들지 않도록 가능한 측정하려는 요인을 충실하게 다룰 수 있는 것이라야 한다.

② 신뢰도

이는 수행하는 검사가 얼마나 신빙성이 있는가에 대한 정도를 말한다. 한 검사를 반복해서 실시해도 같은(혹은 거의 비슷한) 결과가 나올 수 있는 검사가 신뢰도가 높은 검사로 측정할 때마다 다른 결과를 얻는다면 신뢰도는 낮은 것이 된다. 따라서 좋은 평가가 되기 위해서는 신뢰도가 높은 것이라야만 한다.

③ 객관도

객관도란 한 검사로 측정한 결과가 검사자 간에 어느 정도 일치하는가의 정도이다. 예를 들어 동일한 검사에서 한 검사자는 75점을, 다른 검사자는 95으로 채점되었다면 이는 객관도가 낮은 것이 된다. 이런 측면에서 객관도를 "검사자들 간의 신뢰도"라고도 할 수 있다.

④ 실용도

타당도와 신뢰도가 아무리 높다하더라도 실시절차가 지나치게 복잡하고 측정과 평가를 실시하는데 너무 많은 시간과 노력이 요구된다면 그 측정과 결과는 실제적으로 쓸모가 적게 된다. 즉 실용도란 “실제 활동의 간편성에 대한 정도”를 말한다.

⑤ 난이도

난이도는 “문제의 어려운 정도”라 하겠다. 즉 문제를 해결할 수 있는 학생의 비율로 문제가 지나치게 어렵거나 쉽다면 적절한 평가를 수행하기가 어려워지게 되므로 평가하는 집단의 수준과 사용하는 문제의 어려운 정도를 적절하게 맞추어야 할 것이다.

4) 체육 측정 평가의 실제

체육의 측정 평가는 측정을 통해 획득되는 자료를 이용해 적절한 평가를 수행하는 것으로 체력진단테스트, 운동능력테스트, 운동기능테스트, 운동소질테스트, 필기테스트, 관찰과 면접 등의 방법을 통해 이루어진다.

(1) 신체의 형태적 측정

신체의 형태적 측정이란 신체 각 부분의 크기 및 용적을 측정하는 신체의 계측을 말함. 형태적 측정에 의해 얻어진 지수는 간접적으로 체력을 표시하는 지표가 되며 지수 산출의 기초가 된다.

① 비 몸무게

비 몸무게는 몸무게를 키로 나누어 100을 곱한 값으로 Quetelet 지수라고도 한다. 키 몸무게비, 상대적 몸무게 등으로도 불려 지며 키가 비슷한 사람끼리 비교할 때 비 몸무게가 큰 사람이 근육이 많고 구간근육의 발육이 양호함을 나타낸다.

비체중 =체중(kg) × (100÷신장[cm])

② 비 가슴둘레

비 가슴둘레는 가슴둘레를 키로 나누어 100을 곱한 값이다. 체격충실지수 혹은 영양지수의 일종으로 볼 수 있다. 키가 같은 사람에 대한 지수라 할 수 있어 비 가슴둘레로써 직접 체격을 평가하는 것은 부적당하며 키별로 비교하는 것이 바람직하다.

비흉위 = 흉위(cm) × (100÷신장[cm])

③ 비 앉은키

앉은키를 키로 나누어 100을 곱한 값으로 키에 대한 앉은키의 비로서 상체의 발육상태를 나타내는 값이다. 유아나 아동에서 비 앉은키 값이 크다는 것은 출생 후의 머리길이나 몸통길이의 발육이 상대적으로 적고, 다리길이의 발육이 가장 늦게까지 계속되기 때문이다. 인종간에도 다르게 나타나는 것으로 보고된다.

비좌고 = 좌고(cm) × (100÷신장[cm])

④ Rohrer 신체충실지수

신체충실지수는 몸무게를 키의 3승으로 나누어 10^7을 곱한 값으로 키를 한 변으로 한 입방체에 대한 몸무게의 비로 나타내므로 밀도 혹은 비중의 개념과 유사한 것으로 해석된다. 골격, 근육, 내장 제기관, 조직 등의 발육 상태를 나타내고 영양 상태를 나타내는 척도로 이용된다.

신체충실지수 = (체중[kg] ÷신장^3[cm]) × 107

⑤ Kaup 혹은 Quetelet 체력지수

Kaup 지수 = 체중(kg) × (10^3÷신장^2[cm])

⑦ 체질량지수(body mass index: BMI)

널리 사용되고 있는 비만 판정방법으로 비만과 높은 상관성을 보인다. 몸무게를 키의 제곱으로 나눈 값으로 산출된다.

$$체질량지수 = (몸무게[kg] \div 키^2[m])$$

(2) 신체의 계측

① 키(cm)

신장은 직립한 상태로 마루에서 머리끝까지의 수직 최대 길이이며 생리적 발육 과정을 표시하는 중요한 척도가 된다. 신장이 크다는 것은 근이 길다는 것을 의미하기도 하며, 근이 길다는 것은 근수축력이 강할 수 있다는 것을 내포하므로 탄력을 요구하는 운동에 유리하다.

② 몸무게(kg)

체중은 인체 발육과 충실도를 표시한다. 일반적으로 체중이 적은 사람은 질병이 없다고 하더라도 피하지방 조직이 빈약하고 질병에 대한 저항력이 약하게 나타난다.

③ 가슴둘레(cm)

흉곽에는 심장과 폐 등 중요한 기관이 들어 있으므로 가슴둘레의 크고 작음은 기관의 크고 작음 및 그 기능과도 밀접한 관계를 갖는다. 따라서 가슴둘레는 호흡기능과 순환기능에 대한 간접적인 지표로 사용되기도 한다.

④ 앉은키(cm)

앉은키란 걸터앉은 자세에서 두상부까지의 수직 최대 길이 값을 의미하는 것으로 흔히 몸통의 길이로도 표현한다. 몸통은 인체 에너지 공급의 원동력인 내장 제기관을 안에 넣고 있으므로 생리적으로 중요한 의미를 갖는다.

(3) 자세검사

자세는 인간의 의지, 건강, 지성을 표현하며, 미적 균형과 조화를 이룬 상태뿐 아니라 심신의 능률적 표현으로서 중요한 의미를 갖는다. 좋은 자세란 역학적으로 안정되어 있어야 하고 근에 가해지는 부담이 적어야 하며, 내장 제기관의 기능을 방해하지 않으면서 아름다워야 한다고 되어있다.

(4) 체형(bodytype)

체형이란 개체의 체질이 어떠한 단계에 있는지를 나타내줄 수 있는 외적 발현이며 그 단계에서의 "형태의 유형"을 의미하는 것이다. 외적 형태는 내적으로는 여러 소질 및 기질과 깊은 관계가 있으며 이러한 외면적 형태를 유형으로 나눔으로써 건강, 면역성, 운동능력, 성격과의 관계를 알아낼 수 있게 한다. 체형은 일반적으로 세장형, 투사형, 그리고 비만형으로 구분된다. 세장형은 몸무게, 가슴둘레, 허리둘레, 배(복부)둘레, 전완둘레, 허벅지둘레 등 모든 둘레가 작으며 예민한 성격과 허약한 체질을 지닌다. 이에 반해 투사형은 키, 어깨폭, 하지 등의 길이가 크고 길며, 경기형, 운동선수형을 보인다. 비만형의 경우는 몸무게, 가슴둘레, 배둘레 등이 크다는 특징을 나타내며 일반적으로 운동능력이 부족한 특징을 나타낸다.

(5) 체력 진단 테스트

인간의 체력 측정 평가를 위해 운동의 기초적 요인으로 작용하는 민첩성, 순발력, 근력, 지구력, 및 유연성 등을 측정하는 것이다.

① 민첩성
목적에 대응해 신속하고 재빠르게 신체를 사용하는 능력으로 신경 및 감각기능과 근 기능의 우열에 관계된다. 측정을 위해 반복옆뛰기, 크리스 크로우스, 지그재그달리기, 왕복달리기, 버피테스트 등이 사용되고 있다.

② 순발력
근 파워를 나타내며 근수축 속도와 밀접한 관련을 맺는다. 수직뛰기, 제자리멀리뛰기, 핸드볼공 던지기, 50미터 달리기 등이 사용되고 있다.

③ 근력

근의 기능을 말하며 근 섬유 수축력의 총화라 할 수 있다. 측정을 위해 배근력, 악력, 각근력 등이 사용되고 있다.

④ 지구력

단시간에 긴장된 노력을 유지하거나 적당한 노력을 장시간 계속할 수 있는 능력으로 주로 심폐의 기능과 연관되어 있으며 내장 제기관과 근기능에 많이 좌우된다. 하버드 스텝테스트, 맥클로이테스트, 오래달리기 등이 사용되고 있다.

⑤ 유연성

관절의 가동성 범위를 나타내는 것으로 관절을 움직이는 근력에 많이 좌우되는 것으로 나타난다. 엎드려 윗몸 젖히기, 윗몸 앞으로 굽히기, sit-and-reach 테스트 등이 사용되고 있다.

(6) 운동 능력 테스트

운동 능력이라 함은 모든 운동수행에서 요구되는 기본적인 운동을 말하는 일반운동능력과 특정 운동에서만 필요로 하는 특수 운동능력을 모두 포함한다. 이와 같은 두 가지의 다른 운동 능력은 대부분의 스포츠 종목을 수행할 때 동시에 요구되는 특징을 보인다. 예를 들어 축구를 할 때는 일반 운동 능력뿐 아니라 특수 운동 능력이 함께 요구된다. 인간의 운동을 세밀히 분석하면 셀 수 없을 만큼 많고 복잡하며 이러한 모든 운동을 모두 측정해내는 것은 매우 어려운 것이다. 이러한 이유로 대부분의 경우 주력(달리기 능력), 도약력(뛰기 능력), 투척력(던지는 능력) 및 현수력(매달리거나 회전하는 능력)등 대표되는 동작 및 자세를 통해 측정해낼 수밖에 없게 된다. 운동능력테스트 방법으로는 100m 달리기, 도움닫기 후 멀리뛰기, 던지기, 매달리기 등이 사용되고 있으며 중고등학교에서 체력장 종목으로 사용하고 있는 운동의 형태도 이에 포함시킬 수 있을 것이다.

(7) 일반 운동 소질 테스트

인간은 선천적으로 운동을 할 수 있는 자질을 갖추고 있는데 사람에 따라 그 자질이 다르게 나타나기도 하며 지닌 자질의 정도도 다른 것이 일반적이다. 이와 같이 인간이 지닌 운동의 자질을 소질이라 하며 이러한 운동의 소질을 측정해내는 방법에도 많은 다른 방법이 사용되고 있다. 가장 대표적인 방법으로 맥크로이 박사 고안한 Iowa Brace Test 방법이 있는데 이 방법은 총 40개 종목의 스턴츠(stunt) 중 21개 종목(표 5-17)을 선정해 각 급 학교별로 10개 종목씩으로 된 6개의 복합 검사로 구성되어 있다. 실시 방법을 살펴보면 5개 종목을 먼저 검사한 후 휴식 후 나머지 5개 종목을 검사하도록 규제해 총 10개 종목에서 20점 만점으로 최고 득점을 얻게 된다. 또한 각 종목을 2회씩 실시해 첫 번째 시도에서 합격을 하면 2점, 두 번째 시도에서 합격을 하면 1점, 두 시도 모두 실패하면 0점을 득점할 수 있는 채점법을 채택하였다.

표 5-17. 맥크로이의 일반 운동소질 테스트 방법

순 서	검 사 방 법	순 서	검 사 방 법
제1테스트	한발로 서서 마루에 머리대기	제12테스트	무릎 굽히고 팔 휘돌리기
제2테스트	손짚고 옆으로 눕기	제13테스트	한 바퀴 휘돌리기
제3테스트	손 돌려 잡기	제14테스트	팔 굽혀 펴기
제4테스트	한쪽 무릎 밸런스	제15테스트	옆으로 차기
제5테스트	눈 감고 한 발로 서기	제16테스트	무릎 세웠다가 뛰어서 서기
제6테스트	공중에서 발 부딪히기	제17테스트	러시아 댄스
제7테스트	다리 엇걸어 앉기	제18테스트	한 바퀴 휘돌리기
제8테스트	한 바퀴 휘돌리기	제19테스트	팽이 돌리기
제9테스트	한쪽 무릎 대고 머리대기	제20테스트	한 무릎 굽혀 균형 잡기
제10테스트	한 발로 뒤로 뜀뛰기	제21테스트	다리 뛰어 넘기
제11테스트	차올리기		

(8) 시험문제의 출제 방식과 장단점

① 진위형 문항

한 진술의 진위(眞僞)를 “맞다” 혹은 “틀리다”로 답하게 하는 형식으로 문항 작성이 쉽고 단순한 사실적 지식을 다룰 수 있으며 짧은 시간에 광범위한 내용을 다룰 수 있는 장점이 있으나 정확한 확신 없이 짐작으로 답을 선택할 수 있고 고차원적인 지식을 묻기 어렵다는 단점도 있다.

② 선택형 문항

문제에 따라 3~5개의 보기 중 요구하는 정답 하나를 가려내도록 하는 방법이다. 문항 구성을 충실히 할 경우 이해력, 문제 해결력 등의 고차원적인 능력을 측정할 수 있다는 점과 채점이 객관적이며 통계적 분석이 수월한 장점이 있다. 반면에 표현력, 자료 조직력, 작문력 등을 다루기 어려우며 문항 작성에 많은 시간과 노력이 요구되며 단순 암기력의 평가에 그칠 수 있는 단점도 있다.

③ 배합형 문항

몇 가지 전제와 몇 개의 답지를 주고 일정한 관계에 따라 이 전제와 답지를 결합시키는 형식의 문항 출제 방식이다. 문항에 따라 사실적 지식 외에도 고등 사고 능력을 다룰 수 있으며 기본 용어의 정의와 중요사건 혹은 인물과 시대 등을 관련시키는 문항 출제에 유리하다.

④ 단답형 문항

간단한 기호나 숫자 등 제한된 형태로 답을 써 넣는 문항출제 방식으로 추측에 의한 답을 제시할 가능성이 적고 질문의 내용이 분명해 답을 찾는데 큰 혼란을 야기하지 않는다는 장점이 있는 반변 정답을 생각하는데 많은 시간이 소요될 수 있고 사실적 기억 이상의 능력의 평가를 위해 사용하기 힘들다는 단점도 있다.

⑤ 완성형 문항

자료로 주어진 진술문이나 도표의 일부를 지정해 거기에 들어갈 적당한 기호를 적어 넣게 하는 형식의 문항 출제방식이다. 채점이 간편하고 채점 시 객관성이 유지될 수 있다는 장점이 있으며 진술문에 대한 서술시 언어적 표현으로만 답지를 채울 수 있는 단점도 지니고 있다.

⑥ 논술형 문항

어떤 질문이나 지시에 따라 학생들이 자유로이 내용을 구성해 서술하도록 요구하는 방식의 문항 출제 방식이다. 질문의 내용에 반응할 수 있는 폭에 제한이 적으며 관계를 비교, 요약, 분석하는 능력 등 고차원적 정신 기능을 평가하는데도 적합하다. 이에 반해 채점의 객관성과 신뢰성이 낮고 문항 수가 제한되어 있어 전체적인 내용을 다루기 어려우며 채점시 많은 노력과 시간이 소요될 수 있다는 단점도 있다.

(9) 평가 표시 방법

채점을 통해 얻은 점수를 원점수라 한다. 일반적으로 이러한 원점수는 100점 만점으로 표시되며 각각의 원점수들을 일정한 통계적 방법에 따라 평균하거나 비교할 수 있도록 환산을 해 사용한다.

① 백분위 점수(percentile)

한 점수가 전체 집단에서 서열상 맨 아래에서 몇 %째에 해당하는 것인가를 나타내는 등위점수임. 계산방법은 전체 인원을 점수 순위로 배열한 다음, 일정한 점수 이하에 오는 인원의 전체 인원수에 대한 비를 내어 100을 곱하면 된다. 예를 들어, 전체 인원이 100명인 경우 35점 이하의 원점수가 40명이라면, 35점에 대한 백분위점수는 (40 ÷ 100) × 100 = 40이 되어 40퍼센타일이 된다.

② Z 점수와 T 점수

이들 표준 점수는 정상 분포 곡선의 성질에 입각해 각 집단의 평균치를 기준점으로 삼고 표준 편차를 점수의 단위로 하는 점수이다. 계산 공식은 어떤 개인의 점수(X)와 그 집단의 평균 점수(M)의 차(X-M)를 그 집단의 표준편차로 나눈 값으로 Z = (X-M) ÷ SD (X: 원점수, M: 평균치, SD: 표준편차)와 같이 나타낼 수 있다. T점수는 Z점수에 10을 곱한 후 50을 더해 계산할 수 있다. 이와 같은 Z점수와 T점수는 의미 있는 기준점을 제공해주며 동간성이 유지될 수 있고 집단 내 상대적 위치를 정확히 표시해 주며 다른 검사에서 나온 점수와 비교하거나 평균을 낼 수 있게 해준다는 장점을 지니고 있어 가장 많이 이용되는 방법이다. 표준 점수를 해석함에서 있어 정상분포곡선의 성질에 따라 첫 번째, 평균을 중심으로 ±1SD 사이에 전체 사례의 약 68%, ±2SD 사이에 약 95%, ±3SD 사이에 약 99%가 있는 경우, 두 번째 Z점수가 ±1Z 사이에 전체 사례의 약 68%, ±2Z 사이에 약 95%, ±3Z 사이에 약 99%가 분포되어 있는 경우, 세 번째 T점수가 40~60 사이에 약 68%가, 30~70 사이에 약 95%가, 20~80 사이에 약 99의 사례가 있다고 본다.

8. 운동처방학의 이해

사회적으로 안정되고 경제적으로 풍요로운 사회에 사는 현대인들에게 가장 큰 관심은 건강이다. 기본적으로 건강한 상태에서 자신이 원하는 행복을 추구할 수 있으며 꿈과 이상을 실현할 수 있기 때문이다. 이러한 건강은 신체적, 정신적, 사회적으로 안녕한 상태이며 단순히 질병이 없는 상태만을 의미하지 않는다. 따라서 자신이 건강하다는 것은 개인적으로 갖고 있는 욕구에 대해 지극히 주관적으로 느끼는 만족감이 높다는 것을 의미한다.

일반적으로 사람들은 오래 살기 원하며, 사회적으로도 구성원들의 생존기간이 길다는 것에 대해 커다란 가치를 부여하여 왔다. 이러한 의미에서 각 국가에서는 자국민들의 평균수명을 매년 조사하여 발표하고 있으며, 연령별로 향후 생존 가능할 것으로 기대되는 수명을 일목요연하게 제시하고 있다. 2007년 통계청에서 발표된 자료에 따르면 2006년에 태어난 신생아들의 기대수명은 남자가 75.7세, 여자는 82.4세이며, 전체적으로 평균수명은 79.1세라고 하였다(통계청, 2007). OECD 국가의 평균수명이 78.9세인 점을 감안할 때 우리나라의 사람들의 평균수명이 다른 선진국가에 비해 더 길다고 할 수 있으며, 장수하는 국민대열에 포함된 것으로 볼 수 있다.

그러나, 평균수명은 생물학적으로 생존하고 있는 기간만을 의미하기 때문에 그 기간 동안 삶의 질이 어떠하였는지는 알 수 없다. 건강하게 살았다면 더할 나위 없이 바람직하겠지만 생존기간 동안 많은 시간을 질병과 싸우면서 보냈다면 그 사람의 삶이 윤택하였다고 말하기 어렵다. 따라서 삶의 질을 결정하는데 중요하게 고려되는 것이 건강수명(disability-adjusted life expectancy)이다. 건강수명은 평균수명에서 질병을 앓고 있었던 기간을 제외한 기간으로 정의되며 단순하게 수명을 연장시키는 것보다 건강수명을 늘리는 것이 삶의 질을 향상시킨다는 측면에서 의미가 크다. 결국 현대인들이 추구하는 삶은 건강수명을 최대로 늘려서 자신이 추구하는 이상과 꿈을 실현하고자 하는 것이라고 말할 수 있다.

따라서 건강수명을 향상시키기 위하여 사람들은 개인적으로 건전한 생활습관을 추구하고 있는데, 여기에는 규칙적인 운동과 균형 있는 영양섭취, 적당한 스트레스 관리, 건강한 생활환경 조성 그리고 질적으로 우수한 의료서비스를 이용한 건강관리 등이 포함된다. 사회적으로도 구성원들에게 체계적인 건강관리 시스템을 개발하여 제공하고 있는데 여기에 포함되는 것이 건강관리에 대한 교육과 홍보, 양질의 의료서비스 제공, 전문적인 건강관리 요원의 양성 등이 포함된다.

운동처방학은 개인적 요구와 사회적 요구를 모두 고려하여 개발된 짧은 역사의 응용학문이다. 결국 운동처방학이 태동하게 된 배경은 개인적인 차원에서 건강수명을 늘리기 위한 욕구가 폭발적으로 증가하여 운동과 신체활동에 대한 다양하고 체계적인 지식을 원하였기 때문이다. 효율적으로 건강과 신체기능을 증진시킬 수 있는 운동방법을 찾아 직접 실행하고자 한 것이다. 이에 따라 사회적·과학적으로 신체기능을 증진시키고 질병을 예방하는데 유익한 운동과 프로그램을 개발하여야 했으며 이를 책임지고 수행할 수 있는 전문인력이 필요하게 되었다.

따라서 학문적 의미에서 운동처방학은 삶의 질을 개선하고 건강수명을 연장하는 것을 추구하며 개인의 이상과 꿈을 실현하는데 기여할 수 있도록 신체적인 기능과 능력을 과학적으로 발달시키고자하는 실천적인 학문이라 할 수 있다(ACSM, 2006).

1) 운동처방의 구성 및 절차

운동처방은 고객의 건강과 신체능력을 진단한 후 건강 증진에 가장 합당한 운동 프로그램을 제작하여 처방한다. 운동처방이 시행되는 절차는 기관마다 약간씩 차이가 있을 수 있으나 기본적으로 다음과 같은 절차에 따라 진행된다.

- 운동처방을 위한 동의서 작성 : 운동처방 절차와 위험성을 이해하고 동의함으로서 운동처방이 시작된다.
- 문진검사 : 자신의 과거병력과 현재병력, 가족병력, 식생활습관 등을 조사하여 심혈관질환을 포함한 신체질환의 발생 가능성과 잠재된 질환의 위험성을 평가한다. 위험성이 높은 환자는 이학적 검사를 통하여 실제로 질병이 발병하였는지 확인한다.
- 안정시 이학적 검사 : 체격측정, 혈압측정, 혈액검사, 소변검사, 흉부 x-ray 검사, 폐기능검사, 심전도 검사, 골밀도검사, 비만도 검사 등과 같이 일반적인 건강상태를 파악하기 위하여 이학적 검사를 한다. 문진검사와 이학적 검사를 통하여 새롭게 확인된 질병이 있는지 조사하고, 안전한 운동검사의 가능 여부를 판단한다.
- 운동검사 : 운동부하검사를 통하여 전체적인 심폐능력을 진단하고 잠재된 심혈관질환의 위험성을 진단한다. 근력, 유연성, 민첩성, 순발력, 반응시간검사 등을 이용하여 근골격계의 기능을 평가하며 잠재적인 질환과 기능 이상여부를 진단한다.
- 운동프로그램 처방 : 개별화된 프로그램을 구성하여 환자에게 처방하며, 고객은 이 프로그램에 따라 운동과 훈련을 실시한다. 운동프로그램은 심혈관질환의 예방과 치료를 위한 프로그램을 포함하여 고혈압, 비만, 당뇨, 고지혈증, 근골격계질환 등 목적에 따라 다양한 프로그램이 처방될 수 있다.
- 재처방 : 처방된 운동프로그램을 성공적으로 수행하였거나 내외적 환경이 변하였을 때 다시 방문하여 새로운 처방을 받는다. 운동처방의 되먹임과정은 매우 효과적인 건강행위로서 고객이 평생건강을 지키는데 가장 효율적인 방법이 된다.

2) 동의서와 문진 검사

(1) 동의서(Informed Consent)

과거에는 운동 검사의 위험성과 법적인 문제 때문에 동의서(informed consent)를 작성하게 하였으나, 현재는 앞서 설명된 이유뿐만 아니라 운동 검사의 절차 안내, 위험도 인지 및 동의, 기타 검진과 관련된 제반 사항을 설명하고 이해시키는 차원에서 동의서를 작성한다.

운동처방 과정에는 여러 가지 잠재적인 위험과 사고 발생 가능성이 있다는 점을 알고 있어야 하며, 고객의 불만족이나 상해 또는 사고가 발생하였을 때 법적인 소송에 대비하여 동의서를 작성한다.

동의서는 고객이 직접 서명하여야 한다. 또한 건강 진단과 운동시 발생할 수 있는 여러 가지 위험성이 설명되어 있어야 하며 고객은 이것을 감수하면서 건강진단과 운동에 참여하겠다고 서명으로 동의하여야 한다.

그러나 고객이 동의서에 서명 한 것만으로 책임을 다했다고 생각해서는 안 된다. 건강 검진과 운동에 따른 위험성을 항상 인식하고 예방하려는 자세를 갖고 있어야 한다. 응급상황에 대비할 수 있도록 심폐소생술을 포함한 필수적인 능력과 자격을 갖추어야 하며 실제 검사과정에서는 장비, 기구, 시설을 완벽하게 구비하고 자격 갖춘 전문인을 항상 대기토록 하여야 한다. 또한 응급사고 발생시 가장 먼저 취해야할 도움 요청이나 환자 관리 절차를 누구나 쉽게 볼 수 있도록 게시하여야 하며, 가까운 병원 응급실, 내과 의사 및 약국의 연락처를 비치하고 있어야 한다. 고객이 서명한 동의서는 이러한 절차가 갖추어졌을 때 비로소 운동처방사의 책임을 면제해 줄 수 있다(고성경, 2001).

(2) 문진검사

의학적 문진은 고객이 기술한 자료를 근거로 건강도를 평가하기 위한 것이다. 의학적 문진은 고객의 건강 상태를 사전에 파악할 수 있다는 측면에서 신체검사의 안전성을 높일 수 있다. 또한 나이, 성별, 병력을 통해 건강도를 사전에 평가하므로 경제적으로 건강 상태를 진단할 수 있다.

의학적 문진과 이학적 검사의 가장 큰 목적은 고객이 갖고 있는 관상동맥질환에 대한 발병 위험도를 평가하는 것이다. 문진과 이학적 검사에서 얻은 자료는 관상동맥질환의 유무와 향후 발생 가능성을 진단하는데 사용되며, 운동검사시 안전성을 높이는 데에도 활용된다.

병력(medical history) 검사에서는 개인과 가족이 과거에 겪었던 관상동맥질환이나 이 병을 유발할 수 있는 직접적인 위험 요소를 조사한다. 심장병, 고혈압, 당뇨병, 고지혈증, 기타 심혈관 계통의 질환이 주요 조사 대상이 된다. 또한 현재 복용하고 있는 약물이나 치료 중인 질환을 포함하여 의학적인 문제나 신체적인 장애에 대해서도 조사한다.

3) 안정시 이학적 검사

(1) 혈액 검사

혈액은 산소와 영양 물질을 조직에 공급하고 이산화탄소와 노폐물을 제거하며 신진대사, 체온과 삼투압, 산－염기의 상태가 항상 일정하게 유지될 수 있도록 물리적으로 조절할 뿐만 아니라 감염 및 출혈을 방지하는 신체 방어의 기능을 담당한다.

혈액의 세포 성분은 백혈구, 적혈구, 혈소판이며, 액체 성분에는 단백질, 지질, 무기물 등이 포함된다. 연령, 성, 감염, 질환 및 몸의 현재 상태와 관련되어 혈중 특정 물질의 농도가 변함으로 이를 근거로 진단과 치료를 한다. 또한 운동과 신체적 훈련에 의해서도 혈액 성분은 변화하므로 생리적 적응 상태를 파악하는 데에도 이용할 수 있다.

표 5-18. 혈액 검사 항목별 정상 범위

항 목	정상 범위	항 목	정상 범위
백혈구 ($10^3/mm^3$)	4.5－13.5	빌리루빈 (mg/dℓ)	0.2－1.0
적혈구 ($10^6/mm^3$)	4.5－ 5.3	크레아티닌 (mg/dℓ)	0.5－1.0
혈 색 소 (g/dℓ)	13.0－16.0	요 산 (mg/dℓ)	4.5－8.2
적혈구 용적비 (%)	37.0－49.0	혈 당 (mg/dℓ)	60－100
총 단백질 (g/dℓ)	6.2－8.0	칼 슘 (mg/dℓ)	8.8－10.8
알 부 민 (g/dℓ)	3.5－5.0	무 기 인 (mg/dℓ)	4.5－ 6.5
총 콜레스테롤 (mg/dℓ)	120－210	SGOT (IU/ℓ)	8.0－20.0
중 성 지 방 (mg/dℓ)	36－138	SGPT (IU/ℓ)	8.0－20.0
HDL－C (mg/dℓ)	30－ 65	알칼리성 인산합성 효소 (IU/ℓ)	20－150
LDL－C (mg/dℓ)	60－140		

(2) 폐기능 검사

폐용적(lung volume) 검사에서는 1회 호흡량(tidal volume; TV), 흡기예비량(inspiratory reserve volume; IRV), 호기예비량(expiratory reserve volume; ERV) 그리고 잔기량(residual volume; RV)을 측정한다. 또한 폐용량(lung capacity) 검사에서는 IRV와 TV를 합한 흡기용량(inspiratory capacity; IC)과 ERV와 RV를 합한 기능적 잔기용량(functional residual capacity; FRC), 모든 폐용적의 합인 총폐용량 그리고 총폐용량에서 잔기량을 제외한 폐활량(vital capacity; VC)을 측정한다.

노력성 폐활량(forced vital capacity; FVC)은 정상적인 호흡 중에 최대로 들이마신 다음 가장 빠르고 완전하게 폐에 있는 공기를 내쉬었을 때 0.5, 1, 3초에 내쉰 공기량을 측정하여 FEV0.5, FEV1.0, FEV3.0으로 나타낸다. 정상인의 FEV1.0이 폐활량의 80% 이상이 되면 일반적으로 폐기능이 정상이라고 판단한다.

최대로 공기를 내쉴 때 허파에서 공기가 빠져 나오는 속도를 호기유속이라 하는데, 호기유속은 최대 호기유속과 폐활량의 25%, 50%, 75%(MEF25%, MEF50%, MEF75%)를 내쉰 지점에서 평균 유속으로 나타낸다. 반대로 최대로

들이마시는 능력인 흡기유속은 최대 흡기 유속과 흡기 유속 중간값으로 나타낸다.

최대환기능력(maximum voluntary volume; MVV)은 1분 동안 최대로 호흡할 수 있는 공기량을 말하며, 일반적으로 12초 동안 실행한 값을 1분 값으로 환산하여 나타낸다.

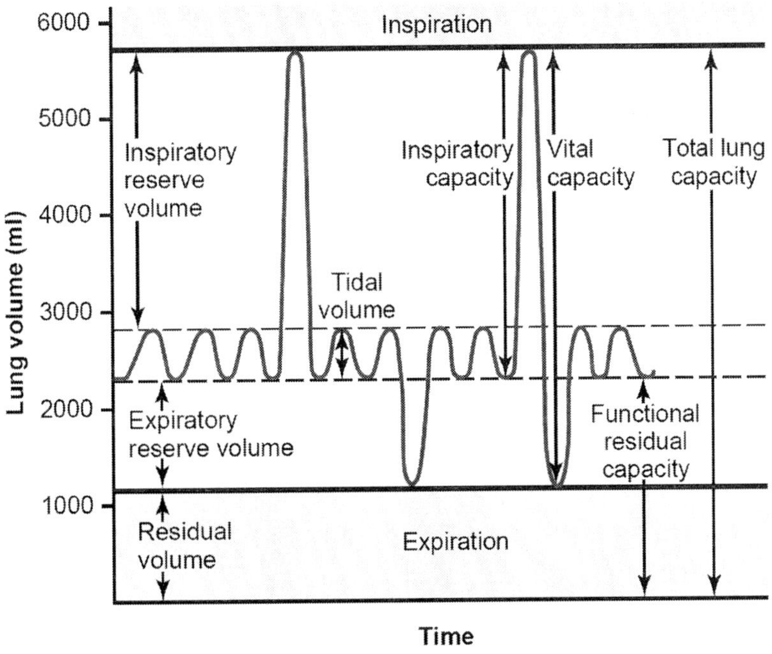

그림 5-13. 폐 용적과 폐 용량

(3) 비만도 검사

체지방율(%Fat)은 수중체중, 피부 두께, 생체저항, 신체질량지수(BMI), 허리둘레 측정 등 다양한 방법으로 측정된다.

피부 두께 측정법은 비교적 쉽게 측정할 수 있는 방법이다. 먼저 피부 두께 측정기(skin folds calliper)를 이용하여 피하지방의 두께를 측정한 후 신체밀도를 계산한다. 가장 일반적으로 활용되는 남여 신체밀도 추정식은 다음과 같다.

- 남자의 신체밀도=$1.1093800 - 0.0008267[X2] + 0.0000016[X2]^2 - 0.0002574[X3]$
- 여자의 신체밀도=$1.0994921 - 0.0009929[X4] + 0.0000023[X4]^2 - 0.0001392[X3]$

  [X2]=흉부, 복부, 대퇴 피부 두께의 합(mm)

  [X3]=나이(세)

  [X4]=상완, 장골상, 대퇴 피부 두께의 합(mm)

계산된 신체밀도를 다음 수식에 대입하면 체지방율을 계산할 수 있다.

- %Fat = (457 / 신체 밀도) − 414.2 (Brozek 등의 방법)
- %Fat = (495 / 신체 밀도) − 450 (Siri의 방법)

Quletelet 지수로도 불리는 신체 질량지수는 키(m)의 제곱에 대한 체중(kg)의 비율로서 나타낸다. 서태평양 아시아인의 기준이 서양인의 기준에 비해 다소 엄격하게 비만을 진단한다.

표 5-19. BMI의 진단 기준과 심혈관질환 발생 위험도

구분	서양인 BMI	아시아인 BMI	심혈관질환 위험도
저체중	$<18.5\ kg/m^2$	$<18.5\ kg/m^2$	심혈관질환 위험
정상	$18.5\text{-}24.9\ kg/m^2$	$18.5\text{-}22.9\ kg/m^2$	다른 질환이 없으면 보통
과체중	$25.0\text{-}29.9\ kg/m^2$	$23.0\text{-}24.9\ kg/m^2$	약간 증가
비만 Ⅰ	$30.0\text{-}34.9\ kg/m^2$	$25.0\text{-}30.0\ kg/m^2$	증가
비만 Ⅱ	$35.0\text{-}34.9\ kg/m^2$	$30.0\text{-}40.0\ kg/m^2$	고도 위험
비만 Ⅲ (극단적 비만)	$\geq 40.0\ kg/m^2$	$\geq 40.0\ kg/m^2$	매우 위험

(4) 심전도 검사

표준화된 방법으로 심전도를 기록할 때 용지는 1초 동안 25mm가 이동하도록 하며 1mV의 전압에 대하여 10mm가 기록되도록 조정한다. 심전도는 파형과 분절 그리고 간격으로 구분되는데 파형에는 순서대로 P, Q, R, S, T, U파가

있으며, 분절은 파형과 파형 사이의 틈으로서 PR분절, ST분절, TP분절이 있다. 그리고 간격은 파형과 분절을 동시에 포함하거나 두개 이상의 파형으로 이루어진 구간으로서 PR간격(PQ간격), QRS간격, QT간격, QU간격이 있다.

- P파 : SA node에서 시작된 흥분파가 심방을 탈분극시킬 때 나타나며 파의 지속시간은 약 0.08초이다.
- P-R 간격 : 흥분파가 방실결절(AV node)에 도달한 후 지체되는 시간으로 0.2초 보다 짧다.
- QRS군 : 방실결절에서 시작된 흥분파가 심실을 탈분극시킬 때 나타나며 약 0.08초이다.
- ST 분절 : 심실의 탈분극이 지속되는 시간으로 약 0.08초이다. J 점에서 0.06-0.08초 지난 지점의 높이가 기저선보다 4mm 이상 높으면 급성심근경색, 기저선보다 2mm 이상 낮으면 허혈성 심근증세로 진단한다.
- T파 : 심실이 재분극될 때 나타나며 약 0.16초이다.
- QT 간격 : 심실이 탈분극하여 재분극할 때까지의 시간으로 약 0.4초가 걸린다.
- U파 : T파 후에 나타나며 전해질 이상 등과 관련된다.

심전도를 기록하기 위해 피부에 전극을 부착하는 방법을 유도법이라고 한다. 유도법에는 표준사지 유도법(standard limb leads), 증폭사지 단극유도법(augmented limb unipolar leads), 그리고 흉부 단극유도법(precordial unipolar leads)이 있는데 통상적으로 표준사지 유도법과 증폭사지 단극유도법을 사지유도법(limb lead)이라고 하며, 흉부 단극유도법을 흉부유도법(chest leads)이라고 한다. 이 방법에 의해 심전도가 측정되면 12 종류의 심전도 그래프가 그려지므로 이를 표준 12유도법이라고 부른다.

표준사지 유도법은 신체 표면에서 특정한 두 지점의 전위 차이를 측정하는 것으로서 쌍극유도법(bipolar leads)이라고도 하며 유도 Ⅰ, 유도 Ⅱ, 유도 Ⅲ과 같은 방법이 있다.

- 유도 Ⅰ : 좌측 팔(+)과 우측 팔(−) 사이의 전위 차이
- 유도 Ⅱ : 우측 팔(−)과 좌측 다리(+) 사이의 전위 차이
- 유도 Ⅲ : 좌측 팔(−)과 좌측 다리(+) 사이의 전위 차이

  * 우측 다리에 부착하는 전극은 접지용으로 부착된 것임.

증폭사지 단극유도법은 이론적으로 전압이 0인 기준전극에 대해 특정 부위가 나타내는 전위를 기록하는 것이다. 이때 기준 전극는 Einthoven 삼각형의 꼭지점에서 측정지점을 제외한 나머지 두 지점의 전압을 합친 것을 말한다. 증폭사지 단극유도법에는 aVR, aVL, aVF가 있다.

- aVR: 우측 팔과 기준전극 사이의 전위 차이
- aVL: 좌측 팔과 기준전극 사이의 전위 차이
- aVF: 좌측 다리와 기준전극 사이의 전위 차이

흉부 단극유도법은 흉벽의 여러 부위와 기준전극과의 전압차를 측정하는 것으로서 가슴에 부착하는 전극의 위치에 따라 V1-V6로 나누어진다. 가슴에 부착하는 전극의 위치는 다음과 같다.

- V1유도 : 흉골의 우측단(right of sternum)과 제4늑간이 만나는 지점
- V2유도 : 흉골의 좌측단(left of sternum)과 제4늑간이 만나는 지점
- V3유도 : V2와 V4의 중간지점
- V4유도 : 좌쇄골 중앙선(midclavicualr line)과 제5늑간이 만나는 지점
- V5유도 : V4와 V6의 중간지점, 전액와선(anterior axillary line)과 제5늑간이 만나는 지점
- V6유도 : 좌중액와선(middle axillary line)과 제5늑간이 만나는 지점

안정시 측정된 심전도는 심박수(rate), 리듬(rhythm), 차단(block), 축(axis), 비대(hypertrophy), 경색(infarction)과 같은 순서로 진단한다.

안정시에 비해 운동시 측정된 심박수가 빠르기 때문에 심전도의 간격이 좁아 진단하기가 쉽지 않다. 따라서 반복된 연습을 통하여 이상 증세를 즉시 진

단할 수 있도록 해야 한다. 운동처방사는 심전도의 해석 능력과 심폐소생술의 자격과 실행능력을 필수적으로 갖추고 있어야 한다.

4) 운동검사

(1) 운동부하 검사(Grade Exercise Stress Test)

운동부하 검사는 심폐적성을 검사하기 위한 것이다. 심폐적성 즉, 유산소성 운동 능력은 직접 또는 간접적으로 측정된 최대산소소비량을 통해 평가되는데 실내에서는 트레드밀과 고정식 자전거를 이용하며 실외에서는 12분 걷기/달리기, 1.5mile 달리기 등의 방법이 이용된다. 우리나라의 경우 청소년의 유산소성 운동 능력은 1,000m 또는 1,200m 달리기 기록을 이용하여 검사한다.

운동부하 검사는 고객의 신체 능력을 기능적으로 평가하는 것이며, 운동과 건강관리에 대한 동기 부여 및 차후 비교 자료로 활용할 수 있다. 또한 안전한 운동처방 프로그램을 작성할 때 기초 자료로 활용되며, 잠재적으로 고객이 갖고 있는 심장병을 진단하는 수단이 된다. 따라서 검사 도중이나 검사 후의 결과가 의심스럽다면 운동 처방사는 내과의사와 상의하여야 한다.

운동부하 검사에서 이용되는 운동의 형태는 대근이 활용되는 운동이어야 한다. 운동시 검사항목은 측정이 가능하고 다른 자료와 비교가 가능해야 하며 반복된 측정에서도 동일한 결과가 나올 수 있어야 한다. 운동 부하는 단계별로 조절할 수 있어야 하며 각 단계에서 최소 1-5분 동안 지속되어야 한다. 또한 운동 전, 운동 도중, 그리고 운동 후에 심박수, 혈압, 심전도가 주기적으로 측정되어야 한다(고성경 2001).

남자의 연령이 45세, 여자의 연령이 55세 미만일 경우, 과거 및 현재 심혈관 질환이 없다면 운동부하 검사에 따른 위험성은 없다, 그러나 다음과 같은 질환이나 증세가 있다면 경우에 따라 운동검사를 시행하면 안 되는 경우, 상대적으로 제한하는 경우, 그리고 각별한 주의가 요망되는 경우로 분류할 수 있다.

표 5-20. 운동 금기 사항(ACSM, 2006)

절대적인 운동 금기 증세	
- 급성 심근 경색증 : 유사한 증상을 암시하는 심전도의 의미 있는 변화, 최근 2일 이내의 MI 또는 심장발작이 있었던 환자 - 혈류역학적 증세 또는 손상을 야기하는 조절되지 않는 부정맥 환자 - 조절되지 않는 심부전증	- 불안정한 협심증 환자 - 심각한 대동맥 협착증 - 급성 폐색전증, 폐경색 - 박리성 동맥류 의심이 진단된 환자 - 기타 : 명백한 순환성 장애, 혈전성 정맥염, 발작성 심실 빈맥, 급성 심근염 또는 심외막염, 급성 감염 환자
상대적인 운동 금기 증세	
- 좌측 주요관상동맥 협착증 환자 - 혈중 전해질 이상자 - 빈맥성 부정맥, 서맥성 부정맥 - 운동으로 증세가 악화되는 증상이 있는 환자 - 고도의 AV block 환자 - 만성 감염성 질환 : 단핵구증, 간염, AIDS	- 중등도 심장 판막 협착증 환자 - 안정시 SBP>200mmHg and/or DBP>110mmHg - 비후성 심근증 - 신경근, 근골격, 류마티스 질환자 - 조절되지 않는 대사성 질환: 당뇨, 갑상선 기능항진, 점액수종 - 기타 : 습관성 심실 일소증, 임신 중독증
운동시 특별한 주의가 요구되는 증세	
- 전도장애 - 통제될 수 있는 부정맥 - 특정 약물복용 : Digitalis, β-Blocking Drugs - 협심증과 관상동맥 부전의 증세 - 심한 빈혈 - 신부전, 간부전	- Fixed Rate Pacemaker - 전해질 이상 - 심한 고혈압(DBP 110 이상) - 안면 청색증 - 비만증 - 치료를 요하는 정신질환 - 활동에 제약을 받는 신경근, 골격근, 관절 계통의 이상

일단 운동부하 검사가 시작되었다 하더라도 다음과 같은 증세가 발생하면 운동검사를 중단하여야 한다.

표 5-21. 운동부하 검사를 중단하여야할 사항(ACSM, 2006)

1. 피검사자가 운동 중단을 원할 때
2. 심전도 상의 이상 증후가 발견될 때
 - 진행성 협심증 또는 협심증과 유사한 증상
 - S-T 분절의 2mm이상 하강, 4mm이상 상승
 - 심실 빈맥, 부적절한 서맥 불규칙한 리듬
 - 심실 조기수축(premature ventricular contraction) 4가지
 - 운동강도를 증가시키는 데에도 불구하고 심박수가 상승하지 않거나 오히려 감소할 때
3. 혈압에서 이상 증후가 발견될 때
 - 운동강도가 증가할 때 SBP가 오히려 10mmHg 이상 하강할 때
 - SBP 250mmHg, DBP 115mmHg 초과 상승
4. 외견상 이상 증후가 발견될 때
 - 호흡곤란, 숨 가쁨, 하지 경련, 파행
 - 불충분한 관류 증세 : 두통, 혼미, 운동실조, 안면 창백 또는 청색, 구토, 차가운 피부
 - 신체적으로 극심한 피로, 피검자가 의사 표시
 - 검사 장비의 이상

운동부하 검사에서 트레드밀을 이용하면 속도와 경사도를 이용하여 운동 강도를 조절할 수 있으므로 다단계 검사가 가능하다. 또한 각 단계별로 운동 부하가 표준화되어 있기 때문에 개인별 운동 능력을 객관적으로 비교할 수 있으며, 시간에 따른 운동 능력의 변화와 위험도를 사전에 인지하여 쉽게 통제할 수 있다. 특히 이 방법은 고객에게 전문적인 기능을 발휘하도록 요구하지 않으면서도 측정과 처방이 용이하며, 대근을 이용한 운동이므로 잠재된 관상동맥질환의 위험성 진단에도 유용하게 활용할 수 있다. 그러나 완전한 시스템을 갖추기 위해서는 경제적으로 부담스럽다는 단점이 있다.

모든 트레드밀 운동부하 검사는 최대 운동부하 검사와 최대하 운동부하 검사로 나누어진다. 최대 운동부하 검사는 고객이 평소 훈련하던 것 보다 높은 수준에서 운동 부하의 크기가 결정된다. 최대 운동부하 검사의 장점은 잠재된 관상동맥질환 위험도를 정확히 진단할 수 있다는 점이다. 그러나 85% HRmax의 수준 이하에서 시행되는 최대하 운동 부하검사는 안전성이 높기 때문에 다수의 피검자를 검사할 때 바람직하다.

가장 잘 알려진 트레드밀 운동부하 검사 방법은 Bruce 프로토콜이다. Bruce 프로토콜은 매 3분마다 경사도와 속도를 변화시켜 운동 강도를 높이며 다른 방법에 비해 더 적극적인 신체 활동을 요구한다. 정상인은 VO_2max를 고려하여 판단할 때 3-4단계에 이르면 최대 운동에 도달하게 된다. Bruce 프로토콜을 이용하여 VO_2max를 측정할 때 10-20%의 오차가 발생되는데, 특히, 피검자가 트레드밀의 양쪽 난간을 붙잡고 운동하면 그 오차는 더욱 커진다.

표 5-22. 최대산소소비량 추정을 위한 수식(ACSM, 2006)

구분		$\dot{V}O_2max$(mℓ/kg/min) 추정식	비고
트레드밀 운동	Bruce P.	4.326T−4.66	(남) 2.94T+8.33 (여) 2.74T+8.05
	Balke P.	1.444T+14.99	
	Ellestad P.	3.933T+4.46	
자전거 에르고메타		일률(kg · m/min)/체중(kg)×2(mℓ/kg/m) +3.5(mℓ/kg/min)	· 300-1200(kg · m/min) 일률에 적용
팔 에르고메타		일률(kg · m/min)/체중(kg)×3(mℓ/kg/m) +3.5(mℓ/kg/min)	· 150-750(kg · m/min) 일률에 적용
걷기		속도(m/min)×0.1(mℓ/kg/min) +경사도×속도×1.8(mℓ/kg/min) +3.5(mℓ/kg/min)	· 50-100(m/min) 속도
달리기		속도(m/min)×0.2(mℓ/kg/min) +경사도×속도×1.8(mℓ/kg/min)×0.5 +3.5(mℓ/kg/min)	· >134(m/min) 속도 · 80-134(m/min) 조깅 속도에 적용 · 0% 트레드밀 경사도 운동에 적용

표 5-23. 최대산소소비량에 따른 심폐적성 평가

구분	나이(세)	최대산소소비량(㎖/kg/min)				
		낮음	양호	보통	좋음	우수
남자						
	20－29	<25	25－33	34－42	43－52	>53
	30－39	<23	23－30	31－38	39－48	>49
	40－49	<20	20－26	27－35	36－44	>45
	50－59	<18	18－24	25－33	34－42	>43
	60－69	<16	16－22	23－30	31－40	>41
여자						
	20－29	<24	24－30	31－37	38－48	>49
	30－39	<20	20－27	28－33	34－44	>45
	40－49	<17	17－23	24－30	31－41	>42
	50－59	<15	15－20	21－27	28－37	>38
	60－69	<13	13－17	18－23	24－34	>35

(2) 근력 및 근지구력 평가

① 정적 근력(static strength)

정적 근력은 좌·우 악력(grip), 배(back) 근력, 하지근력을 측정하여 평가한다. 측정결과는 kg단위로 나타내며, 비교를 위해 4개 종목의 총합을 체중으로 나눈 정적근력지수(static strength norms)를 이용한다. 50세 이상이 되면 근 조직의 손실이 발생하므로 10% 하향 조정된 기준을 사용하여야 한다.

② 정적 근지구력

최대 근력을 이용하여 측정하고자 할 때, 고객은 최대로 근력을 발휘하여 악력계를 잡거나 배 근력계를 끌어 올린 다음 60초 동안 그 자세를 유지한다. 처음 근력에 대한 60초 후의 근력은 상대 근지구력 점수가 된다. 즉, 상대 지구력 점수는 [최종 근력 / 최초 근력 × 100]이다.

최대하 근력을 이용할 때는 % 최대 근력을 지속적으로 유지하게 하였을 때, 근력이 변하지 않고 유지되는 총시간을 측정하여 근지구력으로 평가한다.

③ 동적 근력

동적 근력은 1RM을 측정하여 체중에 대한 비율(performance norms)로 나타내는 방법이다. 1RM이란 한번 들어올려 10초간 유지할 수 있는 최대중량을 말한다. 처음 1RM의 측정에서 성공했다면 2-3분 후에 3-5kg을 증가시켜 다시 RM을 측정하며, 최종적으로 실패할 때 그 이전의 중량이 1RM이 된다.

웨이트트레이닝 기구 중 손잡이와 중량이 연결선으로 연결된 기계형 장비를 이용할 때는 Bench Press, Standing Press, Arm Curl, Leg Press와 같이 4종목을 측정할 수도 있다. 그러나 기계형 장비와 덤벨 또는 바벨과 같은 기구를 혼합하여 이용할 때는 Bench Press, Arm Curl, Lateral Pull-Down, Leg Press, Leg Extension, Leg Curl과 같이 6종목을 선택하여 측정한다.

표 5-24. 동적근력 지수(performance norm)를 이용한 근력 평가

구 분	점수	Bench Press	Arm Curl	Pull Down	Leg Press	Leg Extension	Leg Curl
남자							
	10	1.50	0.70	1.20	3.00	0.80	0.70
	9	1.40	0.65	1.15	2.80	0.75	0.65
	8	1.30	0.60	1.10	2.60	0.70	0.60
	7	1.20	0.55	1.05	2.40	0.65	0.55
	6	1.10	0.50	1.00	2.20	0.60	0.50
	5	1.00	0.45	0.95	2.00	0.55	0.45
	4	0.90	0.40	0.90	1.80	0.50	0.40
	3	0.80	0.35	0.85	1.60	0.45	0.35
	2	0.70	0.30	0.80	1.40	0.40	0.30
	1	0.60	0.25	0.75	1.20	0.35	0.25
여자							
	10	0.90	0.50	0.85	2.70	0.70	0.60
	9	0.85	0.45	0.80	2.50	0.65	0.55
	8	0.80	0.42	0.75	2.30	0.60	0.52
	7	0.70	0.38	0.73	2.10	0.55	0.50
	6	0.65	0.35	0.70	2.00	0.52	0.45
	5	0.60	0.32	0.65	1.80	0.50	0.40
	4	0.55	0.28	0.63	1.60	0.45	0.35
	3	0.50	0.25	0.60	1.40	0.40	0.30
	2	0.45	0.21	0.55	1.20	0.35	0.25
	1	0.35	0.18	0.50	1.00	0.30	0.20

점수 합계	동적근력 평가
48－60	우수
37－47	좋음
25－36	보통
13－24	양호
0－12	낮음

④ 동적 근지구력

동적 근지구력은 1RM 중량 또는 자기 체중의 일정 비율에 해당하는 중량을 선택하여 최대로 반복하였을 때 반복횟수를 이용하여 평가한다. 즉, 팔굽혀펴기, 윗몸일으키기, 턱걸이, 메달리기, Dipth 등을 이용하여 반복횟수를 측정한다.

(3) 유연성 평가

관절의 가동 범위는 유연성 검사시 중요한 평가 요소이다. 그러나 더욱 중요한 것은 정적으로 측정되는 관절의 가동 범위보다도 움직임 중에 일어나는 동적 유연성을 측정하고 평가하는 일이다.

실내에서 유연성을 측정할 때 사용하는 계측기는 Goniometer, Electrogoniometer, Leighton Flexomter 등이 있다. 측정 방법으로서, 엎드려 윗몸 들어올리기, 발을 펴고 앉아서 윗몸 앞으로 굽히기, 발을 곧게 펴고 서서 윗몸 앞으로 굽히기, 발을 펴고 앉아서 발목 굽히기 등이 있다. 평가 기준표는 연령과 성에 따라 다르게 적용되어야 하는데 성인에 비해 어린이와 청소년의 유연성이 높으며, 여자 어린이가 남자 어린이에 비해 유연성이 높다.

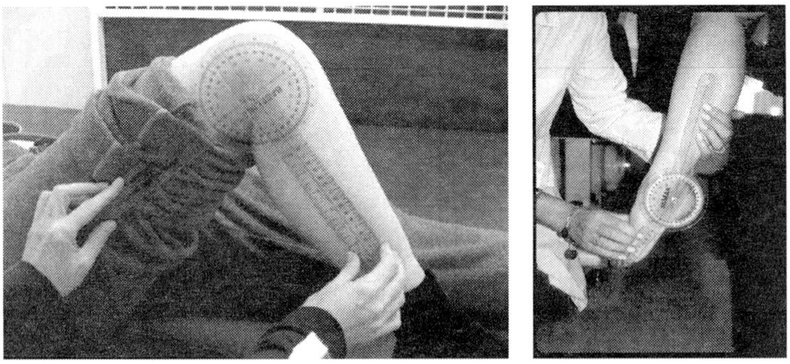

그림 5-14. Goniometer를 이용하여 관절의 가동범위(ROM)을 측정하는 방법

5) 운동 프로그램 처방

(1) 운동 빈도

신체활동의 효과를 얻는데 필요한 주당 운동일 수 또는 1일 운동 횟수로서 ACSM(2006)의 지침에 따르면 주당 3-5일을 권장한다. 체력이 약한 사람은 2일 운동도 효과가 있다. 그러나 6일 이상 운동하는 것은 효과에 비해 상해 발생 가능성이 증가한다.

그런데 운동 프로그램에 참여하고 있는 환자의 최대운동능력이 3METs 이하라고 한다면 하루 여러 차례 나누어 운동할 것을 권장한다. 그리고 3-5METs의 능력을 갖고 있다면 하루 2-3회로 나누어 운동을 시행해도 좋다. 물론 보통 수준 이상의 체력을 갖는 사람은 주 3-5일 운동을 권장한다.

한편, 운동이 부족한 사람들이 일상생활 중에 신체활동을 증가시키는 방법으로서 매일 30분씩 중등도 수준의 신체활동을 하는 것이 권장되고 있다. 이때 신체활동은 전문화된 운동프로그램이라기 보다 일상생활 중에 행하는 모든 신체활동을 말하며 하루에 누적된 신체활동시간을 의미한다(고기준 외, 2008).

(2) 운동강도

운동강도는 신체활동의 효과를 얻기 위해 운동을 할 때 힘든 정도를 말한다.

ACSM(2006)에서는 예비심박수(heart rate reserve, HRR)와 최대심박수(maximal heart rate, HRmax)를 이용하여 지침을 제공하고 있다. 체력이 낮은 사람은 HRR의 40-49%나 HRmax의 64-69%에서 운동을 시행하며, 체력이 중간 이상인 사람은 HRR의 50-85%나 HRmax의 70-94%에서 운동을 수행하도록 한다. 이때 예비산소소비량은 HRR과 같은 기준을 적용한다.

(3) 운동지속시간

운동지속시간은 신체활동의 효과를 얻기 위해 필요한 적당한 운동 지속시간이다. ACSM(2006)에서는 20-60분간의 지속적인 유산소성 운동을 권장하며 10분씩 나누어 하루 수차례 운동을 해도 동일한 효과를 거둘 수 있다.

그러나 운동지속시간은 운동강도에 따라 시간이 달라지기 때문에 항상 동일한 기준을 적용할 수 없는데 60-80% HRR나 77-90% HRmax 수준의 운동강도에서는 20-30분 운동이 적합하다.

(4) 운동형태

일반적으로 스포츠 선수가 아니라면 건강증진과 관련된 운동을 권장한다. 건강과 관련된 운동은 건강 체력을 증진시키는데 효율적인 운동으로서, 걷기, 조깅, 수영 등과 같은 유산소성운동과 저항운동으로 단련되는 근력과 근지구력, 그리고 적당한 체지방 상태의 신체조성이 여기에 포함된다. 이에 비해 스포츠 활동과 관련된 운동은 기술관련 체력을 증진시키는데 순발력, 민첩성, 유연성, 반응시간이 여기에 포함된다.

건강 체력 중심으로 운동하는 경우 중도에 탈락할 가능성이 있기 때문에 여가 스포츠와 레크리에이션 활동을 병행하여야 한다. 그 때 필요한 체력이 기술관련 체력이다. 따라서 운동 프로그램을 처방할 때는 건강 체력을 증진시키는데 중점을 두되 기술관련 체력의 증강도 적절하게 배려하여야 한다.

제6장

현대사회의 운동

1. 산업사회의 발달과 운동

현대사회의 특징은 자동화에 의한 신체활동 부족, 영양의 과다 그리고 스트레스 과중으로 정의할 수 있다. 첨단과학의 발달이 미친 긍정적인 효과에 비해 부정적인 효과도 간과할 수 없다. 수많은 자동차에서 뿜어져 나오는 배기가스와 소음, 좁은 지역에 많은 시민들이 거주함으로서 발생하는 수질오염과 생활 쓰레기, 쉼터와 여유 공간의 절대 부족 그리고 사회에서 낙오되지 않기 위한 노력과 가중되는 스트레스, 국가 사회적인 불안과 핵에 의한 인류 생존의 위협 등 이루 말할 수 없이 많다.

1) 운동부족병

현대에 사는 사람들의 삶은 여유와 풍요를 즐길 여력이 없으며 대부분은 자신의 건강과 신체기능 증진을 위한 운동 참여도 최소 수준에 머물고 있는 실정이다. 이러한 운동 부족에 의해 심혈관 계통의 질환, 암, 척추질환, 비만, 당뇨병, 골다공증, 정신건강질환과 같은 만성퇴행성 질환의 발생 가능성이 현저하게 증가하였다. 이러한 현상은 남성이나 여성 모두 차이가 없이 나타나며 인종과 지역에 관계없이 산업화가 이루어지는 공간이면 어디서나 볼 수가 있다.

만성 퇴행성 질환의 증가는 사회 구성원의 활력을 저해할 뿐만 아니라 사회적으로 막대한 의료비용에 지출되는 결과를 낳고 있다. 하나의 예로서 서구사회에서는 청소년의 비만 문제와 그에 따른 심각한 위험성 때문에 비만과의 전쟁을 선포하고 있다. 특히 민감한 시기의 청소년 비만은 우울증, 학업능률저하, 소외감 또는 정신적인 문제를 야기하고 있으며 자살과 같은 심각한 사회적 문제를 유발하기도 한다. 성인사회의 비만도 문제가 되고 있는데, 비만은 보직, 승진과 같은 직장생활과 경제활동에 영향을 미쳐 생산성을 떨어뜨리고 있으며, 치료를 위해 의료 서비스를 받는데 드는 비용까지 고려한다면 사회적인 부담은 상상하기 어렵다.

2) 첨단의학의 발달

비약적인 첨단의학의 발달에 의해 천연두, 장티푸스와 같은 전염병은 거의 완치 단계에 와 있으며 암과 AIDS와 같은 난치병도 오랜 시간이 지나지 않아 치료할 수 있을 것으로 기대하고 있다. 특히 줄기세포의 연구를 통해 대체 장기를 생성한다면 장애와 노화로 인한 일부 신체조직의 손상을 완벽하게 치료해 낼 수 있을 것이다. 이러한 의학의 발달은 인간의 한계수명을 연장시킬 것이기 때문에 여기에 거는 기대는 매우 크다.

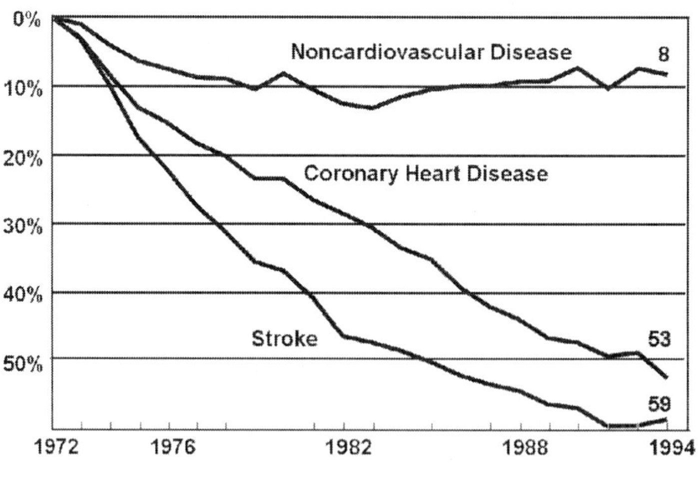

그림 6-1. 산업화와 첨단의학에 따라 전염성 질환의 발생빈도는 현저하게 줄어들었지만 현대인의 생활환경과 관련된 심혈관 질환의 발병률은 오히려 증가하였다.

그러나 첨단 의학의 발달에도 불구하고 현대사회에서 각종 퇴행성 질환의 발생 빈도는 여전히 줄어들지 않고 있다. 과거 조사 자료를 볼 때 심혈관 계통과 관련이 없는 질환의 발생률은 20년 동안 겨우 8% 증가한 것에 비해 관상동맥질환은 53%, 뇌졸중은 58%가 증가하였다고 보고하였다. 이러한 자료를 볼 때 현대 산업사회의 발달 과정에서 형성된 스트레스와 영양의 과잉과 운동 부족은 첨단 의학으로 치료될 것이 아니며 개인적인 요소와 사회적인 지원을 바탕으로 근본적인 예방 체계를 수립하여 대처하여야 할 것이다.

3) 건강 산업의 발달

산업사회의 어두운 이면에는 이를 극복하려는 새로운 움직임도 나타나고 있다. 그 실례가 건강산업의 발달이다.

현대인들은 풍요로운 삶을 계속 영위하고자 하는 욕구가 어느 때보다 높기 때문에 건강 수명에 대한 기대와 삶의 질을 개선하려는 의지가 매우 높다. 이들은 건강 관련 지식에 대해 매우 높은 관심을 보이고 있으며 지식을 익히고 건강행위를 실천하려는 노력도 대단하다.

이에 따라 건강과 관련된 산업이 폭발적으로 증가하고 있다. 건강식품과 의약품의 개발, 스포츠웨어 제작, 의료관광서비스, 헬스케어 등 건강과 관련된 산업은 날로 성장하고 있다. 이러한 건강 산업은 실제 건강과 관련이 적을 것으로 생각되었던 여러 방면에서 휘트니스라는 이름을 붙여 활발하게 성장하고 있다.

건강산업의 발달은 관련 인력이 다양한 분야에서 양성되고 있기 때문에 앞으로 더욱 발달할 것으로 기대된다. 양성된 인재들은 건강교육을 담당하고 가장 효과적으로 건강을 증진시킬 수 있는 방법을 가르치고 지도하는 기능을 하게 된다. 또한 스포츠산업, 헬스케어, 건강관리 용품의 제작 판매와 같은 분야에서도 괄목할 만한 성과를 얻을 것으로 보인다.

4) 사회단체의 노력

현대인들은 잠재적으로 퇴행성 질환의 발병에 대해 염려하고 있으며 운동을 포함한 여러 가지 건강 증진 행위를 하고자 하였으나 사회 여건이 형성되지 못하여 실천에 어려움이 있었던 것이 사실이다. 이러한 상황에서 국가기관이 먼저 실천할 수 있는 여건을 조성하여 시민들의 참여를 유도하는 것은 산업사회의 후유증과 사회적 병리 현상을 개선하는데 효과적일 것이다.

하나의 예로서 경남 창원시를 보면 도시전체가 거대한 자전거 운동 열풍에 빠진 것 같다. 학생들의 등하교는 물론 직장인들의 출퇴근도 자전거로 이루어지고 있다. 도시 행정의 거의 대부분이 자전거 타기 활성화에 초점이 모아지고 있다. 창원시의 이러한 노력은 도시민들에게 일상생활 중에 운동을 실천할 수 있도록 기회를 제공하고 있으며 시민들도 적극 호응하는 것이 주효한 것으로 생각된다.

이러한 사회적으로 제도를 만들어 국민건강을 증진시키고 있는 사례는 여러 나라에서 찾아볼 수 있다. 캐나다의 경우 각 가정에서 스스로 건강 체력을 측정하고 평가할 수 있도록 Home Fitness Program을 개발하여 보급하고 있다. 이 프로그램은 2단으로 만들어진 계단을 일정시간 동안 오르내리도록 고안된 것이며, 항상 최신화된 평가 자료를 제공하고 있기 때문에 국민들이 활용하는데 어려움을 겪지 않는다.

비록 산업화에 따라 신체적, 정신적, 사회적으로 건강을 유지하는 것이 쉽지 않은 일이지만 개인과 사회가 노력하여 극복해 나가고 있는 것은 매우 다행스러운 일이다.

2. 운동부족증

규칙적인 신체활동으로 Fitness를 증진하면 여러 가지 만성적인 질환들의 발생을 예방할 수 있다. 신체활동이 질병의 예방과 치료에 효과적이라는 것은 국내외 수많은 학자들의 연구를 통하여 계속해서 밝혀지고 있다. 즉 규칙적인 운동은 성과 인종 그리고 지역에 관계없이 비만과 당뇨와 같은 대사성질환과 고혈압과 심장질환과 같은 순환계 질환, 그리고 우울증과 같은 정신질환의 예방과 치료 그리고 재활과정에 광범위하게 효과가 있다는 것이다.

더욱이 운동은 스트레스를 효율적으로 관리할 수 있도록 하며 운동 전부터 운동 후 일정한 시간에 이르기까지 즐거움과 활력을 주기 때문에 가정과 사회에서 윤택하고 여유 있는 생활이 되도록 한다. 이는 결국 삶의 질을 향상시키는 것이다. 또한 규칙적인 운동을 수행함으로서 신체기능이 위축되거나 퇴화되는 것을 예방할 수 있기 때문에 노화 현상을 지연시킴으로서 건강수명을 연장시키게 된다. 이와 같이 삶의 질이 향상되고 건강수명을 연장시키는 것은 결국 전체적인 삶의 행복감(total wellness)이 증진되었다는 것을 의미한다.

그러나 현대사회의 자동화와 패스트푸드와 같은 식생활, 그리고 격심한 스트레스가 주어지는 사회에서 첨단의학의 발달에도 불구하고 심장병, 암, 뇌졸중, 당뇨병과 같은 질환으로 인해 60세 이전에 사망하는 조기사망자는 줄어들지 않고 있다. 운동부족 현상은 청소년 시기부터 시작된 증상으로 공교육에 비해 비정상적으로 발달한 사교육과 공교육에서의 체육활동 위축 그리고 입시과열과 같은 사회, 문화적 환경이 많은 영향을 미치고 있다. 그 결과 청소년들의 비만자가 증가하고 있으며 뇌졸중, 동맥경화와 같은 각종 순환계 질환의 위험성이 증가하고 있다.

이러한 운동부족 현상은 신체기능의 활성을 떨어뜨리고 최대능력을 발휘할 수 있는 기회도 감소시키기 때문에 결국 전반적인 신체기능의 저하와 면역력 약화로 질병의 발생 가능성을 높이게 된다. 이러한 증세를 운동부족증이라고 하며 운동부족증에 의하여 직간접적으로 사망에 이르게 하는 질병들을 운동부족병이라고 하는데 이 질환들은 대부분 만성 퇴행성질환들로서 심혈관 계통의 질환, 암(cancer), 척추질환(back problems), 비만(obesity), 당뇨병(diabetes), 골다공증(osteoporosis), 정신건강질환(mental health)이 여기에 포함된다.

1) 심혈관 질환(cardiovascular disease)

동맥경화에 의한 관상동맥 심장질환(coronary heart disease, CHD)과 뇌졸중과 같은 심혈관 질환은 암에 이어 두 번째로 높은 우리나라 사람들의 사망원인이 된다. 이러한 심혈관 질환들은 생활습관을 개선하면 상당부분 예방이 가능하며 의학치료와 병행하면 질병으로부터 회복될 수 있도록 해 준다.

심혈관 질환을 유발하는 원인으로서 질환의 예방을 위해 생활환경에서 반드시 개선해야 하는 요인들을 심혈관 위험 인자라고 한다. 이 요인들은 충분하게 예방할 수 있는 요인들로서 흡연, 고혈압, 고지혈증, 신체활동 부족, 과체중과 과다 지방섭취가 여기에 포함된다.

특히 규칙적인 신체활동은 유해한 혈중 지질의 양을 감소시키고 말초에 있는 지방을 제거하는 효과가 있기 때문에 동맥경화의 주된 원인을 감소시켜준다. 즉, 유익한 LDL-C를 감소시키고 HDL-C의 농도를 증가시키게 된다. 뿐만 아니라 혈관 벽에 지방이 침착하도록 유도함으로서 동맥경화를 촉진하는 피브린을 제거하는 효과도 갖고 있다.

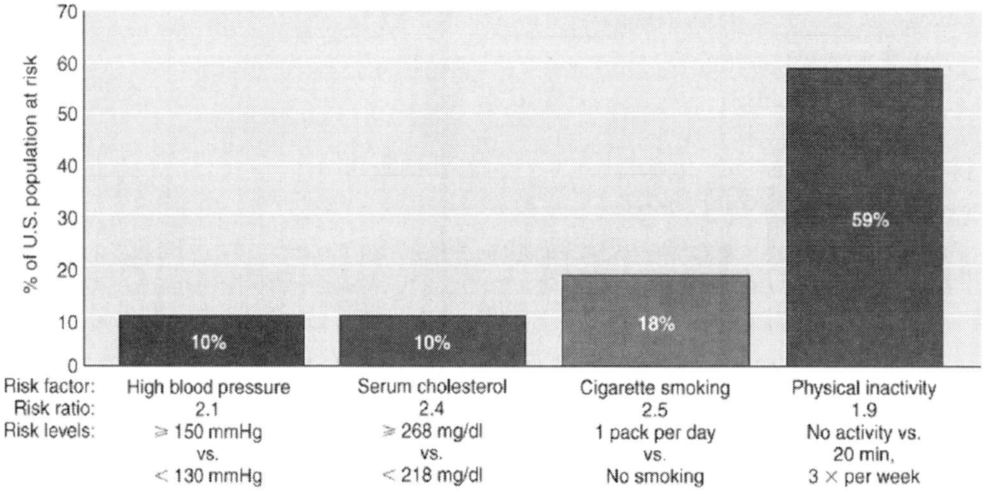

그림 6-2. 심혈관질환을 유발할 수 있는 위험 요인들 비교

(1) 허혈성 심장 질환(ischemic heart disease)

심장 질환은 크게 허혈성 심장 질환, 비허혈성 심장 질환, 그리고 부정맥으로 구분할 수 있다. 허혈성 심장 질환은 주로 관상동맥 경화가 원인이 되어 발생하며, 동맥 협착증과 동맥혈 역류 그리고 심근질환과 관상동맥 질환도 허혈성 심장 질환을 유발하는 원인들이다.

① 협심증(angina pectoris)

허혈성 심장 질환에 의해 발생하는 수초에서 1, 2분 또는 5-15분 정도의 짧은 통증을 흔히 협심증이라고 한다. 이 증세는 심각할 정도의 통증은 아니지만 따끔거린다거나 묵직하게 느껴지는 느낌, 또는 가슴을 쥐어짜는 듯 한 아픔을 동반한다. 환자들은 본인도 모르게 한숨을 쉬거나 가슴을 마사지하며 때로는 호흡을 멈추고 고통을 잊고자 노력하며 가슴을 가볍게 두드리기도 한다.

협심증은 감정적으로 흥분하거나 불편한 심기로 인해 관상동맥이 좁아져 혈액의 흐름이 원활하지 못할 때 심장 근육이 산소 부족증을 일으키기 때문에 발생하는 것이다. 또한, 추운 곳에 노출되거나 과식이 원인이 되어 심장 활동이 갑작스럽게 증가하였을 때에도 관상동맥에 충분한 혈액이 공급되지 못하면 역시 협심증이 나타난다. 그러나 이러한 협심증의 증상은 일과성인 경우가 대부분이며 심장의 구조적인 변화를 유발하지는 않는다.

그러나 동맥경화와 관련된 협심증은 심근경색에 의한 심장마비의 전조증상이므로 의학적 진단을 통해 치료에 임하여야 하며 식생활을 개선함으로서 추가적인 질환의 발생이나 증세 악화를 예방하여야 한다.

② 심근경색(myocardial infarction)

심근경색은 관상동맥이 차단되어 더 이상 혈액을 통과시키지 못할 때 그 혈관에 연결된 심근이 괴사하여 발생한다. 관상동맥의 차단은 동맥경화가 주된 원인이며 혈전, 선천성 질환 등도 그 원인이 된다.

심근경색은 가슴에서 발생하는 통증이나 불편한 느낌이 20분 이상 지속되는 증세를 말한다. 이러한 증세가 갑자기 나타나 20-30분 동안 지속되는 급성 심근경색은 치사율이 높으며, 4-6시간까지 증세가 지속되는 불완전 심근경색은 비교적 치료가 쉽다. 그러나 6시간 이상 지속되는 완전 심근경색은 심장 충격, 심장마비, 부정맥, 정신적 이상 등과 동반될 수 있다.

심근경색시 심전도의 QRS파와 T파 그리고 ST분절이 비정상적인 소견을 나타내며 심장효소가 비정상적으로 상승한다. 심근경색의 치료 방법에는 약물복용이나 차단된 관상동맥을 우회하여 혈관을 설치하는 측관수술(bypass) 그리고 관상동맥을 개방할 수 있는 고형물을 혈관에 직접 집어넣는 관상동맥 형성술(coronary angioplasty)이 있다.

③ 허혈성 심장질환의 위험요소

관상동맥과 관련된 허혈성 심장병을 유발하는 위험요소에는 혈중 지질 농도, 고혈압, 흡연, 당뇨병, 비만, 좌업 생활 및 가족과 본인의 병력이 있다. 이러한 위험 요소는 한 개 씩 존재할 때 보다 2개 이상 복합적으로 존재하면 심장병이 발생할 가능성은 더욱 커진다.

혈중 콜레스테롤

혈중 콜레스테롤은 관상동맥의 경화를 일으키는 가장 주된 요인이다. 콜레스테롤은 밀도에 따라 LDL-C, HDL-C, 총콜레스테롤(total cholesterol; TC), 중성지방으로 나누어진다.

총콜레스테롤과 LDL-C는 혈중 지질을 혈관으로 이동시켜 콜레스테롤 에스테르가 혈관의 중배엽과 내배엽 사이에 축적되도록 하며 동맥경화를 유발한다. 반면에 HDL-C는 말초동맥벽에 있는 콜레스테롤과 결합한 다음 콜레스테롤을 간으로 이동시키며, 간에서 쓸개즙으로 합성하여 소장에 분비시킴으로써 혈중 콜레스테롤을 낮추는 역할을 담당한다.

표 6-1. TC/HDL-C의 비율에 따른 관상동맥질환 유발 위험도(Nieman, 2006)

관상동맥질환 유발 위험도		TC/HDL-C
공통		
	채식생활자	2.8
	1/2 위험률	3.4
	마라톤선수	3.4
남자		
	정상 범위	5.0
	경계 범위	5.4－6.1
	2배 위험도	9.6
	3배 위험도	23.4
여자		
	정상 범위	4.0
	경계 범위	4.6－6.4
	2배 위험도	7.1
	3배 위험도	11.0

HDL-C를 LDL-C로 나눠서 얻은 HDL-C/LDL-C 비율은 관상동맥 질환을 예측하고 평가하는데 매우 유용한 지표 중에 하나로써 그 값이 낮을수록 대동맥에 지방성 줄무늬가 발생할 가능성이 높다. 또한 HDL-C/LDL-C의 비율 변화와 관상동맥 질환에 의한 사망률과는 높은 상관관계가 있다고 알려져 있다.

총콜레스테롤을 HDL-C로 나눠서 얻은 TC/HDL-C 비율 또한 심장 질환을 예측하는데 유용한 지표로써 남자는 5.0, 여자는 4.0 이하의 값이 정상 범위에 속한다. 이 비율은 체중과 운동의 영향을 받아 값이 변하며, 장기간 신체 운동을 하면 총콜레스테롤은 낮아지고 HDL-C의 농도는 높아지므로 TC/HDL-C 비율은 감소한다.

고혈압

혈압은 심장이 혈액을 박출할 때 발생하는 압력으로서 수축기 혈압과 확장기 혈압으로 나누며 수축기 혈압이 120mmHg 그리고 확장기 혈압이 80mmHg 미만일 때 최적합한 상태가 된다. 수축기 혈압이 140mmHg이거나 확장기 혈압이 90mmHg 이상일 때 고혈압으로 판정하는데 수축기 혈압이 120-139mmHg이거나 확장기 혈압이 80-89mmHg일 때 고혈압 전단계가 되며 식생활 개선을 통하여 적극적으로 혈압을 낮추도록 해야 한다. 고혈압은 그 자체로서 질병을 유발하거나 증세를 나타내지는 않지만 지속적으로 심장에 부담을 줌으로써 심장을 쇠약하게 만들며, 혈관에 무리한 압력을 가하여 탄력성을 잃게 하므로 심장과 혈관에 질환을 유발하는 원인이 된다.

흡연

흡연이 동맥경화를 유발한다는 명확한 기전은 밝혀져 있지 않으나 담배 연기에서 나오는 2000여 가지의 각종 물질이 다른 요인들과 결합하여 관상동맥 질환을 유발하는 것으로 추정하고 있다. 특히 니코틴과 일산화탄소는 지방성 콜레스테롤과 결합하여 혈액의 산소 결합을 방해하기 때문에 심장에 충분한 산소를 공급하지 못하게 하며 이는 결국 허혈성 심장질환 증세를 악화시키는 것으로 추정하고 있다.

일부에서는 니코틴이 적은 고급 담배를 피우거나 담배 연기를 흡입하지 않는 빼끔 담배를 피우면 문제될 것이 없다고 하지만 잘못된 상식이다. 흡연은 본인뿐만 아니라 간접흡연을 하게 되는 가족과 직장 동료에게도 직접 흡연과 비슷한 영향을 미치게 된다.

당뇨병

인슐린은 혈당을 근육과 간으로 이동시켜 글리코겐으로 저장하는 역할을 한다. 인슐린은 식후에 증가하고 공복시 감소하므로 혈액 중에는 항상 일정량의 혈당이 유지된다.

그러나 공복 상태에서도 인슐린의 농도가 과도하게 높은 것은 심혈관 질환을 유발하는 원인이 된다. 공복상태에서 인슐린 농도가 높은 사람은 체지방과 혈압이 높으며 중성지방 및 총콜레스테롤도 높다. 이것은 말초조직에서 혈중에 있는 인슐린을 민감하게 인식하지 못하기 때문에 발생한 결과이다. 즉, 혈당을 낮추기 위해 인슐린이 증가하였음에도 불구하고 말초조직에서 인슐린을 잘 감지하지 못하기 때문에 우리 몸은 인슐린 농도를 더욱 증가시키는 것이다. 여기에서 인슐린을 감지하는 수용기의 역할을 방해하는 것은 체지방으로서 혈당의 대사와 인슐린 분비 조절 실패에 주된 원인이 된다.

비만

비만은 고지혈증과 관상동맥 경화 등 심장질환을 유발하는 원인 제공자로서 알려져 있다. 또한 비만은 단순하게 체지방량이 많다는 사실보다도 여러 가지 관상동맥질환의 위험 인자를 집중시키는 효과를 가지고 있다.

비만한 사람은 무엇보다도 심리적으로 본인의 체형에 대한 불만과 생활 불편으로 대외적인 활동과 운동을 소홀히 하게 되며 반복되는 악순환이 계속되므로 좀처럼 비만을 치료하기가 어렵다.

미국 암협회는 비만한 남자는 결장암, 직장암, 그리고 전립선암에 의한 사망률이 높으며 비만인 여자는 쓸개암, 담즙통로암, 유방암, 자궁암, 그리고 난소암에 걸릴 가능성이 높다고 한다. 또한 이 협회는 40% 이상 비만인 남자의 사망률은 정상인 보다 1.33배가 높으며 40% 이상 비만인 여자의 사망률도 정상인에 비해 1.55배 높다고 하였다. 한편 암협회는 사망률이 가장 낮은 사람의 체중을 남자는 표준체중보다 5-10% 낮은 사람, 여자는 10-20% 낮은 사람이라고 밝히면서 적극적인 체중 감량과 체지방 감소의 중요성을 말하고 있다. 이 협회의 또 다른 연구에서도 상대체중이 남자의 경우 127.8%, 여자의 경우 127.3%인 사람은 표준 체중자보다 고혈압이 발생할 가능성이 정상인에 비해 2.9배 높으며 특히 20-40세에서는 5.6배나 높다고 하였다. 뿐만 아니라 이들은 정상인보다 당뇨병 발생 비율도 2.9배나 높다고 하였다.

신체활동 부족

신체 활동은 안정시 심폐기능뿐만 아니라 적극적인 생활을 영위할 수 있는 운동 능력을 향상시킨다. 신체활동이 왕성한 사람은 좌업 생활을 하는 사람에 비해 콜레스테롤과 체지방이 낮고 혈압과 혈당이 정상을 유지하므로 각종 성인병에 걸린 가능성이 낮다. 특히 규칙적인 운동은 혈당에 대한 내성과 인슐린의 민감도를 높이기 때문에 당뇨병을 예방하고 치료하는 데에도 효과가 입증되어 있다. 뿐만 아니라 신진대사를 촉진함으로써 정신적인 긴장 완화 및 피로 회복에도 도움을 주며 말초 혈관의 개방성을 촉진하는 등 관상동맥 발병 위험 인자들의 위험도를 낮추는 데 효과적이다.

(2) 고혈압(hypertension)

혈압은 심장의 수축력에 의해 혈액이 대동맥이나 폐정맥으로 박출됨에 따라 혈관 벽에 형성되는 압력을 말하며 심혈관계의 기능을 평가하는 중요한 요소 중의 하나이다. 특히, 혈압은 심혈관 질환이나 사망률과 밀접한 관련이 있기 때문에 임상적으로 심혈관계의 기능에 어떤 증상이 없는 경우라도 심혈관 계통 이상으로 인한 사고를 예방하기 위해 필수적으로 측정되고 있다.

① 혈압의 진단 기준

미국심장협회(American Heart Association)는 혈압과 관련된 합병증과 손상이 빈번한 이유를 국제보건기구의 진단 기준이 높은데 있다고 하였다. 따라서 현재 제시하고 있는 기준을 보면 최적합한 정상혈압은 수축기 혈압이 120mmHg 미만 그리고 확장기 혈압이 80mmHg 미만으로 정의 하고 있다. 고혈압 전 단계는 수축기 혈압이 120-139mmHg 또는 확장기 혈압이 80-89mmHg인 경우로서 이 값을 초과할 때에 고혈압으로 진단하고 있다. 즉 고혈압 Ⅰ단계는 수축기 혈압이 140-159mmHg, 확장기 혈압이 90-99mmHg일 때를 말하며 수축기 혈압이 160mmHg 이상이거나 확장기 혈압이 100mmHg 이상인 경우 고혈압 Ⅱ단계로서 약물처방을 병행한 복합적 치료의 필요성을 제시하고 있다.

일반적으로 연령의 증가에 따라 혈관의 탄력성이 줄어들어 팽창성이 감소하므로 20대에서 60대까지는 점진적으로 혈압이 증가하는 반면 60대 이후는 급속하게 혈압이 높아지는데 특히 수축기 혈압의 상승이 현저하다.

② 고혈압의 발생원인

고혈압이 발생되는 원인은 매우 다양하지만 직접적인 원인이 밝혀져 있는 사람은 단지 5-10% 뿐이다. 직접적인 원인이 불분명한 고혈압은 본태성 고혈압이라 부르며 유전적인 원인과 환경적 요인이 상호작용하여 혈압을 상승시키는 것으로 추정하고 있다.

특별한 원인 때문에 발생하는 고혈압을 이차성 고혈압 또는 속발성 고혈압이라고 한다. 이차성 고혈압을 발생시키는 가장 큰 이유는 신장질환에 의한 것이며 그밖에 혈관질환, 약물복용, 내분비 계통의 이상 그리고 신체활동 부족이 주된 원인에 포함된다.

비단 운동부족과 관련된 고혈압 환자가 아니더라도 고혈압 환자에게는 규칙적인 운동이 적극적으로 권장된다. 그러나 다른 질환자에 비해 고혈압 환자를 위한 운동처방은 훨씬 제한적이다. 그럼에도 불구하고 고혈압 환자들이 운동을 하면 혈압 안정제(β-adrenoceptor blockers)를 복용한 것과 같은 효과가 나타난다. 결국 운동은 교감신경의 작용력을 낮게 하여 심장의 박동과 혈관의 긴장을 완화시키며, 안정시에 다량의 염분을 배설하게 하여 혈장량을 감소시키므로 혈압을 낮추게 되는 것이다. 또한 운동시 지속적으로 카테콜아민(catecholamin)이 분비되어 adrenoceptor를 자극하기 때문에 나중에는 자극에 대한 adrenoceptor의 반응이 무뎌짐으로써 혈압 상승 폭이 감소하게 된다.

2) 비만 및 대사성 질환

(1) 고지혈증(hyperlipidemia)

콜레스테롤과 결합된 혈중 지단백의 농도가 비정상적으로 높은 경우 이를 고지혈증이라고 한다. 고지혈증은 다른 질환의 발병과 연관되는데 특히 Chylomicrons와 VLDL-C가 동시에 높은 경우 췌장염의 위험성이 있으며

VLDL-C만 높은 경우는 관상동맥 질환의 발병 가능성이 높다.

① 혈중 지단백의 기능

LDL-C와 HDL-C는 생리적인 기능이 상반되는데, LDL-C는 콜레스테롤을 말초 조직으로 이동시켜 동맥 혈관에 콜레스테롤이 쌓이게 하므로 LDL-C의 농도가 높아지는 것은 동맥경화와 관상동맥 질환을 일으키는 원인이 된다. 이에 비해 HDL-C는 말초 동맥 혈관에 있는 콜레스테롤을 간으로 이동시킨 후, 간에서 쓸개즙을 합성하여 배설시키는 역할과 함께 호르몬의 형성에도 이용되므로 HDL-C의 농도가 증가하는 것은 관상동맥 질환의 위험성을 낮추게 된다.

중성지방은 대부분의 음식과 체내에 지방의 형태로 존재하며 콜레스테롤과 결합하여 혈중 지질을 형성한다. 음식을 통하여 섭취된 에너지는 곧바로 조직에서 활용되지 않으며 우선 중성지방으로 전환된 다음 체내에 저장된다. 저장된 지방은 내분비 조절에 의해 혈액으로 이동하며 에너지원으로 활용된다.

② 지단백 진단 기준

미국 National Cholesterol Education Program Guidelines(NIH, 2001)에서는 총콜레스테롤의 농도에 따라 관상동맥 질환이 유발될 수 있는 위험도와 치료를 위한 처방을 제시하고 있다. 만약 총콜레스테롤 농도가 200mg/dℓ 이상이면 몇 주 간격을 두고 검사하여 그 평균값을 혈청 콜레스테롤 값으로 정하며, 이때 두 값의 차이가 30mg/dℓ을 넘으면 추가로 3회를 더 검사하여 그 평균치를 자신의 콜레스테롤 수치로 한다.

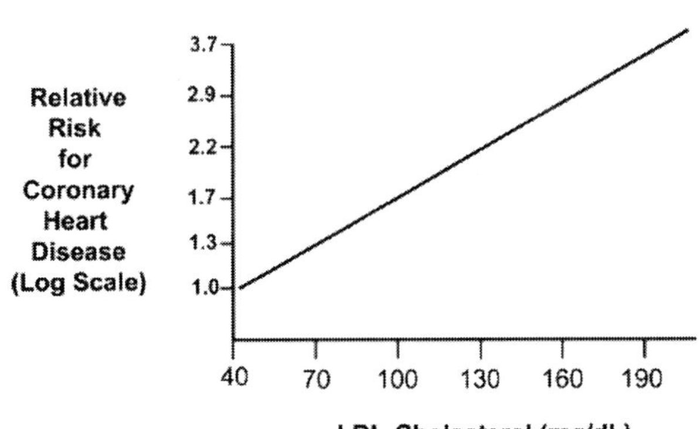

그림 6-3. LDL-C와 관상동맥의 상대적인 위험도

LDL-C는 전체 콜레스테롤의 약 75%를 차지하며 관상동맥 질환의 발생과 가장 밀접한 관계가 있다고 알려져 있으므로 LDL-C를 낮추는 것이 중요하다. 이러한 LDL-C

는 세포내 대사에 이용할 목적으로 콜레스테롤을 혈장에서 말초조직으로 운반하며 동맥의 평활근에 지질을 축적시킴으로써 동맥의 내피와 세포막의 생화학적 조성을 변화시켜 결국 동맥 경화를 유발시킨다. LDL-C가 높을 때 병력, 신체검사, 실험실 검사, 가족력 검사를 실시하는 것은 LDL-C의 상승이 질병이나 식사 또는 약 복용에 따른 2차적 증세인지 아니면 유전적인 원인에 의한 증세인지를 파악하기 위함이다. 일반적으로 LDL-C의 혈중 농도를 증가시키는 질병에는 고지질증, 신장질환, 만성 간질환, 당뇨병이 있으며, LDL-C를 증가시키는 약물에는 thiazide, diuretics, progestins, anabolic steroids, cis-retinoic acid가 있다.

혈중 중성지방이 증가하면 관상동맥 질환의 위험성이 커지며, 당뇨병과 같은 특정 질환이 있을 때에도 중성지방은 증가한다. 그러나 운동과 저지방 식이 그리고 체중 감소를 통하여 중성지방은 감소될 수 있다.

HDL-C는 신체활동과 관계가 있어서 신체활동이 왕성한 사람들의 HDL-C가 비교적 높다. 그러나 비만, 좌업생활, 고혈압, 알코올 섭취 및 progestins, anabolic steroids β-blocking agents와 같은 약물을 복용할 경우에 HDL-C는 감소한다.

표 6-2. ATP Ⅲ의 고지혈증 진단 기준(NIH, 2001)

분 류	LDL-C (mg/dℓ)	총콜레스테롤 (mg/dℓ)	중성지방 (mg/dℓ)	HDL-C (mg/dℓ)
정상	<100	<200	<150	≥60
높은 정상	100-129	-	-	-
경계값	130-159	200-239	150-199	-
위험	160-189	≥240	200-499	<40
매우 위험	≥190	-	≥500	-

③ 고지혈증 환자의 운동

심혈관 질환 위험 인자인 혈중 지단백의 혈중 농도가 크게 증가하지 않은 상태라면 체중을 감량하고 균형 있는 영양을 섭취하며 규칙적으로 운동을 수행하는 것이 매우 유익하다. 특히 고지혈증 환자의 혈중 지단백을 정상적으로 회복시키기 위해 운동을 처방할 때 운동 강도, 운동 빈도, 운동 지속시간 및 운동 형태를 종합적으로 고려하여 주당 총 운동량으로 처방하는 것이 중요하다. 일반적으로 고지혈증 환자의 운동처방은 운동거리와 소비된 칼로리를 이용하여 주당 총운동량으로 처방한다.

고지혈증 환자의 혈중 지질을 개선하기 위하여 적정 수준이상의 운동이 필수적이다. 따라서 운동을 처방할 때는 주당 총 운동량이 다음의 기준을 초과하는 것이 바람직하다. 즉, 주당 걷거나 달린 거리가 10-15마일 이상 이거나 주당 에너지 소비량이 1500kcal 이상이 되어야 하는 것이다.

(2) 비만(Obesity)

체지방은 체온을 보존하고 에너지로 이용되며, 충격을 흡수하는 등 신체를 보호하는 중요한 기능을 가지고 있으나, 체내에 필요 이상으로 축적되어 비만 상태에 이르면 고혈압과 당뇨 그리고 관상동맥 질환 등이 발생할 위험이 증가된다.

① 비만의 진단 기준

일반적으로 남자의 비만은 체지방 백분율이 25% 이상일 때를 말하며, 19-24%일 때 운동능력이 감소하고, 대사 및 호흡순환계에 이상이 발생한다. 여성의 비만은 체지방 백분율이 32% 이상일 때를 말하며, 40%를 넘으면 외모나 일상적인 활동에서 심리적인 큰 부담감 등 신체와 정신적인 건강의 문제가 발생한다.

체지방 증가는 지방세포 수의 증가(hyperplasia)나 지방세포의 비대(hypertrophy)를 통해 이루어진다. 사춘기 이전에는 주로 지방세포의 수가 증가하여 체지방이 증가하나 사춘기 이후에는 지방세포의 크기가 증가하여 체지방이 증가한다. 지방세포가 비대해지거나 세포수가 증가하는 이유는 유전, 영양 과잉, 시상하부 및 내분비 조절 기능의 차이 때문이며, 유년기에 생성된 과잉 지방세포는 거의 제거되지 않으므로 일단 증가된 체지방을 감소시키는 일은 쉽지 않다.

비만이 발생하는 원인으로서 에너지 소모부족 이론에 따르면 에너지 섭취량에 비해 소비량이 적기 때문에 남는 에너지가 체내에 축적되어 비만해진다. 따라서 비만을 예방하고 치료하기 위하여 에너지 섭취량을 줄이고 활발한 운동으로 에너지 소비량을 증가시켜야 한다. 특히 운동은 근육의 활동으로 에너지 소비를 증가시킬 뿐 아니라 기초대사율을 높이는 효과가 있기 때문에 비만을 예방하는데 효과적인 것이다.

② 비만 환자의 운동

체지방이 높은 사람은 식이요법과 운동요법 그리고 식이와 운동요법을 이용하여 비만과 이로 인해 발생한 질환을 예방할 수 있다. 비지방 식사를 포함한 식이요법은 에너지 섭취를 줄이기 때문에 체지방 증가를 예방할 수 있으나, 지나친 식사제한이나 굶는 것은 체지방과 함께 제지방 조직 및 전해질의 감소를 야기하여 오히려 건강 측면에서 바람직하지 못하다. 따라서 식이요법과 함께 많은 근육이 이용되는 운동요법을 동시에 시행함으로써 에너지 섭취와 소비의 균형을 유지하는 것이 좋다.

비만환자의 운동 강도는 최대 산소소비량의 50-60% 수준에서 설정함으로써 일반인들보다 다소 낮은 강도의 운동을 수행하게 하여야 한다. 운동은 주 3-5회 실시하며 매 운동시 운동지속시간은 30-60분이 적당하나 60분 이상 실시하는 것이 체지방 감소에 효과적이다. 이는 높은 강도로 운동을 할 때는 체내 당원질인 글리코겐이 에너지원으로 이용되지만 낮은 운동 강도에서 장시간 운동을 할 때는 체지방이 에너지원으로 이용되기 때문이다.

비만치료를 위해 에너지 소비량을 기초로 운동을 처방할 때에는 1일 400kcal 이상, 1주 1200kcal 이상 에너지가 소비되도록 해야 한다. 비만자에게 적합한 운동은 장시간 관절에 무리를 주지 않는 자전거 타기와 수영이 좋으며 계단 오르기, 달리기, 줄넘기 등 체중이 관절에 직접 영향을 주는 운동은 피하는 것이 좋다.

(3) 당뇨병(diabetes)

① 당뇨병의 진단 기준

당뇨병을 진단하는 방법으로서 미국당뇨병협회에서는 임산부가 아닌 일반인의 경우 공복시 혈당이 110mg/dl 이하일 때 정상이며 110-126mg/dl일 때 예비당뇨병 그리고 126mg/dl 이상이면 당뇨병이라고 하였다. 또한 식후 2시간 후에 측정된 혈당이 정상 140mg/dl 이하일 때 정상이며 140-200mg/dl일 때 예비 당뇨병, 그리고 200mg/dl 이상일 때 당뇨병으로 정의하였다. 혈당이 높아지면 대체로 소변으로 당이 배설되는데 혈액내 당이 160-180mg/dℓ 이상인 상태로 순환하다가 신장에서 소변과 함께 당이 섞여 나오기 때문이다.

임산부의 경우 약 2-5%의 여성에서 임신성 당뇨(gestational diabetes)가 나타나는데 태아와 산모에 치명적일 수도 있으므로 혈당 관리가 중요하다. 따라서 임산부들은 공복 혈당이 60-90mg/dl일 때 정상이며 식전에 측정된 혈당은 60-105mg/dl이어야 한다. 식후 2시간에 측정된 혈당도 120mg/dl 미만으로 유지해야만 한다(ADA, 2003).

이러한 당뇨병 환자들은 빈뇨, 극단적 갈증과 허기, 이유 없는 체중 감소, 극단적인 피로감, 시야가 흐려짐, 잦은 감염, 상처가 잘 낫지 않음, 손발이 얼얼하고 무뎌진 감각, 건조하고 가려운 피부와 같은 여러 가지 증상을 나타낸다.

한편, 당뇨병을 진단하는 또 다른 방법으로서 다음 3가지 항목 중 1가지가 서로 다른 날에 2회 이상 나타날 때 당뇨병으로 진단한다.

- 항목 1 : 앞에서 말한 당뇨병 증상이 있는 사람이 식사와 무관하게 하루 중 아무 때나 측정한 정맥혈의 혈당이 200mg/dl (11.1mmol/l)을 넘는 경우
- 항목 2 : 최소한 8시간 칼로리 섭취를 하지 않은 공복 상태에서 측정한 혈장의 혈당이 126mg/dl (7.0mmol/l)을 넘는 경우
- 항목 3 : OGTT 또는 식후 2시간에 측정된 혈장 혈당이 200mg/dl 이상일 때, 단 OGTT 검사(oral glucose tolerance test)는 WHO에서 지정한 것처럼 75g의 포도당을 물과 함께 섭취한 후 혈당을 측정하는 방법으로서 포도당 섭취 후 2, 3시간 마다 혈당의 변화를 조사하는 방법임

당뇨병의 가장 큰 위험은 만성적인 합병증이 발생하는데 있다. 당뇨에 의해 동맥경화가 발생하고 혈압이 상승할 뿐만 아니라 높은 혈액 점성 때문에 말초 혈관까지 혈액 순환이 어려워지므로 시력 상실, 신장 기능 이상, 연골 및 관절 이상 그리고 허혈성 심장 질환 등이 발생한다.

② 당뇨병의 증세와 원인

당뇨병은 췌장 내 랑게르한스섬(island of langerhans)의 β세포에서 분비되는 인슐린이 부족하여 발생하는 만성적 대사 질환 중에 하나이다. 인슐린은 혈액 내에 있는 당을 조직으로 이동하여 에너지원으로 이용되도록 한다. 따라서 혈액 내 인슐린의 양이 부족하면 조직에서 당을 이용하지 못하므로 혈액에 많은 당이 남아 그 농도가 증가하게 된다.

인슐린은 당의 대사를 촉진할 뿐만 아니라 혈당을 근육으로 이동시켜 글리코겐으로 저장시키는 역할을 한다. 또한 인슐린은 지방 세포 내에서 중성지방을 합성시키는 동시에 지방의 분해를 억제하며, 단백질 합성과 저장에도 관여하고 있다. 따라서 인슐린이 부족하게 되면 지방세포가 중성지방으로 분해되는 것을 막지 못하게 때문에 혈액 중에 자유 지방산이 증가하게 된다. 혈중 자유 지방산이 증가하면 간에서는 아세틸 조효소의 역할이 제한을 받게 되며 자유 지방산이 에너지원으로 이용된다, 혈액 내에 자유지방산의 대사산물인 케톤체(acetone, acetoacetic acid, β-hydroxybutyrate)의 농도가 증가하여 이들이 소변으로 배설되게 된다. 케톤체의 배설은 대사성 산증과 탈수증을 유발하여 혼수상태에 빠지게 하므로 극히 위험한 증세라 할 수 있다.

당뇨병은 인슐린의 작용에 따라 인슐린 의존형 당뇨병(제Ⅰ형)과 인슐린 비의존형 당뇨병(제Ⅱ형)으로 나누어진다. 인슐린 의존형 당뇨병은 13세 이전에 나타나기 때문에 소아형 당뇨병이라고 한다. 이 형태의 당뇨병은 증세가 빠르고 심하게 나타나며 인슐린이 거의 분비되지 않기 때문에 반드시 인슐린을 주사해 주어야 한다.

인슐린 비의존형 당뇨병은 본인이 인지하지 못한 상태에서 천천히 증상이 나타나며 혈당치는 높지만 증세는 심각하지 않다. 이 형태의 당뇨병은 식사와 운동 그리고 약물 요법으로 조절이 가능하다.

당뇨병의 발병 원인은 다음과 같다.

첫째, 유전적인 요소로서 주로 인슐린 의존형 당뇨병을 일으키는 원인이 된다. 일란성 쌍생아는 이란성 쌍생아에 비해 당뇨병이 동시에 발생할 확률이 4배나 높으며, 양친이 당뇨병 환자인 경우에 자식의 발병률은 30%에 이르게 된다.

둘째, 당뇨병은 바이러스성 감염으로 발생되는데 이는 바이러스에 의해 췌장의 랑게르한스섬 세포가 기능을 상실할 때 발생한다. 이 이론은 동물 실험으로만 입증된 것으로써 현재 다양한 의견이 있다.

셋째, 비만은 인슐린 비의존형 당뇨병의 주요 원인이 되며 심한 비만의 경우 당뇨병이 발생할 가능성은 야윈 사람에 비해 20배가 넘는다. 비만자의 경우 당뇨병 발생이 높은 것은 비만 세포의 영향으로 인슐린 농도를 감지하는 수용기의 활동 능력이 저하되었기 때문이다.

넷째, 신체활동이 부족한 것은 그 자체가 당뇨병을 유발하는 원인이 되며, 비활동성 비만에 의한 2차적 발병의 원인을 제공하기도 한다. 최근의 연구에서 며칠 동안 침대에 누워 있게 했을 때 혈당이 높아지고 인슐린 또한 증가되는 것을 확인했으며, 이 때 높아진 혈당을 조절하는 인슐린의 능력 또한 현저하게 약화되었다는 것이 밝혀졌다. 이는 결국 신체활동 부족이 당뇨병의 원인임을 나타낸 것이다.

그 밖에도 당뇨병을 유발하는 원인에는 식사 습관, 연령 증가, 내분비 이상 및 과중한 스트레스 등이 있다.

③ 당뇨병 환자의 운동

당뇨병의 치료는 혈당 수준을 정상으로 조절하는 데 목적이 있다. 혈당의 조절은 인슐린 의존형 당뇨병인 경우 인슐린 주사에 의존하지만 인슐린 비의존형 당뇨병은 약물 복용, 식사 및 운동 요법에 의하여 조절이 가능하다. 이 가운데 약물 요법은 매일 주사를 맞아야 하는 어려움뿐만 아니라 주사를 통한 감염의 위험이 있다. 식사 요법은 체중을 줄이는데 목적이 있기 때문에 칼로리의 섭취를 제한해야 한다. 그러나 당뇨병 환자들은 배고픔과 함께 만복감을 느낄 수 없는 식사를 해야 하므로 그 고통이 대단하다. 운동 요법은 인슐린의 작용 능력을 몇 배로 증가시킬 수 있기 때문에 당뇨병 치료에 효과적이다.

규칙적인 유산소성 운동을 하면 인슐린 의존형 당뇨병 환자는 인슐린 투여량을 30-50% 감소시킬 수 있으며 인슐린 비의존형 환자의 경우도 최대 100%까지 인슐린 투여를 줄일 수 있다. 이는 유산소성 운동에 의해 세포의 인슐린 수용기가 증가하였거나 인슐린이 세포에 작용할 때 이를 감지하는 수용기의 민감도가 향상되었기 때문이다. 규칙적인 운동은 그 밖에도 체지방을 감소시키거나 비만을 예방함으로써 비만 때문에 발생하는 당뇨병을 예방할 수 있으며 혈장의 지질 농도를 낮추기 때문에 심장병 예방에도 유익하다.

제Ⅰ형 환자는 제Ⅱ형 환자에 비해 다소 낮은 강도로 운동한다. 안정시 혈당이 250mg/dl인 환자까지 운동을 할 수 있으며 혈당이 그 보다 높으면 소변검사를 통해 케톤체의 배설 유무를 검사하여야 한다. 소변을 통해 케톤체가 배설되는 것은 운동시 에너지원으로써 지방산이 이용되고 있다는 증거로서 대사성 산증을 유발하므로 먼저 혈당을 낮추는 것이 필요하다.

당뇨병 환자는 운동 시작 시간을 잘 선택해야 한다. 운동은 식후 1-3시간 후, 또는 인슐린 투여 1시간 후에 시작하여야 한다. 갑작스럽게 강한 운동을 실시하면 케톤체가 발생할 수 있으므로 낮은 운동 강도를 선택하여 지속적으로 운동하여야 한다. 장시간 운동이 지속되는 경우 혈당 감소를 예방하기 위하여 30분마다 당분을 섭취하는 것이 필요하다.

당뇨병 환자는 1주에 최소 500kcal을 소비하는 운동을 규칙적으로 해야 한다. 주당 운동량이 500kcal씩 증가할 때마다 제Ⅱ형 당뇨병이 발생할 가능성은 6%씩 감소한다는 주장도 있다. 그러나 처음 운동을 시작할 때에는 당뇨병의 상태와 체력 등을 고려하여 자신에게 맞는 운동량을 선택하는 것이 필요하다. 주당 500kcal의 운동을 수행하기 위해서는 주당 총 운동시간이 1시간을 넘어야 하며, 운동 강도는 시속 8km의 조깅이나 시속 16km 정도의 자전거 타기의 운동 또는 중등도 이하의 수영이 효과적이다.

(4) 대사증후군(metabolic syndrome)

대사증후군은 인슐린 분비량이 부족하거나 기능이 저하되어 여러 가지 퇴행성 질환을 복합적으로 유발하는 병으로서 과거에는 원인이 정확하게 밝혀지지 않아 X증후군, 신세계 증후군(new world syndrome), 죽음의 사중주(deadly quartet), 인슐린저항성증후군(insulin resistance syndrome) 등으로 불렸다.

대사증후군의 가장 중요한 개념은 인슐린 저항성이며 비만, 지질 이상 그리고 당 불내성이 군집성으로 나타나는 것이 특징이다.

① 대사증후군 진단 기준

1998년 WHO에서 처음으로 대사증후군에 대한 기준을 발표한 이후 1999년 European Group for Study of Insulin Resistance(EGIR), 2001년 National Cholesterol Education Program Adult Treatment Panel III (NCEP, ATP III), 2003년 American Association of Clinical Endocrinologists(AACE), 2005년에 International Diabetes Foundation(IDF)와 American Heart Association/National Heart, Lung, and Blood Institute (AHA/NHLBI)에서도 여러 가지 진단 기준을 발표하였다.

현재 ATP III의 기준이 적용상의 용이함 때문에 가장 널리 활용되고 있다. ATP III기준은 복부 비만을 중요한 병인위험인자로 강조하고 있으며 진단을 위해 복부비만, 고 중성지방, 저 HDL-C, 고혈압, 고혈당과 같이 5가지 위험인자 가운데 3가지가 만족하면 대사증후군으로 진단하도록 하고 있다(NIH, 2001).

- 복부비만: 허리둘레 남자 90㎝ 이상, 허리둘레 여자 85㎝ 이상
- 중성지방: 150㎎/㎗ 이상
- 고밀도 콜레스테롤(HDL): 남성 40㎎/㎗ 미만, 여성 50㎎/㎗ 미만
- 혈압: 수축기 130㎜Hg 이상 또는 확장기 85㎜Hg 이상
- 공복 혈당: 110㎎/㎗ 이상 또는 당뇨병 치료 중

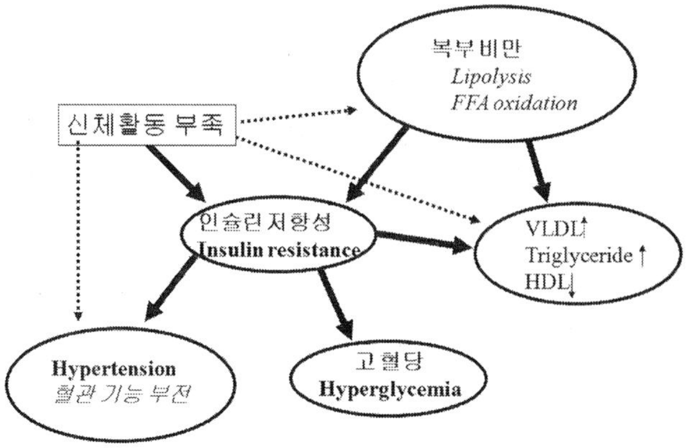

그림 6-4. 대사증후군발생 위험인자들의 상호작용

② 대사증후군의 원인

인슐린은 췌장에서 분비되는 호르몬으로 혈당을 근육과 간세포 등에 저장하는 기능이 있다. 그런데 인슐린이 충분한 상태에서도 혈당이 세포내로 이동하지 못하는 경우가 발생할 수 있는데 이를 인슐린 저항성이 증가되었다고 한다.

인슐린 저항성이 높은 상태에서는 고혈당 현상이 있으며 말초조직은 에너지원의 부족으로 어려움을 겪는다. 이를 해결하기 위해 췌장에서 인슐린 분비량이 더욱 증가하는데 이것이 고인슐린 혈증이다. 고인슐린 혈증은 혈당 대사에 이상을 일으켜 당뇨병을 유발하고, 지질대사의 이상을 초래하며 혈중 중성지방의 농도를 높이고 HDL-C를 감소시킨다. 혈액에 Na^+를 높여 고혈압을 유발하고 요산을 높여 통풍을 유도하며 혈액의 점성을 증가시킨다. 이와 같은 현상은 당뇨병과 고혈압, 뇌졸중, 심장병 등 각종 심혈관 질환을 일으키는 근본적인 원인이 된다.

인슐린 저항성이 증가하는 원인은 아직까지 분명하지 않지만 복부 비만과 신체활동 부족이 가장 유력하게 거론되고 있다.

③ 대사증후군과 운동

미국 당뇨병협회는 대사증후군을 예방하고 치료하기 위해 가장 먼저 생활양식을 바꾸도록 권고하고 있다. 인슐린 분비 부담이 적은 저혈당지수 음식을 먹으면서 비만을 줄이고 규칙적으로 운동하는 것이 중요하다고 강조하고 있다(ADA, 2003).

가장 손쉽게 운동할 수 있는 방법은 일상생활 중에 신체활동 빈도를 높이는 것이다. 즉, 시간을 내어 운동하는 것보다는 집안 정리나 마당청소와 같은 일상적인 일에서부터 걸어서 출근하기, 업무상 이동할 때는 대중교통을 이용하기, 사무실을 오고 갈 때는 계단 이용하기 등과 같이 모든 일상생활을 신체활동과 연계시키는 것이다.

이러한 신체활동은 건강을 유지하는데 기본적인 운동량이므로 추가적으로 적극적인 유산소성 운동을 매주 3-5회 정도 실시하는 것이 좋다. 유산소성 운동으로는 걷기와 빨리 걷기가 좋은 방법이며 수영도 권장할 만하다. 그러나 유산소성 운동은 지루한 운동이며, 자신에 끊임없이 격려와 동기를 제공해야 하므로 6개월 이상 지속하는 것은 쉬운 일이 아니다. 따라서 여가스포츠클럽이나 동호회에 가입하여 친목을 다지고 사회성을 유지하면서 여가 스포츠 활동을 계속한다면 중도에 탈락하는 경우는 많지 않게 된다.

균형 있는 신체기능을 유지하기 위하여 주 1-2회 정도는 저항 운동을 통해 근력을 강화하는 것이 필요하다. 저항운동은 자신의 수준에 맞도록 중량을 정하여 단계적으로 훈련한다면 근력의 위약을 예방할 수 있다. 근력이 증가되는 것은 상해 발생 가능성을 최소할 수 있다는 점에서 유연성 운동과 병행하여 시행하는 것이 바람직하다.

가장 경계해야 하는 것은 지나치게 오랫동안 신체활동을 중단하는 일이다. 피로를 느낄 때 휴식을 취하는 것은 당연하다. 그러나 지나치게 오랫동안 신체활동을 중단해서는 안 된다. 규칙적인 신체활동을 중단하게 되면 빠르게 운동 중단 효과가 나타나는데 장기간 운동을 지속하였던 사람이라도 체력 수준이 현저하게 감소한다(고기준 등, 2008).

제7장

현대사회와 체육

1. 체육의 의의

체육은 지금까지 신체문화나 신체훈련 등은 인간의 몸과 마음 중 오직 몸에만 국한시킨 감이 있다. 즉, 신체에 의한 교육으로 간주될 수 있다. 체육이란 운동욕구라는 자극에 대하여 신체운동이라는 행동으로 반응하는 과정에서 이루어지는 인간의 성장 즉 바람직한 인간완성 또는 전인적 인간을 육성하려는 교육을 의미한다. 오늘날 체육의 개념이란 대근육 활동을 통해서 얻어지는 건강체는 물론이고 심리를 수반하는 지적인 면, 대인 관계에 있어서의 사회적인 면을 생각하게 되고 원만한 인품 그리고 나아가서 민주적인 하나의 인격자로 생각하게 되었다. 그러므로 우리는 체육을 인간의 신체활동 그 중에서도 대근육활동을 수단으로 하는 신체의 교육인 동시에 신체에 의한 교육이라고 말 할 수 있을 것이다. 국어사전에서는 건강한 몸과 온전한 운동능력을 기르는 일, 또는 그것을 목적으로 하는 교육, 학교 교육에서 운동경기의 이론이나 실기를 가르치며, 체력의 향상을 꾀하는 것 이라고 정의하고 있다.

체육이란 무엇인가? 라고 물었을 때 학자에 따라 다소의 차이가 있으나 일반적으로 신체를 통한 교육, 또는 신체에 의한 교육이라고 말하고 있다. 우리들의 신체활동은 인간의 생명적 표현으로서 불가결한 것이며 이로서 인간은 생활적 존재임을 나타내는 것으로 신체활동을 하는 가운데 교육이 이루어지고 있으므로 체육은 신체활동을 통한 교육이라는 의미가 있다. 그리고 신체활동은 인간의 표현적 감성적 행위로서 인간자체와 사회를 형성하여 가는 것이다.

그러나 신체활동을 본질적인 인간의 행위로 형성시키려면 생리적 욕구를 발현하게 방치해서는 인간의 본질이란 목표로 방향을 돌리게 할 일정한 계획과 수단이 필요한 것이다. 신체활동은 인간의 표현이며 내적 자아의 행위이므로 인간과 신체활동은 중요한 의미를 가지고 있다. 그러므로 그 신체활동을 형성하려고 하는 인간상을 목적으로 하여 실행하는 개인의 특성과 성격 그리고 지도방법을 고려하여 선택되어져야 할 것이다.

체육활동이라고 무조건 체육이 아니고 계획적이고 의도적으로 신체활동을 수단으로 인간을 만드는 교육적인 효과를 가져와야 체육이라고 할 수 있다. 국민체육진흥법의 규정을 준용하면 체육이란 운동경기, 유회 및 야외활동 등 신체활동을 통하여 건전한 신체와 정신을 배양하는 것이고 하고 있다.

체육이란 개념규정은 1964년 국제술어연구회의 보고서가 출판되면서 국제적인 체육 개념의 공통이해로 시작되었다. 국제적으로 체육은 Physical Education이라고 쓰고 있다.

체육의 개념은 신체와 관련되어 신체활동(physical activity), 신체운동(physical exercise), 신체수련(physical training), 신체교육(physical education), 신체문화(physical culture)로 체육의 개념으로 다양하게 해석되고 있다.

최근에 스포츠라는 개념이 체육이란 개념을 대신하거나 혼용하는 경향이 있어 체육을 스포츠교육(sport pedagogy)이라고 까지 부르고 있음은 체육의 정체성 확립이 필요함을 의미한다.

체육은 운동을 통해서 품성도야가 이루어짐으로 교육적 가치를 지닌 신체활동이어야 한다. 다시 말하면 체육교육이 주로 신체활동을 수단으로 하는 교육이므로 체육교육은 신체활동의 잠재적 가치를 최대한으로 증대시킴으로서 인간을 형성시켜 가려는 작용이라고 말할 수 있다.

이와 같이 생각하여 볼 때 체육의 정의는 '인간의 신체활동 그 중에서도 대근활동을 수단으로 하는 신체의 교육인 동시에 개인의 특성과 방법을 고려하여 선택된 신체활동의 잠재적 가치를 구현함으로써 인간을 형성시키려는 작용이다'라고 말 할 수 있겠다.

체육학의 개념이 현대사회의 특징과 흐름을 제대로 반영하지 못한 결과 학교체육의 부실화와 체육학의 실제적인 교육 패러다임의 형성에 상당한 한계점을 수반하여왔던 것이 사실이다. 현대사회에서의 체육학의 지평은 단지 외국의 체육개념의 일방적 도입과 적용이 아닌 보다 실제적이고 현실적인 개념의 정립이 필요하므로 건강, 여가, 웰빙(well-being)등에 대한 새로운 개념 적용의 가능성을 열어두는 것이 중요하다. 결국, 이러한 시대적 추세를 반영하지 못한 체육인문학과 체육교육은 학교체육 및 생활체육의 확고한 목표인식과 개념의 취약성에 따라 체육인문학의 지평과 자리매김에 한계에 직면할 것은 자명한 사실이다.

체육은 움직임 욕구의 실현 및 체육 문화의 계승, 발전이라는 내재적 가치와 체력 및 건강의 유지·증진, 정서순화, 사회성 함양이라는 외재적 가치를 동시에 추구함으로써 인간의 '삶의 질'을 높이는 데에 공헌하는 교과이다(교육부, 1997).

체육교육은 타 교과에서 배운 학습방법과 태도를 다양한 신체활동을 통하여 내면화시키는 특징(김정식, 1994)과 여하한 운동 상태에서도 적응할 수 있는 체력, 사회생활에 필요한 정의적 행동 등을 조화롭게 발달시켜 일상생활에서 풍요를 즐기게 하는 실천적이고 행동적인 교과이다. 또한 학생활동을 통해 문제 해결 능력과 고등정신 능력을 자극하고, 정의적 행동을 향상시켜 주는 교과로 적극적인 교육방법을 요구한다.

따라서 학교체육은 교과과정을 통해 성장기에서 성년기에 있는 젊은 학생들의 신체활동을 통한 교육을 시켜 하나의 완전한 인간성과 유용한 국민을 육성할 목적으로 여러 운동 활동을 통해 건강한 인간을 육성하는데 있다. 즉 체육은 전인교육을 의미하는 것이다(김진호, 1990).

교육기본법 제2조에 "교육은 홍익인간의 이념 아래 모든 국민으로 하여금 인격을 도야 하고 자주적 생활능력과 민주시민으로서 필요한 자질을 갖추게 하여 인간다운 삶을 영위하게 하고 민주국가의 발전과 인류공영의 이상을 실현하는데 이바지하게 함을 목적으로 한다."라고 명시되어 있다. 하지만, 교육인적자원부는 건전한 시민 육성이라는 보통교육의 기본이념과 원칙을 사실상 포기함에 따라, 우리나라의 학교교육은 건전한 시민을 육성하기 위한 보통 교육에 바탕을 두고 있음에도 불구하고 대학 입시를 위한 주지교과 중심의 공교육 체제를 편승하여 학교체육의 중요성은 무시되고 있다.

그 결과, 체육수업 시수를 줄이고 학교의 운동장에 체육시설이 아닌 다른 여타의 시설을 설치하여 학생들의 체육 활동 시간과 공간을 축소시키고 운동장 없는 학교의 설립을 추진하는 교육의 이념과 목적을 무시한 정책은 결국 체육의 개념과 목적, 그리고 이의 교육내용 실현간의 괴리로 진단할 수 있을 것이다. 이는 보통교육을 위해 노력해야할 교육인적자원부가 왜곡된 정책으로 많은 사람들을 잘못된 교육을 받도록 방치하고 있는 것이다.

체육에 대한 인식 부족으로 학교 현장에서 체육교과를 바라보는 학교행정가나 교사들 자신, 그리고 그것을 바라보는 학부모들의 의식과 관련한 문제점을 생각해 볼 수 있다. 현재 중·고등학교 체육교육의 실상은 체육시간을 입시위주의 공부에서 받는 스트레스를 해소케 하는 기회로 간주하여 교육과정의 내용체계를 무시하고 축구나 농구 등의 스포츠 활동 중심으로 편법 운영하는 경우가 많다. 심지어 일부 인문계 고등학교에서는 정규 체육교과목 시간으로 전용하는 경우도 있다. 정석구(2005) 교육인적자원부 교육복지심의관의 "고 2, 3학년의 경우 체육이 선택과목으로 바뀌면서 남학생 21%, 여학생 31%가 체육수업을 전혀 받고 있지 않고 있다"는 보고는 결국 체육수업의 중요성 및 제7차 교육과정의 살현에 치명적인 오류를 범하고 있음을 확인할 수 있다(강성만, 2005). 일상적으로 체육은 운동기능이나 체력뿐만 아니라 정서 함양과 지적인 발달을 꾀하는데 그 목표를 두고 있다. 그러나 외재적 가치인 운동능력 극대화와 내재적 가치인 건강한 인간 육성 중 전자에 치우쳐 교육의 기본방향과 건강한 인간을 기르는데 소홀히 하여 왔던 것이다. 체육은 한마디로 인간의 교육(education of the person)으로서 인간의 움직임을 바탕으로 자신의 지적, 정서적, 심동적 영역의 발달을 꾀하는데 그 목적이 있다. 하지만 우리의 체육은 그 목적과 목표, 그리고 개념과는 거리가 먼 형태로 교육되어지고, 교육하는 이중의 모순을 가지게 된 것 이라 볼 수 있다. 특히, 초·중·고 12년간의 체육교육은 바로 이러한 기대와 개념의 적용과 노력에 부합되지 못하는 역사를 가졌던 것이다.

2. 체육의 가치

1) 신체적 가치

현대인은 기계문명이 고도로 발달한 현대사회에서 안락하고 편안한 문화생활을 영위하고 있는 반면에 교통수단의 발달로 인하여 걷기와 같은 자연스러운 신체활동의 기회마저 줄어들게 되었으며 일과의 대부분이 좌업 중심적으로 이루어짐에 따라 신체활동량이 극히 부족하게 되었다. 또한 도시의 과밀화 현상으로 인하여 가벼운 산책이나 신체활동을 할 수 있는 공간이 부족하여 휴식시간의 대부분을 잡담과 소일거리로 보내고 있다. 이러한 기계문명과 산업발달의 사회에서 인간은 제한된 신체활동으로 인하여 생활을 유지하는 데 필요한 최소한의 체력만을 간신히 유지하고 있으며 시간이 경과함에 따라 체력은 쇠퇴, 저하되고 있으며, 작업의 수행과정에서 나오는 스트레스와 불균형적인 식사 또는 영양공급과 신체활동의 불균형 등은 체력의 저하와 밀접하게 관련되어 있다. 그리고 이러한 요인들의 복합적인 작용으로 인해 성인병과 같은 질병에 걸리게 됨으로써 평상시에 인식하지 못하였던 건강과 운동의 중요성을 절감하게 된다.

많은 의학적 보고에서는 현대인들은 과거에 비해 심장병, 당뇨병, 신경과민, 비만, 요통 등 성인병에 걸릴 확률이 높다고 보고하고 있으며 그에 대한 예방책과 치유책으로 적절한 운동과 신체활동을 강조하고 있다. 인간의 신체는 적당히 사용하면 그 기능이 향상되지만 사용하지 않거나 지나치게 사용하면 그 기능이 저하된다. 따라서 적절한 운동을 규칙적으로 수행하는 것은 근육, 뇌, 호흡, 심장, 순환계 등에 자극을 주어 그 기능을 향상시킴과 동시에 신진대사를 원활하게 한다. 즉 규칙화된 운동의 수행은 혈압을 낮게 해주고 콜레스테롤과 같은 혈액 내 지방성분을 배출시킴으로써 동맥경화증을 막아주고 체중이 늘어나거나 지방이 축적되는 것을 예방 해준다.

인간의 신체는 생물학적 욕구에 따라 끊임없이 움직이면서 성장하고 발달하기 때문에 적당한 운동은 인체의 발달과 성장에 알맞은 자극을 줌으로써 전반적인 성장과 발달을 촉진시킨다. 운동을 통해서 근육을 만들고 자세를 교정할 수가 있고 신체의 기능을 발달시키며 적당한 운동은 신체의 퇴화를 방지하여 건강한 체력을 노년기까지 유지할 수 있기 때문에 수명연장이라는 가치를 가지고 있다.

이처럼 신체활동을 통해서 우리는 질병을 예방하고 치료할 수 있으며 신체활동을 통해 신체가 성장하고 발달하며 수명도 연장시킬 수가 있다. 따라서 현대인들은 신체의 건강을 유지하기 위해서 적절한 신체활동과 운동을 규칙적으로 수행하는 것이 절대적으로 필요하며 이는 곧 체육의 생활화를 의미하는 것이다. 생활체육은 운동량이 부족한 현대 도시 산업사회의 인간에게 생존에 필요한 적정량의 신체활동 무대를 제공함으로써 건강유지 뿐 아니라 튼튼한 체력을 육성하고 신체를 움직이고 싶어 하는 생리적 욕구를 충족 하는데 기여한다.

2) 정서적 가치

현대사회에서 대부분의 사람들은 업무 혹은 다른 어떤 일과 관련된 스트레스와 중압감을 지니고 있다. 근로자에게는 작업장에서의 사고에 대비한 긴장의 연속, 주부에게는 과다한 가사일, 학생에게는 과중한 학업에의 부담 등에 대한 불안과 초조, 만성적인 피로감을 느끼게 한다. 이러한 스트레스의 누적은 질병을 야기할 가능성이 있으며 정서불안으로 인하여 모든 일에 의욕을 잃음으로써 사회생활을 원만하게 영위하는데 큰 지장을 초래할 수 있다.

오늘날 이러한 정서적인 긴장을 해소하기 위하여 알콜, 진정제나 다른 약물을 사용하고 있는 것을 엿볼 수 있다. 과도한 약물의 사용과 음주는 중독증을 가져오며 이러한 문제는 개인적인 차원을 넘어서 사회적 문제가 발생되고 있다. 따라서 이러한 스트레스와 욕구 불만의 배출구로서 규칙적이고 적당한 신체활동이 요구된다. 사회가 복잡화, 다양화 되어감에 따라 현대인들은 여러 가지 복잡적인 요인에 의하여 스트레스를 경험하며 살고 있다.

체육활동은 그 자체가 피로를 초래함에도 불구하고 스트레스의 좋은 해소방법으로 이용되고 있다. 이것은 신체운동이 중요한 생리적인 효과를 거둘 수 있으며 아울러 심리적인 만족감까지도 제공하기 때문이다. 곧, 체육활동의 즐거움은 몸과 마음의 조화를 촉진시키는 효과가 매우 크다. 이러한 측면에서 볼 때 신체활동은 스트레스를 해소 하는 아주 좋은 방법 이라고 말 할 수가 있겠다. 즉 규칙적인 신체활동은 근심과 걱정의 완화, 공격성의 억제, 죄의식의 경감, 열등감을 해소할 수 있는 배출구로서 그 역할을 수행한다는 점에서 가치가 있다고 하겠다.

또 건전한 정신은 자신뿐만 아니라 타인에게도 편안함을 주는 것으로 인식된다. 정신건강의 중요성에 대한 실례로서, 정신과 의사들은 환자들로부터 얻은 임상연구 결과를 통해, 정신적으로 건강한 사람은 그들의 일상업무를 수행하기 위해 의지적인 활동에 참가한다고 설명하고 있다. 모든 인간은 성취 또는 성공감을 느껴야 할 필요성이 있다. 이러한 것은 체육활동을 통해서도 발전시켜 나갈 수 있다. 체육활동을 통하여 얻게 되는 성공적인 경험은 자신감과 행복감을 가져다준다. 어렵게만 느껴지던 농구 자유투의 경우 연습을 통한 기능향상으로 자유투를 잘 던지게 된 다음부터 할 수 있다는 자신감을 심어주게 된다. 체육은 이처럼 여러 가지의 신체활동을 제공하고 성공을 위해 필요한 기술들을 발달시킴으로써 성공적인 경험들을 제공해 준다. 따라서 지도자는 초보자나 학습자들에게 성공경험을 심어줄 수 있는 기회를 제공하는 것이 무엇보다 중요하다. 이처럼 신체활동은 스트레스를 해소 할 수 있는 가장 좋은 방법이며 건전하고 건강한 정신을 가질 수 있게 해주며 성공감, 성취감, 자신감, 의지 등을 심어준다. 이와 같이 신체활동을 중심으로 이루어지고 있는 생활체육은 현대사회의 모든 사람들에게 체육활동의 기회의 장을 제공함으로써 긍정적이며 실제적인 자아개념을 형성하고 강화하며 정서적 복리에 기여하는 기쁨을 제공하는 동시에 창조적인 자아를 달성하는 데 그 가치를 가지고 있다.

3) 사회적 가치

사람이 공동의 사회생활에 잘 적응하기 위해서는 자신의 책임, 타인과의 협동, 원만한 사회적 성격이 요구되며 단체 활동과 같은 체육활동은 이를 효과적으로 길러 준다.

사회적 적응력 배양은 사람은 혼자서 살수 없으며 사회 성원의 일원으로 상호 의존하며 살아가게 되며 경쟁과 협력의 기회를 주고 책임감, 협동심, 예의 등을 몸에 익히게 한다. 체육의 활동 장에서는 사람들 간의 상호작용이 이루어지며 다양한 인간관계가 형성된다. 사람들은 그 속에서 자신의 존재가치를 확인하며 타인과의 관계를 통하여 사회성이나 도덕성을 함양하게 된다.

또한 오늘날 대다수의 성인은 근무하는 작업현장에서 보다 여가나 신체적 활동을 매개로 한 자발적 집단관계를 통하여 사회적 접촉과 중요한 인간관계를 형성하려고 한다. 따라서 생활체육은 특별한 프로그램 집단을 형성하여 활동하게 함으로써 사람들에게 대인관계의 증진, 사회성의 함양, 공통된 관심사를 가지고 상호작용 할 수 있는 기회를 제공하여 준다.

또한 생활체육은 사회화 과정에서 기여도가 높다. 사회화란 사회에서 기대하는 여러 가지 행동을 배워나가는 과정, 집단의 규범이나 문화를 내면화하는 과정이다. 개인이 어느 집단의 구성원이 되어 그 집단에 잘 적응 하며, 다시금 그 집단이 가지고 있는 문화를 체득하고, 그 자신의 개성적인 특징을 발휘할 수 있을 때까지의 과정을 말한다. 사회화 과정은 개인과 개인 혹은 개인과 집단 사이의 상호작용을 통하여 일어난다. 체육활동은 참가하는 이들로 하여금 개인별 또는 집단간의 접촉으로 긍정적인 사회성을 길러준다.

3. 체육의 목적과 목표

현대 체육의 개념 변천과정에서 드러나듯이 체육의 목적과 목표는 시대와 다양한 주변 환경에 의해 간단하게 개념화될 수 있는 것이 아니다. 한때는 신체와 발육발달이 체육의 최고 목표이었으나 시대의 흐름에 따라 교육의 한 영역으로서의 체육, 즉 전인교육을 목표로 한 체육이 주를 이루었다. 그 후 체육은 다시 학문성에 대한 관심이 고조되었으며 최근에는 지나친 과학주의에 의한 전체선의 위기 문제가 논의되고 있다. 어느 한 개념이 최종적인 것이 될 수 없음을 말하며 "교육으로서 체육"이라는 개념조차도 다양한 입장에서 조명되어질 수 있음을 의미하는 것이다(김동규, 2000).

목적이란 단어는 대개 일반적으로 의도 또는 방향으로 정의된다. 목표는 좀 더 광범위하고 구체성을 가지지 않고 추상적인 개념으로 사용된다. 교육자는 가끔 목적을 동떨어진 간접적, 직접적인 목적으로 편성한다. 이러한 것들은 대개 아마도 먼 훗날 또는 가까운 미래에 또는 현재 실현 될 수 있는 의도를 반영한다.

전문지도자 아래에서의 신체활동의 참가는 참가자에게 어떠한 건설적인 결과를 가져온다. 이러한 결과가 체육의 목적이다.

어린이, 청소년, 그리고 성인들은 그들의 신체가 행동함으로써 운동과 연관된다. 운동이란 체육이 성취하고자 하는 목적의 매개물이다. 운동은 사람들에게 즐거움, 오락, 신체건강, 사회성, 정신적인 안식과 의사소통 등의 증진을 할 수 있게 해준다. 운동은 신체적, 정신적, 감정적, 사회적 발달에 관하여 교육하는 사람들을 위한 매개물이다(강유원 외, 2007).

인간의 신체활동은 삶의 본질이며 생존경쟁의 수단인 동시에 문화의 유형이다. 체육은 신체활동을 통하여 신체 각부를 고르고 튼튼하게 발달시키고, 굳세고 아름다운 정신과 건전한 사회적 성격을 기르며, 민주적 사회활동에 최선을 다할 수 있도록 함을 목적으로 삼고 있다. 최근 들어 생활체육의 필요성이 강력하게 대두되고 있는 데는 이와 같은 목적이 있는 동시에 현대 산업사회의 사회병리 현상의 치료에도 목적이 있다. 현대 산업사회는 기계문명의 급속한 발달로 인하여 일상생활이 보다 편리하고 윤택해졌으나 자동화, 분업화와 자동차의 급격한 증가로 인하여 신체활동이 감소됨으로써 운동부족 현상을 초래하여 국민의 건강과 체력이 점차 약화되고 있는 절박한 문제로 지적되고 있다. 더욱이 산업화 과정에서 나타나는 자연생태계의 파괴, 각종 공해의 발생, 인구의 도시집중 현상, 생활공간의 축소 등은 정신적 스트레스와 육체적 피로를 가중시켜 인간의 생활환경을 약화시킴으로써 현대인의 건강을 더욱 위협하고 있으며, 퇴폐향락산업의 번창과 약물중독 현상이 심화되고 있는 실정이다. 현대사회가 만들어낸 문명병, 성인병 등은 모두가 이로 인한 필연적 결과라고도 볼 수 있다. 더욱이 현대 도시생활의 특징적 현상인 대화의 단절은 군중 속에서의 고립감과 심리적 소외의식을 심화시키고 있다. 이러한 상황에서 가동화시대가 창출한 여가시간과 경제적 풍요가 반드시 좋은 일에 쓰여서 사람들의 행복한 삶을 절대적으로 보장해 주리라고는 생각하기 어렵다. 신체활동의 기회가 거의 없으며 있다고 해도 참여할 수 있는 여건이 미비한 사회에서 사람들은 늘어나는 여가를 주체하지 못하고 퇴폐적이고 향락적인 일에 몰두하게 되는 것이다.

그러나 모두가 자발적으로 참여하는 생활체육은 운동부족에서 오는 각종 질병의 예방뿐만 아니라 건강과 체력을 증진시키고, 나아가 여가시간을 건전하게 활용할 수 있는 가장 효과적인 방법 중의 하나이다. 곧, 복잡한 현대사회를 살아가는 현대인들에게는 예방 의학적인 측면과 건강 증진 이외에 스트레스 해소, 여가선용 등의 필요성이 존재하는데, 생활체육은 이를 충족시켜줄 수 있는 요소를 지니고 있다. 이러한 측면에서 체육의 필요성이 크게 대두되고 있다. 개인적 측면에서 생활체육은 인격형성은 물론 단결심과 협동심을 길러주며, 규칙적인 생활을 통해 준법정신을 키워주는 좋은 마당이 되기도 한다. 곧, 정신적 만족과 함께 체육의 친화능력으로 원만한 인간관계와 사회화합을 배울 수 있다.

체육의 필요성은 매우 절실하다고 할 수 있는데, 체육진흥은 각자가 스스로의 선택에 따라 언제 어디서나 참여할 수 있는 환경이 마련되어야 하며, 참가자들에게 만족스러운 경험을 주고 보다 보람찬 생활을 위한 육체적, 정신적, 사회적, 도덕적, 경제적, 심미적 발달에 이바지 할 수 있는 사회교육의 일환으로 실시되는 것을 전제로 하여야 한다.

신체활동은 인간생명의 표현으로 인간은 신체활동을 통하여 그 생명을 유지하고 내적 자아를 실현시킨다. 이 내적 자아의 실현은 근원적 경향성을 가지고 있기 때문에 잘 다듬어지지 않으면 반사회적 행동을 나타내게 된다. 체육은 이러한 반사회적 행동을 예방하기 위하여 인간활동을 변화시켜 바람직한 인간을 만드는 교육의 일환이다. 이런 교육적 입장에서 볼 때 체육의 목적은 그 자체에 있는 것이 아니라 운동을 통하여 인간다운 인간 즉, 전인을 만드는데 있다.

체육은 국민의 건강과 체력증진은 물론, 건전한 민주시민 정신을 함양하고 나아가 지역사회 발전에 공감대를 형성하는 사회교육적 운동으로 볼 수 있다. 따라서 국민 체육 진흥을 통한 평생체육의 구현으로 건강한 국민의 육성과 건전한 여가활동의 생활화를 위하여 체육의 진흥은 매우 중요하다고 할 수 있다.

현대 체육의 목적은 합리적이고 의도적인 신체활동을 통해 신체적, 정신적, 사회적, 정서적으로 조화롭게 발달된 전인적인 인격을 형성하고자 하는 것으로서 교육의 일반목적과 일치 한다. 범애학파인 구츠무츠는 정신과 신체의 조화를 이루어 내는 일이 체육의 진정한 목적이라고 하였으며 신체적, 정신적으로 균형을 이룬 인간을 이상적인 인간으로 보고 체육이 이상의 실현에 필수적인 수단이라고 하였다(하남길 외, 1997).

Laporte(1973)는 "체육의 궁극적인 목적은 건전하고 흥미 있는 신체활동을 매개로 하여 개인을 조화 있게 발달시키고 교육 받게 하는 것으로, 이를 통해 각 개인은 신체적·정신적으로 자신의 최대능력을 깨닫게 되며 격렬한 정서적 스트레스 아래서도 협력하여 일하는 것을 배울 수 있다."고 하였다. Williams(1964)는 "체육의 목적은 개인이나 그룹에게 숙련된 리더십을 길러주고, 신체적으로 유익하고 정신적으로 만족하고 사회적으로 건전한 방향으로 행동할 수 있는 기회를 가질 수 있도록 적절한 시설을 제공해 주는 데 있다." 라고 하였으며, Bookwalther(1969)는 "체육의 목적은 사회적 위생적 기준에 따라 선정된 여러 가지 스포츠, 무용, 체조활동에 참가하고 교육을 받음으로써 신체적, 정서적, 사회적으로 통합되고 적응된 개인으로 최적의 발달을 이룩하는데 있다."고 하였다. Schurr(1980)은 운동의 구조를 이해시키고 조직적 혹은 비조직적으로 운동을 광범위하게 실행시키며, 체력의 유지와 발달, 새로운 동료에게 접하도록 하고 운동을 통한 의사소통을 하도록 하며, 인간관계를 향상시켜 운동의 중요성과 의미를 찾을 수 있도록 하는데 체육의 목적이 있다고 하였다. Daughtrey(1979)는 여러 학자들이 진술한 체육목적을 종합하여 "민주사회에서 체육은 각 개인의 전면적 발달단계를 통해 능력의 성취와 발전 및 건강과 안녕에 기여하고, 신체적, 정신적, 사회적으로 긴급하면서도 장기적인 모든 삶의 문제에 적응할 수 있도록 하는데 그 목적이 있다."고 하였다.

강신복(1994)은 체육의 목적을 개인의 신체적 잠재력 실현을 추구하는 개인발달 목적과 사회 참여 준비, 기회균등, 보편성에 바탕을 두고 수월성의 성취를 추구하는 사회·문화적 목적, 건강과 체력, 놀이, 인간 움직임을 추구하는 교과숙달 목적의 3가지로 구분하였다.

이상 종합해 볼 때 체육의 목적은 전인적 인격체의 완성이라는 교육의 목적과 일치한다는 것을 알 수 있다. 즉, 전인교육 실현을 위한 체육의 목적은 교육적으로 가치 있는 신체활동을 매개로 각 개인에게 신체적, 정신적, 사회적, 정서적으로 최적의 발달을 도모함으로써 개인의 잠재력을 최대한 발휘할 수 있게 하며, 민주사회의 구성원으로서 행복한 삶을 영위하고 건강한 시민으로 육성하려는 데 있다.

체육의 목적을 달성하기 위한 수단인 체육의 목표는 학자들의 견해에 따라, 또는 시대적, 국가적, 사회적 요구에 따라 많은 변화를 겪어왔다. 20세기 이후 여러 학자들이 제시한 체육의 목표를 보면 신체적, 정신적, 사회적 발달을 모두 포함하고 있다. 이는 체육의 가치가 교육적으로 의미 있는 활발한 신체활동을 수단으로 각 개인에게 신체적, 정신적, 사회적으로 최적의 발달을 도모하고, 민주시민의 건강한 구성원을 양성하는 데에 있기 때문이다. 김용 외 4명(1994)은 우리나라의 체육목표는 신체의 정상적인 발달, 사회적 성격의 형성, 지적·정서적 발달, 안전지도, 여가선용의 습관화로 나눌 수 있으며, 이것은 신체활동의 가치에서 유도된 가능성이며 이중 어느 것에 중점을 두는가 하는 것은 시대와 장소에 따라 변화한다고 하였다. 일반적으로 체육의 목표는 학습영역에 따라 심동적 영역의 목표와, 인지적 영역의 목표, 정의적 영역의 목표로 나누어지며 인간행동은 어느 한 기능만이 유일한 것이 아니며 이들 세 영역이 복잡하게 결합된 것이다. 심동적 영역의 목표는 운동과 신체적 활동을 다루는 것으로 체력 및 내장기관의 발달과 운동기능의 향상 등을 들 수 있고, 인지적 영역의 목표는 정보처리에 관한 지식 및 능력으로서 운동, 보건, 건강지식의 습득과 다양한 운동 상황에 대처 할 수 있는 문제해결능력, 탐구력, 창의력 등의 고등정신 기능의 함양을 들 수 있으며, 정의적 영역의 목표는 학생들의 감정, 태도, 가치, 사회적 행동들을 기술하는 것으로 희생정신, 자신감, 책임감, 공정심, 협동심, 지도성, 스포츠맨십, 사회성, 시민정신 등의 발달을 들 수 있다(박명기, 1990). 즉 체육의 인지적, 정의적, 심동적 목표는 신체, 기술, 자기인식, 정서와 사회성의 발달을 촉진하는데 있으며 이 세 가지의 목표는 체육의 본질이기도 하다(이진수, 1995). 정의적 목표와 인지적 목표는 주로 심동적 목표와 관련된 내용을 가르치는 과정을 통해서 달성되듯이 이들 세 영역들은 분리될 수 없으며 세 영역 중 어느 하나를 학습자 행동으로서 중요시하는 것은 교수목표의 질을 향상시키는 데 도움이 된다(강신복, 1994).

문제는 이러한 체육의 목표가 실제적으로 교육현장과 개념의 적용에 괴리가 없었는가 라는 질문에 우리 체육인문학도는 확신을 가지지 못한다는 점이다. 따라서 이러한 문제의 핵심에는 결국 진정한 한국적 체육의 개념 정립에 실패한 원인을 추적하고, 이에 따른 체육의 목표가 어떠한 모습으로 규정되어가야 하는지에 대한 논의를 전개하여 갈 것이다.

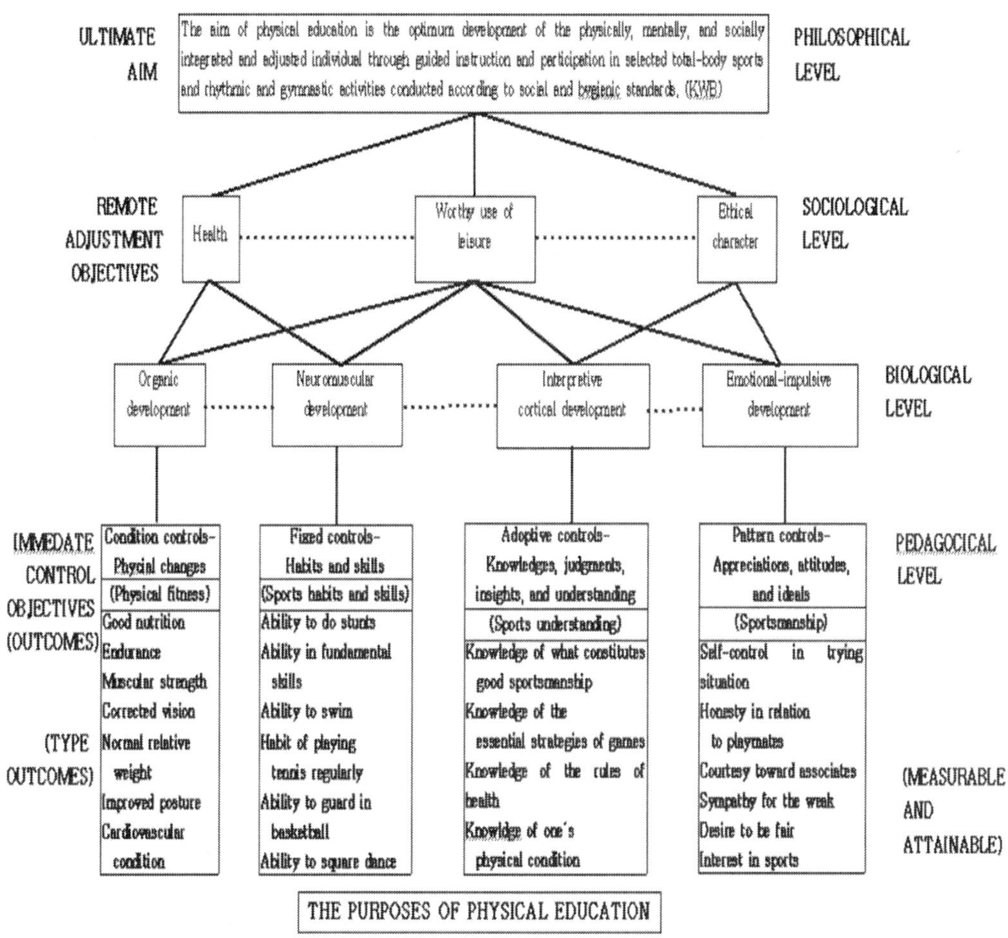

그림 7-1. 체육의 목적(Bookwalter, 1964)

1) 체육교과의 성격

체육은 움직임 욕구의 실현 및 체육 문화의 계승, 발전이라는 내재적 가치와 체력 및 건강의 유지·증진, 정서 순화, 사회성 함양이라는 외재적 가치를 동시에 구축함으로써 인간의 '삶의 질'을 높이는 데에 공헌하는 교과이다.

체육은 이와 같은 가치와 외재적 가치를 실현하기 위하여 체·지·덕이 통합된 인간의 육성을 위한 전인 교육을 궁극적인 목적으로 한다. 즉, 체육은 육상, 체조, 게임 및 스포츠, 무용 등과 같은 신체 활동을 주된 교육 내용으로 하여, 신체 활동 그 자체를 위한 기능의 습득뿐만 아니라 그에 관한 이론적 지식의 습득 및 태도의 발달을 통합적으로 도모하는 교과의 성격을 가진다.

초등학교 체육은 아동의 움직임 욕구를 실현하고, 다양한 신체 활동을 수행하는 데 에 필요한 기초 운동 능력과 체력을 기르는 데에 중점을 둔다. 또, 건강한 생활을 영위할 수 있는 지식의 습득과 운동에 즐겁고 적극적으로 참여하는 실천적 태도를 형성한다. 초등학교 체육은 아동의 움직임 욕구를 충족시킴으로써 신체 활동에 대한 흥미를 유발 하여 중학교 체육에서 강조될 다양한 스포츠 활동을 학습할 수 있는 기반을 마련하는 기초 단계로서의 성격을 가진다.

중학교 체육은 운동을 다양하게 경험하며, 보다 향상된 기능을 발휘하고, 체력 및 건강을 증진한다. 그리고 체육의 이론적 기초 지식을 적절하게 활용할 수 있는 초보적인 적용능력을 기른다. 또, 운동을 통하여 개인적으로 정서적 만족을 얻어 자아실현을 추구하고, 사회적으로 바람직한 태도를 기른다. 중학교 체육은 초등학교 체육에서 습득한 학생들의 신체 활동에 대한 적극적인 흥미를 발전시켜 고등학교 체육에서 강조되어 평생 스포츠 활동의 학습을 촉진하도록 하는 단계로서의 성격을 지닌다.

고등학교 1학년 체육은 다양한 운동에 참여하여 보다 전문화된 운동 기능을 발휘하고, 체력의 향상 및 건강의 증진을 추구한다. 그리고 체육의 이론적 지식을 학습하여 실제 운동 참여시 이를 적절하게 활용할 수 있는 능력을 기른다. 또, 운동을 통하여 개인적인 정서 함양과 사회적으로 바람직한 윤리적 규범을 습득한다.

고등학교 1학년의 체육은 국민 공통 기본 교육 과정이 완성되는 단계로서, 중학교에서 학습한 내용을 보다 심화시키거나, 새로운 내용을 다루어 다양한 운동을 경험하게 한다. 또, 고등학교 1학년의 체육은 고등학교 2, 3학년의 일반 선택 교과목인 '체육과 건강'을 학습할 수 있는 기반을 마련하는 성격을 지닌다.

체육과의 목표는 다양한 신체 활동을 통하여 학생 개개인의 움직임 욕구를 실현하고, 운동을 수행하는 데에 필요한 기능과 체력을 증진하며, 운동과 건강에 관한 지식을 이해하고, 사회적으로 바람직한 태도를 함양한다.

다양한 운동에 적극적으로 참여해 운동 기능과 체력 및 심신의 건강을 증진하고, 운동과 건강에 관한 다양한 지식을 이해하고 활용하는 방법을 익히며, 운동을 통해 사회적으로 바람직한 태도 및 문화적으로 가치 있는 규범을 익힌다.

체육은 신체 활동을 통하여 지·덕·체의 조화된 전인적인 인간 발달을 도모하는 교과이다. 즉, 교육의 일반 목적 내에서 합리적이고 의도적인 신체 활동을 통하여 건강과 체력을 향상시키고, 적절한 발달을 이룩함으로써 개인의 잠재력을 최대한으로 증진시키며, 행복하게 삶을 영위할 수 있도록 돕는 것을 그 목적으로 한다.

체육의 본질을 이야기할 때 크게 교육의 내재적 관점과 외재적 관점으로 나누어 볼 수 있다. 체육의 내재적 관점을 이해하는 주관적 입장에 의하면 신체 활동을 통한 경험과 즐기는 경험이 강조되고, 객관적 입장에 의하면 스포츠의 기술, 전술, 규범, 지식 등의 문화적 내용이 중시된다. 외재적 관점의 체육은 개인과 사회의 목적을 달성하기 위한 수단으로서 체육을 정당화하며, 과학적 방법으로 기술되고 평가, 통제될 수 있다고 가정한다. 따라서 체육 교과는 개인적, 문화적 가치의 향유라는 내재적 가치에서 시작해 개인적, 사회적 목적의 달성이라는 외재적 가치를 절충해야 한다.

또, 체육은 신체적 강건함이나 정교한 신체 움직임 기술을 습득함으로써 신체적 탁월성에 도달하는 것을 넘어 신체의 본질적 의미를 추구하고 삶의 질 향상을 위한 인간 움직임에 담겨진 가치를 인식하고 내면화하는 데 교육의 중점을 두고 있다.

이에 제7차 체육과 교육 과정에서는 움직임 욕구의 실현 및 체육 문화의 계승, 발전이라는 내재적 가치와 체력 및 건강의 유지·증진, 정서의 순화, 사회성의 함양이라는 외재적 가치를 절충하여 궁극적으로 인간의 '삶의 질' 향상을 추구하는 교과의 성격을 가진다. 또, 육상, 체조, 게임 및 스포츠, 무용 등과 같은 신체 활동을 주된 교육 내용으로 하여, 신체 활동 그 자체를 위한 기능의 습득뿐만 아니라 그에 관한 이론적 지식의 습득 및 태도의 발달을 통합적으로 도모한다.

건강과 체력을 유지하고, 보다 긍정적인 사회적 인간관계를 추구하려는 인간의 욕구는 움직임을 통하여, 즉 신체 활동의 계속적인 참여를 통하여 충족되어질 수 있다. 따라서 움직임의 욕구가 보다 강한 초등학교 시기에 체육 교과는 이러한 욕구가 충분히 실현될 수 있는 목표를 추구하여야 한다(교육부. 1997).

<표 7-1> 체육과의 목표

구분	목표	
인간성	· 전인적 성장의 기반 위에 개성을 추구하는 사람 · 창의적인 능력을 발휘하는 사람 · 폭넓은 교양을 바탕으로 진로를 개척하는 사람 · 우리 문화에 대한 이해의 토대 위에 새로운 가치를 창조하는 사람 · 공동체의 발전에 공헌하는 사람	'삶의 질' 형성
초등학교 목표	· 학습과 일상생활에 필요한 기초 능력 배양과 기본 생활 습관 형성	
체육 교육 목표	· 움직임 욕구의 실현 · 운동 수행 기능과 체력의 증진 · 운동과 건강에 관한 지식 이해 · 사회적으로 바람직한 태도 함양	

2) 총괄 목표

총괄 목표는 교과 목표를 의미한다. 내재적 가치와 외재적 가치를 동시에 추구하는 체육 활동은 세 가지 측면에서의 교육적 목표를 추구한다. 이 세 가지 측면은 체육 활동을 그것 자체로 배워 그 의미의 이해와 건강을 도모하고, 체육 활동에 관련된 지식을 배우며, 체육 활동을 통하여 바람직한 덕목들을 함양한다는 지·덕·체의 측면을 각각 가리킨다. 다시 말하여, 체육 교과는 체육 활동을 위한 교육(education for the physical), 체육 활동에 관한 교육(education about the physical), 그리고 체육 활동을 통한 교육(education through the physical)을 지향한다.

(1) 체육 활동을 위한 교육

체육 활동을 위한 교육으로서의 체육 교과는 학생들로 하여금 문화 활동의 영역인 놀이, 스포츠, 무용 등의 다양한 신체 활동에 참가하여 운동 기능을 습득함으로써 그 활동들이 갖는 의미를 체험적으로 느끼면서 움직임 욕구를 충족시키며 몸과 마음의 건강을 자연스럽게 얻도록 한다.

(2) 체육활동에 관한 교육

체육 활동에 관한 교육으로서의 체육 교과는 학생들로 하여금 놀이, 스포츠, 무용 등의 신체 활동에 관한 철학, 역사학, 생리학, 역학, 사회학, 심리학 등의 이론적 지식을 학습하여 체육 현상을 체계적이고 과학적으로 분석하고 이해하며 비판할 수 있는 안목을 갖도록 하며 이 지식을 운동 현장에 올바로 적용하도록 한다.

(3) 체육 활동을 통한 교육

체육 활동을 통한 교육으로서의 체육 교과는 학생들로 하여금 문화로서의 놀이, 스포츠, 무용 등의 신체 활동이 사람 간에 사고와 감정을 교환하는 의사소통의 매개체 역할을 담당함으로써 사회적으로 바람직한 태도의 육성을 도모하고 문화적으로 가치 있는 규범들을 습득할 수 있도록 한다(교육인적자원부, 2002).

<표 7-2> 총괄목표

영 역	내 용
체육의 본질	·체육의 개념 ·체육과 유사한 용어 ·체육의 가치 ·체육의 목적과 목표
체육의 발달	·세계 여러 나라 체육의 발달 ·우리나라 체육의 발달
현대 사회와 스포츠	·현대 사회와 스포츠의 필요성 ·현대 스포츠 활동의 종류 ·현대 스포츠 활동의 실천 과정 ·평생 스포츠 활동의 실천 ·미래 스포츠의 전망과 역할
스포츠 활동과 레크리에이션	·현대 생활과 레크리에이션 ·레크리에이션 활동의 특성
체육·스포츠의 직업성과 진로	·체육·스포츠 분야의 직업적 특성과 사회적 지휘 ·체육·스포츠 분야의 진로
현대 사회와 스포츠 활동	·현대 사회의 특성과 스포츠 활동 ·아마추어 스포츠와 프로페셔널 스포츠 ·레저와 레저 스포츠 ·스포츠맨십의 개념과 특성 ·현대 체육의 발전 방향

4. 현대사회와 체육

1) 현대사회의 특성

경제성장으로 많은 발전을 가져왔고 우리에게 많은 이익과 편리함을 가져다 주었다. 하지만 이러한 경제발전과 외국문화의 유입으로 인해 우리의 고유의 문화는 사라져가고 식습관 또한 변해 건강에 많은 문제를 일으키고 있다.

경제성장 가운데 가장 큰 문제점이 우리 삶에서 신체활동 영역이 줄어들었다는 것이다. 편리함을 가져다 준만큼 운동부족과 서구화된 음식들로 인해 병이 발생되고 있다.

현대사회는 이러한 스포츠의 장점을 이용하여 의학적으로 질병을 개선해나가는 방법에서의 스포츠를 넘어 사전에 예방함과 더불어 우리의 삶의 질을 높일 수 있는 방법으로 스포츠의 영역이 확대되고 있다.

(1) 산업화

산업혁명 이후 현대사회는 급물살을 타고 발전하여 왔다. 고도로 발단된 기계문명은 기계가 인간의 노동력을 대신해 주고, 생산과정이 분업화, 자동화됨에 따라 인간도 기계의 일부처럼 단순한 동작만을 강요받게 되었다. 이와 같이 기계화는 인간에게 생활의 편리함과 풍요함을 가져다주었지만 산업활동의 대부분이 기계화됨에 따라 인간의 신체적 활동이 기계에 의해 대치되어 신체활동의 기회가 줄어들었다. 또한 교통과 통신기술의 발달은 인간의 움직이는 활동을 대신하고 있다. 교통의 발달은 인간이 걷거나 뛰어 이동하는 수단을 자동차와 같은 운송수단을 통해 쉽게 이동하는 것을 가능하게 만들었다. 또한 통신의 발달은 대면적인 의사소통수단을 혁신적으로 변화시켜 인간의 움직임 기회를 박탈하고 있다. 이와 같이 현대사회에서는 작업환경의 개선으로 생활의 편리함을 제공하였지만, 신체활동의 감소와 운동부족으로 인하여 다양한 질병을 유발하는 부작용을 발생시킨다. 또한 사회생활에 대한 적응력과 자신감을 상실하게 함으로써 과도한 스트레스와 함께 정서적 장애를 유발하기도 한다. 운동부족은 심장병, 고혈압, 당뇨병, 뇌졸중, 암과 같은 각종 성인병의 원인이 되고 있다. 특히 이와 같은 현상은 점차 연령이 낮아지고 있어, 규칙적이고 계획적인 스포츠 활동의 필요성이 강조 되고 있다.

(2) 도시화

산업이 발달하면서 인구가 도시로 집중되는 현상이 나타나게 되었다. 특히 수도권 등 대도시로의 인구 집중 현상은 주택난, 교통 혼잡, 대기 오염, 쓰레기 공해, 소음 공해 등의 많은 문제를 발생시켰다. 도시화에 따른 환경오염은 인간을 자연으로부터 분리시키고 건강을 저해하는 원인이 되고 있다. 도시화는 단순히 인구증가로 인한 변화 뿐 아니라 도시형태, 가치관, 문화 유형 등과 같은 도시 생활양식에 영향을 미치는 특성들이 포함되어 있다. 도시생활은 인공적인 환경과 좁은 생활공간에서 자신의 일에 몰입하여 살아가기 때문에 다른 사람들과의 접촉이 적어지면서 인간성 상실, 인간성 파괴, 이기주의 등과 같은 정신적인 부작용을 초래하기도 한다. 특히 개인의 활동 공간이 좁아지게 됨에 따라 운동 부족 현상이 나타나기도 하며 지나친 경쟁으로 인한 심리적인 압박은 사람들을 정신적, 육체적으로 허약하게 만들고 있다.

도시화가 만들어낸 많은 문제들을 해결하기 위해 사람들은 다양한 신체활동과 스포츠 활동에 관심을 갖게 된다. 가정에서는 적은 공간을 활용하여 운동을 할 수 있는 운동기구를 배치하여 활용하고 있으며, 복잡한 도시환경 속에서도 수영, 스쿼시, 배드민턴, 테니스, 골프 등을 즐길 수 있는 다양한 스포츠 시설이 조직적으로 운영되어 스포츠 인구가 꾸준히 증가하고 있으며, 건전한 여가선용의 대안으로서 레저 스포츠의 수요가 현저하게 늘어남에 따라 다양한 레저 스포츠 산업이 급격히 발달하고 있다.

(3) 여가화

현대사회의 고도화된 기계문명과 산업의 발달은 인간의 생활양식에 커다란 변화를 가져왔다. 특히 기계화, 자동화로 인한 산업구조는 인간에게 보다 많은 여가의 기회를 제공하게 되었다. 여가의 증대는 국민 소득의 증대와 생활수준의 향상으로 인하여 인간의 삶의 질을 좌우하는 중요한 요인이 되고 있다.

여가 시간은 생활 속에서 남는 시간이 아니라 보다 인간다운 생활을 하기 위해 노력하여 얻은 귀중한 시간이다. 따라서 여가를 잘 활용하는 방법은 개인의 취향에 따라 다양하지만, 스포츠 활동은 기본적으로는 참가자의 몸과 마음을 튼튼하게 해주며, 개개인의 생활에 활력을 제공하는 건전한 활동이기 때문에 건전한 여가 활동으로서의 역할이 매우 크다. 특히 현대사회에서 경험하게 되는 정신적인 병리현상과 심리적인 스트레스를 극복하기 위해 스포츠 활동은 강인한 정신력을 길러주고, 신체활동을 통하여 개인의 감정과 정서를 표현함으로써 스트레스 해소는 물론 바람직한 사회생활 태도를 기르는데 중요하다. 이와 같이 여가에 대한 새로운 인식과 스포츠 활동을 통한 다양한 여가선용은 우리의 일상생활에 바람직한 영향을 미칠 것이다.

(4) 고령화

과학기술과 의학의 발달은 인간의 평균수명을 점차 연장시키고 있다. 현대사회에 있어서 출생률의 감소와 평균수명의 증가는 인구의 고령화를 더욱 가속화 하였다. 우리나라에 있어서도 1960년 이후 노인인구의 뚜렷한 증가를 보이고 있으며, 이러한 인구의 고령화는 점차 증가하는 추세에 있으며, 고령화사회에 있어서의 주된 관심은 노인의 건강유지 및 체력관리라고 할 수 있다.

노년기는 체력이 떨어지면서 운동기능이 저하되고, 심폐기능과 면역기능이 약해져 쉽게 병에 걸리게 되고 환경에 대한 적응력이 급속하게 감소하게 된다. 따라서 고령화 사회에서 노인의 스포츠 활동은 여가선용 뿐만 아니라 건강의 증진 및 관리의 측면에서 중요한 과제이다.

(5) 정보화

토플러(1981)는 '제3의 물결'에서 농업시대, 공업시대에 이어 정보화 시대가 도래한다고 예언하였다. 정보화 사회의 출현 배경은 컴퓨터에 의한 것이다. 정보화란 '인간의 심리적 차원 및 기술의 발전차원에서 나타나는 사회적 변화의 요체로서, 정보를 물질 에너지에 이은 제3요소로 중시하고, 이러한 정보를 고도로 이용하는 정보통신기술의 활용으로 합리화를 추구하며, 이를 바탕으로 고도산업사회를 촉진하고 인간의 자유와 창의, 자기실현을 극대화하는 것'이라고 정의할 수 있다. 정보화 사회는 단순히 컴퓨터나 통신 기술의 발전을 초래하는 것만이 아니라 사회적인 욕구의 변화도 유발한다. 정보화 사회에서는 산업사회에서 요구되는 물리적 욕구, 경제적 안정, 질서유지 등의 가치는 점차 약화되며 자기성취, 평등, 사회적인 심리 욕구 등이 부각된다.

정보화는 스포츠분야에도 상당한 영향을 미치고 있다. 인터넷의 개발로 인해 개인의 건강에 대한 정보, 스포츠 관련 매체 정보, 스포츠 시설 및 활용정부, 스포츠 행상에 관한 정보 등 수많은 정보를 제공하고 있다. 특히 쌍방향 커뮤니케이션을 가능하게 함으로써 시공간을 초월하여 다양한 동호회 활동을 가능하게 하고 있으며, 새로운 스포츠 팬 문화를 창조하고 있다(김범식, 2003).

5. 체육관련 학과의 명칭

학문적 성향을 대표하는 체육관련 학과의 명칭은 시대성을 반영하며 변화되어 왔다. 한국대학교육총람편찬위원회(2003)를 토대로 체육관련 학과의 발전과정을 구분해보면 6단계를 거치면서 지금에 이르고 있다. 첫째, 1950년대 이전(태동기; 최초의 체육관련학과 신설), 둘째, 1950년~1954년(발전기; 지방국립대학과 사학의 발족, 체육관련학과 신설 붐), 셋째, 1955년~1969년(정체기; 정원의 통제와 체육의 법정필수교양과목화), 넷째, 1970년~1989년(부분적 육성기; 체육전문고등교육기관의 등장), 다섯째, 1990년대(도약기; 정원의 자율화와 생활체육과의 등장), 여섯째, 1990년대 말 이후(과도기; 대학 자율과 특성화의 시기) 대학 체육관련학과의 양적 증대를 가져오기는 했지만 인기학과 비인기 학과가 생겨 교육의 불균형이 발생되어 교육수준의 질이 떨어지고 있으며 체육학의 학문적 정체성에도 심각한 타격을 받게 되었다.

<표 7-3> 체육관련 학과명 현황

체육학	경기 지도학	무용학	스포츠학	건강학	사회 체육학	경호학	유도학	무도학	태권도	격기	레크리에이션
건강생활 체육	경기	무용	건강 스포츠	건강과학 계열	사회체육	경찰경호 행정	유도학	경찰 무도학	경호 ,태권도	격기 지도	레크레이션 스포츠
동양체육	경기 지도	무용교육	경호 스포츠	건강관리	사회체육 계열	경찰행정 경호학부		경호 무도	태권도 외교	격기학	여가레크레이션학
레저체육 학부	경기 지도학	무용 교육학	관광 레저 스포츠	건강 관리학	사회체육 과학	경호 · 태권도		무도	태권도 체육		

체육학	경기지도학	무용학	스포츠학	건강학	사회체육학	경호학	유도학	무도학	태권도	격기	레크리에이션
보건체육	체육경기학	무용예술학	관광스포츠	건강교육	사회체육학	경호경비경영		무도학	태권도학		
보건체육학		무용학	댄스스포츠	건강생활	사회체육학과	경호경찰					
사회체육		민속무용학	레저스포츠	건강생활체육	사회체육학부	경호무도					
사회체육계열		생활무용	레저스포츠구조	건강스포츠		경호비서학					
사회체육과학		생활무용예술학	레저스포츠학	건강식품		경호스포츠					
사회체육학		생활무용학	레저항공스포츠	건강식품가공		경호학					
사회체육학과		생활체육무용	레크레이션스포츠	건강식품과학		경호행정					
생활건강체육		실용무용	리듬스포츠	건강운동		안전경호학					
생활체육		외국무용학	보건스포츠대학원	미용건강요법학		체육경호학					
생활체육과학		전통무용사물놀이	생활스포츠학	생활건강체육							
생활체육무용		체육무용	생활스포츠학부	스포츠건강과학							
생활체육무용		체육무용교육	스포츠건강과학	스포츠건강관리학							
생활체육정보		체육무용학	스포츠건강관리학	약용건강식품과							
생활체육지도학		한국무용학	스포츠경영학	여성건강관리							
생활체육학		현대무용	스포츠과학	운동건강관리학							
선교체육교육			스포츠과학대학원	자동차건강							
선교체육학			스포츠당구								
아동체육			스포츠디자인학								
여성생활체육			스포츠레저학								
체육			스포츠산업								
체육.레저학부			스포츠외교								
체육경기학			스포츠지도자학								
체육경영학			스포츠학								

체육학	경기 지도학	무용학	스포츠학	건강학	사회 체육학	경호학	유도학	무도학	태권도	격기	레크리에이션
체육 경호학			아동스포츠								
체육계열			재활스포츠치료								
체육과학			해양 스포츠학								
체육 과학부											
체육교육											
체육 교육학											
체육 대학원											
체육무용											
체육무용 교육											
체육 무용학											
체육학											
체육학계											
체육학부											
체육행정											
태권도 체육											
특수체육											
특수 체육교육											
특수 체육학											
해양 체육학											

이와 같이 체육관련 학과 용어의 혼재경향은 대학의 학과 명칭에서도 여실히 나타나고 있으며, 학문적 성향이 대학의 학과 혹은 전공명칭을 통하여 가장 쉽게 표출된다는 점에서 신중히 접근해서 결정해야 할 사안이다.

체육개념의 정립은 체육학의 정체성 문제를 해결하기 위한 출발점이자 미래 체육의 마스터 프레임을 설정시킬 수 있는 기본적인 단서로서 중요한 의미를 가진다. 그럼에도 불구하고 그동안 체육은 신체활동이 중심된 본질적 의미를 가져야함에도 교육적으로만 생각하는 고정화된 사고방식이 일종의 보호망으로 작용되어 왔다. 체육학은 외형적으로 스포츠과학의 추동력에 의해 발전되고 있는 것 같지만 체육개념에 대한 본질적 한계를 극복하지 못해 존립자체의 기반이 흔들리고 있으며, 결과적으로 체육관련 유사용어의 혼재성, 체육단체의 명칭, 체육학의 대표성, 체육관련 학과의 명칭 등의 다양한 문제를 양산시키고 있다(권욱동, 김영갑, 2006).

체육은 인간이 신체적 활동, 즉 대근육활동을 수반으로 하는 신체의 교육인 동시에 신체에 의한 교육이라고 할 수 있다. 이것은 인격의 완성을 이루고, 사회적인 역할을 이루기 위한 체육의 목적에 부합되는 신체의 활동과 신체에 의한 교육을 포함한다고 할 수 있다.

역사적으로 체육의 정의에 대한 변천과정의 반성적 의미와 미래의 비전제시를 통해 발전적인 체육의 의미가 부여되어야 할 것이다. 즉, 스포츠와 레저산업의 통합적인 의미와 건강에 대한 중요성이 내포된 정의로 발전되어야 할 것이다.

참 고 문 헌

강신복(1994). 체육 교수시간의 패턴 분석 연구. 한국체육학회지, 33(1), 1013-1028.

강유원, 김이수(2007). 개정 체육원리. 서울 : 태근문화사.

고기준, 고성경, 김기진, 박상갑, 신원태, 양정옥, 이영익, 이종삼, 임강일, 장인현, 정연수, 하성 (2008). 웰빙시대의 맞춤운동과 건강. 서울 : 도서출판 한미의학.

고성경 (2001). 스포츠의학. 서울 : 도서출판 홍경.

교육부(1973). 체육원리. 서울신문사출판국.

교육부(1997). 체육과 교과과정. 교육부고시 제1997-15호[별책 11호]. 대한교과주식회사.

교육부(1997). 초등학교교육과정. 대한교과서 주식회사.

교육인적자원부(2002). 고등학교 교육과정해설(23 체육에 관한교과, 교육부고시 1997-15호).

권욱동, 김영갑(2006). 현대 체육개념의 적용과 한계. 한국체육철학회지, 14(3), 29-39.

김경철(1994). 여가와 레크리에이션. 서울 : 보경문화사.

김경철(2006). 생활체육지도자 3급 연수교재. 체육과학연구원.

김광웅(2006). 처음 만나는 놀이 치료. 서울 : 숙명대학교 출판부.

김동규(2000). 체육원리의 제문제. 영남대학교출판부.

김범식(2003). 현대사회와 스포츠. 홍경출판사.

김선진(2000). 운동학습 및 제어. 도서출판 대한미디어

김영환, 김옥태(2000). 체육원리. 서울 : 형설출판사.

김영환, 조연철, 김옥태(1994). 체육원리의 연구. 서울 : 형설출판사.

김오중(2000). 여가-레크리에이션 총론. 서울 : 대경북스.

김정식(1994). 체육수업에서 아동의 Social Development에 관한 조사 분석 연구. 한국체육학회지, 33(2).

김진호(1990). 학교체육의 내실화 방안. 한국체육학회 9회 국민체육진흥세미나, 65-72.

김채윤, 권태환, 홍두승(1993). 사회학 개론. 서울대학교출판부.

김철(1982). 아리스토텔레스의 신체관 연구. 한국체육학회지. 21(1), 35-36.

김홍수(1982). 체육원리와 체육철학과의 관계. 首善論集. 7. 419-429.

문정옥(2000). 밀레니엄 여가의 이해. 인천대학교출판부.

박문환(1999). 스포츠사회학. 21세기교육사.

박문환(2006). 현대사회와 평생체육. 서울 : 대경북스

소재석, 김혁출(2008). 생활체육론. 숭실대학교출판부.

안영필(1997.) 스포츠 사회학. 동아대학교 출판부.

예종이(1987). 체육원리신강. 서울 : 형설출판사.

유근석(1972). 체육철학 및 원리. 월간체육. 70(1), 38-41.

윤인호. 체육원리. 교학연구사. 1983.

윤제백(1999). 레저 스포츠 개론. 백산출판사.

이강헌(2005). 운동행동과 스포츠심리학. 도서출판 대한미디어

이광섭, 안용규(2000). 체육원리 강의교재. 한국체육대학교 출판부.

이래화. 체육원리. 형설출판사. 1981.

이상금(2005). 유치원 신규교사 직무연수. 전라남도교육연수원.

이숙재(2004). 유아를 위한 놀이의 이론과 실제.

임번장(1991). 체육3. 서울 : 민문고.

임번장(2000). 사회체육개론. 서울대학교 출판부.

임번장(2000). 스포츠사회학 개론. 동화문화사.

임수원, 이정래, 송은주(2001). 여가・레크리에이션의 이해. 경북대학교 출판부,

정범모(1974). 교육과 교육학. 배영사.

정용각(2007). 웰빙 레저・레크리에이션. 대경북스.

정정훈, 김유수, 안종학(2007). 체육원리. 동아대학교 출판부.

체육과학연구원(2001). 스포츠사회학. 경기지도자 연수교재.

최태원, 권오일(2007). 체육원리의 이해. 광림북하우스.

하남길, 박영호(1999). 한국 서구 스포츠의 발달과 그 이데올로기. 한국체육학회지, 39(4), 20-34.

한광령, 손환, 김은경, 고안태(2000). 현대 생활과 스포츠. 도서출판 홍경
한국대학교육총람편찬위원회(2003). 한국대학교육총람 2003. 서울 : 신일문화사.
한국여가레크리에이션협회(1994). 레크리에이션 지도(Ⅱ). 서울 : 21세기교육사.
함용기(1989). 體育의 概念定立을 爲한 小考(Ⅰ). 體力科學硏究. 11(10), 147-154.
前川峯雄(1981). 體育原理. 大修館書店.
體育原理專門分科會編(1995). 體育の概念. 不味堂出版.
ACSM(American College of Sports Medicine) (2006). ACSM's guidelines for exercise testing and prescription. 7th ed. Philadelphia, Lippincott Williams & Wilkins.
ADA(American Diabetes Association) (2003). Standards of medical care for patients with diabetes mellitus. Diabetes Care, 26(suppl), S33-50.
Brim, O. G. (1986). Socialization through the life cycle. In O. G. Brim and S. Wheeler(Eds.) Socialization after childhood : Two essays(pp.1-50). New York : wiley.
Bookwalter, K. W. (1964). Physical education in the secondary schools, Washington, D. C. The Center for Applied Research in Education.
Bookwalter, K., & Vander Zwaag, H. (1969). Foundation and Principle of Physical Education. Philadelphia: W. B. Saunders.
Borrow, H. M. (1977). Man and Movement. Philadelphia: Lea and Febiger Inc.
Coakley, J. J. (1986). Sport in society : Issues and controversies. SL. Louis, MI : Times Mirror/Mosby College Publishing.
Daugherty, N., & Bonanno, D. (1979). Contemporary Approches to the Teaching of Physical education. Minneapolis: Burgess Publishing Company.
Edmund Ware Sinnott 원저, 飯島守 역. 물질정신, 인간. 紀伊國屋書店. 1958. p.39.
Kenyon, G, S. (1969). Sport Involvement : A conceptual go and consequences there of. In G. S. Kenyou (Ed) Sociology of sport. Chicago : Athletic Institute.
Kenyon, G. S., & Grogg, T. M. (1970). Contemporary psychology of sport. Preceedings of the second International Congress of Sport Psychology. Chicago, IL : The Athletic Institute.
Kenyon, G. S., & McPherson, B. E. (1973). Becoming involved in physical activity and sport : A process of socialization In G. L. Rarick(ed.), Physical activity : Human growth and development. New york : Academic Press.

Leonard, G. (1975). The ultimate athlete. New York : Avon Books,

Lock, J. (1927). Some thoughts concerning education. Cambridge.

Nieman D. C. (2006). Exercise testing and prescription. 6th eds. McGraw-Hill Humanities.

NIH(National Institutes of Health). (2001). Detection, evaluation, and treatment of high blood cholesterol in adults(Adult Treatment Panel Ⅲ).

NIH(National Institutes of Health). (2003). The 7th report of the joint national committee on prevention, detection, evaluation, and treatment of high blood pressure.

Sage, G. (1974). Sport and American society : Selected readings(2nd ed). Reading, MA : Addison-Wesley.

Schurr, E. S. (1980). Movement Experiences for Children, N. J. : Prentice Hall Inc. Engelwood Cliffs.

Williams, J. F. (1964). The Principles of Physical Education, 8th ed; Philadelphia: W. B. Saunders Co.